Praktische Typografie

Praktische Typografie
Ralf Turtschi

Gestalten mit dem Personal Computer

Gewidmet Bruno Waldburger †,
Verlagsleiter Verlag Niggli AG,
Freund und Förderer der Typografie

Impressum

Konzept, Text und Gestaltung
Ralf Turtschi

Lektorat
Kurt Raggenbach

Desktop Publishing auf Macintosh mit Quark XPress
R. Turtschi AG, Zürich

Schriften
Linotype Library, Brotschrift Stone Serif, Titel Syntax
Die Schriften wurden freundlicherweise zur Verfügung gestellt
von der Haas'schen Schriftgiesserei, Zürich

Bildnachweis
S. 5, 95, 67: L. Wirz, Gattikon
S. 47: W. Guler, Au
S. 231, 233, 234, 257: A. Gfeller, Urdorf
Alle anderen Bilder vom Autor

Fotolithos und Druck
Heer Druck AG, Sulgen

Papier
Hanno' Art Top Silk, 135 g/m^2

Bindearbeiten
Benziger AG, Einsiedeln

© 1994 by Verlag Niggli AG, CH-8583 Sulgen
ISBN 3-7212-0292-9

Nachdruck nur mit ausdrücklicher Genehmigung des Verlages.

Gestaltungswille schafft Kultur

Die gestalterische Schaffenskraft hat mit dem Einzug der Computertechnologie eine eigentliche Renaissance erfahren. Im Jahr 1984 titelten PC-Prospekte und Mailings: «Jeder sein eigener Setzer und Drucker!» Desktop Publishing war in aller Munde und ermöglichte Schreibtischtätern jeglicher Herkunft, eigene Druckerzeugnisse herzustellen. Ganz ohne Fremdhilfe. Die heutige Druckvorstufe stand plötzlich allen Interessierten zur Verfügung. Wer eine Drucksache gestalten wollte oder will, der kann – er braucht dazu niemanden zu fragen. Ob die typografische Darstellungskultur dadurch verloren geht, ist für die Schaffer keine Silbe wert. Der Antrieb, eine schriftliche Botschaft festzuhalten und zu veröffentlichen, ist stärker. Schliesslich haben die Menschen schon seit Urzeiten dem Drang nach Gestaltung und langwährendem Sich-Mitteilen nachgelebt. Felsritzungen, Wachs- und Tontafeln bezeugen der Nachwelt diesen «Unsterblichkeitstrieb».

Ralf Turtschi

Die traditionellen Berufe der Druckvorstufe sehen sich im Zugzwang: Plötzlich scheint ihre Dienstleistung nicht mehr gefragt, weil Herr und Frau Schweizer es eben selber tun. Dabei haben gelernte Typografen die Fäden längst verloren. Gestaltete Drucksachen kommen häufig aus Werbeagenturen oder Grafikateliers, die Druckindustrie setzt die Vorgaben «nur» um. Wo es aber an praktischen typografischen Aufgaben mangelt, bleibt die Kreativität auf der Strecke. Die Drucktechnik zergliederte zusammenhängende Arbeitsschritte auf über 10 verschiedene Spezialistenberufe – die alle nicht mehr ganzheitlich produzierten. Lange Zeit hat man so mit Argusaugen auf alle möglichen Details gespert und darüber die wesentlichen typografischen Aspekte vergessen. Heute beginnen Berufsstände, ihr Handwerk wieder genereller zu entdecken.

Mit fortschreitender typografischer Praxis entsteht bei Desktop Publishern – welch ein Wort – das Bedürfnis, nicht nur Buchstaben an Buchstaben zu reihen, sondern Feinheiten zu pflegen. Mit zärtlicher Liebe wächst ein Pflänzchen namens «Darstellungskultur». Die Beziehung zur Sprache erfährt plötzlich eine ganz andere Dimension; Komma und Strichpunkt werden differenziert eingesetzt, man fühlt sich fast schon als Journalist. Die Beziehung zum Gestalterischen wird angeregt und neu entdeckt; die Schreibmaschine erstickte die eigene Handschrift im tonlosen Einerlei der Bürokorrespondenz – welches Schriften- und Gestaltungspotential wartet nun im PC auf die Wiederbelebung des persönlichen Stils.

Heureka!

Ein Aufbruch hin zu mehr schöpferischer Tätigkeit. Das gilt für die Korrespondenz gleich wie für die Menükarte der Kantine oder die Hochzeits-Zeitung. Alle dürfen und sollen sich verwirklichen. Die Publishing-Szene ist wirklich offen für alle geworden. Neben gelernten Berufsleuten aus der grafischen Branche gestalten «Quereinsteiger» mit Wonne und Engagement.

Aber Achtung. So einfach ist es nicht. Mit Klick, klick, klick entsteht vielleicht ein liebevoll zusammengewerkeltes Produkt, das *so* nicht gedruckt werden kann, weil es der Drucktechnik nicht gerecht wird. Der Korrekturaufwand ist dann schnell doppelt so teuer wie das ganze Werk. Und warum das? Weil das nötige Grundwissen fehlte.

Das vorliegende Buch soll gestalterisch Tätigen einfach und verständlich die Welt der Typografie erschliessen. Ich will mit vielen Praxisbeispielen Möglichkeiten aufzeigen, wie eine Gestaltungsaufgabe angegangen werden kann. Darüber hinaus möchte ich auf Zusammenhänge und «Randgebiete» hinweisen, die für die Gestaltung elementar wichtig sind: Bedruckstoff, Wirkung, Zielpublikum, Drucktechnik, Versand und anderes.

Ich möchte einen Ideengeber schaffen, der nicht nur auf die wesentlichen Aspekte im Zusammenhang mit Gestaltungsfragen eingeht, sondern auch besinnliche Anschauung ermöglicht. Das Ziel ist erreicht, wenn ich Sie zu neuen Gestaltungshorizonten führen und ermutigen kann, den Weg dorthin unter die Füsse zu nehmen. Sie werden sehen, immer neue Horizonte tauchen auf, denn der Weg ist das Ziel. Typografie ist eine Lebensaufgabe, die jeden Tag von neuem geprobt werden will!

P.S. Aus Gründen der besseren Lesbarkeit habe ich verzichtet, jeweils immer die weibliche neben der männlichen Berufsbezeichnung (Typograf/Typografin, Gestalter/Gestalterin usw.) aufzuführen. Selbstverständlich meine ich jeweils immer beide Geschlechter, wenn irgendwelche Berufsbezeichnungen aufgeführt sind.

Zürich-Leimbach, im Juni 1994

Inhalt

Einführung

Die Kommunikation als Grundlage für Gestalter 10
    Über den Umgang mit der Macht der Medien

Der Informationskonsum 12
    Vor- und Nachteile der Medien

Visualisierung heisst der Schlüssel 14

Das visuelle Orientierungsverhalten steuert das Leseverhalten 18
    Sich orientieren und lesen ist nicht dasselbe
    Die Leseführung

Über die Wirkung der Typografie 20
    Grundsolides Handwek oder Pröbelei?
    Typografische Botschaften

Rahmenbedingungen

Corporate Design 26
    Das visuelle Erscheinungsbild
    Das Corporate Design Manual
    Die Freiheiten der Gestalter

Das Zielpublikum ist «Kunde» und der Kunde ist König 29
    Wie finde ich mein Publikum?

Der Verwendungszweck beeinflusst die Gestaltung 30

Qualitätsaspekte 32
    Ganzheitliche Qualität
    Qualitätslevel

Druckproduktion 34
    Verschiedene Wege führen zum Ziel
    Die Technik nicht vergessen

Was Autor und Texter mit Gestaltung zu tun haben 36
    Die Manuskriptbeschaffenheit
    Die Probleme des Autors
    Wenn die Textmenge die Gestaltung einengt
    Die Gestaltung bestimmt die Textmenge
    Sprachwechsel
    Entwurfstechnik

Autoren von Bildern und Illustrationen 40
    Qualität von Fotos
    Bildstil
    BIlder handhaben
    Welche Vorlagen für welche Produkte?

Desktop Publishing 42
    Mögliche Arbeitswege
    Was braucht es, um DTP zu betreiben?
    Lernen als lebenslange Aufgabe
    Die zentralen DTP-Aufgaben
    Die Belichtung
    Die Farbseparation
    Das Prinzip des Vierfarbendruckes
    Übergriff

Die Druckformenherstellung 47

Druckverfahren 48
    Offsetdruck
    Siebdruck
    Tiefdruck
    Buchdruck

Druckweiterverarbeitung 50
    Veredelung der Druckbogen
    Industriellen Ausrüstarbeiten
    Falzmöglichkeiten

Versand 52
    Portokosten
    Geschäftsantwortsendungen
    Allgemeine Gestaltungsvorschriften
    Briefumschläge
    Wer kontaktiert die Post?

Rechtsgrundlagen für Gestalter 54
    Geistiges Eigentum
    Das Urheberrecht
    Persönlichkeitsschutz
    Was ist erlaubt?

Papier – ein vielseitiger Bedruckstoff 56
    Die Papierherstellung
    Sortenreichtum
    Die Papierbeschaffenheit
    Die verschiedenen Papier- und Kartonsorten nach Gewicht
    Physikalische Eigenschaften
    Papier und Ökologie
    Formatnormen
    Formatlage
    Andere bekannte Formate
    Papierwahl und Verwendungszweck

Grundlagen rund um die Typografie

Typografie beurteilen 66
    Einzelne Aspekte beurteilen
    Vorgehen

Korrekturzeichen 72

Zeichen und Ziffern richtig einsetzen 74

Schriften bezeichnen 76
    Schriften klassifizieren
    Schriftschnitte

Die Wirkung der Schriften 80

Schriften zweckmässig einsetzen 82
    Die Unterscheidung nach der Lesbarkeit

Schriften unterscheiden lernen 88
    Grobunterscheidung
    Feinunterscheidung
    Typologie der Schrift
    Schriftproben

Von lesefreundlich bis unlesbar 92
    Wie erreicht man Lesefreundlichkeit?
    Schriftschnitt und Lesbarkeit
    Schriftgrösse und Lesbarkeit
    Auszeichnungen
    Zwischenräume und Lesbarkeit
    Zeilenabstand
    Zeilenlänge
    Trennungen

Gliederung mit Schrift 106
    Schriftabstufungen

Gliederung mit Raum 108
    Geschickte Raumaufteilung
    Gliederung mit andern Elementen

Text anordnen 110

Kontraste 112
    Kontraste erzeugen Spannung
    Der Reiz der Abwechslung

Optische Achsen 114
    Geometrische und optische Mitte
    Die Satzkante als Achse

Proportionen 116
    Der Goldene Schnitt

Farbwirkung 118
    Die zyklische Farbbewegung

Farbe in Druckprodukten 120

Farbe ja, aber wie einsetzen? 122
    Hintergrund, Farbe und Lesbarkeit

**Farben darstellen,
Farben reproduzieren**   **128**
    Additives Farbmischen
    Subtraktives Farbmischen

Farbmodelle   **130**
    Von RGB über CMYK bis Pantone

Satzspiegel   **132**
    Randverhältnisse
    Satzspiegelbeispiele

Satzspiegel gestalten   **136**
    Welche Elemente gehören
    zur Stammseite?
    Anzahl Spalten
    Spaltenbreite und -abstand
    Spaltenlinien
    Randeinstellungen
    Spaltenhöhe
    Registerhaltigkeit
    Randabfallende Elemente
    Der Bund

Gliederungselemente

Haupttitel   **148**
    Führungsanspruch und Dominanz
    Haupttitel gestalten
    Haupttitel plazieren

Untertitel   **156**

Rubriktitel   **158**

Zwischentitel   **162**
    Die Schrift bestimmen
    Die Grösse der Zwischentitel
    Abstände bei Zwischentiteln

Grundtext   **166**
    Wie kann der Grundtext
    gestaltet werden?
    Wie wird der Grundtext ausgewählt?

Absatzgliederung   **176**
    Einzüge
    Abstände
    Aufzählungen
    Absätze durch Schmuckelemente
    gliedern

Auszeichnungen   **186**

Initiale   **188**

Kästchen   **192**
    Wann werden Kästchen eingesetzt?
    Elemente eines Kästchens
    Gestaltungsmöglichkeiten

Legende   **196**

Einleitungstext   **198**

Pagina   **202**

Linie   **204**

Tabelle   **208**

Hintergrund   **212**

Zitat   **218**

Stopper   **219**

Autorenhinweis   **220**

Fussnote   **221**

Marginalie   **222**

Interview   **223**

Das Bild in der Typografie

Plädoyer für das Bild   **226**
    Was ist ein Bild?
    Was braucht es für die Bildverarbeitung?

Bildvorlagen   **230**
    Verschiedene Bildstile
    Originalvorlagen
    Farbvorlagen vs. Schwarzweiss
    Fotokorn

Digitale Vorlagen   **234**
    Still Video
    Digitale Fotografie
    Foto CD

Bilder gestalten   **238**
    Abbildungsgrösse
    Der Bildausschnitt
    Die Stellung des Bildes
    Bildform und Lage

Kreative Bildbearbeitung   **246**
    Effekte
    Freisteller
    Duplex und Triplex

Reproduktionstechnik   **250**
    Was heisst Reproduktion?
    Technische Raster
    Die Rasterweite
    Rasterpunktform
    Die Rasterwinkelung
    Moiré

Frequenzmodulierte Rasterung   **256**

**Kontrast, Dichte und
prozentuale Flächendeckung**   **258**
    Kontrastumfang und Dichte
    Wieviel Farbe kann gedruckt werden?
    Gradationskurve und Gammawert

Dateneingabe und Abtastauflösung   **262**
    Die Eingabe und dpi
    Datenmengen
    Speicherformate

Datenausgabe, dpi und lpi   **264**
    Die Auflösung heisst dpi
    Die Rasterweite bedeutet lpi
    Rationale und irrationale Rasterung

Andruck und Proofverfahren   **266**
    Anforderung an ein Proof
    Digitale Proofs
    Analoge Proofs
    Andruck

Praktisches Vorgehen

**Anhaltspunkte für das praktische
Vorgehen**   **270**

Die Schwarze Liste   **271**

Visitenkarte   **272**

Inserat   **274**

Stelleninserat   **276**

Mailing   **278**

Newsletter   **280**

Anhang

Sachregister   **286**

Verwendete Fonts   **289**

DTP-Fachbegriffe   **290**

Fachsprache der Druckindustrie   **292**

Biografie des Autors   **295**

Einführung

Die Kommunikation als Grundlage für Gestalter

Das Gestalten übt auf viele Menschen eine ungeheure Anziehungskraft aus. Mit Recht. Gestalten heisst werken, schaffen, schöpfen – jeder Gestaltungsprozess verläuft anders, jedesmal entsteht ein neues, eigenständiges Werk. Gestalten von Drucksachen beinhaltet verschiedene Tätigkeiten: kreatives Denken, handwerkliches Können gepaart mit guten Deutsch- oder Fremdsprachenkenntnissen, Computerhandling oder das Wissen um die Produktionsabläufe in der Druckindustrie. Dies alles macht das Gestalten anspruchsvoll und nie eintönig.

Die Typografie ist ein kleiner Baustein in einer ganzen Reihe von Prozessen und Arbeitsschritten, die ebenfalls als kreativ bezeichnet werden können. Niemals sollte der Gestalter seine Kreation als eigenständiges Werk betrachten! Immer hat er auf verschiedene Dinge Rücksicht zu nehmen, die einschränkend oder auch befruchtend auf die Gestaltung einwirken.

Typografie verstehe ich als gestalterisches Element in einem übergeordneten Kommunikationsprozess. Wenn hier von Kommunikation die Rede ist, so ist damit nur der Gedankenaustausch gemeint – ganz ohne Technik. Die Technik bestimmt die Art und Weise, wie ein Gedanke vermittelt wird. Im Fernsehen geschieht dies mit lebendigen, farbigen Bildern und in der Zeitung eher mit Text.

Es gibt verschiedenste Techniken (oder Medien): Fernsehen, Radio, Printmedien, dann die mündliche Kommunikation oder die Kommunikation unter Computern.

Die beste Wirkung entfaltet der mündliche Dialog, weil der Sender unmittelbar mit dem Empfänger «verbunden» ist, seine Reaktionen beobachten und sofort auf die weitere Entwicklung des Gedankenaustausches reagieren kann. Blickkontakt, Gesten, Tonfall und Mimik spielen bei der mündlichen Kommunikation eine wichtige Rolle. Dafür ein Beispiel. Sie: «Liebst du mich?» Er, laut und unwirsch: «Verdammt nochmal, du weisst doch, dass ich dich liebe!» Er wirkt durch den Ton und die Art der Formulierung völlig unglaubwürdig. Deshalb ist das Gespräch von Mensch zu Mensch am unmittelbarsten, am schönsten, so tiefgründig, wie keine Übermittlungstechnik es zu bringen vermag.

Über den Umgang mit der Macht der Medien

So perfekt ausgebildet die mündliche Kommunikation auch ist, so beschränkt ist sie, was die Anzahl der Zuhörer betrifft. Schon beim Familiengespräch beginnt die Schwierigkeit, wenn mehrere Meinungen eingebracht werden. Bei einem Vortrag können nicht mehr alle gleichzeitig palavern; um Massen anzusprechen, werden eben Medien eingesetzt. Ein Medium ist ein Hellraumprojektor genauso wie der Fernseher oder die Tageszeitung. Alle sind Instrumente, die es ermöglichen, ein grösseres Publikum anzusprechen – bei TV, Radio, Zeitungen und anderen spricht man auch von Massenmedien.

Wer ein Medium benötigt, erlebt automatisch nicht mehr die Unmittelbarkeit des Gesprächs. Reaktionen sind nur mit zeitlicher Verzögerung, einseitig und fragmentartig möglich. Wir können Leserbriefe schreiben oder beim Radio anrufen – der spontane Gedankenaustausch «unter Pfarrerstöchtern» ist nicht möglich. An diese Stelle tritt ein anderer Aspekt. Über die Medien werden wir einer ungeheuren Macht gewahr, etwas bewegen zu können, Tausende mit unserem Gedankengut zu beeinflussen (im positiven Sinn). Was über Massenmedien veröffentlicht wird, hat Konsequenz, gilt. Doch auch hier ist die Meinungsforschung nicht in der Lage, genau zu sagen, auf welche Nachricht das Volk wie genau reagiert. Dass reagiert wird, ist klar: Aufgrund von Fusionen, Entlassungen, Geschäftsverläufen reagiert die Börse ganz empfindlich. Aufgrund der Werbung wird verkauft und aufgrund einer Wahl- oder Abstimmungskampagne Personen oder Sachgeschäfte überhaupt thematisiert.

An diesem Machtgefühl ein klein wenig teilzuhaben, ist für Gestalterinnen und Gestalter oder andere an diesem Prozess Beteiligte ein Privileg, welches mit Genugtuung und beruflicher Befriedigung verbunden ist. Aber auch mit grosser Verantwortung, Sorgfaltspflicht und Bewusstsein für das eigene Tun.

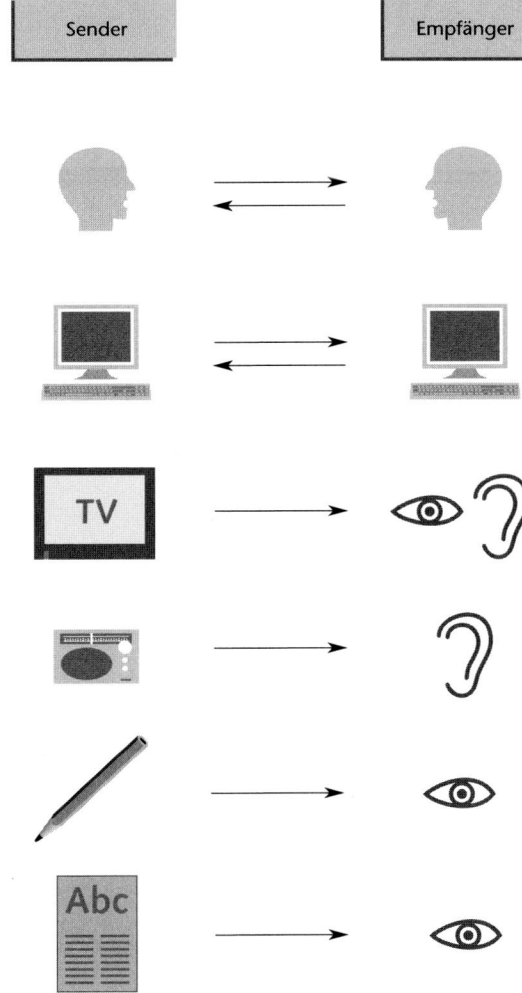

In einer vielfältigen Medienwelt wirbt jedes Medium um die Gunst des Konsumenten. Die gedruckte Kommunikation nimmt einen wichtigen Platz im Medienmix ein.

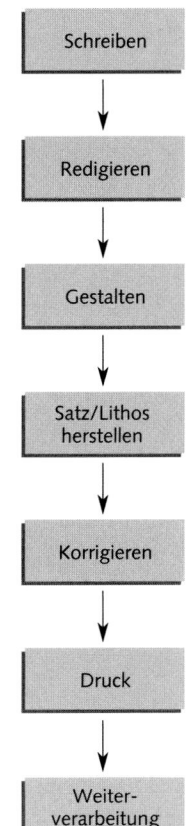

Der eigentliche Bereich des Gestaltens ist nur ein kleiner Teil in der ganzen Druckproduktion.

Der Informationskonsum

Selbstverständlich berührt uns die Frage, wie wichtig die Gestaltung für die gedruckte Kommunikation sei. Gerade in der Konkurrenz mit den elektronischen Medien gilt es, die Stärken besonders hervorzuheben. Und die Freiheit der Gestaltung ist eine Stärke. Demzufolge können wir ohne Bedenken sagen: Die Typografie ist wichtig. Das Medium Radio hat durch die Lokalradiostationen einen gewaltigen Boom erlebt, immer neue TV-Stationen drängeln um einen Platz an der Sonne, und im Zeitschriftenmarkt wird heftig um Marktanteile gestritten. Die ganze Informationsflut war noch nie so gross wie heute. Das Direct-Mailing-Geschäft macht riesige Umsätze, der Verkauf per Katalog scheint beliebter denn je.

Auf der Strecke bleibt (leider je länger je mehr) die mündliche Kommunikation. Ziehen wir es wirklich vor, im Selbstbedienungsgeschäft oder zu Hause einzukaufen? Verlernen wir, allmählich und ohne es zu merken, miteinander umzugehen?

Wie dem auch sei, es gilt, sich in der Informationsflut zurechtzufinden. Von selektivem Wahrnehmen ist die Rede. Wir haben alle keine Zeit mehr, die feilgebotene Information zu registrieren. Fernsehen und Radio sind hier im Vorteil, sie können auch «im Hintergrund» konsumiert werden, zum Beispiel beim Bügeln oder beim Autofahren. Sie sind grösstenteils flüchtig und häufig auch oberflächlicher. Einen Nachteil hat die «analoge» Darbietung (aufeinanderfolgende Information): Wenn man fünf Minuten wegsieht oder weghört, fehlt ein Stück dazwischen. Die gedruckten Medien erfordern hingegen die ganze Aufmerksamkeit. Dafür kann eine Zeitung überall hin mitgenommen werden, sie ist nicht von Elektrizität oder von irgendwelchen Geräten abhängig, man kann sie jederzeit auch nur teilweise lesen, sie mal auf die Seite legen, Textteile beliebig repetieren. Die elektronischen Medien wiederum haben den Vorteil, dass kein oder weniger Abfall anfällt.

Neue Technologien füllen das Informationsfass weiter: Datenbanken, Angebote und Kundeninformationen aller Art lassen sich über Computer und Modem abrufen, Tag und Nacht. In dieser Richtung wird noch eine gewaltige Entwicklung stattfinden.

Vor- und Nachteile der Medien

Die Vor- und Nachteile der Medien lassen erkennen, dass auch zukünftig das Informationsangebot riesig sein wird. Der Kampf um Aufmerksamkeit wird sich in Zukunft noch verschärfen. Zusammen mit der Schnelligkeit der Informationsaufbereitung bildet dies einen gefährlichen Mix: Sensationsgierde, Mediengeilheit, Oberflächlichkeit, schluddriger Journalismus, Tatsachenverdrehungen, Lüge, tendenziöse Darstellungen gepaart mit einem Schuss Sex und Emotionen bilden schon heute die vergiftete Basis, auf der Marktanteile oder Leserzahlen wachsen.

Leider werden wir dagegen nichts unternehmen können. Die Moral oder Ethik hatte gegen die bare Geldmacherei nie eine Chance. Zu hoffen bleibt allerdings, dass die Menschheit mit der Zeit lernt, auf den Knopf «Verweigerung» zu drücken.

Vor- und Nachteile von elektronischen Medien und Printmedien

	Elektronische Medien	**Printmedien**
Emotionen/ Wirkung	Übermittlung von farbigen, bewegten Bildern und Originalton nach dem «Leben, wie es draussen geschieht». Sehr hohe Emotionen, gut vermittelbar. Seh- und Hörsinn sind gleichzeitig involviert.	Emotionen werden vor allem über Bilder transportiert. Beim Text braucht es Zeit, bis beim Leser Emotionen «hochkommen». Es werden nur die Sehreize angesprochen. Printmedien haben eine Langzeitwirkung, weil sie vielfach aufgehoben werden.
Unmittelbarkeit/ Spontaneität	Wirkung vor allem bei Live-Sendungen sehr spontan. Umweltgeräusche, verschiedene Stimmen gleichzeitig oder Musik im Hintergrund können fesseln.	Das Abbild der Welt folgt immer mit Verspätung. Ein Druck wirkt immer etwas verstaubt, ist etwas zum Konservieren. Es sind keine Bewegungen darstellbar.
Art der Informationsdarbietung	Die Informationen kommen hintereinander. Wegschauen oder Weghören bedeutet Informationsverlust. Blättern ist nicht möglich – es sei denn, man benützt ein Aufnahmegerät. Die Information ist flüchtig, man kann sie nicht beliebig oft konsumieren.	Die Informationen kommen parallel. Man kann nach Lust und Laune jederzeit und irgendwo beim Lesen beginnen und wieder aufhören. Man kann die Zeitung überfliegen, aber auch hinterfragen. Wenn man etwas nicht versteht oder wenn man unterbrochen wird, kann der Text nochmals gelesen werden.
Tiefe/Vielfalt	Durch die knappe Sendezeit bedingt, bleiben die Informationen oft an der Oberfläche. Ein Ausleuchten der einzelnen Themen bleibt Sache von Hintergrundmagazinen, die jedoch zu einem späteren Zeitpunkt gesendet werden.	Die Information geht (wenigstens bei seriösen Zeitungen) mehr in die Tiefe. Man kann besser mehrere Meinungen darstellen. Die Teilnehmer unterbrechen sich nicht gegenseitig.
Handhabbarkeit	Die elektronischen Medien sind ortsgebunden. Portable Geräte bieten zwar eine gewisse Unabhängigkeit, sind jedoch immer noch von einer Energiequelle abhängig und meist unhandlich. Man kann dafür gleichzeitig andere Arbeiten verrichten.	Eine Zeitung kann man in der Tasche mittragen und an jedem beliebigen Ort jederzeit lesen. Printmedien kann man bearbeiten, ausschneiden, sortieren usw. Papier und die gedruckte Information ist unbeschränkt haltbar. Zum Lesen ist keine Hardware nötig.
Aktualität	Die elektronischen Medien bieten eine spontane Aktualität. Der Benützer kann rund um die Uhr auf der ganzen Welt dabei sein. Die elektronischen Medien sind 24 Stunden präsent.	Durch die Drucktechnik bedarf es immer längere Zeit, bis eine Nachricht verbreitet werden kann. Zwischen zwei Ausgaben einer Zeitung ist kein Nachrichtenfluss vorhanden.
Lesefreundlichkeit	Durch die Bildschirmauflösung und Wiederholrate des Bildaufbaus bedingt, wird nie über einen Monitor ein Buch oder eine Zeitung gelesen werden.	Unbeschränkte Gestaltungsfreiheit. Es sind auch sehr kleine Schriften möglich. Farben sind vielseitiger einsetzbar (Gold, Silber, Lack, Leuchtfarben usw.).
Energien/ Rohstoffe	Relativ geringer Verbrauch von Energie und Rohstoffen, keine Transporte beim Verteilen.	Industrieller Energieverbrauch, Papier als Rohstoff sowie erheblicher Transport- und Verteilaufwand nötig.
Zielpublikum	Das Zielpublikum muss eine gewisse Grösse aufweisen. Man kann aus Kostengründen für 200 Konsumenten kein Radio oder gar TV machen.	Man kann kleinste Zielgruppen ansprechen. Die Menükarte wird genausowenig über TV übermittelt wie die Einladung zu einer Vernissage.

Visualisierung heisst der Schlüssel

Für Kreative führen die selektiven Sehgewohnheiten gezwungenermassen zu einem Konzentrationsprozess. Wir dürfen von unseren Lesern nicht erwarten, dass sie geradezu auf unsere Botschaften warten und gierig alles verschlingen, was im Briefkasten landet. In der Praxis verhält es sich eher umgekehrt: Die Leser verharren in einer Abwehrhaltung. Speziell gegen Werbung wehrt man sich mit Briefkasten-Aufklebern. Bei der Tageszeitung, beim Informationsmaterial für den nächsten Urlaub oder bei der Bedienungsanleitung für die neue Bohrmaschine verhält es sich etwas anders. Aber auch dort gilt: Die Zeit des Lesers darf nicht übermässig beansprucht werden. Weniger Zeit bedeutet: Konzentration auf das Wesentliche, optimale Leseführung, gut lesbare Schriften, Visualisierung des Inhalts mittels Bildern, Tabellen, Grafiken oder Illustrationen. Weg mit langfädigen Erklärungen, seriöse aber einfache, schnell erfassbare Aussagen, weniger unverständliche Schachtelsätze, klare Trennung von Fakten, Kommentaren und so weiter. Soweit das Bedürfnis des Marktes.

Es wird klar, dass einiges davon Sache des Autors ist. Weiss er jedoch von diesen Zusammenhängen? Ist es deshalb nicht unumgänglich, dass Autor und Gestalter Hand in Hand zusammenarbeiten, um bessere, leserfreundlichere Produkte herzustellen? Es sind ja beide gleichermassen interessiert, dass ihre Produkte konsumiert werden, oder?

1 Eine bequeme, typografische Todsünde ist die Auflistung von Daten und Fakten als Lesetext.

2 So wird's gemacht: Derselbe Text, diesmal jedoch in visualisierter Tabellenform.

Schrift: Rotis Sans Serif

Unternehmensergebnisse

Die erarbeiteten Ergebnisse sind trotz des schwierigen konjunkturellen Umfeldes im Bau- und Wohnbereich befriedigend ausgefallen. Der in Franken konsolidierte Bruttoumsatz bewegt sich mit Fr. 1,9 Mia. 1,2% über dem Vorjahr. Demgegenüber steigerte der Konzern den Cash-flow um 7,3% auf Fr. 144,3 Mio. Bei stark gestiegenen Abschreibungen von Fr. 68,3 Mio. (Vorjahr Fr. 54,8 Mio.) verringert sich allerdings der Konzerngewinn um 8,3% auf Fr. 43,1 Mio. Der Gewinn der Holding AG beträgt Fr. 28,4 Mio. und liegt 2,3% über dem Vorjahr.

Unternehmensergebnisse

Die erarbeiteten Ergebnisse sind trotz des schwierigen konjunkturellen Umfeldes im Bau- und Wohnbereich befriedigend ausgefallen.

			Veränderung
Konsolidierter Bruttoumsatz	Fr.	1,9 Mia.	+ 1,2%
Cash-flow	Fr.	144,3 Mio.	+ 7,3%
Abschreibungen	Fr.	68,3 Mio.	Fr. 54,8 Mio.
Konzerngewinn	Fr.	43,1 Mio.	– 8,3%
Gewinn der Holding AG	Fr.	28,4 Mio.	+ 2,3%

Visualisierung

3, 4 Zwei Doppelseiten aus einem Lesermailing der Neuen Zürcher Zeitung. Kleiner Aufwand, grosse Wirkung.

Lesen kennt keinen Sendeschlu

Sie bestimmen selber, was Sie lesen. Und wann. Und wo. Weil Sie Ihren Lesestoff jederzeit bequem unter den Arm nehmen können. (Was sich von anderen Informationsquellen eher weniger behaupten lässt.)

3

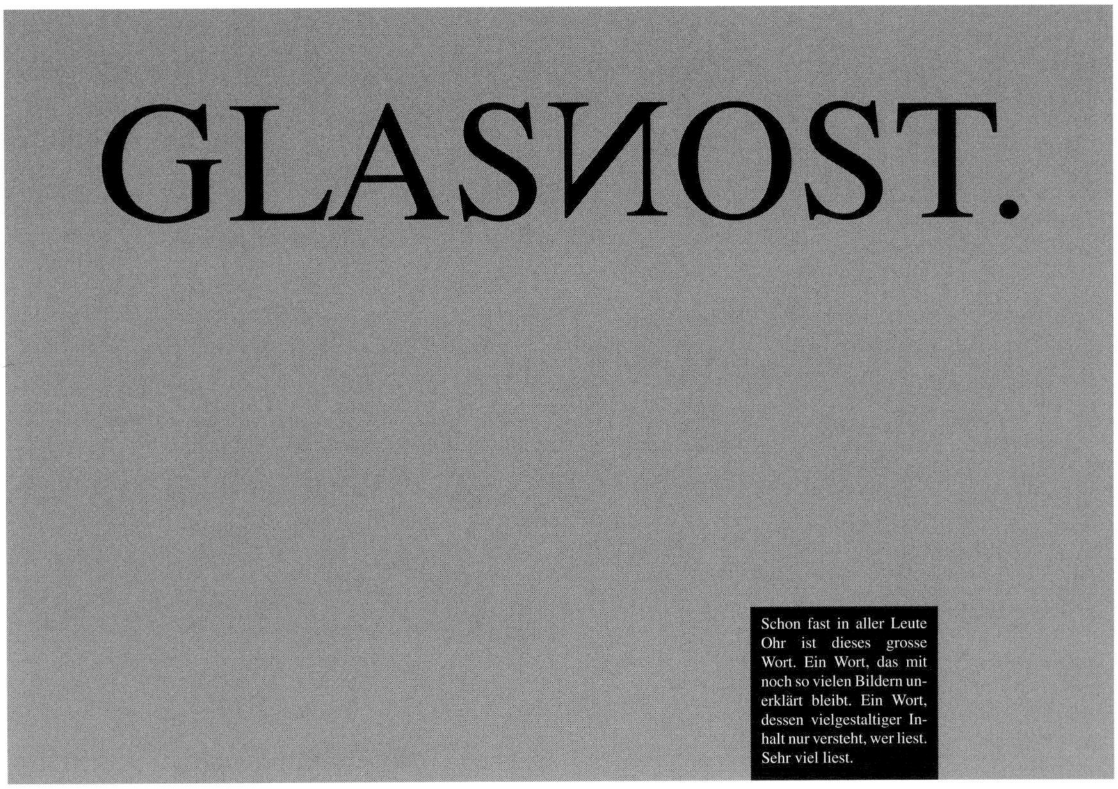

GLASNOST.

Schon fast in aller Leute Ohr ist dieses grosse Wort. Ein Wort, das mit noch so vielen Bildern unerklärt bleibt. Ein Wort, dessen vielgestaltiger Inhalt nur versteht, wer liest. Sehr viel liest.

4

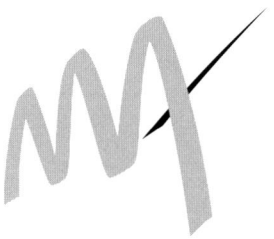

Eine abstrahierte Zahlenkurve bildet die Grundlage für ein Firmenlogo aus den Buchstaben MA. Branche: Wirtschaftsberatung.

Logo für eine Flugschule. Die vier Kapitänsstreifen symbolisieren Technik und Traum zugleich.

In einer Sauna findet der Gast Entspannung, was im Logo zum Ausdruck kommt.

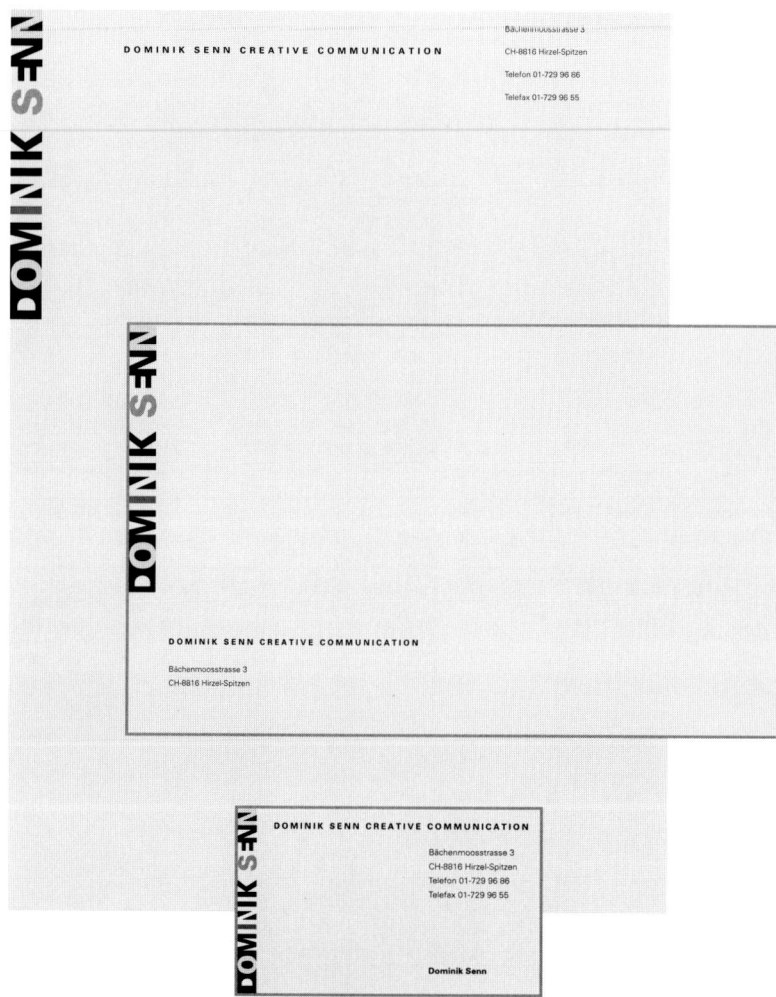

Auch im Corporate-Design-Bereich können Ideen visuell umgesetzt werden. Hier erfüllt das Logo den Anspruch: Kommunikation ist lebendig, frisch, unkonventionell, frech.

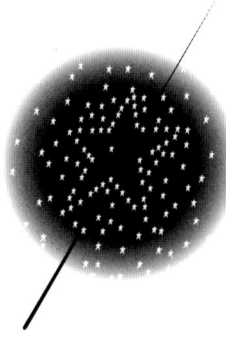

Logo für die «Stiftung Kinderhilfe Sternschnuppe». Die Stiftung erfüllt sterbenskranken Kindern einen letzten grossen Wunsch.

Visualisierung

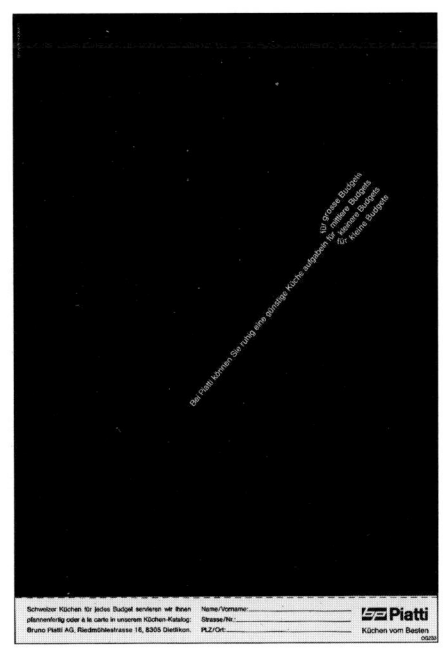

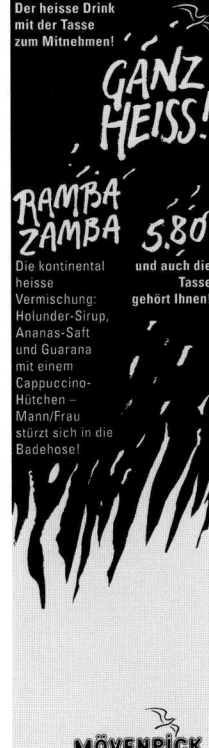

Typografie und Grafik sind eng verwandt. Die Vielfalt raffinierter Lösungen kennt keine Grenzen, wenn die Aussagekraft verstärkt werden soll.

Das visuelle Orientierungsverhalten steuert das Leseverhalten

Die wichtigste Aufgabe der Typografie ist das übersichtliche Darstellen des Inhaltes mit verschiedenen Ordnungshilfen. Die hauptsächlichsten Gliederungsprinzipien sind sich die Leser seit jeher gewohnt: Wir lesen nun mal von oben links nach unten rechts; diese Gewohnheiten dürfen wir nicht einfach übersehen. Auch wissen wir aus empirischen Untersuchungen, wie Printprodukte konsumiert werden. Einer bestimmten Anzahl von Lesern zum Beispiel zog man eine Spezialbrille über, welche die Augenbewegungen festhalten kann. Den Probanden wurden eine ganze Reihe von Zeitungsseiten zur Betrachtung vorgelegt. Ohne wissenschaftlichen Anspruch sind in der Abbildung unten die wesentlichen Erkenntnisse wiedergegeben.

Sich orientieren und lesen ist nicht dasselbe

Es gilt klar zwischen Orientierungs- und Leseverhalten zu unterscheiden. Jeder Leser orientiert sich auf der Seite, jedoch längst nicht alle lesen den unscheinbarsten Artikel und bilden sich dazu eine Meinung. Das Orientierungsverhalten sagt etwas aus über die Beziehung des Lesers zur grafischen Gestaltung und zur Aufmachung, das Leseverhalten etwas über die Beziehung zwischen Leser und Inhalt.

Welchen Part übernimmt nun die Typografie in diesem Wechselbad? Damit ein Text überhaupt gelesen wird, muss als erstes die Aufmerksamkeit geweckt werden. Das geschieht mit «ins Auge springenden Elementen», vor allem mit Titeln und Bildern. Wo eine leserfreundliche Typografie vorliegt, orientiert sich der Leser schneller, und die Bereitschaft zu lesen wird verstärkt. Eine trostlose «Textplantage» animiert weniger einzusteigen, sie verlangt mehr Intellekt. Jeder Titel muss durch das Auge «gescannt» werden, der Einstieg in den Text erfolgt vorwiegend über das Denkvermögen.

Mittels einer guten Typografie wird die Hemmschwelle des Einstiegs in den Artikel gesenkt. Wie hoch sie allerdings liegt, hängt von vielen Faktoren ab. So wenig wie es statistische Einheitsleser gibt, so wenig gibt es die statistisch richtige Typografie. Menschen unterscheiden sich durch eine Vielzahl von Faktoren: Herkunft, Bildung, Alter, Geschlecht, soziales Umfeld, Einstellung usw. Jeder Leser und jede Leserin wird also ein typografisches Produkt individuell beurteilen und darauf reagieren.

Dass die Typografie das Leseverhalten steuert, ist unbestritten. Wie weit aber qualitative Aussagen darüber gemacht werden können, wird wohl immer im dunkeln

Die Betrachtungseinheit bei einem Buch, einer Zeitschrift oder bei einer Zeitung ist immer die Doppelseite.

Der Einstieg in eine Doppelseite erfolgt immer über ein Bild (1). Das Bild stellt also den wichtigsten Blickfang dar.

Nach dem Bild werden häufig die Bildlegenden (2) gelesen.

Jetzt erst geht der Blick auf die Haupttitel (Aufmacher) und gleitet über die kleineren Titel (3).

Erst dann kommt der Einleitungstext oder Lead (4) dran, der eine Zusammenfassung oder das Wichtigste des Artikels beinhaltet.

Am Schluss folgt der Einstieg in den Text (5).

Hurenkind

bleiben.

Ob der Artikel, das Inserat oder irgend ein beliebiges Produkt schliesslich gelesen wird, hängt auch von anderen Faktoren ab. Es ist der Nutzen oder die persönliche Betroffenheit, die das Produkt mit sich bringt. Eine Teppich-Liquidation interessiert grundsätzlich nicht, wenn gerade kein Teppich gebraucht wird. Da kann die Typografie noch so schön sein. Je grösser die Betroffenheit, desto grösser wird das Interesse.

Die Leseführung

Gute Gestaltung erlaubt, Wichtiges von Nebensächlichkeiten zu trennen und soll den Leser animierend durch das «Programm» führen. Verschiedene Gliederungselemente werden dabei als Orientierungshilfen eingesetzt; ab Seite 147 werden die wichtigsten näher vorgestellt. Es muss unser Ziel sein, ein flüssiges Lesen und Betrachten der Seite zu ermöglichen. In der Buchtypografie ist dies meist gegeben, der Text führt von links nach rechts und von oben nach unten.

Bei Akzidenzdrucksachen oder im mehrspaltigen Layoutbereich wird es komplizierter: Wo liest man weiter, wenn der Titel nicht am Anfang steht, wenn die Textspalte von einem zwischengeschalteten Element (z. B. Zitat) unterbrochen wird oder wenn der Artikel im Magazin von einer eingeschobenen Beilage unterbrochen wird?

Eine gekonnte Typografie erkennt man unter anderem auch am Fehlen von *Waisenkindern (Schusterjungen)* und *Hurenkindern*. Beide typografischen Sünden sind aus Gründen der Lesbarkeit und Ästhetik zu vermeiden. Waisenkind nennt man die erste Zeile eines neuen Abschnittes am Schluss einer Spalte (sie wirkt verloren). Hurenkind nennt der Typograf die Ausgangszeile eines Abschnittes am Beginn einer Spalte (er meint damit, es handle sich um einen «Fehltritt»). Auf der linken Spalte sind die beiden Umbruchfehler grau markiert.

Waisenkind/Schusterjunge

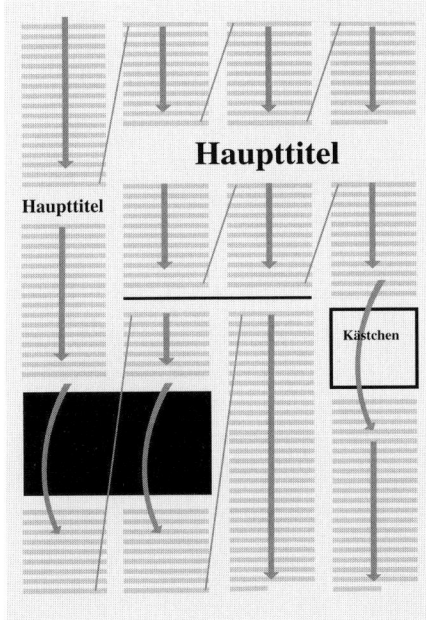

1

2

3

1 Umbruchregeln dienen der Leseführung. Die Regel vom Textfluss: Titel und Linien führen das Auge auf die nächste Spalte. Hingegen wird über Kästchen und Bilder hinweggelesen.

2 Eine Seite aus der «NZZ». Umbruch mit verschachtelten Artikeln. Eine beliebte Anwendung vor allem bei mehrsprachigen Layouts.

3 Beim «Tages-Anzeiger» herrscht der Blockumbruch. Jeder Artikel ist in sich rechteckig abgeschlossen.

Über die Wirkung der Typografie

Wir haben gesehen, wie die Typografie das Orientierungsverhalten steuert. Jetzt wollen wir uns mit der generellen Wirkung befassen, welche die Gestaltung auslöst.

Holen wir etwas aus und rufen wir uns alltägliche Denkmuster oder Wirkungsmechanismen in Erinnerung. Ein Beispiel: Man nenne ein paar Musikinstrumente wie Klavier, Geige, Cello, Oboe und frage: Mit welcher Musikrichtung assoziieren wir die Instrumente? Sie werden sofort antworten: mit klassischer Musik. Auf Saxophon, Trompete, Schlagzeug werden Sie mit Jazz oder Swing antworten. Die Instrumente sind in der Lage, im Gehirn «Bilder» abzurufen, es findet eine automatische Verknüpfung mit den verlangten Musikrichtungen statt. Unser bildliches Gedächtnis arbeitet dauernd mit solchen Verknüpfungen. Schon das Kleinkind lernt: Feuer = heiss = weh tun = nicht hinlangen. Auf die Frage: Was stellen Sie sich unter dem Begriff «Karibik» vor, werden viele antworten: Sonne, Sand und Palmen.

Wir werden von klein auf so konditioniert, dass wir ein bestimmtes Sozialverhalten an den Tag legen. Wir haben in unserem Umfeld gemeinsame Erfahrungen, die uns prägen und die unsere Wahrnehmung vom Bild unseres Lebens «gleichschaltet». Es gibt also einen gemeinsamen Geschmack! Kann man denn behaupten, ein Druckerzeugnis sehe gut oder schlecht aus? Oh, ja!

Unsere Welt lebt von Trends und Stilrichtungen, welche die Typografie prägen und beeinflussen. Altes aus den 40er Jahren wird ausgegraben und neu aufgelegt. Bauhaus, Dadaismus und andere Strömungen haben Hochkonjunktur. Selbstverständlich steht es jedermann frei, eine eigene Meinung über gut/schlecht, passend/unpassend, abstossend/lesenswert zu bilden. Wer gestaltet, muss sich vorstellen, wie die Botschaft auf das Zielpublikum wirken wird. Eine Beurteilung der Arbeit von zweiter oder dritter Seite aus dem Bekanntenkreis gibt meistens eine erste Antwort darauf.

Grundsolides Handwerk oder Pröbelei?

Wie auf dem Gebiet der Musik oder auch der Architektur gibt es in der Typografie bewahrende und avantgardistische Kräfte. Die Traditionalisten schimpfen auf alles Neue – was nicht mindestens vor zig Jahren erfunden und geschaffen wurde, gilt als minder, alles Sperren und Verziehen ist tabu. Allein die Wertvorstellungen aus der guten alten

Bleisatzzeit werden hochgehalten. Manch ein Experte sperbert mit der Lupe auf das Druckgut, um winzige Details zu bemängeln, die höchstens unter Fachleuten erkannt werden können. Da sei nochmals die Frage nach der Leserschaft gestattet: Wer betrachtet Druckprodukte mit der Lupe und genormtem Tageslicht von 5000° Kelvin?

Auf der anderen Seite finden wir die Pröbler: Wilde Kombinationen sind angesagt, kein optisches Gesetz vermag der Experimentierlust Einhalt zu gebieten. Feine Schriften auf wilden Hintergründen, da wird gezerrt und gestaucht, seitenweise Grossbuchstaben und Blocksatz bei 20 Buchstaben pro Zeile, alles was auffällt, gefällt.

Weder das eine noch das andere – extrem ausgelebt – führt uns weiter, typografischer Fundamentalismus nützt niemandem. Ein gesunder Mix zwischen alten Werten und neuer Gestaltungsfreude, abgestimmt auf das Zielpublikum und den Zweck der Drucksache, ist ein guter Weg. Als Basis dient eine grundsolide, währschafte Typografie. Ohne diese Grundlagen liegt die «Haute Couture» in weiter Ferne. Ein schlechtes Konzept und eine schlechte Gliederung können auch durch eine raffinierte Effekthascherei nicht wettgemacht werden. Vermatschte Spaghetti schmecken auch mit dem besten Sugo nicht, oder?

Es gibt «Gestaltungsregeln», Proportionen oder Rhythmen, die in der Natur, Architektur oder auch Musikwelt vorkommen, Harmonien oder Dissonanzen, über die sich niemand hinwegsetzen würde. Optische Täuschungen etwa können nicht einfach ignoriert werden. Auch in der Typografie finden wir «Gesetze» und Regeln wie Proportionen, Abstufungen, Kontraste, Farben usw.

Typografische Botschaften

Die Typografie ist in der Lage, eine Wertvorstellung zu transportieren. Bei der personalen Kommunikation ist es der Tonfall, der mitschwingt und Wichtiges mitteilt. Im Text liest man oft «zwischen den Zeilen» – alles nebenbei. Die Gestaltung transportiert ebensolche Werte: verschwenderisch bei luxuriösen Broschüren, schluddrig bei fehlerhaften Werbeangeboten, unprofessionell bei x-fach fotokopierten, schlecht lesbaren Preislisten usw. – ganz unterschwellig. Die Typografie wirkt wie ein Filter, welcher die entsprechende Erwartungshaltung weckt. Ein typografischer Boulevardstil (dicke, grosse Schlagzeilen, rot unterstrichen mit kleinen Texten) transportiert Werte wie oberflächlich, reisserisch, unseriös, einseitig, unterhaltsam, kurzweilig. Das lächelnde, wohlproportionierte Bikini-Mädchen auf dem Ferienkatalog macht einer Männerwelt glauben, hier bestünden die besten Eroberungschancen.

Die Wahl von Papier und Format trägt ebenfalls viel zur Wirkung bei. Lappige Papiere oder Umweltschutzpapiere wirken grundsätzlich anders als hochweiss gestrichene. Zurzeit wird die Liebe zum Papier wieder neu entdeckt. Das ökologische Bewusstsein hat in der hochweissen Einheitspapier-Welt die rezyklierten Sorten wieder designfähig gemacht.

1

Jetzt an Ihrem Kiosk:

Seit Jahren hält Felix Rosenberg die PTT-Leitung besetzt: Bitte aufhängen.

Salär-Service: In der Abstiegsrunde schaffen die meisten Schweizer nicht einmal den Teuerungsausgleich.

Geschenke, mit denen 12 Manager am Heiligen Abend auf die Welt kommen.

Finanzplanung 94 für die ganze Familie.

Unser Mann des Monats ist ziemlich weit hergeholt: ABB-Fernost-Chef Alexis Fries.

Helmut Thoma steigt durchs Schweizer Fenster ein und raubt Antonio Riva den Schlaf.

Als Roger Schawinski seine Wellenlänge noch mit einem simplen Megaphon verbreitete: Das Jahr 1968 an der Hochschule St. Gallen.

Toys 'R' Us treibt Franz Carl Weber & Co. die Kinder ab.

Fettabsauger Peter Meyer-Fürst ist im Face-Lift nach unten.

Die Markenartikel sind falsch gewickelt: Selbst Pampers geht in die Hosen.

Aus dem Inhalt der Dezember-Ausgabe der BILANZ, des Schweizer Magazins für Politik und Wirtschaft.

BILANZ

2

Mit Lufthansa Qualität in die USA und Karibik: Extra-Vergnügen extra günstig.

Lufthansa

3

Billi TOP-DISCOUNT

4

Das Meisterband gestaltete... Schreibgeräte von Caran d'Ache

CARAN d'ACHE GENÈVE — SWISS MADE — Since 1924

5

Leasing macht Kunden kurzentschlossen

6

Der private Gestaltungsplan als Problemfalle
- Er hebt die gültigen kommunalen Baugesetze auf
- Öffnet Schleusen und Tore für Bauherrschaften
- Kann zu enormen Baukuben führen
- Die Verantwortung der Bauherrschaft hört an den Grenzen der Baugrundstücke auf
→ Potentielle Opfer sind alle Zürcher(innen)!

Beispiel Gauss-/ Stierli-/ SBB-Areal
- 67 Meter hoher Büroturm verschandelt ganz Seebach
- 210 Meter lange geschlossene Gebäudefront, direkt an der Grundstücksgrenze
- Verkehrschaos auf der Schaffhauserstrasse (auch für Fussgänger und Schulkinder)
- Unterdimensionierte 270 Parkplätze führen zu massivem Suchverkehr
- Verkehrserschliessung: Kosten in unbekannter Höhe für Steuerzahler(innen)
- Abschnitt der Frischluftzufuhr eines ganzen Quartierteils und nicht abschätzbare Schadstoffkonzentrationen
- Bauherrschaft ignoriert die schutzwürdigen Interessen der Bevölkerung in den umliegenden Wohngebieten
→ Das Bauvorhaben sprengt in der geplanten Form jeden vernünftigen Rahmen
→ Leidtragende Opfer sind wir Seebacher(innen)!

Darum: Lehnen Sie am 28.11.1993 den privaten Gestaltungsplan Gauss-/ Stierli-/ SBB-Areal ab!

Wenn wir jetzt nichts unternehmen, wird ein Exempel statuiert, das Auswirkung für die ganze Stadt Zürich hat.

Eines Tages könnte es auch Sie treffen!

7

Englisch-Abendkurse

für die Einwohner von **Langnau am Albis** und Umgebung

Neu:

Für jedermann und jedes Alter
Für die Freizeit und den Beruf

Englisch für Anfänger

EUROCOM Sprachen
Bahnhofstrasse 23
6301 Zug

8

Baggenstos Büro-Markt cash & carry — Ausgabe Dezember 93

Brandneu! IBM PS/1 — 2890.-
NEU: HP DeskJet 310 das tragbare Farbwunder — 490.-
Verrückt genial: CombiPhone AMADEUS — 798.-

Preis-Hits von: butec, Canon, Dictaphone, EPSON, Hewlett Packard, IBM, IDEAL, LANIER, LEXMARK, LOGITECH, Panasonic

Baggenstos Büro-Markt

9

11

13

14

1 Eine Zeitungsanzeige, die für eine Magazinausgabe der Bilanz wirbt. Es ist nötig, Zeit aufzuwenden, den Witz der Titel zu begreifen. Zu hinterfragen: Wäre weniger mehr?

2 Die Lufthansa wirbt mit einem Sujet, welches «Erlebnis» vermittelt. Das Bild transportiert Emotionen, wie kein Text es könnte.

3 Beim Billi-Flugblatt stehen die Produkte und deren Preise stark im Vordergrund. Damit verbunden ein Sparappell an den Konsumenten. Viele Grossverteiler operien mit ähnlicher Typografie.

4 Verkaufsprospekt eines Papeteristen. Ziel und Zweck ist gleich wie beim Billi-Plakat. Ein anderes Zielpublikum in höherem Preissegment verlangt eine gediegenere Gestaltung.

5 Die Headline-Typografie biedert sich dem Boulevard-Stil an: «Bitte nicht lange überlegen – handeln.» Wirkt recht reisserisch. Typografische Katastophen sind das Verziehen der Schriften und die grossen Zeilenabstände.

6 Als Negativbeispiel eine Gestaltung Marke «do it yourself». Eine Gliederung fehlt, deshalb ist der visuelle Einstieg erschwert. Unsorgfältige Aufmachung stösst auf Ablehnung.

7 Schriftensalat. Unruhe und gegenseitige Konkurrenzierung. Wirkt sehr unprofessionell.

8 Verkaufsorientierte Gestaltung. Preisangebote, Stopper und Bildelemente vermischen sich zu einem aggressiven Pot. Die visuellen Reize folgen sich Schlag auf Schlag. Zuviele Schrägen und Achsen machen den Flyer unruhig und wirr.

9 Der klassische Boulevard-Stil vermittelt Sensation. Diese Darstellungsform wird bewusst angewendet.

10 Eine Seite aus dem Magazin «NZZ Folio». Klassische Typografie wird kaum durch visuelle Reize aufgemotzt. Verlangt werden Zeit und intellektuelle Fähigkeiten.

11, 12 Grafiken in kontrastreichen Farben kommunizieren modern, frech und ungewöhnlich. Leider kommt die Botschaft nicht durch. Konservative Leser fühlen sich hier wahrscheinlich weniger angesprochen.

13 Das Zielpublikum des Jazzfestivals Montreux verlangt nach optischen Reizen, die auch in der Musik und im Fernsehen auf Videoclips zu sehen sind. Pop-Art lebt vom Schriftsalat und kommt speziell bei Jungen gut an.

14 Die klassisch-moderne Magazintypografie, hier aus «Globo», welche mit Bild- und Textelementen arbeitet, findet bei einem breiten Publikum Anklang.

Rahmenbedingungen

Corporate Design

Unter dem Begriff Corporate Design (CD) wird heute ein formales Konzept verstanden, welches sämtliche Designaspekte eines Unternehmens zu einem starken, wiedererkennbaren Auftritt vereinigt. Neben dem visuellen Erscheinungsbild gehört alles Tast-, Hör- und Riechbare dazu: Architektur, Innenarchitektur, Möblierung, die Bemalung von Geräten und Maschinen, Wandschmuck, der Anzug des Aussendienstmitarbeiters, Musik und das Duftlämpchen im Empfangsraum.

Dem Corporate Design kommt Signal- und Transportfunktion zu. CD ist deshalb so wichtig, weil es neben dem Verhalten der Mitarbeiter die einzige Möglichkeit eines Unternehmens darstellt, zu kommunizieren.

Corporate Design ist ein Teilaspekt der gesamtheitlichen Corporate Identity (CI). Mit CI meint man heute ein Konzept, die Unternehmenskultur permanent zu steuern – im Sinne eines dauernden Prozesses – nicht eines Zustandes. CI bedeutet die Möglichkeit, die Interessen der Mitarbeiter in die Interessen des Unternehmens zu integrieren. Die «Identity» äussert sich in der Unternehmenskultur. Gemeint ist die Lebenswelt, die gegenseitige, unbewusste oder bewusste Beeinflussung der Mitarbeiter.

Es sind Denkmuster, Wertvorstellungen und Urteile, die durch die tägliche Praxis langsam entwickelt wurden und die im Denken, Sprechen und Handeln zum Ausdruck kommen. Meist sind es vertraute Selbstverständlichkeiten wie das freundliche «guten Morgen», das Lachen der Sekretärin, «bitte» und «danke» am richtigen Ort, die das Betriebsklima, die Atmosphäre und das Wir-Gefühl ausmachen und die genauso wie gutes Design nach aussen und innen imagebildend wirken. Soweit in aller Kürze zum Begriff der Corporate Identity.

Das visuelle Erscheinungsbild

In diesen übergeordneten Prozessen erhält das visuelle Erscheinungsbild seinen korrekten Platz: Man darf es weder über- noch unterbewerten. Professionell gemacht, ist es für die Wiedererkennbarkeit von grosser Bedeutung, vor allem, wenn das Unternehmen in der Öffentlichkeit steht. Das trifft bei vielen Unternehmen zu, im Konsumgüter- und Investitionsgüterbereich, in der Textilindustrie oder bei Luxuswaren – einfach überall da, wo Konsumenten sich mit einer Marke identifizieren oder Firmentreue zeigen. Infolge der ständig wachsenden Reizüberflutung ist der einheitliche Auftritt besonders wichtig – vorausgesetzt, er wird mit einer gewissen Präsenz in den Medien umgesetzt. Das einheitliche Design ermöglicht dem Konsumenten in hohem Mass ein rasches Wiedererkennen.

Für Firmen, die weniger im Rampenlicht stehen, ist das Design leider eher eine Randerscheinung. Es sei in erster Linie die Marktleistung, die zähle. Mit Leistung verdiene der Unternehmer, mit einem schönen Erscheinungsbild werde erst mal Geld ausgelegt. Niemand gewährleiste, dass damit auch mehr Gewinn herausschaue. Darauf gibt es nur eine Antwort. Alles Charaktersache. Das gepflegte Erscheinungsbild ist vergleichbar mit dem persönlichen Auftritt. Welchen Eindruck hinterlässt wohl der unrasierte Verkäufer im zerbeulten Anzug, der zigarettenrauchenderweise und knoblauchstinkend Fotokopiergeräte verkaufen möchte? Kommentar überflüssig.

In der Unternehmenslandschaft gibt es alle Schattierungen der Umsetzung von Corporate Design. Vom Einzelunternehmer, der gar nichts darauf hält und wenig davon versteht bis hin zum Grosskonzern, der den visuellen Auftritt nicht dem Zufall überlässt und bis ins letzte Detail vorschreibt, wie Kommunikation auszusehen und stattzufinden hat.

Ein CD Manual regelt die wichtigen Aspekte des visuellen Auftrittes. Das CD Manual des Sanitärunternehmens Geberit in Rapperswil ist ordnerdick und beinhaltet neben Vorlagen mit Logos in verschiedenen Grössen auch Farbmuster und Blindtext. Die einzelnen Kapitel:

Einführung
Leitbild
Schriftzug
Grundschrift
Typoraster
Briefschaften
Strategische
Geschäftsfelder
Publikationen
Werbung
Stellenanzeigen
Gelegenheitsanzeigen
Periodika
Signaletik
Fahrzeugbeschriftung
Verpackungen
Produkteauszeichnungen
Schriftmuster
Farbmuster

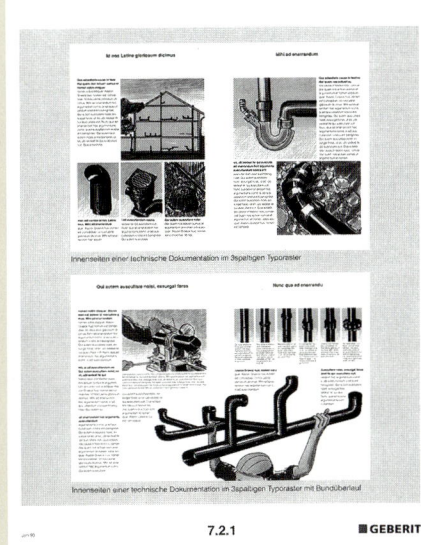

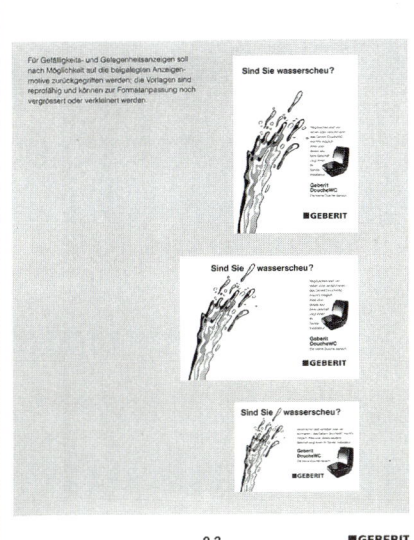

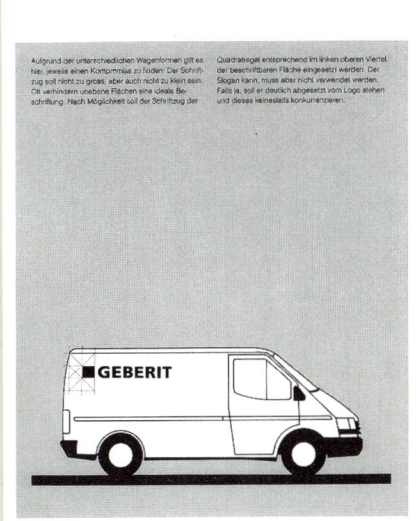

Corporate Design

Das Corporate Design Manual

Unter einem CD Manual versteht man verbindliche Gestaltungsrichtlinien für den visuellen Auftritt in der Öffentlichkeit und bei Mitarbeitern. Diese Gebrauchsanweisung richtet sich an alle gestalterisch Tätigen, welche den Auftritt tragen: Gestalter, Typografen, Grafiker, Texter, Fotografen, Übersetzer, Drucker und alle anderen in diesem Prozess eingebundenen Berufe. Nach der theoretischen Definition müssten alle tast-, riech- und fühlbaren Dimensionen im Design Manual ihren schriftlichen Niederschlag finden, was in der Praxis nicht so ist. Offenbar sind die gedruckten visuellen Reize am stärksten reglementierbedürftig, weil sie durch die Verbreitung der Massenmedien ein grosses Publikum erreichen.

Ein Manual kann auf einem Blatt A4 die wichtigsten Vorschriften festhalten, aber auch ordnerdick, mehrsprachig gedruckt und gebunden daherkommen. Ganz nach der Gösse und der Tätigkeit des Unternehmens werden nicht nur Aspekte der Druckindustrie behandelt; auch Aussenwerbung, Leuchtreklamen, Firmenwagen müssen berücksichtigt werden. Folgende Aspekte sind im CD Manual festgehalten: Einleitend ist meistens die Unternehmenspersönlichkeit mit einem Leitbild umrissen. Es folgen Hinweise über Ziel und Zweck des Manuals. Dann ist der Einsatz von Firmenlogos und Schriftzügen geregelt, die Typografie generell, Schriften, Farben oder die möglichen Bedruckstoffe.

Je nach der Ausgestaltung des Manuals sind einem Gestalter mehr oder weniger die Hände gebunden. Im Sinn des Firmenimages ist dies auch gut so. Wo das Manual allzuviele Vorschriften erlässt, besteht jedoch die Gefahr, dass sie von allen möglichen Anwendern nicht beachtet werden. Ein gutes Manual soll keine gestalterische Zwangsjacke darstellen. Ich habe schon Manuals gesehen, die – bar jeglicher Vernunft – den Satzspiegel eines Prospektes auf Eintausendstelmillimeter festlegten. In einem anderen Beispiel fand ich Vorschriften über die Gestaltung von Korrespondenzbriefen: Ob die 1-Zeilenschaltung oder die 1½-Zeilenschaltung angewendet wird, trägt wenig zum Erscheinungsbild bei.

Im internationalen Umfeld gibt es nationale Eigenheiten, welche man berücksichtigen sollte. Zuviel Reglementierung kann auch schaden, vor allem, wenn das ganze Manual als unpraktikabel und dilettantisch beiseite gelegt wird.

Die Freiheiten der Gestalter

Sich in einem eng abgesteckten Gestaltungsrahmen bewegen zu müssen, ist mitunter recht frustrierend. Die modernen Möglichkeiten, mit einem Computer Drucksachen frei zu gestalten, sind zu verlockend. Dennoch sind die Vorschriften, wo sie bestehen, als zwingend anzusehen, und die einzelne Arbeit hat sich dem ganzen Erscheinungsbild unterzuordnen.

Freiheiten sind noch genug vorhanden: Der Stil der Bilder, Verfremdungen, Format, Falzart, Schriftabstufungen, Schriftwahl, Laufweite oder das Layout einer Publikation lassen Räume offen, in denen sich's gut leben lässt.

Das Zielpublikum ist «Kunde» und der Kunde ist König

Obwohl es den einheitlichen Geschmack nicht gibt, ist es doch angebracht, sich intensiv mit dem Zielpublikum zu beschäftigen. Leserinnen und Leser sind nach vielerlei Kriterien zu unterscheiden, im «Soziologendeutsch» heissen die Kriterien soziodemografische Merkmale.

Menschen unterscheiden sich demnach nach Alter, Geschlecht, Herkunft, Konfession, Wohnort, Bildung, Zivilstand und sozialer Stellung.

Für den Gestalter könnten auch die vier Temperamentsmerkmale wichtig sein: Sanguiniker, Choleriker, Athletiker und Phlegmatiker.

Andere Kriterien unterscheiden nach der Verhaltensebene: Berufstätigkeit, Ess- und Trinkgewohnheiten, Hobbies, Konsumverhalten.

Eine weitere Ebene setzt sich mit der Einstellung, Weltanschauung, mit Visionen und Ansichten auseinander.

«Was geht das mich an?» werden Sie sich fragen. Ziemlich viel. Jeder Autor hat den Wunsch, sein Gedankengut zu verbreiten und sein Geld möglichst zielgerichtet und rationell einzusetzen. Manchmal gelingt das besser, manchmal weniger gut.

Die Typografie übernimmt dabei die Transportfunktion; es muss erklärtes Ziel jedes Gestalters sein, die Streuverluste auf ein Minimum zu beschränken. Dazu gehört das Sich-Hineinversetzen in das Publikum. Autoren versuchen z. B., einen hochkomplexen Sachverhalt in einfache Sätze zu kleiden, damit sie einer breiten Leserschaft mit unterschiedlicher Bildung zugänglich werden. Auf der gestalterischen Umsetzungsebene braucht es noch mehr Sensibilität und Einfühlungsvermögen als beim Schreiben, weil vieles «über den Bauch» funktioniert und nicht allein über den Kopf.

Oft ist es schwierig, das Zielpublikum zu erkennen, weil der eigentliche Gestaltungsvorgang zu weit weg vom Autor stattfindet. Oft kommt es vor, dass ein vielschichtiges Publikum angesprochen werden soll – z. B. bei politischen Abstimmungsvorlagen –, was die Umsetzung vielfach auf eine einfache Gestaltung nivelliert. Drei Beispiele sollen die Auseinandersetzung mit dem Zielpublikum verdeutlichen: Zielpublikum «alt», «jung», «Frau».

Wie finde ich mein Publikum?

Die Einteilung der Leserschaft ist nie ganz eindeutig klar. Sogar innerhalb einer schmalen Zielgruppe gibt es immer noch gewaltige Unterschiede. Zum Beispiel «Männer». Davon gibt es softe Typen, eiskalte Rechner, selbstgefällige Machos, Mitläufer und Führernaturen, Väter und viele andere «Naturen» mehr. Nun, allen Leuten recht getan, ist eine Kunst, die niemand kann… Es kommt jedoch darauf an, den «typografischen Streuverlust» möglichst klein zu halten. Nachstehend drei Beispiele, wie die Gestaltung massgeschneidert wird.

Zielpublikum «alt»

Alte Leute sind für verschiedene Absender interessant: Medikamente und Heilmittel finden heute durch Mailings und Inserate ihren Weg zum Käufer, der Anteil der alten Leute an der gesamten Bevölkerung steigt, es wird immer mehr Drucksachen für ältere Leute geben, in der politischen Meinungsbildung spielen sie eine bedeutende Rolle. Wie konsumieren ältere Leute Druckerzeugnisse, und welche Eigenschaften sind ihnen gemeinsam? Solche Fragen helfen bei der Gestaltung weiter. Im Wissen, dass viele Alte Sehschwächen aufweisen, ist es ein Gebot, gut lesbare Schriften zu wählen, also markante Strichstärken in grossen Schriftgraden, 10, 11 oder gar 12 Punkt. Kontrastmindernde, farbige Hintergründe sind ebenso untauglich wie magere, feine Schriften. Die typografische Gliederung soll klar und einfach sein, und die optimale Lesbarkeit gilt es besonders im Auge zu behalten.

Zielpublikum «jung»

Junge sind sich alle möglichen Sehreize gewohnt. Fernsehen, Videoclips, Computerspiele und anderes machen eine schnelle Bildabfolge zum Aufnahmestandard. Visuelle Action und Dynamik sind Reize, die ankommen. Eine auf dieses Zielpublikum ausgerichtete Gestaltung arbeitet vorzugsweise mit Bildern, unterstützt durch einfache, nicht wissenschaftliche Texte. Die Schriften dürfen schreierisch aufgemacht werden, ansonsten sie Gefahr laufen, in der täglichen Reizüberflutung nicht beachtet zu werden.

Zielpublikum «Frau»

Wie denken und handeln Frauen? Welche Charaktereigenschaften unterscheiden sie von Männern? Eine äusserst differenzierte Angelegenheit! Am ehesten ziehen wir Beispiele aus der Kosmetikbranche zu Rate: Begriffe wie sanft, weich, zärtlich, behutsam können wir durchaus damit in Verbindung bringen. Typografisch umgesetzt bedeutet dies: Verwendung von Pastellfarben, weiche und runde Schriften, softe Bilder und weiche Übergänge. Die Reinigungsindustrie setzt auf Kraft und Farben; da sind plakative Schriften und grelle Töne vorherrschend.

Der Verwendungszweck beeinflusst die Gestaltung

Die Frage nach dem Gebrauchswert steht hier im Vordergrund. Bedrucktes Papier ist zwar geduldig, wandert jedoch relativ rassig in den «runden Ordner» unter dem Schreibtisch. Bedrucktes Papier erfüllt verschiedenste Zwecke: Es dient der Sachinformation, Belehrung und Aufbewahrung, unterhält oder dient als Nachschlagewerk. Der Gebrauchszweck bestimmt die Gestaltungsaspekte Format, Papierwahl, Bild-/Textverhältnis, Druck- und Bindetechnik.

Produkte mit bewahrendem Charakter sind für einen längeren Zeitraum angelegt – typische Vertreter dieser Gattung sind Bücher. Sie füllen oft jahrelang die Regale und sollen auch nach mehrmaligem Gebrauch noch ansehnlich sein. Man hat also ein Papier zu wählen, welches nicht sofort vergilbt.

Wenn die Drucksache reinen Informationscharakter hat, wie es zum Beispiel bei Zeitungen oder Zeitschriften der Fall ist, so ist der Vergilbungseffekt nicht zu beachten. Heute lesen, morgen in den Müll.

Bei Nachschlagewerken aller Art ist die Bindeart entscheidend. Beim Telefonbuch kommt nur eine starke Bindung in Frage, weil das Werk auch in öffentlichen Kabinen stärksten Belastungen standhalten soll. Zudem ist dünnes, strapazierfähiges Papier gefragt. Ein Computer-Handbuch wird anders genutzt – es muss im Format klein sein, da es neben dem PC Platz finden soll, es muss im geöffneten Zustand flach liegen, eventuell sollen die Seiten sogar umgelegt werden können. Daher sind häufig Spiralheftungen anzutreffen.

Bei Werken oder Zeitschriften mit hohem Bildanteil steht häufig das Format im Vordergrund. Je grösser das Format, desto gewaltiger der Bildeindruck. Als Briefmarke gestaltet, kann ein Bild niemals dieselbe Wirkung entfalten wie auf einer Doppelseite A3.

Ein anderer Aspekt ist die Archivierung. Wenn eine Aufbewahrung gewünscht ist – das trifft auf alle Verkaufsunterlagen oder Firmenprofile zu –, darf sich der Gestalter aus Gründen der Auffälligkeit nicht leichtfertig über die Ablagemöglichkeiten hinwegsetzen und übergrosse Formate produzieren, die in kein gebräuchliches Ablagesystem passen. Viele dieser Systeme, wie Bundesordner oder Hängeregistraturen, gründen auf den DIN-A-Formaten.

Zur Ökonomie: Ästheten neigen dazu, ihren Job gut zu machen und eine perfekte Gestaltung zu pflegen. Trotz dieser löblichen Einstellung sollten wir die wirtschaftlichen Aspekte nicht ausser acht lassen. Ich bin mir bewusst, dass ich damit bei Fachleuten in ein Wespennest steche. Pflege der Typografie ist immer ein verkaufbares Verhältnis von Aufwand und Ertrag. Es ist kein Problem, eine Umzugsanzeige zu entwerfen und daran vier Wochen zu arbeiten – schon eher, diese Arbeit zu Vollkosten für einen Monatslohn an den Kunden zu bringen. Mit anderen Worten: soviel ist die Gestaltung der Karte in der Regel gar nicht wert. Schon oft habe ich erlebt, dass (angestellte) Gestalter – frei von jeder Kalkulation – die schönsten Ergüsse produzieren und den Verkauf jemandem anderen überlassen. Bei Freischaffenden ist diese Gefahr weniger gross.

Typografie «findet» in nahezu allen Lebensbereichen «statt». Neben der gestalterischen Seite kennt jedes Produkt einen Nutzwert.

Lesedistanz, Zeitfaktor und Umfeld sollen berücksichtigt werden.

Qualitätsaspekte

Über Qualität gibt es ganz verschiedene Ansichten. Ganz besonders über die typografische Qualität lässt es sich ebenso gut diskutieren wie über Musik oder Malerei, was nicht heissen will, dass man die Diskussion darüber meiden sollte.

Ganzheitliche Qualität

Bei Druckprodukten können wir verschiedene Merkmale heranziehen, um Qualität zu definieren. Die Qualität der Botschaft steht ausserhalb des Einflussbereichs eines Typografen. Auf Druck- und Bindetechnik kann der Gestalter wenig Einfluss nehmen und schon gar nicht auf die Menschen, die das Zwischenprodukt zu fertigen Duckerzeugnissen weiterverarbeiten. Die gestalterische Qualität liegt eingebettet inmitten anderer Fertigungsstufen und darf niemals allein beurteilt werden. Auf die Leser wirkt nicht allein der gestalterische Wert, es ist die Summe der Einzelqualitäten, welche als Ganzes eine Wirkung nach aussen trägt. Ein schön gestaltetes Buch, bei welchem die Seiten in der falschen Reihenfolge erscheinen, ist nutzlos. Hervorragende Farbbilder wirken auf grauem Umweltschutzpapier stumpf – die ganze künstlerische Arbeit des Fotografen wird entwertet.

Qualitätslevel

Es sind vor allem wirtschaftliche Gründe, welche eine verkaufbare Qualität erfordern. Nach dem Gebrauchswert ergeben sich hohe, mittlere und niedrige ästhetische Qualitäten, wobei die drei Abstufungen willkürlich gewählt sind. In der Praxis sind sie fliessend und hängen von der Erfahrung und vom Können der Macher ab. Was unterscheidet typografische Qualitäten voneinander?

Eine hohe Qualität zeichnet sich aus durch eine fehlerlose deutsche Sprache, Einhalten sämtlicher Umbruchregeln, Einsatz von einwandfreien Schriften, Pflege der Mikrotypografie und fantasievolle, auf Zielpublikum und Zweck abgestimmte Gliederung. Sie hält einer genauen Überprüfung durch ein Fachgremium stand. Zum Betrachten ein Genuss! So quasi die Bearbeitung mit dem typografischen Feinschleifpapier. Produkte in diesem Segment sind imagetragende Produkte wie Kunstbücher, Jahresberichte, Briefschaften oder luxuriöse Verpackungen.

Die mittlere Qualität zeichnet sich aus durch eine ordentliche Gliederung, macht jedoch schon kleine Abstriche bei der Mikrotypografie, die allgemeine Gestaltung ist zwar recht, aber nicht hinreissend. Produkte mit Informationscharakter: Zeitungen, Zeitschriften, Mailings, Gelegenheits- und Stelleninserate.

Ein bekanntes Phänomen: Man gestaltet, gestaltet, gestaltet und kommt nicht vom Fleck – es wird nicht besser.

Wenn «Treten an Ort» festgestellt wird, gibt es eine Lösung: Lassen Sie den Entwurf los und beginnen Sie von vorn.

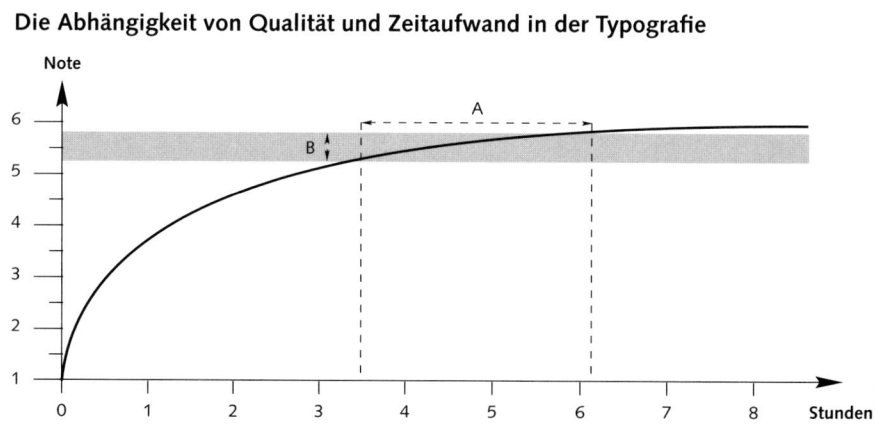

Die Abhängigkeit von Qualität und Zeitaufwand in der Typografie

Der zeitliche Korrekturaufwand (A) steht vielfach in einem Missverhältnis mit der typografischen Verbesserung (B). Gestaltung muss wirtschaftlich verkaufbar sein.

Billigqualität kommt dann zum Tragen, wenn es schnell gehen muss und nichts kosten darf. Etwa bei Flugblättern, Handzetteln, einfachen Mailings usw. Hier ist häufig die Bild- und Schriftqualität nicht auf das Druckverfahren abgestimmt, Bilder wirken flach, und das Ganze macht einen laienhaften Eindruck.

Es ist ganz klar, dass die unterschiedlichen Bedürfnisse, Märkte und Macher diese Unterschiede ausmachen. Die grosse Frage für uns Gestalter ist: Kann, soll und darf der Gestaltungsprozess von Anfang an diese Unterschiede ausleben? Wann soll der Gestalter einen Punkt setzen, seine Arbeit abschliessen und sie als gut genug weitergeben? Fragen, die bei jeder Arbeit von neuem beantwortet werden müssen.

Ich bin jedoch der Überzeugung, dass man mit relativ wenig Mehraufwand das Produkt ganz entscheidend verbessern kann – gewusst wie. Die nebenstehenden Beispiele zeigen verblüffende Effekte, die mit wenig Korrekturen zustande kamen.

Zudem bestimmt häufig der zahlende Kunde, ob die Arbeit gefällt oder nicht – eine weitere Schwierigkeit, denn der Kunde ist meistens nicht identisch mit dem Zielpublikum. Zusammenfassend meine ich, das Qualitätsniveau sei ein Ergebnis des Kräfteziehens von Markt, Technik, Gestalter und Wirtschaftlichkeit – und nicht immer schwingen die formalen Aspekte obenaus. Erfolgreiche Gestaltung vereint alle Einflüsse und ist letztlich nur durch Fachleute mit dem entsprechenden Know-how zu erreichen.

Die Abbildungen zeigen, dass Qualität nicht unbedingt unbezahlbarer Aufwand bedeutet. Oft genügen kleine Korrekturen, um wesentliche Verbesserungen zu erreichen. Die Arbeiten entstanden während eines Typografiekurses an der SCA – Schule für Computer-Anwender in Wallisellen. Alle Schüler waren typografische Laien.

Druckproduktion

Die Drucktechnik hat sich im Lauf der Zeit vom Handwerk zur standardisierten, industriellen Fertigung gewandelt. Verschiedene Bedruckstoffe, Maschinen und Druckverfahren haben eine ganze Reihe unterschiedlicher Arbeitsschritte hervorgebracht mit zum Teil stark spezialisierten Berufen. Rationalisierungen und Technologiesprünge erschütterten bis heute eine ganze Berufswelt. Die Ablösung des Bleisatzes durch den Fotosatz in den siebziger Jahren ging einher mit der Verdrängung des Buchdruckes durch den Offsetdruck. Nur zehn Jahre später musste die ganze Berufswelt radikal umlernen. Mitte der achtziger Jahre kam die nächste Welle: Desktop Publishing machte die Satzherstellung jedermann zugänglich. Und in den Neunzigern zeichnet sich die Eroberung der Bildreproduktion durch die PCs ab, die Technik wird ständig «offener»: Farbstandardisierung, Datenaustausch zwischen mehreren Plattformen und die Möglichkeit, vom Computer direkt Druckplatten zu belichten oder digital zu drucken, ohne Zwischenmaterial. An visionären Ankündigungen wird es nicht fehlen, die Technik schreitet mit Siebenmeilenstiefeln voran.

Verschiedene Wege führen zum Ziel

Eine Druckproduktion kann in fünf Arbeitsprozesse eingeteilt werden: Kreation, Druckvorstufe, Druck, Weiterverarbeitung und Distribution. Im engeren Sinn zählen Druckvorstufe, Druck und Weiterverarbeitung dazu.

In der modernen Druckproduktion wachsen die einzelnen Arbeitsschritte immer näher zusammen. Die «alten Zeiten» kannten streng getrennte Fertigungsprozesse, jeder Berufszweig produzierte einen kleinen Teil. Der Autor lieferte ein Manuskript, welches in der Setzerei quasi nochmals «abgetippt» und zu Satz verarbeitet wurde. Heute schreiben Autoren PC-unterstützt und liefern einen Datenträger als Manuskript – die Abtipperei wird durch Datenkonvertierung ersetzt. Auch Grafiker, Texter und Illustratoren benützen zunehmend elektronische Werkzeuge. In diesem Umfeld verwischen sich die Arbeitsprozesse immer mehr. Es ist durchaus denkbar, dass der Autor sein Buch selber gestaltet oder der Reproduktionsbetrieb neben der Bildbearbeitung Satz und Layout liefert oder die Druckerei als Generalunternehmer auftritt und einen Full-Service von der Gestaltung über Bildbearbeitung und Druck bis hin zur Weiterverarbeitung anbietet. Jeder Beteiligte kann sich ein Stück aus dem Produktionskuchen herausschneiden.

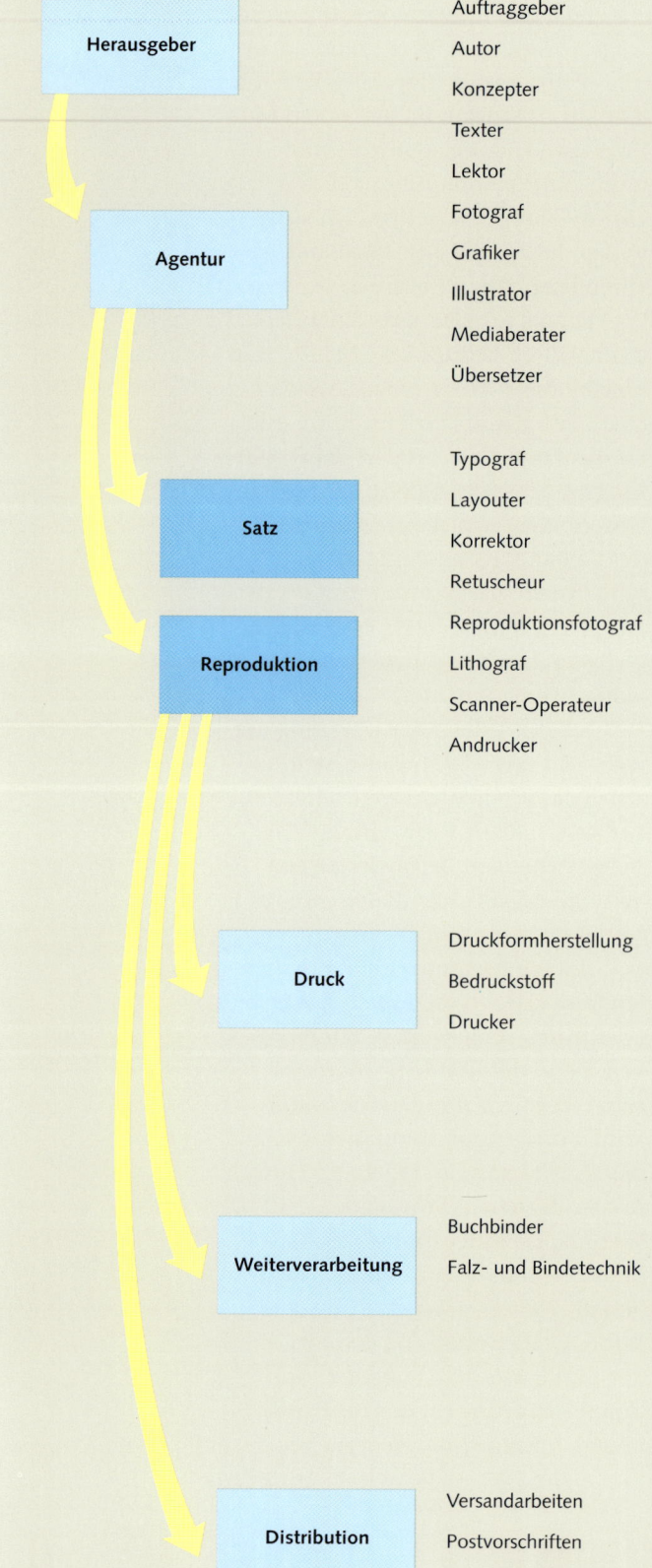

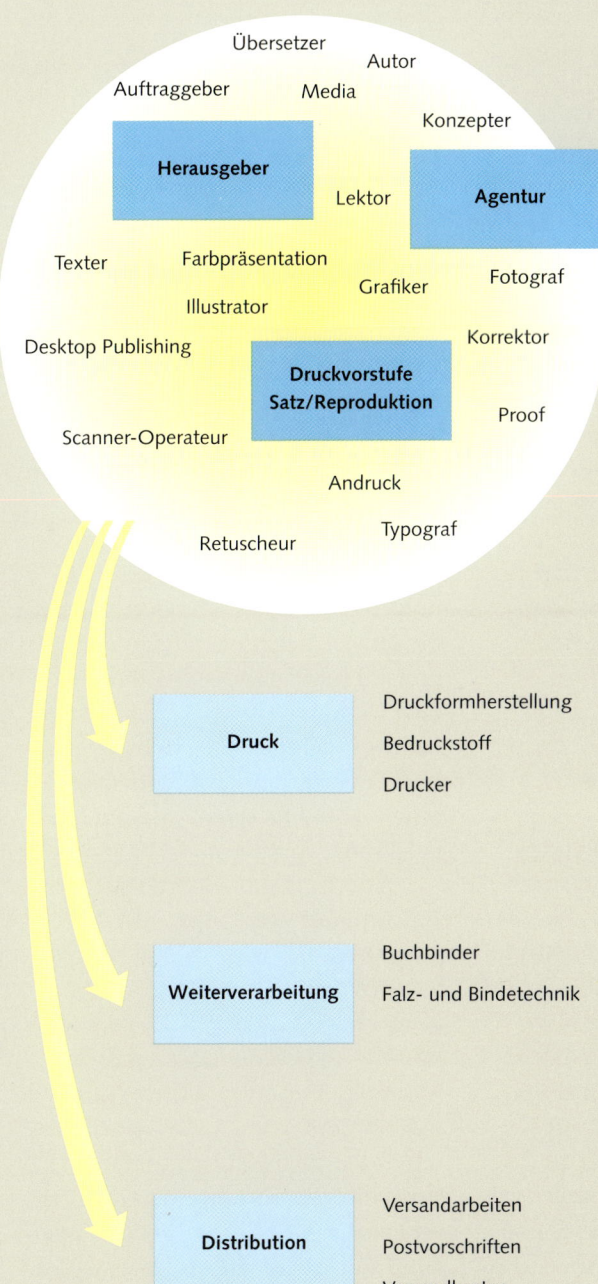

In der elektronisch durchsetzten Druckvorstufe sind die Übergänge fliessend, jeder macht alles. Im Druck und in der Weiterverarbeitung sind die Abläufe stabil, weil dort die industrielle Fertigung an siebenstellige Kapitaleinsätze gebunden ist. Die Herstellung von Satz und Bild ist dagegen mit geringen Investitionen möglich – ein PC-Arbeitsplatz genügt –, die schnell amortisiert sind.

Die Technik nicht vergessen

Die Versuchung, alles gleich selber an die Hand zu nehmen, ist riesig. Es wäre allerdings fatal zu glauben, auf diese Weise automatisch günstiger, schneller, autonomer zu produzieren und dies erst noch bei gleichen Qualitätsansprüchen, weil immer noch Menschen Druckprodukte herstellen und nicht Computer. Ein Beherrschen der Textverarbeitung lässt nicht automatisch folgern, auch mit einem Layoutprogramm zu Rande zu kommen. Ein engagierter Desktop Publisher mag ein rechter Gestalter sein – sobald jedoch die Bildverarbeitung ansteht, tun sich riesige Gräben auf. Selbst bestandene Typografen meistern die vorlagengetreue Reproduktion nicht ohne Zusatzausbildung.

Ein besserer Weg ist die Kooperation mit Profis, welche eigene Schwachstellen in der Druckvorstufe sinnvoll ergänzen. Schliesslich kaufte man Dienstleistungen wie Fotos, Übersetzungen, Satz, Lithos, Druck schon immer bei Spezialisten ein. Weshalb also nicht auf dieser Basis weiterfahren? Braucht man denn gleich total alles selber zu machen? Wachsen Sie Schritt für Schritt in ein schwieriges und interessantes Arbeitsgebiet hinein und arbeiten Sie Ihrem Wissensstand entsprechend mit Profis zusammen.

Links: Konventionelle Fertigung. Die Produktionsschritte sind klar gegliedert und folgen aufeinander, oft räumlich getrennt. Jeder Arbeitsschritt wird von einem Spezialisten erledigt.

Oben: In einer modernen Produktionswelt sind die einzelnen Arbeitsschritte durch die EDV näher zusammengewachsen. Statt einer relativ langsamen, oft räumlich getrennten Fertigung tritt die vernetzte, digitale Produktion. In der Druckvorstufe sind vor allem Generalisten am Werk.

Was Autor und Texter mit Gestaltung zu tun haben

Viele Gestalter sehen sich in der misslichen Lage, den Autor der herzustellenden Drucksache nicht zu kennen. Ohne die Kommunikationsziele des Autors zu kennen, ist die Gestaltung grundsätzlich erschwert. Vieles geht zwar aus dem Text hervor, kann interpretiert und umgesetzt werden, aber es gibt Unklarheiten, Unsicherheiten, die ein klärendes Gespräch sofort beseitigen könnte.

Die beste Basis ist ein enges Zusammengehen von Autor und Gestalter. Jener weiss, was ihm wichtig ist, er kann die Bildauswahl besser treffen und bringt Hintergrundinformationen, welche sich auf den Gestaltungsprozess befruchtend und motivierend auswirken. Andererseits kann der Autor über die Gestaltungsaspekte beeinflusst und begeistert werden.

Bei der Gestaltung eines visuellen Erscheinungsbildes ist der direkte Kontakt mit dem Auftraggeber unumgänglich. Für eine ganzheitlich anwendbare Gestaltung muss das «Leben», das bisherige Erscheinungsbild, die Vorstellungen und Visionen, das Umfeld, die Geschäftsräume, das Tätigkeitsgebiet in den kreativen Prozess einfliessen. Bei der Gestaltung von einzelnen Produkten mit klar umrissenen Zielen ist der Zusammenschluss von Autor und Gestalter nicht so zwingend. Es gibt also Produkte mit mehr oder weniger hohem Anteil an Kreativität, es gibt einfache Druckerzeugnisse und umfangreiche Werke. Je komplexer sich ein Thema stellt, desto mehr haben Autor und Gestalter *gemeinsam* die grösste Chance, ein gelungenes Werk zu vollbringen.

Die Manuskriptbeschaffenheit

Zukünftig wird es immer mehr Manuskripte in Form von Datenmaterial geben. Auf Diskette, Band, Wechselharddisk oder CD liefern «moderne» Autoren ihre Arbeit zum Veredeln ab. Desktop Publishing hat sich also zwangsläufig mit dem Datentransfer zu befassen. Um geschriebene Manuskripte zu digitalisieren, werden OCR-Programme (optical character recognition) eingesetzt. Den Transfer von Programm zu Programm oder zwischen PC-Welten besorgt ein Datenkonvertierungsprogramm.

Die Probleme des Autors

Die oft so selbstsicher auftretenden Kunden, Autoren, Chefs und Texter haben bezüglich Gestaltung alle eines gemeinsam: Sie können sich schlecht vorstellen, wie ihr Text später aussieht. Am liebsten möchten sie ihn als Druckprodukt fixfertig sehen, bevor auch nur ein Buchstabe geschrieben ist. Diese Clichévorstellung trifft sicher nicht auf alle Schreiber zu – sie soll lediglich die Problematik zwischen den Beteiligten skizzieren.

Unsicherheiten dieser Art sind zu überbrücken. Nach einem Gespräch kann die Stossrichtung festgelegt werden: ist die generelle Aufmachung einfach, schwarzweiss, ohne Bilder und billig, oder aufwendig, farbig, mit Bildern durchsetzt und teuer? Wer ist das Zielpublikum, wie soll die Wirkung sein? Brav? Explosiv? Grau in Grau? Pastellfarbig zärtlich? Lebensfreudig bunt? Die generell angestrebte Wirkung wird die Idee und den Aufbau mitbestimmen. Fantasielosen Autoren kann mit Beispielen auf die Sprünge geholfen werden. Aus diesem Grund sammeln versierte Gestalter alle möglichen Druckerzeugnisse – sie können zur Überzeugung wie auch zur eigenen Beflügelung herhalten.

Wenn die Textmenge die Gestaltung einengt

Die gestalterischen Einflüsse gelangen vielfach zu spät zum Urheber der Kommunikation. Häufig wird das Geschriebene einfach typografisch umgesetzt, und die Menge ergibt dann die Anzahl Seiten oder die Inseratgrösse. Einzig die wirtschaftlichen oder technischen Aspekte bilden den Rahmen: Beim Inserat reicht das Budget vielleicht nur für eine halbe Seite und der Prospekt muss allenfalls beschränkt werden auf 8 Seiten A4.

Auf der gestalterischen Seite soll – als Minimalanforderung – der Text lesbar bleiben. Lesbar heisst, dass die Schriftgrösse nicht beliebig klein gewählt werden darf. In dieses Korsett muss der Text hinein. Nun passiert folgendes: Der Autor schreibt und schreibt und schreibt, die Seite platzt schon aus allen Nähten. Er trägt den Text voll Erwartungen zum Gestalter und bringt zur Illustration noch zwei Fotos mit. Vergessen wird der Platzbedarf für Titel und Untertitel, vergessen der Platz für die Legenden und vergessen auch das Bedürfnis des Gestalters nach Weissraum, nach gestalterischer Bewegungsfreiheit. Das Resultat: Vollgestopfte Textplantage, Verzicht auf Bilder, Verzicht auf Weissraum, Verzicht auf Gestaltung – und letztlich Verzicht des Lesers auf das Lesen! In solchen Fällen hilft nur die redaktionelle Kürzung des Textes, sofern der Umfang nicht angemessen vergrössert werden kann.

Beispiele von überladenen Layouts. Wenn der Autor zuviel auf den beschränkten Platz pferchen will, bleibt die Gestaltung auf der Strecke. Ein Tip: Fragen Sie den Autor, ob er solche Drucksachen zu lesen pflege – und sagen Sie dazu seelenruhig: «Ich auch nicht.»

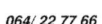

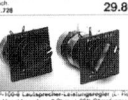
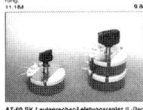

Die Gestaltung bestimmt die Textmenge

Der umgekehrte Weg ist in vielen Fällen der rationellere und wird in Zeitungs- und Zeitschriftenredaktionen gepflegt. Übrigens arbeiten viele Werbeagenturen nach dem gleichen Muster. Auf einem zur Verfügung stehenden Platz soll ein Anliegen thematisiert werden. Der Gestalter macht einen Layoutvorschlag mit Blindtext (beliebiger Text in der vorgesehenen Typografie). Bilder, Legenden und Titel sind als Platzhalter bereits vorgesehen. Nun liefert der Texter oder Autor nach der gestalterischen Vorgabe den Text in der gewünschten Menge zeilengenau. Dieses Vorgehen verlangt auch ein nahes Zusammengehen von Texter und Gestalter, das ist klar.

Sprachwechsel

Speziell bei mehrsprachigen Drucksachen ist auf die «Länge» der verschiedenen Sprachen Rücksicht zu nehmen. Deutsch und Französisch benötigen für die gleiche Aussage in der Regel am meisten Platz. Unwesentlich kürzer fassen sich die Italiener, während in Englisch etwa 20–30% Platz gespart werden kann. Vor allem bei der Gestaltung von mehrsprachigen Drucksachen drängt sich die Zusammenarbeit von Übersetzungsdiensten mit dem Gestalter vorab auf. Mehrsprachigkeit ist auf dem gleichen Produkt (spaltenweise nebeneinander) möglich oder mit unabhängigen Sprachausgaben. Dort bleibt das farbige Bild an seinem Platz, nur der Text wird ausgewechselt. In beiden Fällen ist die Gestaltung so zu konzipieren, dass auch die am meisten Raum beanspruchende Sprache ohne Hängen und Würgen plaziert werden kann.

Entwurfstechnik

Mit dem Entwurf ist es möglich, die Gestaltungsidee visuell umzusetzen mit dem Ziel, Gedanken zu festigen. Er wird auch gebraucht, um Typografie, Layouts usw. zu präsentieren und zu verkaufen. Aufwand und Nutzen sollen dabei in einem vertretbaren Verhältnis stehen.

Die Handskizze, neudeutsch Scribble, dient vor allem der Ideenfindung. Oft im Kleinstmassstab angefertigt, ohne Details, beinhaltet die Skizze nur die konzeptionelle Idee.

Ausführliche Präsentationsarbeiten werden heute mit dem PC erledigt und farbig ausgedruckt. Häufig wird irgend ein Blindtext typografisch aufbereitet.

Zwischen diesen beiden Techniken gibt es alle möglichen Zwischenstufen. Wie weit und wie detailliert ein Entwurf angebracht ist, hängt ganz von Marktbedürfnis, gestalterischem Freiraum und vom Können des Gestalters ab. Ob das Resultat mit oder ohne Entwurf zustandekommt, interessiert am Schluss niemanden. Nur das Ergebnis zählt.

Desktop Publisher, welche direkt am Bildschirm gestalten – und das sind heute nicht wenige – sollen sich jedoch bewusst sein, welche Gefahr in der Faszination Bildschirmgestaltung liegt: Man stürzt sich nach Erhalt eines Auftrages förmlich in die Röhre und pröbelt, oft stundenlang. Ein bisschen vergrössern, ein wenig verkleinern, hin- und herschieben, man kennt es zur Genüge. Statt sich Gedanken über das Konzept, über die Grundzüge zu machen, verstrickt man sich gerne und schnell in Kleinigkeiten. Das ohnmächtige Gefühl, man komme nicht mehr weiter, trete an Ort, stellt sich ein. «Mach mal Pause», sollte es dann in den Ohren klingen. Sich vom Bildschirm lösen, Papier zur Hand nehmen, ein paar Skizzen anfertigen. Kreative müssen sich lösen können, zweimal, dreimal, Dutzende Male. Es hat keinen Wert, sich durchzubeissen, um eine Idee durchzustieren. Alles Zwängerei. Die Idee ist vielleicht gar nicht so gut – lassen Sie sie los. Und beginnen Sie von vorn.

Druckproduktion

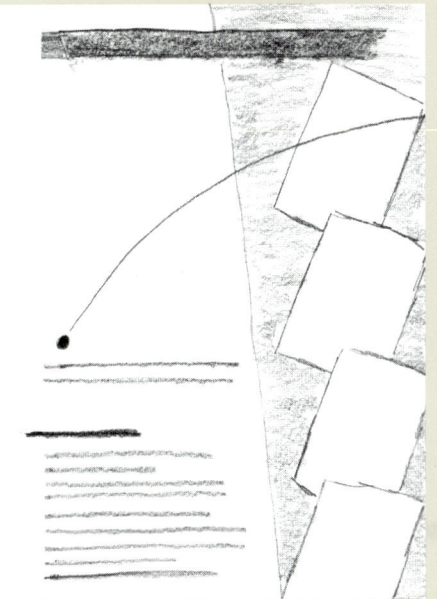

1 Für das Skizzieren sind unterschiedliche Techniken angesagt: Bleistift, Kugelschreiber oder Filzer.

2, 3 Scribbles halten das gestalterische Konzept in groben Zügen fest. Trotzdem ist eine gewisse Genauigkeit wichtig, um den Entwurf beurteilen und umsetzen zu können.

4 Ein Entwurf mit Blindsatz und angetexteten Titeln. Farbig ausgedruckt präsentiert er natürlich besser als Bleistiftskizzen.

Autoren von Bildern und Illustrationen

Beim Gestaltungsprozess oft vernachlässigt werden die übrigen Autoren: Illustratoren, Fotografen, Cartoonisten, technische Zeichner und andere. Dies ist umso erstaunlicher, wenn wir uns erinnern, dass der Einstieg in einen Artikel immer über das Bild erfolgt. Als «erster Verkäufer» des Inhaltes fristet der Bild-Autor ein kümmerliches Mauerblümchen-Dasein. Vielleicht deshalb, weil die meisten Menschen den geschriebenen Text als qualifiziertere Leistung gewichten und das Bild meist als Zugabe betrachten. Dem Bild kommt jedoch ganz eindeutig eine viel wichtigere Rolle zu, als dies in der Praxis der Fall ist.

Für alle diese «emotionalen Zubringer» gelten die gleichen Regeln der Zusammenarbeit wie für die Beziehung Autor/Gestalter. Der Fotograf benötigt für seine Arbeit nicht nur das Briefing des Autors, sondern auch die technisch-gestalterischen Ansprüche, welchen die bildhaften Elemente genügen sollen.

Qualität von Fotos

Im Farbendruck ist die Vorlagenqualität für die Reproduktion entscheidend. Aus einer miesen Vorlage kann ohne teure Retuschearbeit kein brillantes Druckresultat entstehen. Polaroid- oder Hobbyfarbfotos vom letzten Personalfest sind für den Druck hochwertiger Erzeugnisse schlecht geeignet, für die hausinterne, schwarzweisse Personalzeitschrift können sie jedoch genügen. Die Qualitätsanforderungen im Druck und die eventuelle Weiterverwendbarkeit bestimmen weitgehend die fotografisch eingesetzten Materialien und Mittel. Sie sollen im Briefinggespräch mit dem Fotografen abgestimmt werden.

Bildstil

Fotografen prägen die spätere Drucksachengestaltung durch ihren persönlichen Stil. Lichtführung, Tiefenschärfe, Bewegungsunschärfe, Farbverfremdung, Tricklinsen usw. machen schliesslich die Attraktivität des späteren Produktes aus. Ohne Bild wirkt die Drucksache irgendwie unvollständig. Daneben beflügeln die Möglichkeiten der Illustration die Fantasie des Gestalters ungemein. Auch aus diesem Grund ist es sehr fruchtbar, wenn das Duo Autor/Gestalter den ganzen Bildaspekt von Beginn weg einbezieht und auch dem Fotografen/Illustrator Freiräume lässt, eigene Ideen einzubringen, um die Gestaltung aufzuwerten.

Bilder handhaben

Die meisten Bilder und Zeichnungen sind Unikate. Sie verlangen eine sorgfältige Behandlung von A bis Z. Büroklammern, Bostitch, Wasserflecken durch eine feuchte Aussprache, Fingerabdrücke führen in der Reproduktion zu Mehraufwand wegen Reinigungs- oder gar Retuschierarbeit. Beim Versand sind Unikate sorgfältig gegen Verletzung zu schützen und eingeschrieben zu spedieren. Bei wertvollen Unikaten soll man Zweitvorlagen herstellen; ein Diaduplikat z.B. hat in der Reproduktion gegenüber dem Original keinerlei Nachteile und kostet bloss eine Kleinigkeit.

Welche Vorlagen eignen sich für welche Produkte?

Die Auflistung umfasst nur die häufigsten Vorlagenarten. Innerhalb der aufgeführten Kategorien bestehen grosse Unterschiede.

Vorlagenart	Kleinbilddia 24 × 36 mm	Mittelformatdia 6 × 6 cm, Grossformatdia 9 × 12 inch	Polaroid	Farbbild von Negativfilm 24 × 36 mm	Elektronische Bilddaten	Gedruckte Vorlagen
Materialart	Feines bis grobes Fotokorn je nach Filmtyp. 25 ASA ist feinkörnig. Je grösser die ASA-Zahl, desto lichtempfindlicher der Film und desto gröber das Korn	Feines bis grobes Fotokorn je nach Filmtyp	Mindere Qualität in Farbe und Schärfe	Papierabzug in verschiedenen Grössen und Qualitäten möglich	Digitale Fotografie Foto-CD Video/TV	Drucke aus Zeitschriften, Büchern usw.
Kontrastumfang Dichte	Hoher Kontrastumfang. Zeichnung in den Tiefen und Lichtern	Hoher Kontrastumfang. Zeichnung in den Tiefen und Lichtern	Kontrastumfang entspricht der Druckqualität. Lichter brechen aus, Tiefen fallen zu	Kontrastumfang liegt zwischen Druckqualität und Diamaterial	Je nach Auflösung und Farbtiefe	Der Kontrastumfang entspricht dem Druck
Bildbearbeitung	Reduzierung des Kontrastumfanges auf den Druck. Vergrösserungen bis etwa 1500 % möglich, ohne dass Fotokorn sichtbar wird. Nutzbarer Ausschnitt auf dem Dia: 23 × 35 mm wegen Abmaskierung	Reduzierung des Kontrastumfanges auf den Druck. Vergrösserungsfaktor wie beim Kleinbilddia, durch das grosse Format in der Praxis keine Einschränkungen. Nutzbarer Ausschnitt auf dem Dia ist 1 mm weniger als das Format wegen Abmaskierung	Nur 1:1 oder kleiner reproduzieren, ausser spezielle Effekte kämen zur Anwendung	Eher grössere Abzüge bestellen, so dass die Reproduktion eher verkleinert wird als umgekehrt (Fotokorn)	Nachbearbeitung in Bildverarbeitungsprogramm nötig. Vergrösserungsfaktor hängt von Grösse und Auflösung ab. Gefahr der Verpixelung. Farbstandards nötig. Verantwortung für Reproqualität bei Gestalter, der Reprowissen haben muss	Bei Strichvorlagen kein Problem. Durch den Aufrasterungsprozess entstehen bei bereits gerasterten Vorlagen Moirés. Durch leichtes Unscharfstellen Entrasterung möglich. Vorlagen möglichst mit grossem Faktor verkleinern, nie vergrössern
Bemerkungen	Standardqualität mit Reportagecharakter. Leicht handhabbar, jedermann zugänglich, günstig, kein Studio nötig	Profiqualität. Häufig mit Stativ im Studio fotografiert. Entzerrung von stürzenden Linien mit Fachkamera möglich	Für den Vierfarbendruck zu meiden. Schwarzweissdruck eher möglich	Für den Vierfarbendruck geeignet	Für den Farbendruck geeignet mit Einschränkungen in Anwendung und Vergrösserung	Ist für den Druck eine Notlösung. Urheberrecht beachten
Produkte	Zeitschriften, Magazine, Reisekataloge im mittleren bis hohen Qualitätslevel	Werbung, Plakate mit hohen Qualitätsansprüchen	Interne Produkte, Reportage-Stil	Mittel- bis hochwertige Druckerzeugnisse	Mittel- bis hochwertige Druckerzeugnisse. Für Gestalter flexibel, schnell und günstig	Geringe bis mittlere Qualität

Desktop Publishing

Desktop Publishing (DTP) existiert als Begriff seit 1985, als die amerikanische Firma «Apple» mit dem Macintosh sich aufmachte, die Satzherstellung zu revolutionieren. Das Publizieren auf dem Schreibtisch nach dem Prinzip «What you see is what you get» oder abgekürzt «Wysiwyg» begeisterte die Anwender der ersten Stunde total. In der grafischen Branche war zu der Zeit die Echtseitendarstellung ein teures Unterfangen, fünf bis sechs Arbeitsplätze schlugen schnell mit einer halben Million zu Buche. Der «Würfel» mit dem Apfel-Logo, ein paar Programme und ein Laserdrucker war für einen Bruchteil solcher Summen zu haben. Der kleine Tausendsassa eroberte schnell die Anwenderherzen, und seine einfache grafische Benutzeroberfläche wird heute in allen PC-Welten angewandt.

Die Leistungsfähigkeit der PCs war einem rasanten Wachstum unterworfen, und der Siegeszug des Desktop Publishing nahm seinen Fortgang bis heute, wo die konventionelle Satzherstellung mit teuren Fotosatzanlagen ohne Perspektive auf die Ausmusterung wartet. DTP hat sich zum Satzstandard gemausert, und es gibt keine Anwendung, die nicht auch mit PCs gelöst werden könnte. Auch die anfänglichen Qualitätsvorbehalte sind inzwischen Schnee von gestern. Etwa 1990 schwappte die DTP-Welle auch auf die Bildverarbeitung über. Heute wird auf PC-Basis alles integriert: Bild, Text, Grafik, Illustration, Farbe einfach alles. Meistens sind dabei mehrere Programme beteiligt, und der Desktop Publisher wird effektiv zum Generalisten.

Mögliche Arbeitswege

DTP lässt verschiedene Arbeits- und Produktionswege offen. Profigestalter integrieren alles auf der Seite und lassen den Druckfilm vierfarbig separiert belichten. Man kann auch bloss den Text layouten und die Bilder vom Reprobetrieb oder vom Drucker einsetzen lassen. In diesem Fall braucht man sich nicht um die Bildqualität zu kümmern. Voraussetzung ist natürlich, dass die Partner dieselbe Hardware und Software benützen. Elektronisches Publizieren beginnt eigentlich schon beim Autor, welcher heute auch PC-unterstützt schreibt. Neben einem Ausdruck gelangt also Datenmaterial in Form einer Diskette zur Verarbeitung. Das mehrmalige Abtippen eines Manuskriptes sollte heute der Vergangenheit angehören. In den Redaktionsstuben sorgen Redaktionssysteme dafür, dass bis zur letzten Minute Texte geändert werden können, obwohl das Layout längst gemacht ist. Im Bereich Database Publishing werden Kataloge hergestellt. Die Verknüpfung einer Datenbank mit allen Produkteinformationen ist für eine automatische Preisanpassung oder andere Mutationen besorgt.

DTP ist offen wie noch nie. Im vertikalen Bereich findet man DTP durchgehend vom Kunden bis zur Druckplatte. Horizontal gesehen kann mit DTP (bis auf wenige Spezialgebiete) praktisch alles hergestellt werden.

Was braucht es, um DTP zu betreiben?

Ohne einzelne Hard- und Software-Produkte zu besprechen, möchte ich dazu folgendes sagen: Wir brauchen vor allem in der Bildverarbeitung schnelle Rechner, die besten PCs, die erhältlich sind. Die Rechenvorgänge sind sehr zeitintensiv, und ein PC mit 64 MB RAM (Arbeitsspeicher) ist durchaus normal, eine Harddisk mit 500 oder 1000 MB Speicherplatz Standard. Externe Laufwerke mit Platten zu je 120 MB Speicherplatz, ein Scanner für die Bildverarbeitung und ein schneller, eventuell farbiger Laserdrucker sind ebenfalls nötig. Der Profi benützt einen 19-Zoll-Bildschirm mit einer Farbtiefe von 24 Bit (16,7 Mio. Farben). Damit lassen sich fast zwei A4-Seiten in einer fotorealistischen Qualität darstellen. Alles in allem eine Konfiguration von gut 60 000 bis 80 000 Franken, inklusive einige notwendige Programme und Fonts. Es ist dabei klar, dass die Preise sich nach unten bewegen und die Preisgrenze für einen Arbeitsplatz nach oben offen ist. Ein Preislimit nach unten erlaubt zwar nach wie vor Desktop Publishing, beschneidet jedoch ganz empfindlich den Komfort. Es stellt sich die Frage, ob man DTP umfassend selber betreiben will oder ob Teilbereiche mit Vorteil von Dritten bezogen werden sollten.

Lernen als lebenslange Aufgabe

Mit guter Hard- und Software ist es bekanntlich nicht getan. Noch immer sind es Menschen, welche durch ihr mehr oder weniger professionelles oder eben dilettantisches Know-how Produkte herstellen. Dieses Wissen oder Nicht-Wissen ist ein ständiger Unruheherd. Laufend erscheinen neue Programme oder Maschinen, die sich gegenseitig bedingen. Durch die Mitarbeiter-Fluktuation findet ein ständiger Aderlass an Know-how statt, und Neuzugänge müssen meist mit teurem Geld wieder auf das gewünschte Niveau gebracht werden. Der junge Berufsnachwuchs bringt zwar vermehrt Kenntnisse mit, kann die galoppierende Entwicklung jedoch nicht wettmachen.

Die Ausbildung bekommt eine zentrale Rolle. Ich meine nicht die einmalige Berufsausbildung, sondern die Ausbildung als lebenslange Entwicklungsaufgabe. Zu wievielen Teilen Arbeitnehmer und Arbeitgeber beitragen werden, wird sich noch zeigen.

Die zentralen DTP-Aufgaben

DTP will heute nicht mehr als reine Gestaltungsaufgabe oder Satzherstellung definiert werden. DTP ist Synonym geworden für die Zentrale «Druckvorstufe». Hier laufen die Fäden zusammen, werden Daten aufbereitet, konvertiert, komprimiert und veredelt.

Im Mittelpunkt steht dabei meistens ein Layoutprogramm. Bekannte Vertreter sind PageMaker, XPress, Ventura Publisher, FrameMaker und andere mehr. Zubringerdienste erfüllen Scan-, Text-, Bildverarbeitungs- oder Grafikprogramme.

Die wichtigste Aufgabe ist die Aufbereitung einer für die Belichtung geeigneten Datei. Dabei treten folgende strukturelle Probleme auf: 1. Die einzelnen Fertigungsschritte werden nicht von der gleichen Person getätigt. Niemand hat die Kontrolle über die Art und Weise, wie das gesamte Werk zustande kommt. 2. Die einzelnen Arbeitsschritte werden räumlich getrennt vorgenommen. Grafiker, Layouter und Belichter sind in andern Unternehmen tätig. Es entstehen Kommunikationsprobleme. 3. Layouter und Grafiker verstehen von der Drucktechnik nichts. Sie bereiten ihre Daten fehlerhaft auf. Der Belichter sieht der gelieferten Diskette nicht an, ob etwas richtig oder falsch ist.

Fehlerhaft aufbereitete Daten führen zu Problemen und Störungen in der Fertigung und verteuern die Produkte durch einen hohen Korrekturaufwand ganz erheblich. Deshalb ist die Kommunikation vor und während der Arbeit ganz entscheidend.

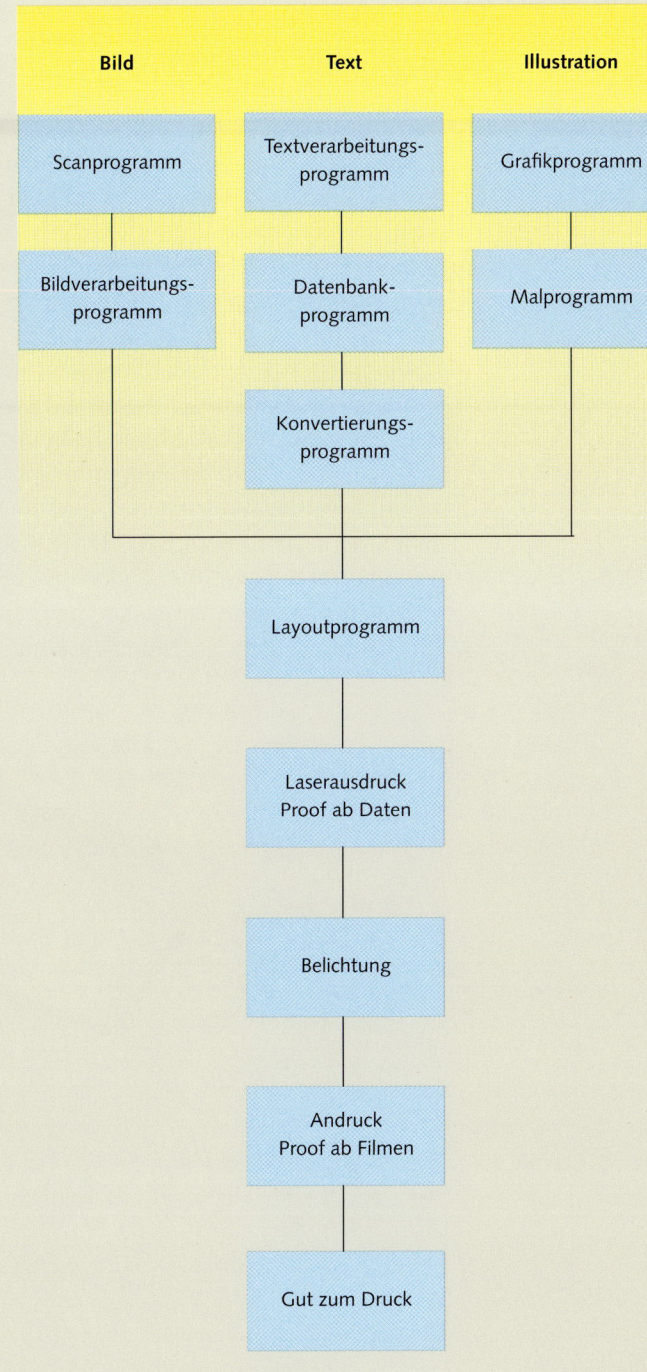

Desktop Publishing setzt Generalistenwissen voraus

Die Belichtung

Vielenorts hört mit der Satzaufbereitung die Produktion auf, und das Datenmaterial gelangt zum Belichtungsservice, in die Druckerei oder den Reprobetrieb. Adressieren Sie die Diskette oder Wechselplatte immer auf dem Label, sie findet dann eher den Weg zurück. Ein beigelegter Inhalts-Ausdruck (1) zeigt dem Sachbearbeiter ohne PC, was alles auf die Diskette kopiert wurde. Auf dem Belichtungsformular müssen die wichtigsten Angaben klar definiert werden. «Belichten Sie mir einen Film» ist viel zu wenig präzise. Absolut zwingend ist ein Laserausdruck der zu belichtenden Datei. Wenn eine Farbseparation gewünscht wird, muss auch der Laserausdruck farbsepariert sein. Das erlaubt eine optische Kontrolle der Datei, und die Belichtung kann mit dem Laserausdruck verglichen werden. Wenn die Separation aus dem Laser funktioniert, wird sie auch auf dem Belichter funktionieren. Wenn die Separation auf dem Laserdrucker nicht richtig kommt, muss das File geändert werden. Sonst sind die gleichen Fehler auch auf dem Film.

Wichtige Angaben für den Belichtungsservice

Administratives
   Lieferadresse und Rechnungsadresse; Name; Termin; Auftragsnummer

Datei
   Benutzte Programm-Version; Dateiname; benutzte Schriften; System

Ausgabe
   Material: Film/Papier/Dia/Farblaserkopie; Auflösung: gering/mittel/hoch; Ausgabeformat; Schnittzeichen; Massstab: 1:1, vergrössert/verkleinert; Positivfilm oder Negativfilm; seitenverkehrt (Offsetdruck)/seitenrichtig (Siebdruck); Farbseparation: Welche Seiten? Welche Farben?; Rasterweite

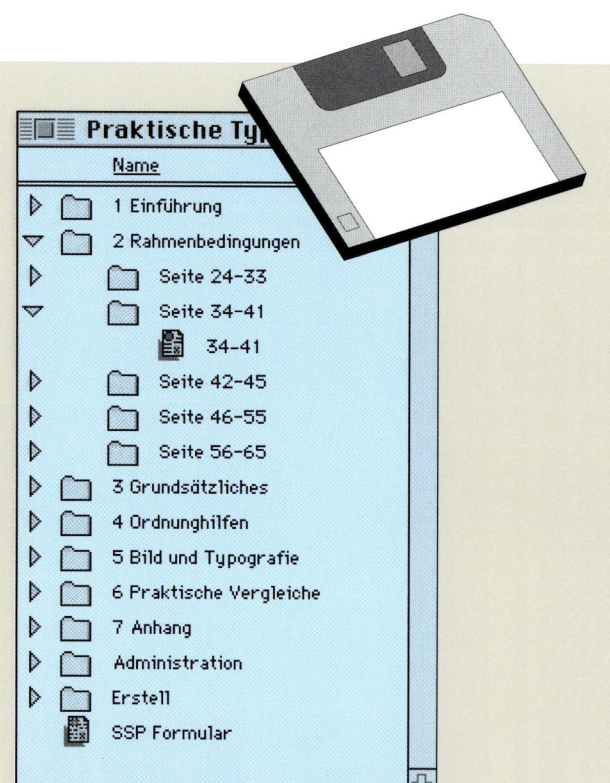

1

Der Offsetfilm

Filmemulsion (Schicht)

Träger

Die Schicht ist etwas matter als die Trägerseite. Bei Unsicherheiten kann man mit einem Messer oder scharfen Gegenstand versuchen, die Schicht ausserhalb des Formates wegzuschaben.

Die geschwärzten Stellen lösen sich nur auf der Schichtseite. Wenn der Betrachter von oben auf den Film blickt, soll die Schicht dem Betrachter zugewandt sein.

Ein Offsetfilm ist seitenverkehrt lesbar.

Ist die Schrift lesbar, handelt es sich um einen seitenrichtigen Film für den Siebdruck.

Die Farbseparation

Mit den drei Farben Cyan (Blau), Magenta (Rot) und Gelb werden farbige Bilder gedruckt. In der Mischung ergibt sich jedoch nur ein dunkles Graubraun. Deshalb benötigt man zusätzlich Schwarz, in der Fachsprache auch Tiefe genannt. In den Programmen selber findet man häufig die Bezeichnung CMYK. Y steht für Yellow und K für Key (Schlüssel).

Die einzelnen Farbanteile entstehen beim Einscannen; dort werden die farbigen Bilder in vier farbliche Einzelbestandteile zerlegt. Diese vier Druckfarben sind weltweit standardisiert. Man nennt sie bei uns auch Europaskala oder Skalafarben und spricht vom Vierfarbendruck. Eine Vierfarbseparation belichtet vier verschiedene Filme mit den entsprechenden Farbanteilen. Im Druck wird das Papier nacheinander mit den vier Farbanteilen bedruckt. Dabei dürfen die einzelnen Rasterpunkte nicht exakt übereinander zu liegen kommen. Damit dies nicht geschieht, wird jede Farbe anders gewinkelt. Im Kapitel «Bild und Typografie» ist die Rastertechnik näher beschrieben.

Das Prinzip des Vierfarbendruckes

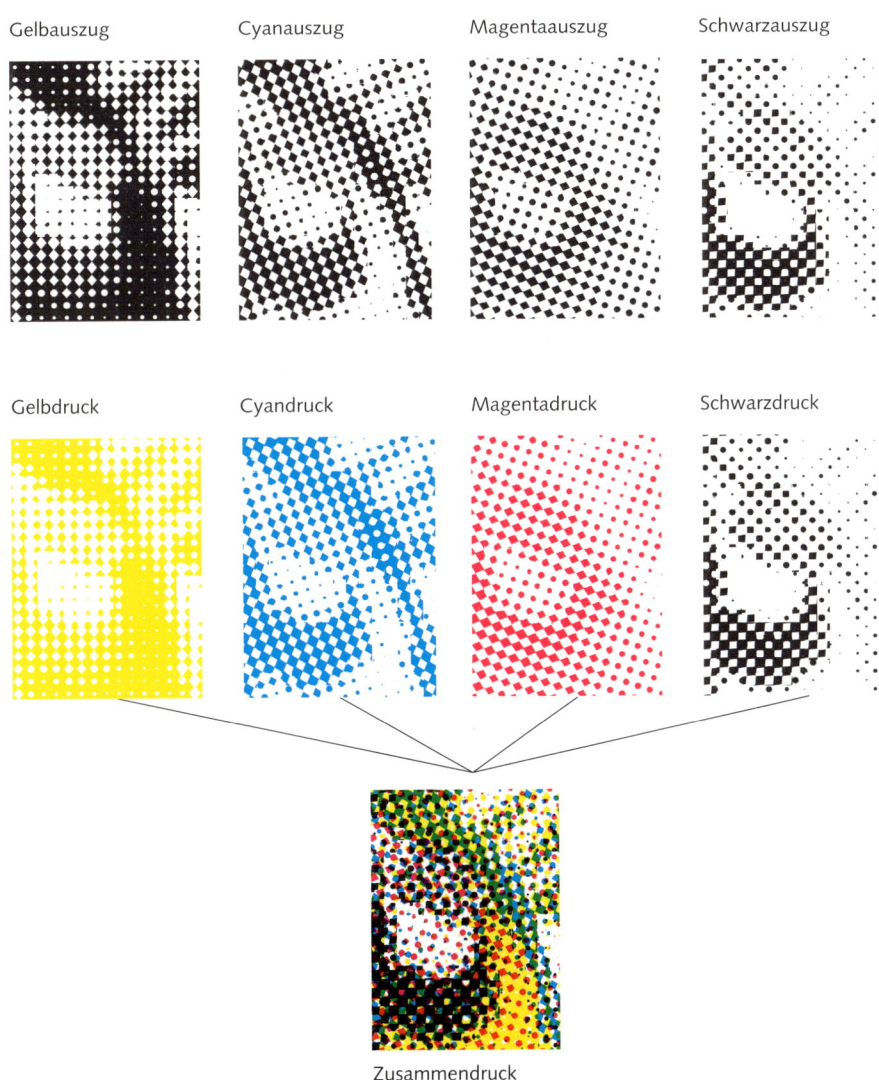

Offsetdruckfarben sind lasierend (durchscheinend). Je nach Farbseparation entstehen andere Mischungen.

Übergriff

Beim aufeinanderfolgenden Druck besteht die Gefahr, dass die einzelnen Farbanteile nicht genau aufeinander liegen. Die mechanische Druckeinwirkung dehnt das Papier von Druckwerk zu Druckwerk – bildlich gesprochen wie ein Teig beim Auswallen. Je nach Papierqualität und Papiergrösse ist dieses Problem latent vorhanden – die drucktechnischen Toleranzen tragen ein weiteres bei. Die Probleme hängen von den folgenden Faktoren ab:
– Papierqualität (Stoffklasse)
– Papierbogengrösse, Papierbahnbreite
– Laufrichtung
– Druckverfahren (Siebdruck, Rollenoffset, Bogenoffset usw.)
– Druckmaschine (Bauart, Alter)

Wenn Farben nebeneinanderliegen, stechen Passerprobleme durch die unliebsamen Blitzer ins Auge. Zwischen den Farben blitzt das Papierweiss als winziger Rand hervor.

Diese Unschönheit kann vermieden werden, wenn die Farben leicht überlappend gedruckt werden. Die eine Farbe übergreift auf die andere, deshalb die Bezeichnung «Übergriff». Überfüllung oder Unterfüllung in verschiedenen Programmen meinen dasselbe.

Übergriff kommt zum Tragen, wenn farbige Texte/Flächen auf andersfarbigen Texten/Flächen liegen. Auch Halbtonbilder auf farbigen Flächen können Übergriffe verlangen. Gute Layoutprogramme beherrschen dieses leidige Problem automatisch, ohne weiteres Zutun. Bei den Grafikprogrammen kann der Übergriff beliebig eingestellt werden. Die Überlappungszone beträgt im Offsetdruck etwa 0,1 bis 0,2 Punkt, im Rollendruck etwas mehr. Zuviel Überlappung lässt statt weisse Blitzer dunkle Ränder entstehen, die ihrerseits stören. Ein Gang zum Drucker oder zu Reprofachleuten bringt Klarheit, wie die Datei aufbereitet werden soll, ob Übergriff nötig ist oder nicht.

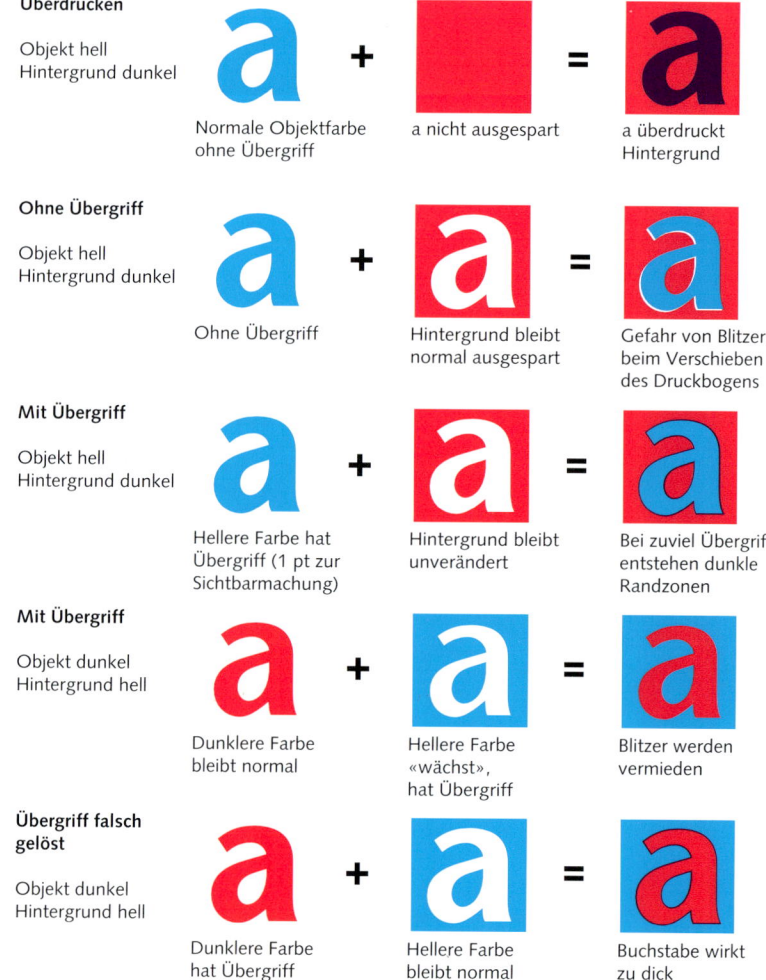

Die Druckformherstellung

Die Druckvorstufe liefert die fertig umbrochenen, auf Film belichteten Einzelseiten, allfällige Buntfarben separiert. Druckmaschinen sind aber keine Kopiergeräte. Es wird nicht Seite um Seite gedruckt, sondern in Druckformen zu 4, 8, 16, 32 oder 64 Seiten. Diese Zahlen ergeben sich automatisch, wenn man ein Blatt Papier kreuzweise falzt. 10 Seiten oder 14 Seiten kann man mit einer Kreuzbruchfalzung nicht erreichen, die Seitenzahl sollte immer ein Mehrfaches von vier betragen (ausser beim 1- oder 2seitigen Druck).

Der nächste Arbeitsschritt ist demnach die Herstellung der Druckform. Diesen Vorgang nennt man Ausschiessen – ein Fachausdruck aus der Bleisatzzeit – oder Bogenmontage. Nach einem bestimmten Schema liegen die Seiten so, dass sie nach dem Druck und der Druckweiterverarbeitung in der richtigen Reihenfolge lesbar sind.

Je nach Einrichtung kann die Bogenmontage mit Automaten erledigt werden oder gar digital erfolgen. In diesem Fall wird der Film erst im ausgeschossenen Bogenformat belichtet. Die neuste Technik erlaubt ein Belichten direkt auf die Druckplatte – ohne das Zwischenmaterial Film, neudeutsch: Computer-to-plate. Die Entwicklung wird sicher in Richtung digitale Montage verlaufen. Seit 1993 ist sogar eine Druckmaschine auf dem Markt, welche digital druckt; dabei kann das Druckbild bei jedem Druckumgang verändert werden. Man stelle sich das bei personalisierten Mailings vor! Bild und Text variieren aufgrund der soziodemografischen Merkmale nach Alter, Geschlecht, Wohnort usw.

So unterschiedlich die einzelnen Druckverfahren und -maschinen sind, so unterschiedlich präsentieren sich auch die Druckformen. Die Druckform ist Träger der gedruckten Information – sie ist ein auswechselbarer Maschinenteil.

Im *Buchdruck* wurden die Bleibuchstaben direkt eingefärbt und davon Abdrucke hergestellt.

Im *Offsetdruck* besteht die Druckform aus einem Aluminiumblech (Platte) mit einer lichtempfindlichen Beschichtung. Ein Kopiervorgang überträgt punktgenau die (Schwarzweiss-)Informationen der Bogenmontage auf die Druckplatte. Nach dem Entwicklungsvorgang sind die druckenden Teile der Druckplatte fettfreundlich und glatt, die nichtdruckenden sind wasserfreundlich und körnig. Bei mehrfarbigen Drucksachen ist für jede Farbe eine Platte nötig. Der Offsetdruck beruht auf dem Prinzip der gegenseitigen Abstossung von Fett (in der Farbe enthalten) und Wasser. Nach dem Entwicklungsvorgang sind die druckenden Teile der Platte fettfreundlich (sie verdrängen das Wasser des Feuchtwerkes und nehmen Farbe auf), die nichtdruckenden bleiben feucht und verdrängen die Farbe.

Im *Tiefdruck* besteht die Druckform aus einem grossen Zylinder, in welchen die Druckinformationen eingraviert oder eingeätzt werden. Da funktionieren die Arbeitsabläufe natürlich anders – Ausgangsmaterialien für die Formherstellung können jedoch gleich wie beim Offsetdruck digitale Daten oder Filme sein. Es gibt innerhalb des Tiefdruckes wiederum verschiedene Verfahren, z. B. Illustrations- oder Verpackungstiefdruck.

Der *Siebdruck* verlangt als Durchdruckverfahren einen seitenrichtigen Positivfilm, im Gegensatz zu den anderen Druckverfahren, die einen seitenverkehrten Positivfilm benötigen.

In der Bogenmontage werden die Einzelseiten zu ganzen Druckformen montiert.

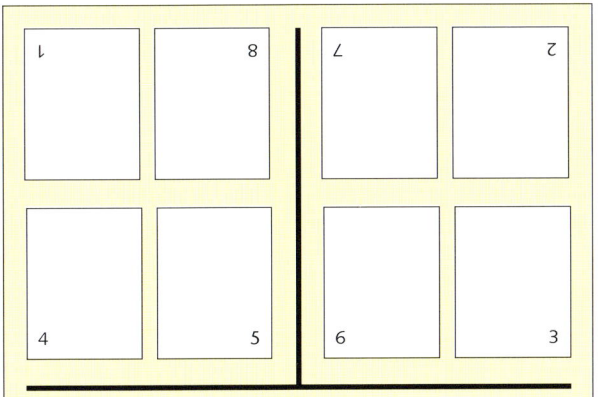

Vorder- und Rückseite des Druckbogens werden so bedruckt. Nach dem Trennschnitt in der Mitte entstehen 2 gleichwertige Nutzen.

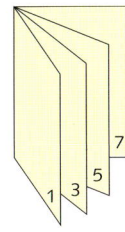

Nach dem kreuzweisen Falzen und Schneiden oben, aussen und unten sind die einzelnen Seiten in der richtigen Reihenfolge sichtbar.

Druckverfahren

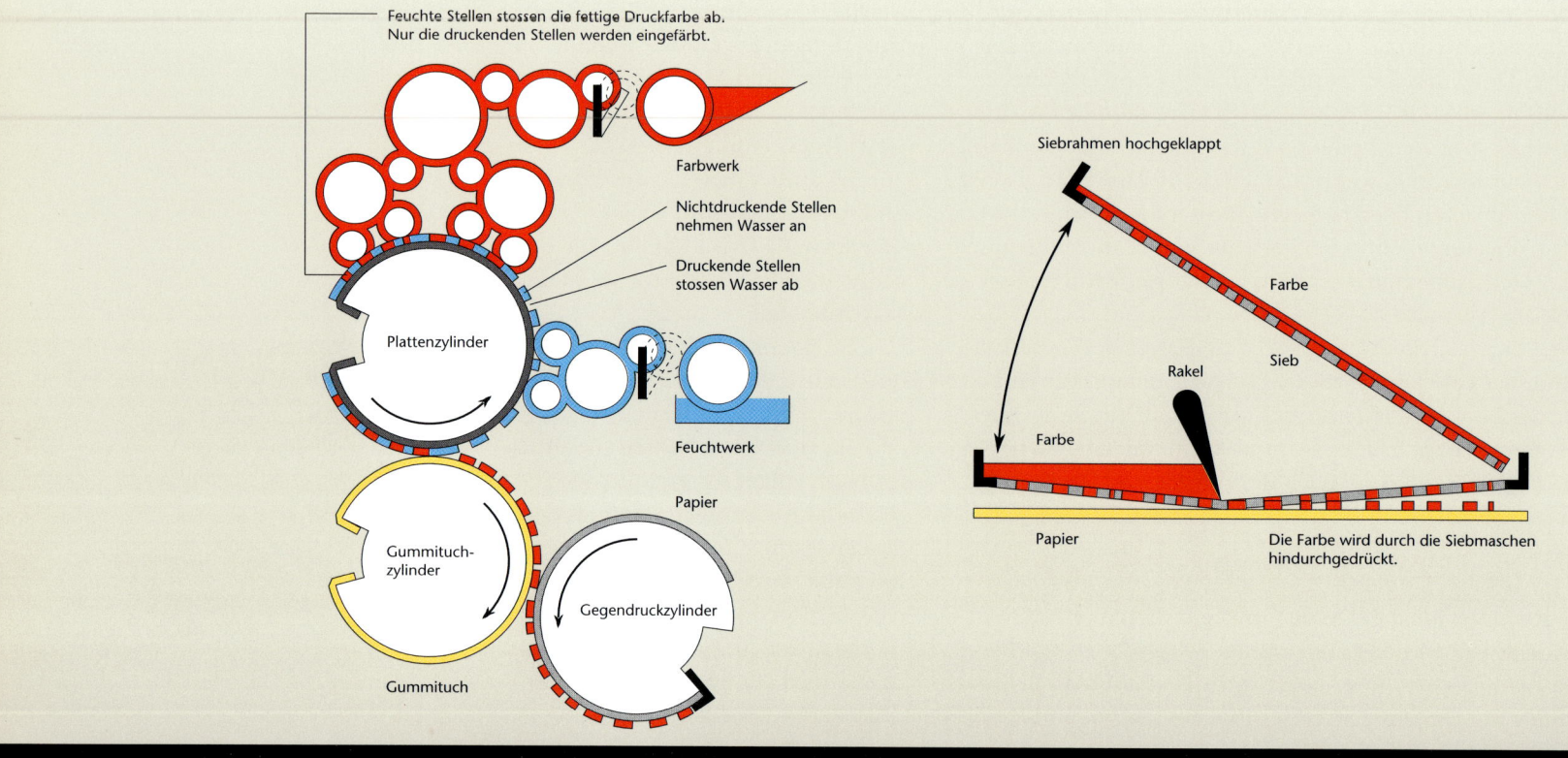

	Offsetdruck	Siebdruck
Verfahren	Flachdruckverfahren, druckende und nichtdruckende Stellen liegen auf gleicher Höhe	Durchdruckverfahren, Farbe wird durch den Druckträger hindurchgedrückt
Druckträger	Offsetdruckplatte (meistens ein lichtempfindlich beschichtetes Aluminiumblech)	Straff auf einen Rahmen gespanntes, feinmaschiges Sieb aus Seide, Nylon, Polyester oder rostfreiem Stahl
Unterschiede	*Kleinformatiger Offsetdruck* bis Format A3 mit 1 bis 2 Druckwerken; Direktoffset; Systemdruck; Schnelldruck; *Offsetdruck* bis Plakatformat mit 1 bis 6 Druckwerken; *Rollenoffsetdruck* mit bis zu 10 Druckwerken und weiteren Ausrüstaggregaten für Falzen, Kleben, Heften, Perforieren, Schneiden	*Serigrafie* oder *Filmdruck* sind andere Bezeichnungen. Verschiedene manuelle und automatische Techniken: Flachsiebdruck, Zylinderdruck, Runddruck. Druckform weit grösser als beim Offsetdruck möglich, z.B. 6×3 m. Auch körperhafte Bedruckstoffe wie Flaschen, Kuben möglich
Einsatzgebiete	*Rollenoffsetdruck:* Zeitungen, Publikumszeitschriften, Magazine, Bücher, Kataloge mit hoher Auflage ab ca. 50000 Expl. *Bogenoffsetdruck:* Prospekte, Plakate, Bücher, kleine Zeitungen, Fachzeitschriften, Geschäftsdrucksachen, Formulare, Landkarten, Banknoten, Postkarten, Mailings, Handzettel, Ordner, Verpackungen, Büchsen	Wie kein anderes Verfahren vielfältig bezüglich zu bedruckende Form, Material und Farbe. *Auf Papier:* Plakate, Rotairs, Displays, Preisschilder, Verpackungen, Eindrucke in Offsetdrucke. *Auf Kunststoff:* Folien, Platten, Ringbücher, Selbstklebefolien, Fahrzeugbeschriftungen, Strassenschilder, Spielwaren, Sportartikel, Kugelschreiber, Feuerzeuge, Armaturen, Schalttafeln. *Auf Textilien:* T-Shirts, Wandbehänge, Fahnen, Schirme, Hüte, Abzeichen, Stoffbahnen, Teppichvliesen. *Weitere Spezialitäten:* Integrierte Schaltkreise, gedruckte Schaltungen, Glas, Keramik, Porzellan
Bedruckstoffe	Papier, Karton, Wellpappe, Weissblech, Folien	

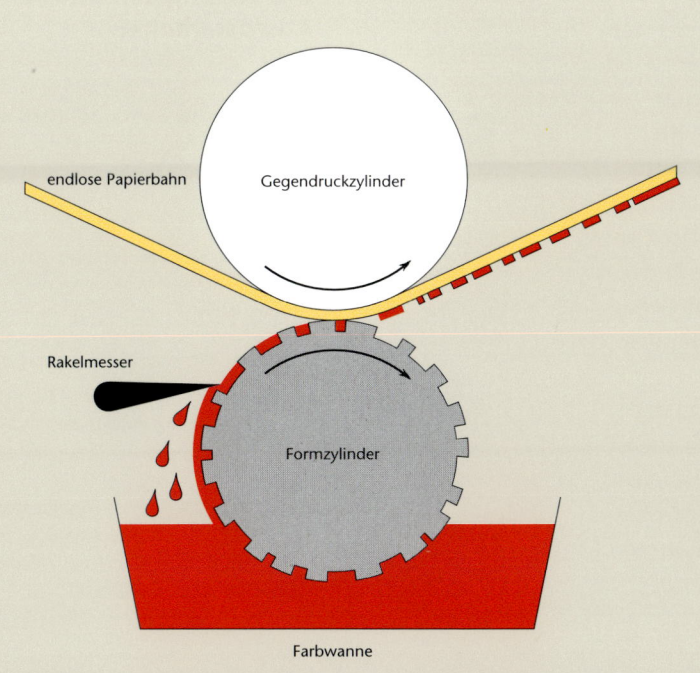
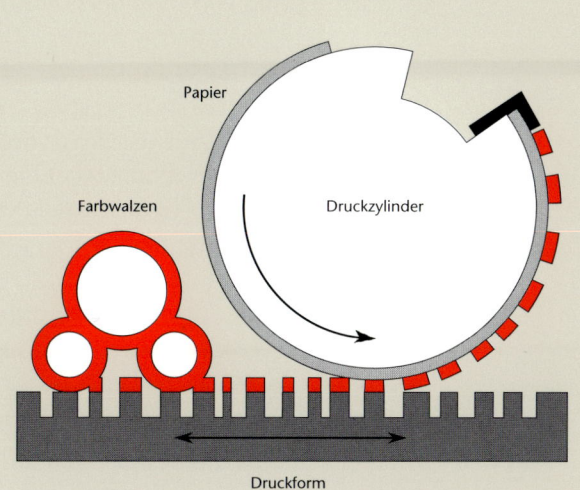

	Tiefdruck	**Buchdruck**
Verfahren	Tiefdruckverfahren. Die druckenden Stellen liegen auf dem Druckträger vertieft	Hochdruckverfahren. Die druckenden Stellen liegen auf dem Druckträger erhöht
Druckträger	Tiefdruckzylinder mit verchromter Kupferhaut. Verschiedene Verfahren mittels Gravur oder Ätzung	Veraltet Bleisatz und Klischees. Heute Kunststoffdruckformen oder Gummiplatten
Unterschiede	*Verpackungstiefdruck, Illustrationstiefdruck.* Grosse Maschinen, weitere Aggregate für das Schneiden, Kleben, Falzen, Stanzen, Rillen, Perforieren, Prägen. Unterschiedliche Zylinderbreiten von 60 bis 305 cm und Zylinderumfänge von 50 bis 130 cm	*Flexodruck, Buchdruck.* Tiegeldruckpressen (Fläche gegen Fläche), «Schnell»druckpressen (Fläche gegen Zylinder), Zeitungsrotationen (Zylinder gegen Zylinder)
Einsatzgebiete	Zeitschriften, Kataloge, Telefonbücher, Werbeprospekte, Verpackungen, überall, wo Hunderttausende bis Millionen von Exemplaren verlangt werden	In vielen Druckereien stehen noch «ausrangierte» Buchdruckmaschinen im Einsatz für das Rillen, Stanzen und Prägen von Offsetdruckerzeugnissen. *Flexodruck:* Tetrapackungen, Wellpappeschachteln, Tragtaschen aus Kraftpapier und Kunststoff
Bedruckstoffe	Papier, Karton, Aluminium, Folien	Papier, Karton, Aluminium, Folien

Druckweiterverarbeitung

Unter Ausrüsten oder Druckweiterverarbeitung wird das Fertig-Konfektionieren der Drucksache verstanden. Zum Teil findet der «Finish» in der Druckerei statt, sofern der notwendige Maschinenpark vorhanden ist, oder die Leistung wird von einer Buchbinderei eingekauft. Leider fristet dieser überaus wichtige Arbeitsgang ein unspektakuläres Dasein am Ende der Produktionskette. Die Weiterverarbeitung ist jedoch genauso wichtig für ein schönes Endprodukt wie die Druckvorstufe oder der Druck. Für Gestalter sind verschiedene Punkte von Bedeutung, etwa die maschinelle Verarbeitbarkeit von verschiedenen Materialien, die Zweckmässigkeit von Heft- und Bindearten oder die Maschinentoleranzen.

Die maschinell bedingten Toleranzen sind bei der Gestaltung zu berücksichtigen. Beim Falzen, Schneiden usw. ist mit einer Toleranz von ½ bis 2 mm zu rechnen. In diesen Randbereich gehören also keine wichtigen Elemente, die toleranzbedingt beschnitten werden könnten.

Veredelung der Druckbogen

Vor der Weiterverarbeitung kann das Druckgut veredelt werden. Zum Schutz gegen spätere Strapazen stehen verschiedene Methoden zur Verfügung. Ein normaler Lack, der bereits vom Drucker als zusätzlicher Druckgang aufgebracht werden kann, schützt das Druckgut gegen Fingerabdrücke. Diese machen sich vor allem auf dunklen Stellen unschön bemerkbar. Drucklack benützt man heute bei Titelseiten von Zeitschriften, bei Bildern oder satten Flächen. Lackieren ist sowohl im Bogen- als auch im Rollenoffset möglich. Ein ganzflächiger oder auch nur partieller Einsatz ist denkbar. Die Kombination von Matt- und Glanzlack lässt übrigens interessante gestalterische Möglichkeiten zu; der Umschlag dieses Buches zeigt einen solchen Effekt mit Laminage und Lack.

Einen weitergehenden Schutz bieten Nitro- und UV-Lacke. Sie erhöhen die Scheuerfestigkeit ganz erheblich und schützen das Druckgut bei langen Verpackungs- und Transportwegen. Auch hier stehen Matt- oder Glanzlacke bereit.

Den besten Schutz stellt die Laminage dar. Hier wird eine hauchdünne Folie auf das Papier kaschiert, welche den Bogen praktisch versiegelt. Das Druckerzeugnis wird nun spritzwasserfest «abwaschbar». Unterschieden wird nach Matt- Präge- und Glanzlaminage. Im Unterschied zum Lack bietet die Laminage einen umfassenden Schutz gegen das Aufbrechen entlang der Falzkanten.

Die wichtigsten industriellen Ausrüstarbeiten

Stanzen

Die gewünschte Form wird mittels einer Stanzform (wie die Metallformen beim Weihnachtsgebäck) aus dem Papier oder Karton gestanzt.

Perforieren

Loch- oder Schnittperforation, häufig angewendet bei Karten oder Coupons, die man heraustrennen kann.

Bohren

Die runden Löcher in Blättern für Ringordner oder Spiralheftung werden gebohrt.

Prägen

Hochdruckverfahren mit Matrize und Patrize. Das Sujet wird dreidimensional hervorgedrückt. Gold- oder Silberprägung mit Folien. Blindprägung ohne Druckfarbe.

Rillen

Leichtes Eindrücken des Halbkartons (ab ca. 200 g/m²) für die einwandfreie Falzung. Ohne Rill besteht Bruchgefahr im Falz.

Falzen
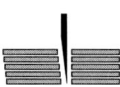
Die Druckbogen werden nach verschiedensten Bedürfnissen gefalzt.

Schneiden

Mit der Schneidmaschine für einzelne Schnitte oder dem Dreischneider im Sammelhefter werden die gefalzten Druckbogen von Büchern und Broschüren auf den drei Aussenseiten gleichzeitig beschnitten.

Sammelheften
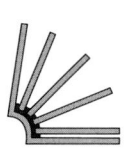
Die einzelnen Bogen für Bücher, Zeitschriften oder Broschüren werden zusammengetragen, mit Drahtklammern im Bund geheftet und auf drei Seiten glatt beschnitten.

Binden
Im Klebebinder, der wie der Sammelhefter aus vielen Zusammentragstationen besteht, werden die gefalzten Druckbogen am Rücken aufgefräst und zu ganzen Buchblöcken geleimt. Für hochwertige Bücher kommt jedoch nur die Fadenheftung in Frage. Daneben gibt es weitere Bindearten wie z. B. die Wirobindung und andere.

Versandfertig machen

Darunter fällt schrumpfen oder einschweissen, bandieren, banderolieren, in Schachteln verpacken, etikettieren, adressieren und spedieren.

Falzmöglichkeiten

Ein Falz wird in der Fachsprache auch mit Bruch bezeichnet. Beim Parallelfalz wird der Bogen parallel einer Seitenkante gefalzt. Der Kreuzbruchfalz falzt den Bogen kreuzweise.

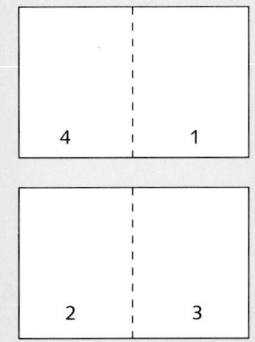
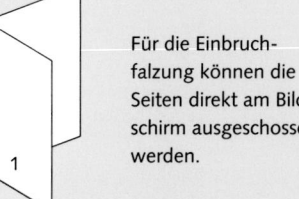

Für die Einbruchfalzung können die Seiten direkt am Bildschirm ausgeschossen werden.

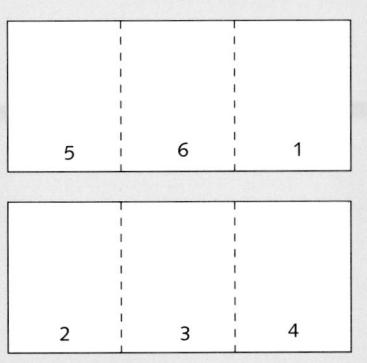
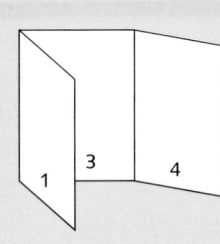

In der Fachsprache heisst diese Anwendung Wickelfalz. Der Papierbogen wird gewissermassen aufgewickelt.

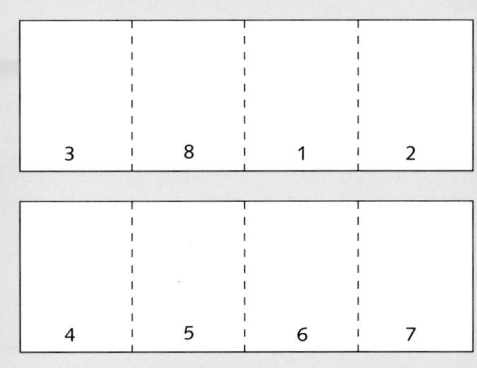
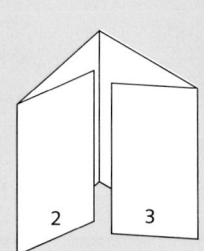

Eine besondere Art der Parallelfalzung ist der Fensterfalz. Hier mit drei Brüchen.

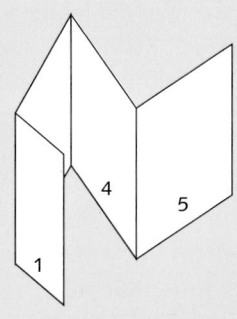

Bei der Parallelfalzung wird der Bogen fortlaufend durch parallele Falzbrüche in der gleichen Richtung halbiert.

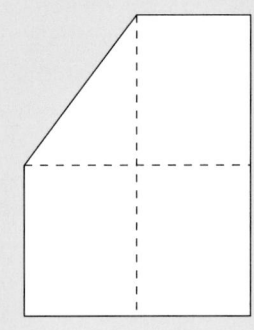

Kreuzbruchfalzung mit Schrägschnitt. Die Vorderseite wird in eine Tasche eingebettet.

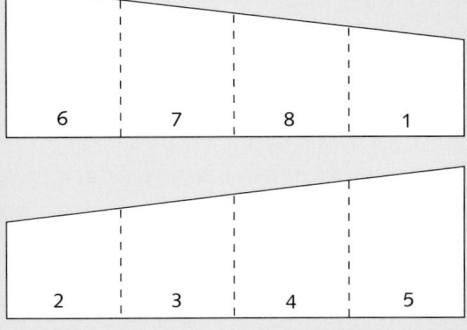
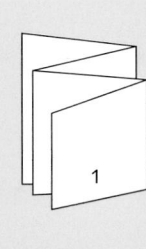

Zickzack- oder Leporello-Falzung. Durch den schrägen Schnitt oder die abnehmende Seitenlänge können Effekte erzielt werden.

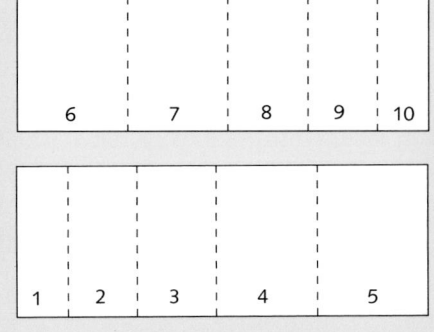
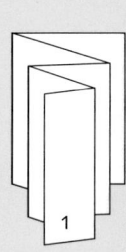

Versand

Die Versandkosten beanspruchen einen erheblichen Teil des Gesamtbudgets. Druckerzeugnisse geniessen als Massenprodukte und kulturelle Erzeugnisse gegenüber der normalen Paket- und Briefpost bevorzugte Tarife. Die Posttarife sind bis ins Detail geregelt – nachzulesen in verschiedenen Broschüren und Merkblättern, die bei allen Poststellen kostenlos bezogen werden können. In Zweifelsfällen (ausgefallene Formate, kritische Gewichtsgrenzen, Grossauflagen usw.) sollten die PTT rechtzeitig konsultiert werden. Ihre Auskünfte sind in vielen Fällen bares Geld wert.

Portokosten

Unterschieden wird nach Drucksachen (in offenem oder verschlossenem Kuvert), Inland und Ausland, nach nichteiligen Massensendungen, Drucksachen, die ausgeliehen werden (Bibliotheken), nach Büchern, Zeitungen und Zeitschriften sowie nach Sendungen ohne Adresse (Streuprospekte). Der Drucksachentarif teilt nach Gewichtsklassen 1–50 g, 50–250 g und 250–500 g ein und nach Grösse bis Format B5, Format B4 und über Format B4. Der Tarifklassensprung für die Dicke liegt bei 20 mm. Ein Beispiel für Gestalter: Ein Blatt A4 (= 2 Seiten) mit dem Papiergewicht 100 g/m² wiegt 6,25 g. Eine Broschüre mit 36 Seiten wiegt demzufolge 225 g, dazu kommt das Gewicht der Druckfarbe, Heftklammer, Verpackung. Sie wird knappe 250 g auf die Speditionswaage bringen (ohne Beilagen wie Faktura, Bestellkarten usw). Wenn die Broschüre an 5000 Adressen versandt wird, spielt es eine Rolle, ob sie weniger oder mehr als 250 g wiegt. Im ersten Fall kostet das Porto 70 Rp., zusammen Fr. 3500.–. Die Broschüre mit 40 Seiten hingegen wird in die Preisklasse von Fr. 1.–/Stück gelangen: Portokosten Fr. 5000.–!

Geschäftsantwortsendungen

Für die Geschäftsantwortsendung übernimmt der Herausgeber die Portokosten. Vor dem endgültigen Druck ist derjenigen Poststelle ein Abzug zur Genehmigung vorzulegen, die im Adressfeld vorgesehen ist. Die Mindestmasse betragen 140×90 mm bis B4 (250×176 mm) in einer Dicke bis maximal 20 mm. Im Format A6 ist ein Mindestgewicht von 120 g/m², im Format A5 180 g/m² erforderlich. Die Gestaltung unterliegt den strengen Auflagen für die maschinelle Verarbeitung durch die PTT-Betriebe.

Allgemeine Gestaltungsvorschriften

Kuverts und Geschäftsantwortsendungen werden maschinell gelesen und sortiert. Eine dunkle Schrift auf hellem Grund gewährleistet eine grössere Betriebssicherheit – helle Schriften auf einem strukturierten Hintergrund sind problematisch. Die Schriftgrösse der Adresse soll zwischen 2 und 7 mm betragen und der Zeilenabstand mindestens 1 mm zwischen Unter- und Oberlänge. Kursiv-, Zier- und Negativschriften können nicht maschinell gelesen werden. Und wir möchten doch, dass die Post pünktlich ankommt, nicht wahr?

Der Absender auf Briefumschlägen darf links neben der Empfängeradresse, darüber (ausserhalb der Frankierzone) oder auf der Rückseite stehen.

Briefumschläge

Briefumschläge sind grundsätzlich frei gestaltbar. Die Post liebt jedoch Extravaganzen nicht und bittet um das Seitenverhältnis $1:\sqrt{2}$, was den Proportionen der DIN-A-Reihe entspricht. Die Kuverts sollen allseitig geschlossen sein, offene Kuverts behindern die maschinelle Bearbeitung. Auch im Materialbereich existieren Wünsche: Glänzende oder strukturierte Papiere sind nicht geschätzt. Gefalzte, gelochte oder perforierte Sendungen können die maschinelle Lesung beeinträchtigen.

Das Adressfenster von Kuverts kann innerhalb der Massangaben links oder rechts stehen. Wenn das Fenster beim C5 links liegt, so darf die Absenderangabe nicht unter dem Fenster stehen.

Wer kontaktiert die Post?

Bei der Gestaltung sind den Postvorschriften im Sinne einer schnellen Spedition Rechnung zu tragen, ganz im Interesse des Auftraggebers. Der Gestalter muss darüber also Bescheid wissen. Das Einverständnis der Post mit eventuellen rechtlichen Konsequenzen muss jedoch der Auftraggeber einholen, nicht der Gestalter. Dieser sollte jedoch den Auftraggeber darauf hinweisen.

Versand

Das Mindestpapiergewicht für die Geschäftsantwortkarte A6 ist 120 g/m². Im Format A5 ist 180 g/m² zugelassen. Für die Gestaltung gelten strenge Vorschriften.

Die Tarife werden von folgenden Faktoren beeinflusst:
– Anzahl
– Vorsortierung
– Art der Drucksache
– Schnelligkeit der Zustellung
– Adressen (Inland, Ausland)
– Bindeart (Loseblattform, Kalender, Ringbücher usw.)
– Verpackung
– Absenderangaben
– Gestaltungsvorschriften für Frankaturen, Absender und Werbeflächen
– Gewicht
– Mindest-/Höchstformat (Länge, Breite, Höhe, Durchmesser)
– Druckort (bezüglich AZ-Tarif)

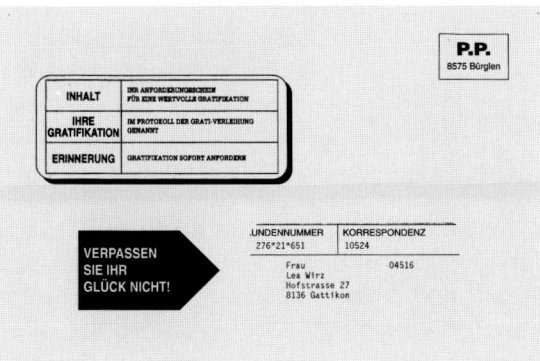

Diskretion bietet der Versand in einer Hülle. In Frage kommen Briefkuverts, Kartonhüllen, Posterrollen und anderes. Das Druckgut ist gut gegen mechanische Beschädigung geschützt, weniger gegen Nässe.

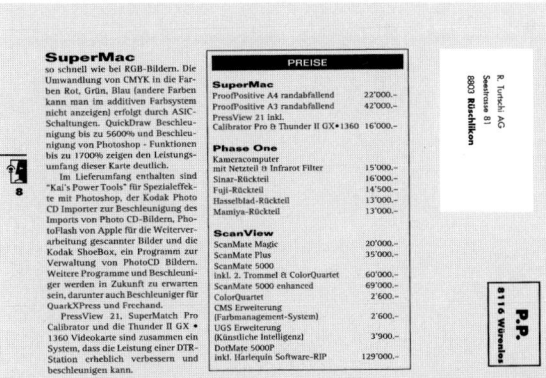

Bevorzugte und günstigste Versandart für adressierte Newsletter, Mailings usw. ist der Offenversand mit aufgedruckter Adresse. Der Druck erfolgt mittels Laser-, Inkjet-Druck, oder mit aufgeklebter Adressetikette.

Die Schrumpffolie bietet Schutz gegen Nässe, nicht gegen mechanische Einwirkung. Die Adresse wird auf ein Deckblatt aufgeklebt oder aufgedruckt.

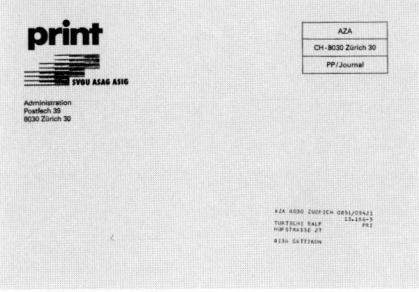

Der AZ-Tarif gilt für «**A**bonnierte **Z**eitungen und Zeitschriften», die jährlich mindestens viermal in wenigstens 3000 Expl. erscheinen und in der Schweiz gedruckt sein müssen. Beim Streifbandversand sind lose Beilagen verboten.

Rechtsgrundlagen für Gestalter

 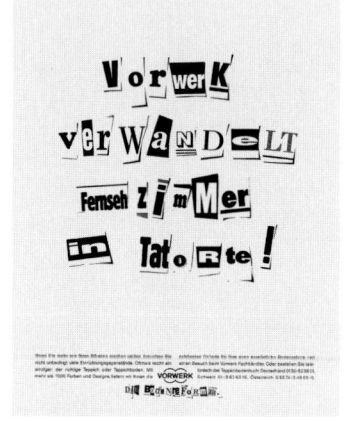

Typografische Raubkopien passieren – oft unbewusst. Halten Sie aus diesem Grund die Augen offen.

Publikationen tangieren verschiedenes Recht mit weltweiter, europaweiter oder nationaler Gültigkeit. Journalistische «Tatbestände» wie Ehrverletzung, Rufmord, Falschmeldung (Zeitungsente) usw. seien hier nicht besprochen. Ich möchte nur auf die Aspekte eingehen, mit denen ein Gestalter zu tun hat. Im juristischen Sinn verantwortlich für die Veröffentlichung – sei es ein Inserat, das Firmenlogo oder ein Plakat – ist der Herausgeber. Wenn bei einem Streitfall der Herausgeber nicht zu eruieren ist, haften die beteiligten Parteien stufenweise in der Reihenfolge ihrer Tätigkeit. Man spricht von Kaskadenhaftung. Der Desktop Publisher hat diesen Umständen Rechnung zu tragen und die Verantwortung in seinem Aufgabenbereich gegenüber dem Herausgeber wahrzunehmen. Welche Rechte sind zu beachten?

Mobitare MusikHug

Im Bereich Corporate Design ist eine enge typografische Verwandtschaft besonders stossend.

Geistiges Eigentum

Als geistiges Eigentum bezeichnen wir bildnerische, literarische und musikalische Werke oder Erfindungen mit einer gewissen öffentlichen Bedeutung und Tragweite. Geistiges Eigentum lässt sich schwerer feststellen als das Eigentum an Sachen, kann aber vor unerlaubter Nachahmung geschützt werden. Marken und Design sind wertvolles Unternehmenskapital und werden oft weltweit geschützt. Man denke an die grassierende Markenpiraterie: Lacoste, Boss, Swatch usw. werden hemmungslos nachgeahmt; die Schäden erreichen Milliardenhöhe. Eine Marke kann aus Logo, einem Fantasiewort, dem Namen des Unternehmens oder einer Kombination davon bestehen.

Zum Schutz wird die Marke rechtswirksam in öffentliche Register für Marken-, Muster- und Modellschutz eingetragen. Der Rechtsschutz ist allerdings nicht absolut, und bei Streitigkeiten droht ein Verbot derselben, mit oft schwerwiegenden Konsequenzen.

Das Symbol ® gilt weltweit als Registrierungssymbol und darf nur verwendet werden, wenn die Marke wirklich eingetragen ist. Das Trademark-Symbol ™ gilt als Warnzeichen und darf auch ohne Registrierung verwendet werden. Es warnt nur, dass hier ein Anspruch auf geistiges Eigentum geltend gemacht wird. Wenn in den entsprechenden Ländern die Marke nicht eingetragen ist, darf nur das ™ Symbol verwendet werden.

Der Designschutz erstreckt sich über die ästhetische Formgebung eines Produktes oder Gegenstandes, häufig in Verbindung mit einer Patentanmeldung. Er umfasst im gestalterischen Bereich Erscheinungsbilder oder etwa die Titelgestaltung einer Zeitschrift oder Zeitung.

Wenn das Design nicht hinterlegt ist, darf straffrei kopiert werden. Ob dies jedoch fantasievoll und professionell ist, bleibe dahingestellt. Die Hinterlegung ist nur möglich, wenn das Design neuartig und unbekannt ist. Eine Form, welche schon fünf Jahre produziert wird, kann nicht mehr hinterlegt werden. Im Designschutz besteht kein weltweites Warnsymbol. Modèle déposé wird jedoch in ein paar Ländern verwendet.

Typografie ist, als Design verstanden, nicht geschützt. Trotzdem ist es nicht ratsam, bewusst zu plagiieren – es zeugt von wenig Stil und Fantasie. Zudem sieht es nie gut aus, wenn der Auftraggeber die Gestaltung an fremder Stelle entdecken sollte.

Das Urheberrecht

Urheberrecht entsteht ohne Eintrag und Formalitäten durch das Entstehen eines Textes oder Werkes und erlischt erst 50 Jahre nach dem Tod des Urhebers. Betroffen sind alle Literaten, Autoren, Wissenschafter, Musiker, alle Werke der Filmkunst, Fotografie, Bildhauerei und Architektur. Jede Wiedergabe, Um- und Bearbeitung ist nur mit Einwilligung des Urhebers gestattet. Insofern stellt jede Fotokopie eines Buches oder einer Zeitschrift eine strafbare Handlung dar.

Grafische Gestaltungen und Fotografien sind urheberrechtlich nur geschützt, wenn sie eine gewisse Originalität aufweisen. Doch wo sind die Grenzen, und beurteilen Richter etwa die Originalität? Bei Gelegenheitsdrucksachen gelten sicherlich andere Massstäbe als bei Plakaten. Üblicherweise meldet der Urheber eines Wer-

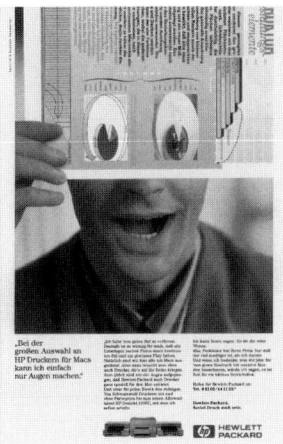

Hier ist die Idee die gleiche. Die Frage ist: Wer war zuerst, und wer hat die Idee bekanntgemacht? Im nachhinein ist es oft schwierig, von Ideenklau zu sprechen. Für beide Auftraggeber ist die Nachahmung unerfreulich.

kes den Schutzanspruch mit dem Copyright-Zeichen © an. In der Praxis verwischt sich das Recht. Nicht alle Fotos sind originell und künstlerisch wertvoll, viele davon sind handwerkliche Aufträge, die mit dem einmaligen Fotografenhonorar abgegolten werden. Wo kein Kläger ist, ist auch kein Richter.

Fonts werden als künstlerisches Werk anerkannt. Das elektronische Kopieren von Schriften ist deshalb strafbar. Wer Schriften kauft, kann in den Lizenzbestimmungen genau nachlesen, was erlaubt ist und was nicht. Auch bei den Fonts gibt es solche, die frei kopiert werden dürfen, häufig lässt ihre Qualität jedoch zu wünschen übrig.

Persönlichkeitsschutz

Abbildungen von Personen dürfen nicht ohne deren Einverständnis veröffentlicht werden. Die Veröffentlichung z.B. als Zuschauer bei Grossveranstaltungen, wo mit Medienpräsenz zu rechnen ist, ist hingegen nicht strafbar. Auch Personen des öffentlichen Lebens, Politiker, Sportler, Popstars usw. dürfen ohne deren Einverständnis abgebildet werden. Ausgenommen sind Fotos für Werbezwecke.

Oft ist die Praxis recht larsch. Kaum jemand in der Zeitungs- und Zeitschriftenherstellung wird von abgelichteten Personen ein schriftliches Einverständnis für die Publikation einholen. Durch das Modellstehen gegen ein Honorar geben die Personen zwar ihr Einverständnis zur Veröffentlichung. Das Copyright «gehört» dann in der Regel dem Auftraggeber, dem Fotografen oder einer Agentur. Eine sorgfältige Abklärung allfälliger Grundrechte ist in jedem Fall ratsam – auch im Hinblick auf anderweitige Verwendung.

Was ist erlaubt?

Hände weg von gedruckten Vorlagen, die nicht vom Herausgeber selber stammen. Nicht erlaubt ist, wenn ein Werk – und im Zweifelsfall zählen alle Fotos, Illustrationen, Zeichnungen, Cartoons usw. dazu – ohne Einwilligung des Urhebers gescannt und reproduziert wird.

Erlaubt ist, wenn das Werk als Vorlage für ein neues eigenständiges Werk dient. Doch wo sind die Grenzen für ein solches Tun? Eine reine Weste behält nur, wer alles von A bis Z selber macht oder Lizenzgebühren dafür zahlt. Mit einem Bein stehen manche Kreativen deshalb im rechtsunsicheren Raum. Keine Probleme gibt es mit der Typografie, aufpassen muss man bei Fotos und visuellen Erscheinungsbildern.

Meistens stimmen ja Urheber und Auftraggeber nicht überein. Als Desktop Publisher wird man jedoch wegen der Kaskadenhaftung erst nach dem Auftraggeber rechtlich zur Verantwortung gezogen. Legen Sie ihm gegenüber ehrlich Rechenschaft ab, woher Sie allenfalls eigene grafische Zutaten wie Bilder, Illustrationen und Grafiken haben.

Frei nach Herrn Boulevard: Die eigene Fantasie bleibt auf der Strecke. Und oft sind die Plagiate nur einen Bruchteil so gut wie das Original.

Papier – ein vielseitiger Bedruckstoff

Ich habe schon weiter vorne die Drucktechniken in den unterschiedlichsten Anwendungsgebieten erklärt. Bedrucken lässt sich praktisch alles: Textilien, Konservendosen, Glasflaschen, Kartonboxen, Etiketten, Kaffeerahmdeckel, Autos und so weiter. Die Druckvorstufe hat die Arbeitsschritte logischerweise auf das nachfolgende Druckverfahren abzustimmen. Die vorgängige Kontaktaufnahme mit der Druckerei oder dem Reprobetrieb hilft, Fehlschritte zu vermeiden.

Der wohl verbreitetste Bedruckstoff ist sicherlich das Papier im Zusammenhang mit dem Offsetdruck. Aus diesem Grund verdient es eine nähere Betrachtung. Papier ist ein universell einsetzbarer Werkstoff – nicht nur für die Druckindustrie. In der täglichen Hygiene benützen wir alle selbstverständlich Papiertaschentücher, Tischsets, Servietten, Windeln (benützen wir nicht alle). Papier gilt heute als umweltfreundliches Verpackungsmaterial, wird als Vlies für Teebeutel, Putztücher, Gesichtsmasken usw. vielfältig eingesetzt.

Die Papierherstellung

Als Rohstoff für die Papierherstellung dient Holz von Fichten und Tannen, und zwar Schwachholz, welches sich nicht für die Verarbeitung zu Brettern und Balken eignet, Schadholz, welches durch Stürme anfällt, Sägereiabfälle oder anderes. Auch Altpapier wird vermehrt eingesetzt. Der Rohstoff wird durch Mahl- und Schleifwerke in die einzelnen Fasern zerlegt, es entsteht der Faserrohstoff Holzschliff. Zellstoff wird auf andere Weise gewonnen. Hier werden die Cellulose-Fasern durch chemisches Auskochen der Harzsubstanzen freigelegt.

Vor der eigentlichen Papierfabrikation wird der Stoff sortiert, gereinigt, gebleicht oder gefärbt, werden in grossen Mischbehältern Leim- und Füllstoffe beigefügt, bis die verlangte Rezeptur erreicht ist. Der mit viel Wasser aufgelöste Faserbrei wird nun auf ein rasch umlaufendes Sieb der Papiermaschine gegossen, das Wasser läuft durch die Maschen ab, und die Fasern verfestigen sich in der anschliessenden Press- und Trockenpartie zu einer Papierbahn. Eine ganze Reihe von Maschinen ist für die Oberflächenbehandlung oder für die Konfektionierung in Rollen- oder Bogenware zuständig.

Sortenreichtum

Wir unterscheiden nach Papieren und Karton. Kartonsorten werden nach ihrem Aufbau eingeteilt, ein Duplexkarton besteht aus zwei Schichten, ein Triplexkarton aus dreien, die aufeinanderkaschiert wurden. Eine andere Bezeichnung klassiert nach der Oberflächenbeschaffenheit, z.B. Chromokarton, ein hochglänzend veredelter Karton. Faltschachtelkarton (einseitig beschichtet), Maschinenkarton (grauer, grober Karton) oder Wickelpappe (Wellpappe mit unterschiedlich feinen Wellen in mehreren Lagen).

Papiere werden vom Prinzip her gleich wie Karton hergestellt, nur sind sie dünner und meistens nicht mehrlagig. Für Papiere kennen wir eine Klassifizierung nach

Die Gliederung der Papiere in Stoffklassen (SK)

Papiere mit gebleichten Faserstoffen		Drucksachen
SK 1	ausschliesslich aus Hadern hergestellt	Banknoten, Büttenpapiere, Wertschriften
SK 2	hadernhaltig, mit mindestens 20 % Hadern	Landkarten, Schreib-, Akten-, Bütten-, Bücherpapiere
SK 3	holzfrei, mit höchstens 5 % verholzten Fasern, jedoch ohne Holzschliff	Prospekte, Schreib-, Schreibmaschinen-, Offset-, Werkdruckpapiere, Kartons weiss und farbig
SK 4	holzhaltig, mit mindestens 25 % Holzschliff	Zeitschriften-, Druck- und Schreibmaschinenpapiere
SK 5	mit mindestens 40 % Holzschliff	Druck- und Schreibmaschinenpapiere, Umschlagpapiere
SK 6	mindestens 55 % Holzschliff	Rollenoffset und Tiefdruckpapiere für Kataloge und Zeitschriften
SK 7	mit mindestens 70 % gebleichtem Holzschliff	Zeitungspapiere
Papiere mit ungebleichten Faserstoffen		Drucksachen
SK 8	holzfrei, mit höchstens 5 % verholzten Fasern, jedoch ohne Holzschliff	Kraftpack-, Rohpapiere für die Herstellung von Beuteln und Säcken, Einwickelpapiere, Karteikarton
SK 9	holzhaltig, höchstens 80 % Zellstoff	Kuvertpapiere, Rohpapiere zum Beschichten, Gummieren, Paraffinieren
SK 10	holzhaltig, höchstens 80 % Zellstoff	Zellulosepapiere, Naturpackpapiere, Blumenpapiere
SK 11	holzhaltig, höchstens 70 % Zellstoff	gleich wie SK 10, jedoch weniger reissfest
SK 12	holzhaltig, höchstens 60 % Zellstoff	Graupack, billige Einwickelpapiere

Stoffklassen (SK), die heutige Bedürfnisse nach umweltfreundlichen Papieren zwar nicht erfüllen – jedoch nach wie vor den überwiegenden Anteil am gesamten Verbrauch ausmachen.

Die Papierdicke misst man anhand des Flächengewichtes. 1 m² eines bestimmten Papiers wird gewogen, und das Grammgewicht klassiert das Papier. Eine Sorteneinteilung nach Gewicht ergibt folgende «Gattungsbezeichnungen»:

bis 150 g/m²	Papier
160 bis 200 g/m²	Halbkarton
210 bis 700 g/m²	Karton
300 bis 2400 g/m²	Maschinenkarton und Pappe
400 bis 2400 g/m²	Handpappe

Eine Vereinbarung zwischen den Papierherstellern und Abnehmern normiert Papier in die üblichen Handelsgewichte: von 30 bis 100 g/m² in Abstufungen von 5 g, von 100 bis 260 g/m² in Abstufungen von 10 g, dann sind noch 280 g/m² und 300 g/m². Über 300 g werden die Gewichte nach Übereinkunft festgelegt. Selbstverständlich ist mit geringen Toleranzen zu rechnen, die beim Ausrechnen des Drucksachengewichtes bereits eingerechnet werden sollen.

Die Papierbeschaffenheit

Papiere werden für alle möglichen Zwecke der industriellen Nutzung veredelt, z.B. für Isolationszwecke; Fotopapiere werden lichtempfindlich beschichtet, chemisch behandelte Papiere eignen sich für das Durchschreiben, Kopierpapiere sollen staubfrei und Banknoten oder Landkarten strapazierfähig sein. Am meisten beschäftigt Typografen die Oberflächenbeschaffenheit. Greifen wir die diesbezüglich wichtigsten Begriffe heraus:

Maschinenglatt
Ein einfaches Vorglätten am Schluss der Papiermaschine gibt dieser Bezeichnung ihren Namen. Maschinenglatte Papiere werden direkt ab Papiermaschine verkauft und nicht weiter veredelt. Typische Vertreter sind die sogenannten Offsetpapiere.

Die verschiedensten Papier- und Kartonsorten nach Gewicht

Papier- oder Kartonsorten	Gewicht in g/m²
Affichenpapier	60 – 140
Belegleserpapier (OCR)	90 – 140
Briefumschlagpapier	60 – 120
Bristolkarton	160 – 700
Büttenpapier	80 – 140
Chromopapier und -karton	70 – 500
Dünndruckpapier	30 – 50
Gestrichenes Papier (und Karton)	70 – 300
Illustrationsdruckpapier	50 – 140
Karteikarton	160 – 450
Kunstdruckpapier	90 – 170
Landkartenpapier	100 – 150
Luftpostpapier	15 – 40
Offsetpapier und -karton	60 – 700
Packpapier	50 – 180
Schreibmaschinenpapier	40 – 100
Schreibpapier	50 – 150
Seidenpapier	15 – 30
Tiefdruckpapier	50 – 140
Umschlagpapier und -karton	60 – 350
Werkdruckpapier (Bücher)	60 – 120
Zeitungspapier	40 – 55

Streichen
In einem Streichwerk werden die Papierbahnen nach der Papiermaschine mit einer Schicht aus Pigmenten und Bindemitteln versehen, welche die Oberflächenstruktur verschliesst und glättet. Gestrichene Papiere werden im Illustrationsdruck verwendet, sind oft hochweiss und garantieren durch die geschlossene Oberfläche ein regelmässiges und brillantes Druckbild. Die Bezeichnung «mattgestrichen» bezieht sich auf den Glanz des Papiers. Mattgestrichene Papiere eignen sich vor allem für das Lesen von grösseren Textmengen, weil sich das auftreffende Licht bricht und ein reflexfreies Lesen ermöglicht. Farbige Bilder hingegen wirken auf diesem Papier etwas stumpf. Hierfür eignen sich glanzgestrichene Papiere: Durch ihren Glanz kommen die Druckfarben besonders brillant zur Geltung. Halbmatte oder halbglänzende Papiere bieten Zwischenlösungen.

Druckereien arbeiten lieber mit glänzend gestrichenen Papieren, weil die Druckfarbe besser haftet und trocknet. Das Druckbild zieht auf der Rückseite des Bogens weniger stark ab, das Druckgut kann somit schneller weiterverarbeitet werden.

Satinieren
Für einen erhöhten Glanz und weitere Glätte sorgt der Satinierkalander. Unter Pressdruck durchläuft die Papierbahn schlangenförmig eine ganze Anzahl von Stahl- und Kunststoffzylindern. Die Oberfläche wird verdichtet und erhält mehr Glanz.

Physikalische Eigenschaften

Feuchtigkeit
Die beiden wichtigsten physikalischen Eigenschaften für das Bedrucken sind die Reissfestigkeit und die Feuchtigkeit. Papier ist hygroskopisch und zieht Feuchtigkeit an. Aus diesem Grund sollten Papiere vor, während und nach dem Druck in klimatisch geordneten Verhältnissen aufbewahrt werden. Feuchte Papiere wellen oder beulen sofort und sind für einen genauen Passer unbrauchbar. Da die relative Luftfeuchtigkeit von der Temperatur abhängt, ist die Klimatechnik für die Druckerei ein wichtiges Thema. Bei der Papierwahl soll auch an den Gebrauch nach dem Druck gedacht werden. Landkarten, die im ersten Regen zerfleddern, sind untaugliche Helfer, das Tischset, von welchem die Sauce auf den Rock abperlt, macht keine Freude und «gschtabige» Bücher sind für den Leser ein Ärgernis.

Dehnbarkeit/Reissfestigkeit
Bei maschinell hergestellten Papieren liegen die einzelnen Rohstoff-Fasern in der Laufrichtung der Papierbahn. Die Laufrichtung ist in bezug auf die Druckmaschine, die Verwendung des Endproduktes oder die Bindeart wichtig. Zwar ist es Sache des Druckers, das Papier in der erforderlichen Laufrichtung zu bestellen, doch es schadet nichts, von diesen Zusammenhängen etwas zu wissen.

Papier dehnt sich je nach Grösse, Flächengewicht und Qualität während des Druckvorganges unterschiedlich aus. Der Faserlauf im Papier bestimmt die Dehnrichtung des Papierbogens. In der Querrichtung zum Faserlauf dehnt sich der Bogen am meisten aus. Mit Bezug auf die Passgenauigkeit zusätzlicher Buntfarben ist dieser Aspekt nicht unbedeutend. Im Rollenoffset ist die Gefahr der Dehnung wegen der enormen Zugkräfte am grössten, dann folgen die grossformatigen Bogenoffsetmaschinen im Format 70×100 cm und mehr. Bei den kleinen Druckformaten bis 50×70 cm spielt die Dehnung dagegen eine untergeordnete Rolle.

Zur Erinnerung: je mehr sich das Papier im Lauf des Druckprozesses dehnt, desto grösser muss der Übergriff definiert werden. Mit dem Übergriff werden die Blitzer vermieden (siehe Seite 46).

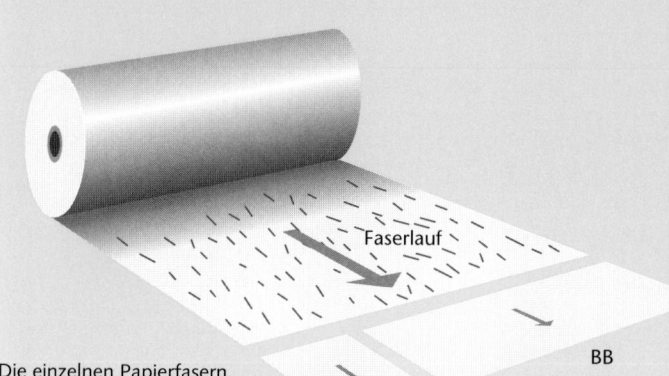

Die einzelnen Papierfasern werden nach der Maschinenlaufrichtung ausgerichtet. Durch das Querschneiden entstehen Bogen, welche die Laufrichtung parallel zur langen (SB = Schmalbahn/Schmalband) oder zur kurzen Seite aufweisen (BB = Breitbahn/Breitband).

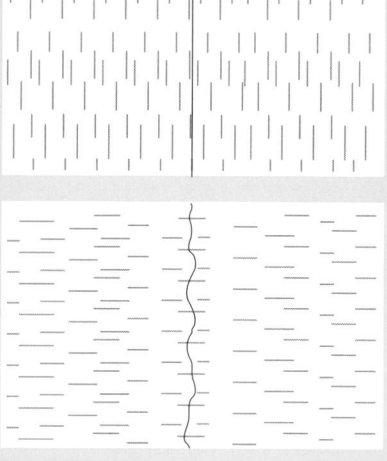

Parallel zur Laufrichtung lassen sich Papiere besser falzen oder reissen. Reissen Sie zur Probe einmal eine Zeitungsseite längs und quer ein.

Bei Broschüren, welche die Laufrichtung quer zum Bund aufweisen, bilden sich schnell unschöne Beulen im Bund. Das Papier wirkt dann irgendwie steif, fällt nicht beim Blättern.

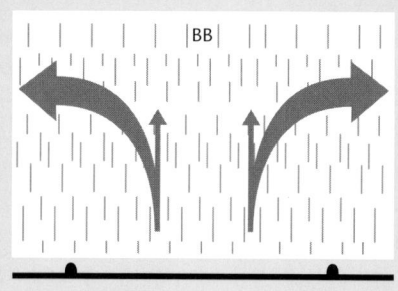

Unter mechanischer Druckeinwirkung verzieht sich das Papier hauptsächlich quer zum Faserlauf. Bezüglich Passer für den Druck wichtig.

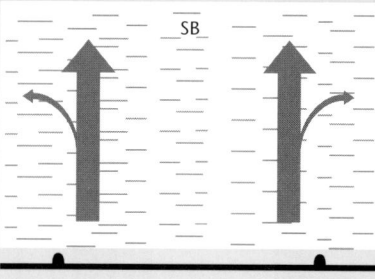

Papier und Ökologie

Dank dem ökologischen Bewusstsein erfreuen sich die sogenannten Umweltschutzpapiere einer steigenden Akzeptanz. Altpapierrecycling ist jedoch kein Kind unserer Tage. Schon seit jeher stellt man Zeitungspapier zu einem grossen Teil aus Altpapier her. Manchmal verwirren verschiedene Begriffe etwas, und weil der Umweltgedanke in den Stoffklassen nicht erscheint, will ich etwas zur Klärung beitragen.

Altpapier
Altpapier ist von unterschiedlicher Qualität. Die Haushaltsammelware hat einen hohen Anteil an Fremdstoffen, die in einem teuren Reinigungsprozess (De-inking) herausgearbeitet werden müssen: Druckfarbe, Metalle von Heftklammern, Kunststoffe von laminierten Umschlägen, Kuvertfenstern oder Leim. Die Haushaltsammelware hat so ihre Tücken und kann nicht tel quel wieder zu neuem Papier verarbeitet werden. Eine Forderung nach Sortentrennung von seiten der Papierindustrie lässt sich zurzeit auf dem Verbrauchermarkt nicht durchsetzen. Manche gemischte Papiersammelware landet früher oder später in einem Verbrennungsofen, weil die Papierfabriken, randvoll mit Altpapier, sich ausserstande sehen, immer neue Ladungen zu verarbeiten. Die sortengetrennten Abfälle von Druckereien und der Verpackungsindustrie eignen sich schon besser.

Durch die Stoffaufbereitung in der Papierfabrik werden die einzelnen Fasern zum zweitenmal zerkleinert. Verkürzte Fasern können in der Nasspartie der Papiermaschine weniger verfilzen. Papiere des Typs «second hand» sind aus diesem Grund weniger hart, lappiger und reissen schneller.

Umweltschutzpapiere
Von Umweltschutzpapieren wird heute verlangt, dass sie zu 100% aus Altpapier hergestellt, weder gefärbt noch entfärbt werden. Eine Forderung, die das typisch graue, etwas lappige Papier erfüllt, welches sich nur beschränkt bedrucken lässt. Ein weiteres Anwendungsgebiet ist der ganze Bereich der Verpackungen. In der Karton- und Wellpappefabrikation wird heute fast ausschliesslich Altpapier eingesetzt. Das sind immerhin etwa zwei Drittel des rezyklierten Altpapierberges. Einmal ein positiver Aspekt der Verpackung. Aus drucktechnischer Sicht sind diese Papiere nur für einfache Zwecke geeignet. Für Briefhüllen und andere «kurzlebige Artikel» sind sie zweckmässig und allemal genügend. Aus gestalterischer Sicht vermitteln sie ein eher düsteres Bild – alles grau in grau, Farben wirken nicht bunt, sondern stumpf. Gerade Umweltschutzpapiere stellen hohe Anforderungen an die Typografie: Mittelmässigkeit auf grauem Papier stellt ein doppeltes Lesehindernis dar.

Recyclingpapiere
Recyclingpapiere enthalten Altpapier in variablem Anteil aus Haushalten, Druckereien und Industrie. Um die erforderliche Festigkeit zu erreichen, werden mindestens 10–15% Frischfasern beigemengt. Das Papier darf gefärbt oder entfärbt sein, muss aber nicht. Typische Vertreter sind Zeitungspapiere, die bis zu einem Anteil von etwa 40% Altpapier enthalten. Technisch könnte man den Einsatz bis etwa 70% steigern, doch mit jedem Prozent wird die Papierbahn in der Zeitungsdruckerei weniger reissfest, was zu Produktionsunterbrüchen führen würde.

Weitere Anwendungsgebiete sind Toilettenpapiere, Haushaltpapiere, Papiertaschentücher und anderes.

Durch eine entsprechende Sensibilisierung in der Bevölkerung haben sich die nicht hochweissen Recyclingpapiere in verschiedenen Druckbereichen einen festen Platz erobert. Ich sage ihnen sogar eine herausragende Zukunft voraus, auch wenn sie heute noch etwas teurer sind als die «normalen» Papiere. Bestimmte Papiere spielen mit Fasereinschlüssen und setzen das Merkmal «Recycling» bewusst als Designelement ein. Das geht soweit, dass bei einzelnen Sorten ganze Papierfetzen sichtbar sind.

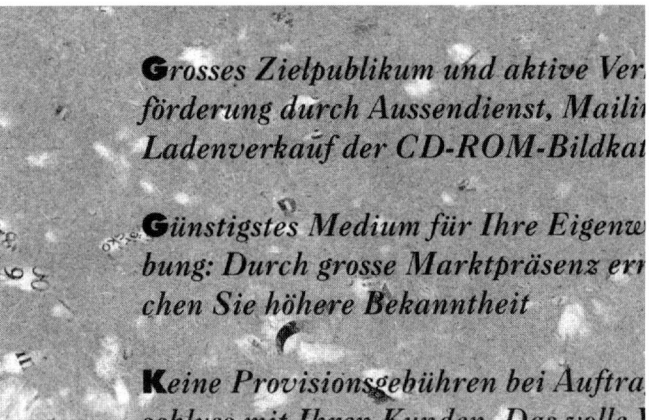

Ob aus einzelnen Fasern bestehend oder aus ganzen Fetzen – Fasereinschlüsse sind beliebt bei Designern. Papiere wie abgebildet brechen leicht im Falz, und die Lesbarkeit ist nicht überall gewährleistet.

Formatnormen

Durch die Massenproduktion und Verwendbarkeit setzen sich auch im Ausland immer mehr die Formate nach DIN (Deutsche Industrie-Norm) durch. Die drei aufeinander abgestimmten Reihen bestimmen die Formate der Druckerzeugnisse (A-Reihe) und die der Hüllformate (B- und C-Reihe), wobei die C-Reihe jeweils etwas kleiner ist als die B-Reihe. Ein Kuvert C5 passt also in ein Kuvert der Grösse B5 usw.

Die Proportionen der A-Reihe lassen sich aus dem Quadrat konstruieren. Die kürzere Seite verhält sich zur längeren wie die Seite des Quadrates zur Diagonalen. Dieses Seitenverhältnis 1 : √2 ist allen A-Formaten eigen: Wenn ein A4 einmal auf der Längsseite gefalzt wird, entsteht ein A5, welches die gleichen Proportionen aufweist – wenigstens optisch; mathematisch ergäbe die Hälfte eines A4 (297 mm) 14,85 mm. Ein A5 misst jedoch nur 14,8 mm. Die Rundungsdifferenz hat bis heute niemanden gestört, dafür sind alle Formate in ganzen Millimetern vermasst.

Ursprung für die DIN-Normierung ist das Format A0. Es misst 841×1189 mm, was 0,999949 m² entspricht, aufgerundet einen Quadratmeter! Falzt man ein A0 auf der Längsseite, ensteht das Format A1. Dieses wiederum auf der Längsseite gefalzt, ergibt das Format A2. Ein gefalztes A2 erzeugt ein A3 und daraus entsteht ein A4. Durch viermaliges Falzen entstehen somit 16 Blätter im Format A4 – an sich noch nichts Weltbewegendes. Wenn wir jetzt überlegen, dass ein A0 = 1 m², ist logischerweise ein A4 = 1/16 m². Sie müssen sich jetzt nur noch eine Briefwaage besorgen und können mit diesen Angaben sofort etwas anfangen.

Nehmen wir einmal an, dass Sie das Papiergewicht einer 48seitigen Broschüre im Format A4 ermitteln wollen. Ganz einfach: 48 Seiten bedeuten 24 Blätter, die vor- und rückseitig bedruckt sind. Mit der Waage stellen Sie fest, dass die Broschüre z.B. 173 g wiegt, ein Leichtgewicht! 173 : 24 Blätter ergibt das Gewicht eines einzelnen Blattes A4 = 7,208 g. Ein A0 ist gleichbedeutend mit dem Flächengewicht des Papiers und ist 16mal schwerer als ein A4. 16×7,208 g = 115,333 g. Wenn wir das Gewicht der Heftklammern und der Druckfarbe im Sinn einer Abrundung miteinbeziehen, kommen wir auf das Papiergewicht von 110 g/m².

Im Druck gelten alle DIN-Formate als Standard. In diesen Formaten wird gerechnet, eingekauft und produziert. Alle gängigen Lagersorten sind auf DIN ausgerichtet. Drucksachen in DIN-Formaten passen günstiger auf Druckmaschinen, welche ebenfalls auf DIN basieren. Sicher nicht überall, aber von der Tendenz her ist DIN kostengünstiger als ein frei gewähltes Format.

Ein Beispiel: Eine A2-Bogenoffsetmaschine besitzt eine Netto-Druckfläche von 65×48 cm. Auf einen solchen Papierbogen passen just 4 Seiten A4 (210×297 mm) mit dem nötigen Platz für Kopfschnitt, Greiferrand und Kontrollstreifen. Schon ein grösseres Endformat von 230×350 mm bringt Probleme mit dieser Maschine. Man kann nur zwei Seiten gleichzeitig drucken, die Kapazität wird um die Hälfte reduziert.

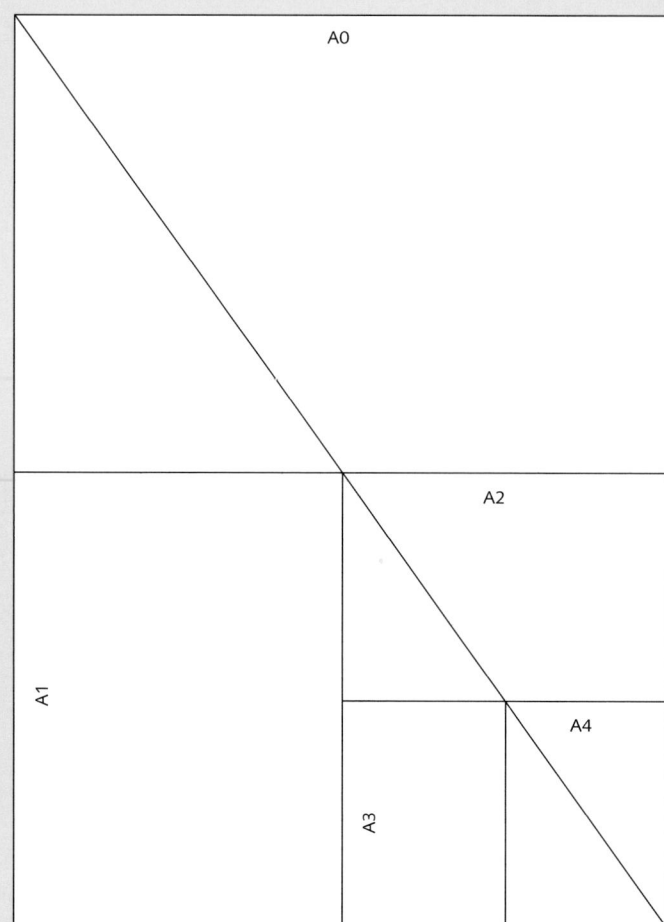

A0, Grösse 841×1189 mm = 1 m².

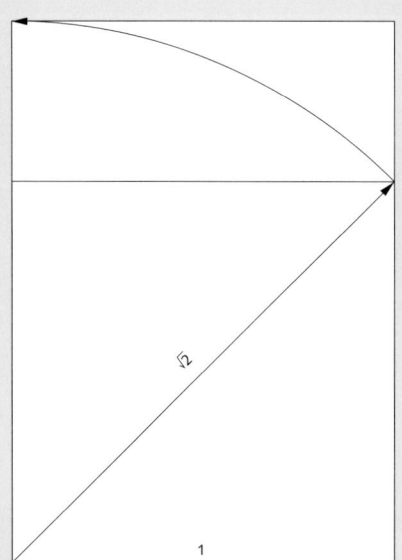

1

Die wichtigsten DIN-Formate

Format-klasse	Reihe A in mm	Reihe B in mm	Reihe C in mm
0	841 × 1189	1000 × 1414	917 × 1297
1	594 × 841	707 × 1000	648 × 917
2	420 × 594	500 × 707	458 × 648
3	297 × 420	353 × 500	324 × 458
4	210 × 297	250 × 353	229 × 324
5	148 × 210	176 × 250	162 × 229
6	105 × 148	125 × 176	114 × 162
7	74 × 105	88 × 125	81 × 114
8	52 × 74	62 × 88	57 × 81

Die Formatlage

Die Frage des Formates stellt sich nie allein. Ebenso wichtig ist die Formatlage. Die rechteckigen Druckformate sind in der Druckindustrie wie folgt zu bezeichnen: Die erstgenannte Zahl bedeutet die Basis oder die Breite eines Formates. Die zweite Zahl bedeutet die Höhe eines Blattes: 210×297 mm meint demzufolge ein Hochformat und 297×210 mm ein Querformat.

Betrachten wir das Ganze erst einmal von der Grösse her. A4 ist etwa ein Grenzbereich, wo eine Broschüre oder eine Karte im Querformat noch einigermassen gut in der Hand liegt. Bei grösseren Formaten wirkt ein einzelnes Blatt nicht mehr stabil und lappig. Zudem ist beim Lesen fast die ganze menschliche Spannweite gefragt, was vor allem in Verkehrsmitteln hinderlich ist.

Andere bekannte Formate

Ausser den bekannten DIN-Formaten gibt es eine ganze Reihe von Formaten, welche ebenfalls häufig Verwendung finden. Formate von Büchern, Zeitschriften und Zeitungen sind nicht genormt. Im Zeitschriftenmarkt ist eine Tendenz vom sogenannten «Magazinformat» zum DIN A4 auszumachen. Im Zeitungsmarkt ist das Format auf die Rollenbreite und die Abwicklungsgrösse der Druckmaschine angepasst. In der Schweiz üblich ist das Format 330×490 mm. Die PTT verlangen beim zweimaligen Falzen, dass das Höchstmass von 180×250 mm nicht überschritten werden darf. Die Hälfte einer Zeitung wird *Tabloid-Format* genannt. Häufig als Sonderbeilagen (die Zeitung in der Zeitung) gedruckt.

Weltplakat	905 × 1280 mm
Kreditkartenformat	86 × 54 mm
Neue Zürcher Zeitung	330 × 490 mm
Tages-Anzeiger	330 × 470 mm

Eine Kombination innerhalb der DIN-A-Reihe bringt weitere Proportionen.

A 6/5	105 × 210 mm
passt in Kuvert C 6/5	224 × 114 mm

Streifenformate teilen die kürzere Seite der A-Reihe in gewisse Proportionen:

⅓ A 4	70 × 297 mm
⅔ A 4	140 × 297 mm
½ A 4	105 × 297 mm

Formate mit einer quadratischen Grundfläche bieten eine gewisse Exklusivität. Dabei kann die Seitenlänge der DIN-A-Reihe als Ausgangsbasis dienen. Solche Karten passen in Briefumschläge der DIN-C-Reihe.

Für C 5-Kuvert	210 × 210 mm
Für C 6-Kuvert	105 × 105 mm

210 x 297 mm
Hochformat

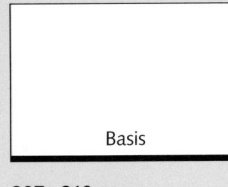

297 x 210 mm
Querformat

Papierwahl und Verwendungszweck

Wie die Gestaltung muss das Papier auf den Verwendungszweck Rücksicht nehmen. Erst wenn Inhalt, Gestaltung *und* der Bedruckstoff übereinstimmen, kommt die gemeinsame Wirkung voll zum Tragen. Mit dem geeigneten Papier können zum Teil ganz erheblich die Kosten gesenkt werden. Eine Faustregel besagt, ein Drucksachenbudget bestehe zu je einem Viertel aus Satz-, Litho-, Druck- und Papierkosten. Klar, je höher die Auflage, desto kleiner wird der Anteil Satz und Litho.

Papier als Informationsträger für Bild und Text

Als Informationsträger ist Papier ein günstiges und effizientes Medium. Informationen in Form von Bild und Text stellen an das Papier jedoch unterschiedliche Anforderungen. Lichtreflexe auf der Seite stören empfindlich beim Lesen – matte oder rauhe Papiere brechen das Licht und eignen sich deshalb besonders für Drucke mit grossem Textanteil wie Zeitungen, Bücher, Taschenbücher, Fachzeitschriften. Glanzpapiere bringen das Bild und die Farbe besonders gut zur Geltung und finden ihren idealen Einsatz bei Bildbänden, Magazinen, Verkaufsprospekten und Katalogen.

Die Dicke des Papiers bestimmt weitgehend die Opazität (Undurchsichtigkeit). Das auf der Rückseite Gedruckte sollte möglichst *nicht* durchschimmern – eine Erscheinung, die bei jeder Zeitung beobachtet werden kann. Je dicker das Papier, desto weniger scheint der Druck durch. Der Papierstrich und die Stoffzusammensetzung beeinflussen die Opazität ebenfalls. Um diesen Aspekt abzuklären, legt man einfach ein unbedrucktes Papiermuster auf einen schwarzen Druck und stellt dann leicht fest, ob der darunterliegende Druck störend zu sehen ist. Gestrichene Papiere sind bei gleichem Gewicht tendenziell weniger opak als Offsetpapiere. Dies deshalb, weil die nachträglich aufgebrachte Streichmasse spezifisch schwerer ist als die Papierfasern. Offsetpapiere sind daher bei gleichem Flächengewicht voluminöser.

Papier für Nachschlagewerke

Für Lexika, Wörter- und Telefonbücher gelten zwei Kriterien. Einerseits darf ein Produkt nicht zu unhandlich werden, was sich auf das Papiergewicht auswirkt. Anderseits soll Papier über längere Zeit haltbar und strapazierfähig sein. Für diese Gattung steht die Dicke (sprich Handlichkeit) und Reissfestigkeit an vorderster Stelle – die Ästhetik des Papiers ist unbedeutend.

Die Stabilität spielt bei Karteikarten eine grosse Rolle. Steife, gut geleimte Halbkartons sollen lange im Kästchen überdauern, das gleiche gilt auch für Visitenkarten.

Bei Handbüchern ist die Planlage wichtig, und das Papier darf trotz vielfachen Umblätterns nicht ausreissen.

Für Landkarten und Stadtpläne gelten hohe Ansprüche, was die Verschleissfestigkeit betrifft. Auch bei Nässe soll das Produkt scheuerfest sein, und die besonders gebeutelten Falzstellen dürfen nicht ausreissen.

Papier als Wertgegenstand

Trotz der elektronischen Möglichkeiten übt Papier in Europa noch immer die Hauptfunktion der Zahlungsmittel aus. Banknoten sind das herausragende Beispiel für ein äusserst strapazierfähiges, zähes und wasserfestes Papier. Es gibt jedoch auch andere bedruckte Wertgegenstände, die ein ebenso widerstandsfähiges Papier verlangen – ein Zeugnis, die Identitätskarte, der Ausweis, das Mehrfahrtenabonnement und anderes. Alle viel benutzten Druckerzeugnisse müssen mit einem holzfreien Papier (SK 3) hergestellt werden.

Papier für die Aufbewahrung und Archivierung

Wie lange ist Papier haltbar? Je nach Holzanteil vergilbt Papier früher oder später. Man kennt es von der Zeitung, die auch nur eine Stunde an der prallen Sonne liegt: die besonnten Stellen verfärben sich gelblich. Fotopapiere hingegen halten jahrelang, bevor sie ausbleichen. Bildbände oder andere langlebige Druckerzeugnisse sollten deshalb auf holzfreie Papiere (SK 3) gedruckt werden, das hält ihnen den «Gilb» länger vom Leib.

Die modern behandelten, normalen Papiere werden kaum so lange halten wie ihre 200–300 Jahre alten Vorgänger. Schuld daran sind die Chemikalien, Bleichmittel und Füllstoffe, die den früheren Zerfall des Papiers fördern. So wird wohl auch dieses Buch nach spätestens 200 Jahren zu Staub und Asche zerfallen sein. Ein Trost wenigstens: Auch die elektronischen Speichermedien halten nicht ewig. Für die lange Aufbewahrung gibt es besonders alterungsbeständige Papiere, welche sich gut für eine lange Lagerung eignen.

Papier und Büro

Ohne EDV stand uns allen das papierlose Büro wahrscheinlich näher als heute. Die Informationsflut wird durch eine zunehmend vernetzte Bürokommunikation hemmungslos gefördert. Alles auf dem Bildschirm Sichtbare wird sogleich zu Papier gebracht, x-fach ausgedruckt oder kopiert und verteilt. Faxe landen als solche beim Empfänger, tags darauf trifft der schriftliche Brief auch noch ein. Wo bleibt da die Vernunft? Als Fotokopierpapier und für Laserdrucker kennen wir Papiersorten, die nicht hochweiss, jedoch zweckentsprechend genügend weiss sind. Gerade aus ökologischen Gründen sollten Büropapiere aus einem Anteil Altpapier bestehen. Diese Papiere sind heute wie die Normalpapiere weitgehend staubfrei.

Papier als Verpackung oder Etikette

Etiketten sollen neben ihrer Funktion als Informationsträger weitere wichtige Funktionen erfüllen. Sie müssen beispielsweise auf den unterschiedlichsten Materialien kleben, sich ohne Probleme wieder lösen lassen. Es gibt Etiketten, welche die Klebkraft erst durch Benetzung freisetzen, und Selbstklebeetiketten, die auf einen Träger aufgebracht sind. Wer will da noch den Durchblick wahren?

An das Papier und die verwendeten Klebstoffe werden dabei so zahlreiche Anforderungen gestellt, dass der Gang zum Verpackungsspezialisten unentbehrlich wird. Auch in bezug auf die Gestaltung sei gesagt, dass Etiketten häufig in hoher Nutzenzahl gedruckt werden. Dabei werden nur engste Farb- und Passerabweichungen toleriert, welche der Drucker am besten kennt. Ein unbeschwertes Drauflos-Schaffen ohne das Wissen des Verpackungsdruckers führt zu unliebsamen und teuren Erkenntnissen über das eigene Unvermögen.

Papier und die Weiterverarbeitung

Die produktionstechnische Abwicklung «funktioniert» meistens über die Druckerei. Als Generalunternehmer holt sie bei Buchbindereien Offerten ein, vergibt Aufträge und ist für die qualitativ gute und termingerechte Ausführung zuständig. Aus diesem Grund macht es durchaus Sinn, bei der Papierwahl auf die Vorschläge des Druckers zu hören und nicht stur seine eigenen gestalterischen Wünsche durchzupauken. Probleme mit dem falschen Papier haben am Schluss der Drucker und der Buchbinder, letztlich gar der Auftraggeber; also soll ihr Vorschlagsrecht ernst genommen werden.

Grundlagen rund um die Typografie

Typografie beurteilen

«Gestaltung ist Geschmackssache!» Wenn Korrekturwünsche oder Kritik von dritter Seite nicht akzeptiert werden, versuchen manche Laien, ihre Gestaltung auf diese Weise zu rechtfertigen und Diskussionen abzublocken.

Das typografische Konzept, die Originalität oder die Zweckmässigkeit lassen sich jedoch bis zu einem gewissen Punkt objektiv beurteilen. Es hängt damit zusammen, dass wir in unserem Kulturkreis alle den gleichen optischen Reizen unterworfen sind, die gleiche Volksschule besucht haben und das gleiche Alphabet für unsere Kommunikation benutzen. Genauso wie wir Rot als warme Farbe empfinden und Blau als kalte, genauso sensibel reagieren wir auf Harmonie und Disharmonie. Unser Alltag, unsere Kultur machen uns zu einem Heer von gleichartig empfindenden Menschen mit erstaunlich geringen Abweichungen.

Andere Kriterien der Mikrotypografie wie Versalbuchstabenausgleich, Laufweite oder Zeilenabstand sind zu einem guten Teil Geschmackssache. Dieses Buch wurde mit den Schriften «Stone» für den Grundtext und «Syntax» für die anderen Elemente gestaltet. Etliche andere Schriften wären ebenfalls in Frage gekommen, z.B. Times, Garamond, Palatino usw. – es bedurfte eines Entscheides, der vom Geschmacksempfinden geleitet war. Ein weiterer Entscheid: Die Unterschiede der «Stone Serif» aus dem Haus Adobe und Berthold sind derart klein, dass sie selbst von Fachleuten nur mit Mühe auseinandergehalten werden können – wir entschieden uns für Adobe. Das, meine ich, ist Geschmackssache. Der Zeilenabstand dieses Werkes beträgt 13 Punkt. Er könnte ohne Qualitätseinbusse auch 12,5 oder 13,5 Punkt betragen – eben Geschmackssache.

Die nachfolgenden Beurteilungskriterien sind ein Versuch, eine weitgehend objektive Beurteilung typografischen Schaffens zu ermöglichen. Ich propagiere hier nicht die lehrerhafte Benotung, sondern die Beurteilung in Form eines Kommentars von der Wirkung, Lesbarkeit und Leseführung her gesehen. Sicher gibt es eine ganze Reihe weiterer Kriterien von Bedeutung, wie ich dies in den Rahmenbedingungen verdeutlicht habe. Auf den nächsten Seiten versuchen wir, mit diesen Beurteilungskriterien zu arbeiten.

Gliederung

Ist die Aufteilung nach sachlichen Gesichtspunkten richtig und logisch? Ist der Haupttitel am auffälligsten? Sind die Abstufungen der Titel in einem vernünftigen Verhältnis? Sind die einzelnen Textgruppen, welche zusammengehören, als logische Einheit erkennbar? Sind keine grossen optischen Konkurrenzierungen vorhanden? Sind gleichwertige Elemente gleich behandelt (z.B. Untertitel, Auszeichnungen, Legenden)?

Kontrast

Ist das Verhältnis von unbedruckter zu bedruckter Fläche angenehm? Beeinträchtigen die eingesetzten Farben die Lesbarkeit? Welche flächigen Elemente wie Bilder, Grafiken, Illustrationen, Hintergrundtöne wurden eingesetzt? Werden sie durch den Text ergänzt, verdrängt oder sagen Text und Bild dasselbe aus? Hat das Produkt eine Grau-in-Grau-Wirkung oder wirken dunkle und helle Elemente im Wechselspiel?

Schriftwahl

Passen die Schriften zum Produkt? Ist die Schriftgrösse angepasst? Oder entstehen im Blocksatz wegen zu grosser Schrift oder zu geringer Spaltenbreite viele übergrosse und damit unschöne Wortabstände? Welche Schriften sind miteinander gemischt? Sind sie aufeinander abgestimmt oder liegt ein Gemischtwarenladen vor? Sind die Schriften gut lesbar, zu weit oder zu eng laufend? Wie steht es mit dem Zeilenabstand? Sind die Auszeichnungen gut erkennbar?

Proportionen

Entspricht das gewählte Format den Anforderungen? Weist die Gestaltung Weissräume auf oder ist alles vollgestopft? Gibt es in der Gestaltung Verhältniszahlen oder bewusste Konstruktionen, die man von Auge nachvollziehen kann? Sind die Abstände gleicher Elemente immer gleich? Sind optische Achsen erkennbar? Sind Tabulatoren in gleichen Abständen gesetzt oder wurden sie dem Zufall überlassen?

Originalität

Springt die Gestaltung sofort ins Auge, ist sie unscheinbar gewöhnlich oder extravagant auffällig? Sind Effekte vorhanden? Ist die Gestaltung dem Lesepublikum angepasst (z. B. grosse Schriften für ältere Leute)? Was wurde getan, um den Inhalt schneller lesbar zu machen (Visualisierungen)?

Mikrotypografie

Ist die Grauwirkung der einzelnen Textblöcke gleichmässig oder wirken im Blocksatz Zeilen gesperrt? Sind die Wortabstände im Blocksatz regelmässig oder die Schwankungen zu gross? Sind kritische Buchstabenkombinationen unterschnitten (Te, Wa usw.)?

Farbgebung

Passen die Farben zum Produkt? Wie sieht es mit dem Kontrast der Farben aus? Besteht eine Disharmonie? Stechen die Farben stark hervor oder wirken sie begleitend?

Leseführung

Sind im Blocksatz nicht mehr als 3–4 Trennungen hintereinander? Wurde im Flattersatz auf logische Silbentrennung geachtet? Erleichtern Einzüge das Lesen? Kommen Waisen- oder Hurenkinder vor? Kommen Trennfehler, logische/unlogische, schöne/unschöne Trennungen vor? Sind Titel getrennt?

Vollständigkeit

Ist der Inhalt vollständig oder fehlt eine wichtige Information? Sind textliche Anpassungen vorgenommen worden? Sind die richtigen Satzzeichen eingesetzt (Gedankenstrich, Divis, Anführungszeichen)? Sind keine doppelten Wortabstände da oder fehlen Wortabstände?

Bilder

Welche Rolle übernehmen die Bilder? verdeutlichen oder konkurrenzieren sie den Text? Besteht eine einheitliche Linie oder zeigen die Bilder unterschiedliche Stilrichtungen? Wie steht es mit der Bildqualität?

Vorgehen bei der Beurteilung von Typografie

1. Grundsatz: Beurteilen Sie die Typografie nie abschliessend am Bildschirm.

2. Grundsatz: Lassen Sie sich für die Beurteilung Zeit.

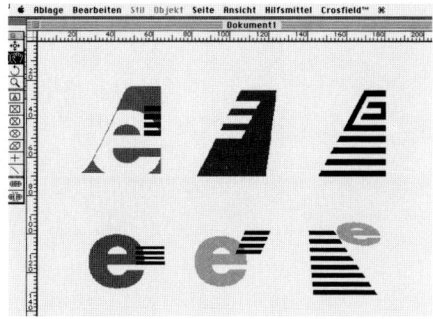

Am Bildschirm werden verschiedene Varianten gestaltet und unter verschiedenen Namen gespeichert.

Drucken Sie Ihre Varianten und breiten Sie sie am Boden oder auf dem Tisch zur Betrachtung aus.

Schlafen Sie mal drüber. Am nächsten Tag haben Sie genügend Distanz für eine objektive Beurteilung. Ziehen Sie Dritte für eine Diskussion hinzu.

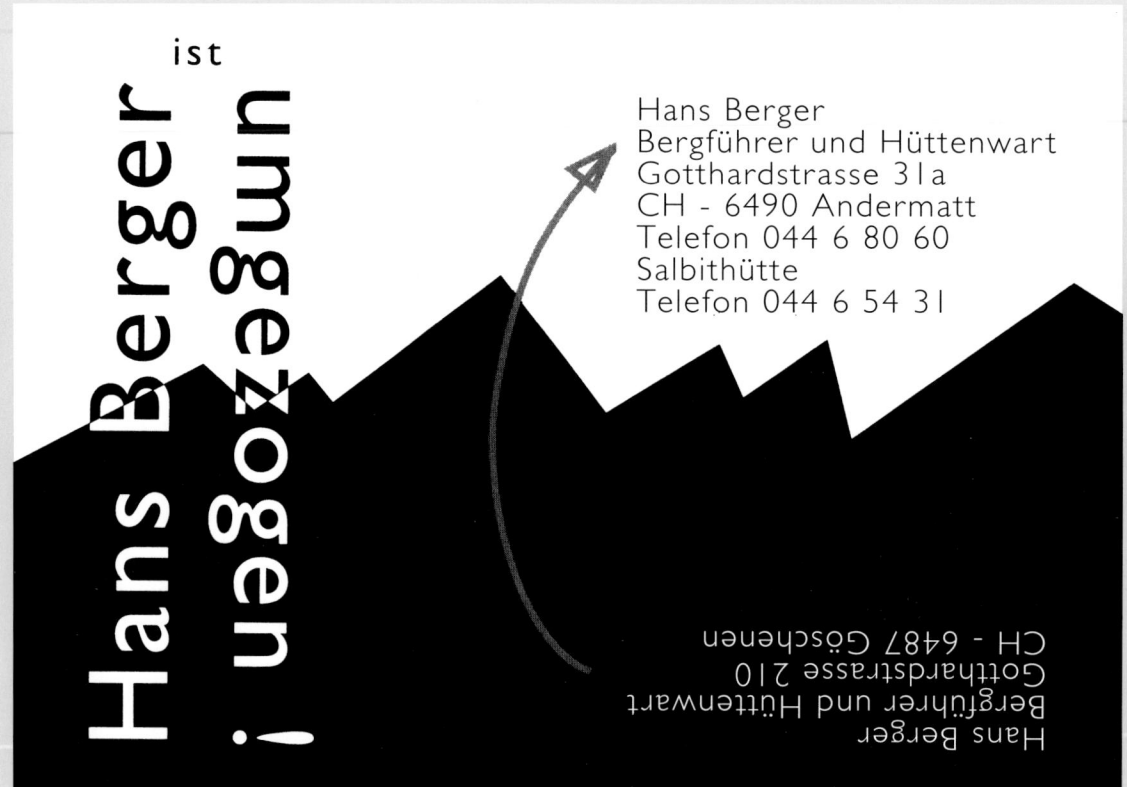

Umzugsanzeige A6, 1farbig grün.

Wirkung:	Auffällige Komposition. Inhalt auf den ersten Blick sichtbar.
Leseführung:	Durch das Drehen der Karte erlebt man den Umzug physisch mit. Der Pfeil zeigt die Richtung an, von wo zuerst gelesen werden soll.
Schrift:	Die magere und normale Gill passt zur modernen Anordnung, ist jedoch zu stark gesperrt. Der Wechsel von Negativ zu Positiv im Titel ist nicht optimal lesbar.
Mikrotypografie:	Die Buchstabenkombination T und e bei Telefon weisen einen zu grossen Abstand auf. Der Kupplungsstrich zwischen dem CH und der Postleitzahl ist ohne Abstand zu setzen.
Kontrast:	Gute Wirkung durch die gezackte Horizontführung, die Gestaltung lebt vom Wechsel grün/weiss, und der gezeichnete Pfeil deutet auf Improvisation. Der runde Pfeil kontrastiert zu den starren Bergen im Hintergrund.
Visualisierung:	Das Thema «Hans Berger, Bergführer, zieht um» könnte nicht besser in Szene gesetzt werden.
Vollständigkeit:	Das Datum auf der Anzeige fehlt.

4seitiger Newsletter einer Druckerei im Format A4.

DEZEMBER 1993

GANZ SCHÖN IM GESPRÄCH:

Wege zur höchsten Bildqualität: Feinraster oder frequenzmodulierte Rasterung (FMR)?

FEINERE RASTER BRINGEN FOTOÄHNLICHERE DRUCK-RESULTATE. DIE FREQUENZMODULIERTE RASTERUNG KÖNNTE DER NEUE WEG ZUR ERREICHUNG DER FOTOÄHNLICHSTEN REPRODUKTION SEIN. DAZU NOCH FREI VON MOIRÉ- UND ROSETTENBILDUNG.

Seit rund 20 Jahren wird wissenschaftlich an der frequenzmodulierten Rasterung geforscht. Die EMPA/UGRA bringt die Lösung «Velvet Screen»; Linotype-Hell wartet mit «Diamond Screen» auf. Die eigentliche Offensive löste Dieter J. Maetz mit seinem «Cristal-Raster» aus; durch Agfa übernommen, folgen sich Seminar auf Seminar. Fachzeitschriften entfalten eine massive Publizität. Allerdings, das Thema FMR wird zu emotional behandelt. Und was bisher an FMR-Gedrucktem zirkuliert, wirkt nicht gerade überzeugend ...

Wir versuchen, Sie sachlich zu informieren.
Wie so oft, beruhen in unserer Thematik komplizierteste Zusammenhänge auf einem einfachen Prinzip:
Die herkömmliche Rasterung (Amplitudenmodulation): Verschieden grosse Rasterpunkte in konstanter Anzahl pro Flächeneinheit bilden den Tonwert. Je grösser die Punkte, desto dunkler der Farbton. Feinste Raster bringen fotoähnlichste Drucke.
Die alternative Rasterung FMR (Frequenzmodulation): Kleinste Rasterpunkte konstanter Grösse in unterschiedlicher Anzahl pro Flächeneinheit bilden den Tonwert. Je mehr Punkte, desto dunkler der Farbton.

Was jetzt – Feinraster oder FMR?
Auch FMR, als sogenanntes «Wunder» angepriesen, wurde bei N+S zuerst einmal genau geprüft und gedruckt. Wir haben beide Rasterverfahren verglichen, vierfarbig und als Novum auch in Duplex:
Welcher Raster eignet sich für welches Sujet?
Worauf ist besonders zu achten?
Welche Vorteile erhalten unsere Kunden?

Mit der heutigen Nummer von Printspecial bringen wir Ihnen die **herkömmliche Feinrastermethode** näher. Das Ergebnis der frequenzmodulierten Rasterung FMR stellen wir Ihnen in der nächsten Ausgabe unseres Printspecials vor. Bewahren Sie deshalb diese Ausgabe zur späteren Gegenüberstellung auf.

Bis dann mit besten Grüssen
Ihre Neidhart + Schön Druck

Christian Neidhart

Feinraster versus FMR

So fein kann Feinraster sein

Alle Augen sehen anders

Die N+S Feinraster-Perfektion

Wirkung:	Lockere Aufmachung mit viel Weissraum.
Leseführung:	Gute Gliederung durch Obertitel, Titel, Lead und Text. Nicht ganz klar, was die Anreisser links unten sollen.
Schrift:	Die Mode, den Zeilenabstand zu gross zu gestalten, setzt die Lesbarkeit erheblich herab. Titel zu stark gesperrt. Lead zusätzlich versal, ist so schlecht lesbar.
Mikrotypografie:	Logische und gute Silbentrennung zur Leseführung. Im Titel «print+special» wurden einzelne Zeichen (p, +, e, a) zu stark verzogen.
Kontrast:	Farbkontrast Grau/Schwarz ist angenehm. Die zweispaltige Aufteilung mit viel Rand ergibt unbedruckte Weissflächen, die zu den bedruckten Flächen in Wechselwirkung stehen.
Bilder:	Da es im Text um Bilder geht, vermissen wir den Lese-Anreiz über ein Bild.
Originalität:	Buchstabenkombination im Titel wirkt etwas wild, aber originell.

Spielplan vierfarbig einer Theaterzeitschrift.
Original: 210×310 mm.

Wirkung:	Grosszügige Gestaltung
Leseführung:	Klare Erkennbarkeit der einzelnen Aussagen. Umbruchregeln wurden verletzt (Sprung von der ersten Spalte zur zweiten Spalte unten).
Schrift:	Gute Kombinationen von Antiqua- und Grotesk-Schriften. Legenden sind nicht einheitlich.
Kontrast:	Dunkle Bilder kontrastieren gut mit dem diffusen Hintergrund. Viel «Weissraum».
Mikrotypografie:	Es wurden falsche Anführungszeichen verwendet: "…" und '…' (amerikanisch). Das Zitat rechts ist in Versalien und mit diesem kleinen Zeilenabstand so nicht lesbar.
Bilder:	Kein Zusammenhang des Bildes unten mit dem Inhalt.

Eine Seite aus der Broschüre «Infos für Frauen» der AIDS-Hilfe Schweiz. Original: A5.

Leben Sie in einer festen Beziehung? Haben Sie und Ihre Partnerin oder Ihr Partner andere sexuelle Beziehungen?

Eine feste Beziehung ist kein Grund, sich nicht mit Aids-Prävention zu befassen. Die wenigsten Menschen sind einander ein Leben lang absolut treu. Zudem haben sowohl Sie als auch Ihre Partnerin oder Ihr Partner wahrscheinlich ein sexuelles Vorleben. Dann gehen Sie beim ungeschützten Geschlechtsverkehr das gleiche Risiko ein, als ob Sie mit allen ehemaligen Geliebten Ihrer Partnerin bzw. Ihres Partners schlafen würden.

Angst vor Aids ist kein Grund, Ihre Partnerin oder Ihren Partner oder sich selber zur absoluten Treue zu verpflichten. Aber Aids ist ein Grund, die eigene Verantwortung klar wahrzunehmen – unabhängig davon, ob Sie Trägerin des HI-Virus sind oder nicht. Damit Sie einander vertrauen können, müssen Sie sicher sein, dass **beide die Safer-Sex-Regeln beachten.** Um diese Gewissheit zu erlangen, müssen vielleicht auch bis anhin verschwiegene sexuelle Beziehungen (z. B. Prostituiertenbesuche) thematisiert werden. Bringen Sie den Mut auf, mit Ihrer Partnerin bzw. Ihrem Partner über sexuelle Kontakte vor und während Ihrer Beziehung zu sprechen. Klären Sie, ob beide immer die Safer-Sex-Regeln einhalten.

Bestimmen Sie zusammen klare Spielregeln für die Zukunft, um Ihre Gesundheit zu schützen.

Hat Ihr Partner auch sexuelle Beziehungen mit Männern?

Bisexuelle Männer stehen nicht immer zu ihren homosexuellen Neigungen. Wenn Sie wissen oder vermuten, dass Ihr Partner Sex mit Männern hat, müssen Sie mit ihm darüber sprechen und die Gewissheit haben, dass er immer die Safer-Sex-Regeln einhält. Denn Geschlechtsverkehr zwischen Männern kann Analverkehr sein und birgt in diesem Fall – wenn keine Präservative verwendet werden – grosse Risiken einer HIV-Übertragung.

15

Wirkung:	Normale, sachliche Typografie.
Proportionen:	Der Satzspiegel ist nicht ganz eingemittet; oben sollte gleich viel Raum stehen wie links und rechts. Entweder Räume gleich halten oder deutlich ungleich.
Schrift:	Die Futura eignet sich nicht unbedingt für einen längeren Lesetext. Der Zeilenabstand ist zu knapp.
Gliederung:	Es sind zwei Hierarchiestufen auszumachen für den Titel und die Auszeichnungen. Durch den Blocksatz wirkt das Ganze etwas starr, Flattersatz wäre lebendiger. Einzüge fehlen, und die ungleichen Abstände zwischen den Absätzen lassen das Ganze zerhackt erscheinen. Es gibt typografisch keinen Grund, weshalb die Abstände unterschiedlich gehandhabt werden müssen; das Alinieren unten auf den Satzspiegel ist nicht zwingend. Die Seitenzahl wirkt zu gross und steht verloren am Rand der Seite. 2 mm Abstand ist zu wenig.
Mikrotypografie:	Blocksatz im Titel ergeben übergrosse Wortzwischenräume und provozieren grässliche Trennungen wie Män-nern.

Korrekturzeichen

Druckfehler oder typografische Fehler haben unterschiedliche Ursachen. Einige davon basieren auf missverständlichen Manuskriptangaben, unleserlichen Korrekturangaben auf Ausdrucken, Tipp- und Übertragungsfehlern oder schwerverständlichen Begleitbriefen. Dazu gesellen sich die grammatikalischen, orthografischen, stilistischen und sachlichen Fehler im Manuskript, welche oft auf das Konto des Autors gehen. Um die Verständigung zwischen Kunden und Erstellern zu vereinfachen, benutzt die gesamte grafische Fachwelt ein einheitliches Korrektursystem, und zwar schon seit Urzeiten, nicht erst seit es Computer gibt. Das Korrektursystem ist als DIN-Norm festgehalten oder im Duden unter «Korrekturvorschriften» nachzulesen. Darin findet man einige Zeichen für Fehler aus der Bleisatzzeit, die heute nicht mehr vorkommen – was soll's, man übergeht sie einfach.

Verpönt ist…

Gesetzten Text mit Tippex oder Korrekturband abzudecken und zu überschreiben, gilt als Fehlerquelle par excellence. Der ganze Text muss ersichtlich bleiben, um Korrekturarbeiten am Bildschirm nicht unnötig zu erschweren. Das Hineinschreiben zwischen die engen Zeilen birgt ebenfalls viele Fehlerquellen. Auch das Auseinanderschneiden von einer Originalseite zwecks Zusammenstellen eines neuen Layoutvorschlages macht keine Freude. Auf der andern Seite wünscht der Korrektor oder Kunde einen Ausdruck mit genügend Rand oder Platz für Korrekturangaben. Umfangreiche Korrekturtexte, Ergänzungen und Einschaltungen schreibt man auf Beilageblätter, numeriert sie und bezeichnet auf dem Korrekturausdruck mit der identischen Nummer die Stelle, auf die sich der neue Text bezieht.

Textkorrekturen

Manchmal müssen oder sollen auch Laien (Kunden, Autoren) zu diesem System erzogen werden, vor allen bei Periodika.

Das System ist ebenso einfach wie klar. Die fehlerhafte Stelle wird mit einem Zeichen markiert. Auf dem Seitenrand wiederholt man das Zeichen und korrigiert hier. Die Korrekturangaben wünscht man sich idealerweise in Farbe, denn Schwarz setzt sich vom schwarzen Ausdruck zu wenig ab. Kopier- oder faxfähige kräftige Farbe bringt den Vorteil, dass vom korrigierten Ausdruck allenfalls eine lesbare Belegkopie erstellt werden kann. Unterscheidungen von verschiedenen Korrekturen (Haus- und Autorkorrektur) sind mit unterschiedlichen Farben möglich – wichtig für die Verrechnung der Korrekturkosten.

Manchmal hat man den Eindruck, dass die Lesbarkeit jeder beliebigen Handschrift vorausgesetzt wird. Weit gefehlt – rezeptartiges Gekritzel dient nicht unbedingt der Klarheit. Korrekturen sollten in Blockschrift erfolgen und zwar in genügender Grösse, so dass sie z.B. auch nach dem Faxen lesbar sind.

Typografische Korrekturen

Gestalterische Korrekturen sind etwas schwieriger anzubringen als Textkorrekturen. Die Raumverteilung, Proportionen oder Grössermachen bedürfen häufig Erklärungen oder Randbemerkungen, welche nicht durch die DIN-Norm abgedeckt sind. Man soll sich jedoch auch hier einer möglichst klaren Sprache bedienen. Was heisst schon «Titel: grösser», klar hingegen ist «Titel: Versalbuchstabenhöhe = 8 mm». Korrekturen mit eindeutigen Massangaben geben keinen Anlass zu Diskussionen.

Bei schwerwiegenden Änderungen im Layout ist eine Skizze oder eine Klebemakette hilfreich, die zusätzlich zu den orthografischen Korrekturen mitgeliefert wird.

Know-how des Korrektors

Eine 100%ige Garantie für Fehlerfreiheit gibt es nirgends. Wer bei qualitativ hochstehenden Drucksachen diese jedoch anstreben will, sollte sein Produkt von einem gelernten Korrektoren korrigieren lassen. Er entdeckt orthografische, grammatikalische *und* typografische Fehler und Mängel – Maturanden, Studenten, Lehrer usw. genügen den Anforderungen nur teilweise, weil sie z.B. keine typografischen Kenntnisse aufweisen. Korrektoren sind Fachleute, meist Typografen, die eine berufsbegleitende, etwa zweijährige Weiterbildung absolvierten. Sie dürfen davon ausgehen, dass in diesem Unterricht die Zeit nicht einfach verschlafen wurde, und Korrektoren die Produktqualität erheblich steigern können.

Das System des Korrigierens ist einfach erlernbar und verhindert Missverständnisse.

Negativmeldungen
halten sich oben

Als ich heute Morgen die Zeitung auftat, schlug es mir in dicken Lettern entgegen: «Weihnachten 1989 fiel ins Wasser» und kleiner, direkt darunter, «Grosse Überschwemmungen in Norddeutschland, Schnee in der Schweiz». Himmel Herrgott, dabei durften wir seit langem die ersten weissen Weihnachten feiern! Kennen die Medien nur noch Negativschlagzeilen? Offenbar kommt das bei vielen Menschen besser an. Katastrophen, Kriege und Anschläge lassen sich besser vermarkten als der weisse Flaum, der gerade zur rechten Zeit die Welt – unsere Welt – bedeckt. Ist es am Ende eine Aufgabe der Medien, die andere Wet, ausserhalb unserem Sinnesbereichs, und in die Stube zu tragen? Nemen wir vor lauter Negativmeldungen das Schöne in unserem Leben nicht mehr wahr?

Dabei gäbe es doch wahrlich genug Positives zu berichten: Zum Beispiel über Ritter der Strasse, über die Arbeit in Kranken- und Pflegeheimen, über die Errungenschaften der Ernährung oder Medizin, über die Leistung der Politiker, die auch nicht immer alles falsch machen, über das Zusammenleben von verschiedenen Kulturen und Religionen. Es gäbe so viel zu berichten.
Vielleicht sollten sich die Berichterstatter vornehmen, das Glas als halbvoll zu sehen und nicht immer als halbleer. Geld, Wirtschaft und Polittik bestimmen in hohem Mass unsere Medienlandschaft. Leider. Denn Menschen, die sich ausschliesslich danach orientieren, leben nur eine Seite aus. Religiöse, mystische oder soziale Werte kommen zu kurz. Ein kleiner Trost bleibt: Die Beeinflussung der persönlichen Meinung durch die Medien ist weniger gross als man bis anhin glaubte.

Zeichen und Ziffern richtig einsetzen

Wie bei vielem in der Typografie, haben sich die früher strikten Regeln, welche die Zeichensetzung vorschrieben, gelockert. Im Duden finden sich unter «Richtlinien für den Schriftsatz» einige Hinweise, die bei Unsicherheit weiterhelfen; man beachte dabei, dass von Land zu Land unterschiedliche Usanzen bestehen. Immer mehr Desktop Publisher lassen sich eigene Regeln und Gepflogenheiten einfallen, welche zwar originell wirken, streng genommen jedoch falsch sind. Erst die Kenntnis der Tradition bringt die Sicherheit in der Anwendung eigener Regeln und Ideen.

Je früher im Ablauf die richtigen Zeichen eingesetzt werden, desto weniger Korrekturaufwand entsteht. Schulung tut not: Welche Texterfasser kennen schon die richtigen Zeichen? Hartnäckig retteten sich die zwei gewohnten Ebenen der Schreibmaschinentastatur ins PC-Zeitalter, und die Ausbildung der kaufmännisch orientierten Berufe behandelt die richtige Zeichensetzung nur am Rande. Wir brauchen uns also nicht zu wundern, wenn wir immer wieder die gleichen Korrekturaufwände zu leisten haben, um fachgerechten Satz zu erzeugen.

Doch wie korrigieren? Mit einer leistungsfähigen Suche-/Ersetze-Routine und etwas Cleverness ist der Sache relativ leicht beizukommen. Die Probleme der richtigen Zeichensetzung können heute oft gleichzeitig mit der Datenkonvertierung oder dann im Layoutprogramm vorgenommen werden.

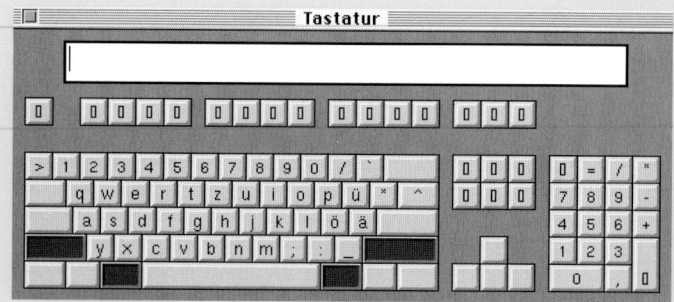
Die Normalebene

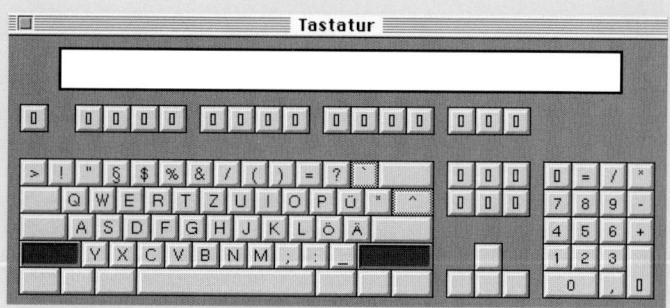
Die Ebene «Umschalttaste/Shifttaste»

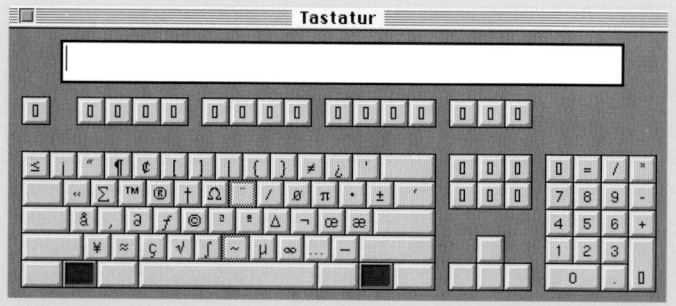

Über eine bestimmte Tastenkombination werden weitere Ebenen für Sonderzeichen oder Akzente erreicht.

Punkt, Komma, Strichpunkt, Doppelpunkt, Frage- und Ausrufezeichen
Diese Satzzeichen folgen ohne Abstand direkt auf den letzten Buchstaben. Die 3 Auslassungspunkte sollen leicht spationiert sein, damit sie nicht «aneinanderkleben». Fällt ein Abkürzungspunkt (etwa bei usw.) mit den Schlusspunkt des Satzes zusammen, wird nur ein Punkt gesetzt.

Anführungszeichen
In der Schweiz, in Italien und Frankreich werden hauptsächlich Guillemets «…» angewendet. In Deutschland stehen sie so: »…«. Auch diese Art von Anführungszeichen ist richtig: „…", dabei sollte die Anführung dem Aussehen der Zahl 99 entsprechen, die Abführung der Zahl 66. Je nach Schrift haben sich auch andere Formen herauskristallisiert, man sieht das heute nicht mehr so eng wie früher. Falsch ist die Anwendung des Zollzeichens "…" oder auch des Zeichens für Sekunden "…". In der Kombination von Initialbuchstaben und Anführungszeichen kann dieses weggelassen werden. Wo das Anführungszeichen als Gestaltungselement eingesetzt wird, können auch zweimal dieselben Zeichen stehen "…".

Apostroph
Der Apostroph steht für einen weggelassenen Buchstaben. In der Regel belässt man den Wortzwischenraum: Gott sei 's gedankt. Kein Apostroph steht aber bei Verschmelzungen: aufs, ans, beim Genitiv: Müllers Tante (aber Onkel Hans' Geburtstag – hier wird nämlich das Genitiv-s weggelassen!) sowie in der Befehlsform: geh weg! Der Apostroph wird häufig verwechselt mit dem Zeichen für Minuten: 23° 24' 30". Das Minutenzeichen ist kerzengerade('), der Apostroph leicht geschwungen (').

Gedankenstrich
Ein Gedankenstrich wird beidseits mit einem normalen Wortabstand gesetzt. Würde anstelle des zweiten Gedankenstrichs lediglich ein Komma oder ein Strichpunkt stehen, so bleiben diese beiden Satzzeichen zusätzlich zum Gedankenstrich stehen, werden aber direkt und ohne Abstand an den Gedankenstrich gesetzt: Sofern Karl lebt – und das ist möglich –, müsste… Der Gedankenstrich ist ein Halbgeviert breit und wird deshalb auch als Halbgeviertstrich bezeichnet. In dieser Funktion steht er auch für die Währungseinheit Rappen, Pfennige, Cents usw.: Das Gemüse kostete Fr. 4.–. Als Ersatz für «bis» wird der Gedankenstrich ohne Wortzwischenraum angewendet: Geöffnet 13–17 Uhr. Als Ersatz für «gegen» wird ein Wortzwischenraum gesetzt: AS Roma – Juventus Turin 2:3. Bei Streckenangaben wird der Streckenstrich ohne Zwischenraum verwendet: Der Flug Zürich–New York.

Binde- oder Trennstrich (Divis)
Das Divis wird bei Trennungen und Kupplungen ohne Zwischenräume eingesetzt: Computer-Ausbildung.

Geviertstrich
Der breiteste Strich ist so breit wie zwei Ziffern und kommt hauptsächlich bei Tabellen zur Anwendung:
    Fr.   44.50
    Fr.   312.—
    Fr.   220.—

Schrägstrich
Schrägstriche werden ohne oder mit einem Spatium (minimaler Zwischenraum) gesetzt:
    Kosten/Nutzen
    Kosten / Nutzen
Ein ganzer Wortzwischenraum wirkt zu gross:
    Kosten / Nutzen

Gradzeichen
Das Gradzeichen liegt direkt an der Ziffer: Der Winkel beträgt 15°. Bei Temperaturangaben gehört das Gradzeichen zur Einheit und ist durch einen Zwischenraum von der Ziffer getrennt: Die Durchschnittstemperatur beträgt 12 °C.

Ziffern
Die Ziffern sind in der Regel so breit wie ein Halbgeviert. Dies hat seine guten Gründe: Im tabellarischen Satz können die Ziffern untereinander spaltenweise ausgerichtet werden, mit der Konsequenz, dass die 1 relativ viel Weissraum (Fleisch) besitzt, was sich im Lauftext unschön auswirkt. Gute Schriftschnitte besitzen deshalb eine schmale 1 mit weniger Fleisch für den Grundtext. Dezimalstellen trennt man üblicherweise mit einem Komma: 3,5-Zoll-Disk, obwohl die amerikanische Schreibweise sich immer mehr breitmacht: 3.5-Zoll-Disk. Die Tausender werden durch ein Spatium abgetrennt: 100 000 Expl. Falsch sind die folgenden Abtrennungen: 100'000, 100.000, 100'000.

Bruchziffern
Im Lauftext sind Nenner und Zähler etwas kleiner gehalten. Der Nenner ist mit der Schriftlinie bündig, der Zähler aliniert mit der Versalhöhe. Im mathematischen Satz steht der Bruchstrich horizontal.
    Falsch: 1/4
    Richtig: ¼

Telefonnummern
Für das Absetzen von Vorwahlnummern gibt es verschiedene Möglichkeiten oder Kombinationen davon.
    0049-1-482 39 30
    +49-1-482 39 30
    01-482 39 30
    01/482 39 30
    01 482 39 30

Prozent- und Promillezeichen
Gut ist, was schön aussieht! % und ‰ sind eigenständige Zeichen und dürfen nicht zusammengesetzt werden. %0 oder 0/00 ist falsch. Nach der Zahl steht ein Spatium Abstand: 40 %. Häufig wird das Prozentzeichen direkt an die Zahl gesetzt: 40%, was immerhin besser aussieht als mit einem ganzen Wortzwischenraum: 40 %. Ein normaler Wortzwischenraum könnte beim Blocksatz Zahl und Einheit unverhältnismässig voneinander trennen. Einheiten aller Art gehören zur Zahl und dürfen nie auf eine neue Zeile zu stehen kommen.

Schriften bezeichnen

Mit Einschränkungen der einschlägigen Lizenzbestimmungen sind Schriften heute jedermann frei zugänglich. Die Vielzahl bringt automatisch die Qual der Wahl, denn nicht alle Schriften sind für jeden Zweck gleich gut geeignet. Die richtige oder verkehrte Schriftwahl gibt es nicht, treffender sind Ausdrücke wie zweckmässig, dienlich, lesefreundlich.

Schriften klassifizieren

Vergleichen wir die Züge eines Menschen mit einer Schrift, können wir ähnliche Adjektive verwenden: elegant, anmutig, schwerfällig, rundlich, schmal, farbig und so weiter. Hundert Wörter vermögen einen Menschen nicht umfassend einzukreisen, und doch haben wir eine Vorstellung von unserem Gegenüber. Genauso verhält es sich mit der Schrift. Jede Einteilung bleibt in gewissem Sinn subjektiv, offenbart unsere Beziehung zur selben oder unsere momentane Stimmungslage.

Alle Versuche, Schriften nach irgendwelchen Kriterien zu gliedern, bleiben zum vornherein Stückwerk und erfreuen viele, aber längst nicht alle Anwenderherzen. Das wohl bekannteste Beispiel einer Ordnung ist die Schriftklassifikation in elf Gruppen nach DIN 16518. Eine Ordnung, die aus der Sicht des heutigen Gestalters wenig Nutzen bringt, da sie – geschichtlich-formal orientiert – Schriften weder nach der Lesbarkeit noch nach der Wirkung und Qualität untersucht. Damit unterschlägt die Schriftklassifikation eine zentrale Frage des Anwenders, nämlich: Welche Schrift eignet sich für welchen Zweck?

Gruppe 1 — Venezianische Renaissance-Antiqua

Stempel Schneidler

Gruppe 2 — Französische Renaissance-Antiqua

Caslon 3
Caslon 224
Caslon 540
Bembo
Cheltenham
ITC Garamond
Adobe Garamond
Simoncini Garamond
Goudy
Palatino
Perpetua
Sabon
Stone Serif
Times
Times Ten
Trump Mediaeval
Weiss-Antiqua

Gruppe 3 — Barock-Antiqua

New Baskerville

Gruppe 4 — Klassizistische Antiqua

Bodoni
Bauer Bodoni
Linotype Centennial
Century Old Style
New Century Schoolbook
Linotype Didot
Ellington
ITC Fenice
Utopia
Walbaum

Gruppe 5	**Serifenbetonte Linear-Antiqua**

Aachen Bold
Candida
PMN Caecilia
Clarendon
Egyptienne
Excelsior
LinoLetter
Memphis
Rockwell

Gruppe 6	**Serifenlose Linear-Antiqua**

Antique Olive
Avant Garde
Avenir
Futura
Franklin Gothic
Frutiger
Gill
Helvetica
Neue Helvetica 55
Insignia
Rotis Sans Serif
Syntax
Stone Sans
Univers 55

Gruppe 7	**Antiqua-Varianten**

Arnold Böcklin
Parisian
COPPERPLATE
Poetica
Clearface
Belwe
ITC Souvenir
Optima

Gruppe 8	**Schreibschriften**

Brush Script
Free Style Script
Kaufmann
Park Avenue
Present
Shelley
Mistral

Gruppe 9	**Handschriftliche Antiqua**

OMNIA
Post-Antiqua
Hobo

Gruppe 10	**Gebrochene Schriften**

Wilhelm Klingspor
Fette Fraktur
Old English

Der Vollständigkeit halber sei erwähnt, dass in der 11. Gruppe alle fremden Schriften, die nicht römischen Ursprungs sind, eingeteilt sind: Russisch, Chinesisch, Arabisch, Indisch usw.

Schriftschnitte

Schriften (Fonts) lassen sich generell einteilen nach Strichstärken, Breiten und Lagen. Eine einzelne Schrift wird als Schnitt bezeichnet, alle Schnitte zusammen bilden eine Schriftfamilie. Die einheitliche Bezeichnung der Schriftschnitte wird wohl für immer ein Wunsch bleiben; genauso wie der nach einem einzigen Masssystem (Pica, Punkt, Millimeter). Die üblichsten Bezeichnungen sind:

Stärken:
    Fein, Thin, Ultralight
    Leicht, Light, Mager
    Normal, Buch, Roman, Regular, Medium, Book
    Halbfett, Semibold, Demi, Heavy, Bold
    Fett, Black, Extra Bold, Ultra Black, Poster

Breiten:
    Eng, Ultra Condensed
    Schmal, Condensed
    Normal
    Breit, Extended

Lagen:
    Geradestehend
    Kursiv, Italic, Oblique

Die Bezeichnungen der Schriftschnitte variieren von Schrift zu Schrift, dazu kommen Sprachunterschiede oder Übersetzungsfehler. In den USA entspricht etwa die Bezeichnung «Bold» dem deutschen Pendant «Halbfett». Die Programmübersetzer haben jedoch brav «Fett» übersetzt – so kommt es, dass die Anwender dann vermeintlich die Helvetica «fett» anwählen, effektiv nur eine «halbfette» erhalten.

Futura Light
Futura Light Oblique
Futura Book
Futura Book Oblique
Futura Regular
Futura Oblique
Futura Heavy
Futura Heavy Oblique
Futura Bold
Futura Bold Oblique
Futura Extra Bold
Futura Extra Bold Oblique

Frutiger Light
Frutiger Light Italic
Frutiger Roman
Frutiger Italic
Frutiger Bold
Frutiger Bold Italic
Frutiger Black
Frutiger Black Italic
Frutiger Ultra Black

Schriften

Zunehmende Breite →

Zunehmende Strichstärke ↓

	45 Univers	46 *Univers*	47 Univers	48 *Univers*	39 Univers
					49 Univers
53 Univers	55 Univers	56 *Univers*	57 Univers	58 *Univers*	59 **Univers**
63 **Univers**	65 **Univers**	66 ***Univers***	67 **Univers**	68 ***Univers***	
73 **Univers**	75 **Univers**	76 ***Univers***			
83 **Univers**	85 **Univers**				

Als erster Schriftschöpfer hat Adrian Frutiger 1954 bei seiner Univers eine ganze Schriftfamilie geschaffen und die einzelnen Schnitte mit Ziffern bezeichnet. Als Grundform diente die Univers 55, alle Zehnerstellen bezeichnen eine zu- oder abnehmende Fette. Die Einerstellen bedeuten die Breite oder Lage. Andere Fonts haben dieses System ebenfalls übernommen.

Das Schriftenangebot wird durch eine neue Technologie ganz neue Dimensionen erfahren: Multiple Master Typeface. Ohne Qualitätseinbusse wird ein stufenloses Verzerren und Verdicken möglich. Schrift: «Viva» von Adobe.

Die Wirkung der Schriften

Schriften nach ihrer Wirkung zu beurteilen und gezielt einzusetzen, ist weitgehend Gefühlssache. Jeder Versuch, Schriften *dogmatisch* in einen bestimmten Gebrauchstopf zu werfen, ist fragwürdig. Trotzdem sei eine Anregung gegeben, wie der Anwender sich vermehrt und intensiv mit Schriften auseinandersetzen kann.

Wir unterteilen den Schriftcharakter nach den Aspekten Form, Zeitgeist, Auffälligkeit und Dynamik. Jeder Aspekt erhält eine Anzahl Adjektivpaare, die gegensätzliche Pole bilden. Die Wortpaare können selbstverständlich erweitert werden. Innerhalb dieser Pole kann nun eine Werteskala angebracht werden, welche eine (subjektive) Aussage erlaubt.

Schriften mit Serifen gelten als anmutiger als serifenlose, welche eher technischen Charakter haben. Kursive wirken dynamischer als geradestehende, und fette Schnitte sind träger als dünne. Eine Variation in der Strichstärke wirkt eleganter als wenn alle Striche etwa gleich dick sind. Eine Regel gibt es nicht, tauchen Sie mit Gefühl in die Schönheit der Fonts.

Franklin Gothic
Es gibt Schriften, die eine Spur treffender sind als andere.

	2	1	0	1	2	
Form						
weich/rund				●		hart/eckig
anmutig				●		technisch
weiblich					●	männlich
lesefreundlich	●					nicht lesefreundlich
vermittelnd				●		aggressiv
Zeitaspekt						
konservativ				●		modern
traditionell		●				avantgardistisch
alt		●				neu
geschichtlich			●			futuristisch
bewahrend			●			erneuernd
Auffälligkeit						
langweilig				●		abwechslungsreich
abgegriffen		●				frisch
wertlos		●				kostbar
still		●				schreierisch
alltäglich				●		selten
nivellierend				●		auffällig
Dynamik						
würdevoll				●		stillos
statisch		●				dynamisch
tot				●		lebendig
schwerfällig			●			leichtfüssig

Palatino
Es gibt Schriften, die eine Spur treffender sind als andere.

	2	1	0	1	2	
Form						
weich/rund			●			hart/eckig
anmutig	●					technisch
weiblich	●					männlich
lesefreundlich	●					nicht lesefreundlich
vermittelnd				●		aggressiv
Zeitaspekt						
konservativ				●		modern
traditionell				●		avantgardistisch
alt				●		neu
geschichtlich			●			futuristisch
bewahrend		●				erneuernd
Auffälligkeit						
langweilig				●		abwechslungsreich
abgegriffen				●		frisch
wertlos				●		kostbar
still				●		schreierisch
alltäglich				●		selten
nivellierend				●		auffällig
Dynamik						
würdevoll	●					stillos
statisch				●		dynamisch
tot				●		lebendig
schwerfällig				●		leichtfüssig

Avant Garde	technisch	Es gibt Schriften, die eine Spur treffender sind als andere. Wer sucht, der findet.	Caslon 224
Garamond 3 Italic	*anmutig*		
Frutiger Italic	*dynamisch*	Es gibt Schriften, die eine Spur treffender sind als andere. Wer sucht, der findet.	Goudy
Frutiger Roman	statisch		
		Es gibt Schriften, die eine Spur treffender sind als andere. Wer sucht, der findet.	Times
Poetica Chancery III	*verspielt*		
Futura	STRENG	Es gibt Schriften, die eine Spur treffender sind als andere. Wer sucht, der findet.	Sabon
Helvetica Inserat	**plakativ**		
Neue Helvetica 55	gewöhnlich	Es gibt Schriften, die eine Spur treffender sind als andere. Wer sucht, der findet.	Palatino
Goudy Italic	*weiblich*	Es gibt Schriften, die eine Spur treffender sind als andere. Wer sucht, der findet.	Perpetua
Caecilia Roman	männlich		

Oben Eine kleine Auswahl von ähnlichen Schriften. Ähnlich von der Wirkung auf die Leser, nicht aber von der Form und von der Grösse her gesehen. Alle Schriften wurden in 24 Punkt abgesetzt.

Links Zwei Beispiele, wie Schriften sehr einfühlsam eingesetzt werden können.

Schriften zweckmässig einsetzen

Die Unterscheidung nach der Lesbarkeit

Wir haben gesehen, dass der formale Aspekt bei der Schriftwahl einen gewichtigen Anspruch erhebt. Mit der Ästhetik allein ist aber kein Staat zu machen, denn die Lesbarkeit drängt sich spätestens nach drei Minuten Lesen in den Vordergrund. Ermüdungsfreies Lesen gehört mit zur obersten Maxime in der Typografie. Wenn es doch so einfach wäre, die Spreu vom Weizen zu trennen! Grundsätzliche Bemerkung: Die Lesbarkeit spielt eine grosse Rolle in allen Produkten mit viel Grundtext – in Zeitungen, Büchern, Zeitschriften. Bei Inseraten, Plakaten oder Geschäftsdrucksachen spielt die Lesbarkeit eine untergeordnete Rolle. Beim Lesen einer Visitenkarte ist noch niemand ermüdet, oder? Wir wollen hier nur den Aspekt der Schrift*form* im Zusammenhang mit der Lesbarkeit aufführen, ab Seite 92 folgen weitere Zusammenhänge.

Beim Betrachten von Drucksachen mit viel Text fällt auf, dass die meisten in einer Grundschrift mit Serifen gestaltet sind. Serifen bilden auf der Schriftlinie eine optische Führungshilfe und lassen das Auge von Wort zu Wortgebilde gleiten. Selbstverständlich gibt es unter den Serifenschriften viele Varianten. Die Füsschen allein garantieren noch keine optimale Lesbarkeit; tendenziell sind sie besser für Mengensatz geeignet als serifenlose Schriften. In der Fachsprache spricht man von Antiqua-Schriften, wobei diese Bezeichnung etwas unqualifiziert für die Gattung «Füsschen-Schriften» steht. Siehe dazu auch die korrekten (aber unverständlichen) Bezeichnungen der Schriftklassifikation auf den Seiten 76 und 77.

Im Gegensatz dazu heisst der Oberbegriff für Schriften ohne Serifen in der Fachsprache «Grotesk». Auch hier ein im Markt eingebürgerter Begriff für die korrekte Bezeichnung «serifenlose Linear-Antiqua».

Times, 10 Punkt
Gut lesbar. Die Serifen bilden eine optische Führung auf der Schriftlinie. Die Times ist *die* klassische Schrift für den Satz wissenschaftlicher Werke. Sie ist am umfassendsten mit Sonderzeichen ausgebaut.

Futura, 9,5 Punkt
Mässige Lesbarkeit. Die Mittellänge ist klein gehalten, und es gibt eine Reihe enger Buchstabenformen.

Avant Garde, 8 Punkt
Schlechte Lesbarkeit. Extremer Wechsel zwischen breiten und engen Formen. Die Mittellängen sind zu gross gehalten. Wer die Avant Garde benützt, sollte auf einen genügend grossen Zeilenabstand achten.

Jede Schrift besitzt eine eigene «Ausdehnung». Bei gleichem Platzangebot kommen jeweils andere Grössen zum Zug.

Als ich heute Morgen die Zeitung auftat, schlug es mir in dicken Lettern entgegen: «Weihnachten 1993 fiel ins Wasser» und kleiner, direkt darunter, «Grosse Überschwemmungen in Norddeutschland, Schnee in der Schweiz». Himmel Herrgott, dabei durften wir seit langem die ersten weissen Weihnachten feiern! Kennen die Medien nur noch Negativschlagzeilen? Offenbar kommt das bei vielen Menschen besser an. Katastrophen, Kriege und Anschläge lassen sich besser vermarkten als der weisse Flaum, der gerade zur rechten Zeit die Welt – unsere Welt – bedeckt. Ist es am Ende eine Aufgabe der Medien, die andere Welt, ausserhalb unseres Sinnesbereichs, in die Stube zu tragen? Nehmen wir vor lauter Negativmeldungen das Schöne in unserem Leben nicht mehr wahr?

Als ich heute Morgen die Zeitung auftat, schlug es mir in dicken Lettern entgegen: «Weihnachten 1993 fiel ins Wasser» und kleiner, direkt darunter, «Grosse Überschwemmungen in Norddeutschland, Schnee in der Schweiz». Himmel Herrgott, dabei durften wir seit langem die ersten weissen Weihnachten feiern! Kennen die Medien nur noch Negativschlagzeilen? Offenbar kommt das bei vielen Menschen besser an. Katastrophen, Kriege und Anschläge lassen sich besser vermarkten als der weisse Flaum, der gerade zur rechten Zeit die Welt – unsere Welt – bedeckt. Ist es am Ende eine Aufgabe der Medien, die andere Wet, ausserhalb unseres Sinnesbereichs, in die Stube zu tragen? Nehmen wir vor lauter Negativmeldungen das Schöne in unserem Leben nicht mehr wahr?

Als ich heute Morgen die Zeitung auftat, schlug es mir in dicken Lettern entgegen: «Weihnachten 1993 fiel ins Wasser» und kleiner, direkt darunter, «Grosse Überschwemmungen in Norddeutschland, Schnee in der Schweiz». Himmel Herrgott, dabei durften wir seit langem die ersten weissen Weihnachten feiern! Kennen die Medien nur noch Negativschlagzeilen? Offenbar kommt das bei vielen Menschen besser an. Katastrophen, Kriege und Anschläge lassen sich besser vermarkten als der weisse Flaum, der gerade zur rechten Zeit die Welt – unsere Welt – bedeckt. Ist es am Ende eine Aufgabe der Medien, die andere Welt, ausserhalb unseres Sinnesbereichs, in die Stube zu tragen? Nehmen wir vor lauter Negativmeldungen das Schöne in unserem Leben nicht mehr wahr?

Gute Schriften zeichnen sich aus durch die Lesefreundlichkeit, einen angenehmen Kontrast der Strichstärke horizontal/vertikal und durch eine gute Laufweite. Sie können mit vielen andern Fonts kombiniert werden.

Bembo Regular: Meist sind es die klassischen alten Schriften, die als besonders lesefreundlich gelten.

Caslon 3: Meist sind es die klassischen alten Schriften, die als besonders lesefreundlich gelten.

Century Old Style: Meist sind es die klassischen alten Schriften, die als besonders lesefreundlich gelten.

Adobe Garamond: Meist sind es die klassischen alten Schriften, die als besonders lesefreundlich gelten.

Palatino: Meist sind es die klassischen alten Schriften, die als besonders lesefreundlich gelten.

Times Ten: Meist sind es die klassischen alten Schriften, die als besonders lesefreundlich gelten.

Trump Mediaeval: Meist sind es die klassischen alten Schriften, die als besonders lesefreundlich gelten.

Weiss: Meist sind es die klassischen alten Schriften, die als besonders lesefreundlich gelten.

Für Drucksachen, die kein langes Lesen erfordern, können die meisten Schriften eingesetzt werden. Weder die serifenlosen noch die klassizistischen Schriften eignen sich für den Mengensatz.

Optima: Manche Serifenlose sind ebenfalls gut lesbar, erreichen viele Antiquaschriften jedoch nicht.

Avenir: Manche Serifenlose sind ebenfalls gut lesbar, erreichen viele Antiquaschriften jedoch nicht.

Frutiger: Manche Serifenlose sind ebenfalls gut lesbar, erreichen viele Antiquaschriften jedoch nicht.

Helvetica: Manche Serifenlose sind ebenfalls gut lesbar, erreichen viele Antiquaschriften jedoch nicht.

Bauer Bodoni: Manche Serifenlose sind ebenfalls gut lesbar, erreichen viele Antiquaschriften jedoch nicht.

Walbaum: Manche Serifenlose sind ebenfalls gut lesbar, erreichen viele Antiquaschriften jedoch nicht.

Rotis Sans Serif: Manche Serifenlose sind ebenfalls gut lesbar, erreichen viele Antiquaschriften jedoch nicht.

LinoLetter: Manche Serifenlose sind ebenfalls gut lesbar, erreichen viele Antiquaschriften jedoch nicht.

Für langen Lesetext ungeeignet, dafür ideal für Kurztexte oder Titel. Die Auswahl ist riesig, weil an diese Schriften nicht dieselben Anforderungen gestellt werden wie an eine optimal lesefreundliche Schrift.

Fette Fraktur: Schön und lustig ist manche Schrift, lesefreundlich deswegen noch lange nicht.

COPPERPLATE 31AB: SCHÖN UND LUSTIG IST MANCHE SCHRIFT, LESEFREUNDLICH DESWEGEN NOCH LANGE NICHT.

Insignia: Schön und lustig ist manche Schrift, lesefreundlich deswegen noch lange nicht.

Hobo: Schön und lustig ist manche Schrift, lesefreundlich deswegen noch lange nicht.

Kaufmann: Schön und lustig ist manche Schrift, lesefreundlich deswegen noch lange nicht.

Arnold Böcklin: Schön und lustig ist manche Schrift, lesefreundlich deswegen noch lange nicht.

Industria: Schön und lustig ist manche Schrift, lesefreundlich deswegen noch lange nicht. Und schliesslich wollen auch Titel schnell erfasst werden.

LITHOS: SCHÖN UND LUSTIG IST MANCHE SCHRIFT, LESEFREUNDLICH DESWEGEN NOCH LANGE

Schriftwahl und Einsatzmöglichkeiten

Eine weitere Frage, die beantwortet werden muss: Soll die Schrift ein möglichst grosses Einsatzgebiet abdecken, als Lese- *und* als Displaygrösse eingesetzt werden oder ist die Wahl auf eine einzelne Arbeit, auf einen einzigen Zweck beschränkt? Fonts mit nur wenigen Schnitten und einem geringen Ausbau an Sonderzeichen sind z.B.: Weiss, Perpetua, Optima, Souvenir, Friz Quadrata, Courier, Clarendon, Benguiat, Sabon usw. Bei Billig-Schriften amerikanischen Ursprungs können sogar Umlaute fehlen!

Für einen universellen Zweck z.B. als Corporate-Design-Schrift – eignen sich Fonts, die als Gross-Sippe mit den verschiedensten Schnitten und einer ganzen Armada von Sonderzeichen daherkommen. So erhält der Gestalter viele Kombinationsmöglichkeiten für eine lebendige Typografie. Typische Vertreter sind: Helvetica, Futura, Frutiger, Utopia, Minion, Centennial, Stone, Univers usw.

Drei Beispiele von Schriftkombinationen mit der Times. Bei einfachen Arbeiten genügen die Variationsmöglichkeiten einer Schrift mit vier Schnitten. Hier Roman, Italic, Bold und Bold Italic.

Mit zunehmender Grösse des Werkes entstehen mehrere Gliederungsstufen oder vielerlei typografische Elemente, die sich unterscheiden lassen. Bei komplexen Druckerzeugnissen fast ein Muss, verschiedene Schriften zu mischen. Sogleich stellt sich jedoch die Frage, welche Fonts zusammenpassen und welche nicht.

Die Antwort ist nicht immer einfach. Allgemeingültig die Aussage, dass Fonts zusammenpassen, wenn der Kontrast möglichst gross ist, wenn sich also die Schriften klar und auf den ersten Blick voneinander abheben.

Eine einfache Unterscheidung geben die Serifen. Serifenschriften und Serifenlose lassen sich in der Regel ohne Probleme kombinieren. Am Beispiel von modernen Zeitungen und Zeitschriften lässt sich das ohne weiteres nachvollziehen: In den meisten Fällen ist die Grundschrift eine Antiqua, für Titel wird eine weitere Antiqua oder eine Grotesk hinzugefügt.

Bei Schriftkombinationen sollen sich die Schriften möglichst stark unterscheiden. Drei Möglichkeiten oder eine Kombination davon stehen dabei zur Auswahl:
– durch den Schriftcharakter
– durch den Schriftschnitt
– durch die Grösse

Wer nicht ganz sattelfest ist, dem soll gesagt sein: Weniger ist mehr! Lieber eine Schrift weniger verwenden als eine zuviel.

Schriften innerhalb der gleichen Familie mischen

Als ich heute Morgen die Zeitung auftat, schlug es mir in dicken Lettern entgegen: «Weihnachten 1993 fiel ins Wasser» und kleiner, direkt darunter, «Grosse Überschwemmungen in Norddeutschland, Schnee in der Schweiz».

Centennial Black
Centennial Light

Groteskschriften passen zu Antiquaschriften

Als ich heute Morgen die Zeitung auftat, schlug es mir in dicken Lettern entgegen: «Weihnachten 1993 fiel ins Wasser» und kleiner, direkt darunter, «Grosse Überschwemmungen in Norddeutschland, Schnee in der Schweiz».

Stone Sans Bold
Linotype Didot

Bei diesem Titel ist der Unterschied zu klein

Als ich heute Morgen die Zeitung auftat, schlug es mir in dicken Lettern entgegen: «Weihnachten 1993 fiel ins Wasser» und kleiner, direkt darunter, «Grosse Überschwemmungen in Norddeutschland, Schnee in der Schweiz».

Futura Regular
Stone Sans Regular

Der Titel ist zu wenig plakativ

Als ich heute Morgen die Zeitung auftat, schlug es mir in dicken Lettern entgegen: «Weihnachten 1993 fiel ins Wasser» und kleiner, direkt darunter, «Grosse Überschwemmungen in Norddeutschland, Schnee in der Schweiz».

Frutiger Light
Candida

Serifenschriften sind ebenso gut geeignet

Als ich heute Morgen die Zeitung auftat, schlug es mir in dicken Lettern entgegen: «Weihnachten 1993 fiel ins Wasser» und kleiner, direkt darunter, «Grosse Überschwemmungen in Norddeutschland, Schnee in der Schweiz».

Utopia Semibold
Neue Helvetica 45

Der Kontrast muss gross genug sein

Als ich heute Morgen die Zeitung auftat, schlug es mir in dicken Lettern entgegen: «Weihnachten 1993 fiel ins Wasser» und kleiner, direkt darunter, «Grosse Überschwemmungen in Norddeutschland, Schnee in der Schweiz».

Bodoni Poster
Times

Schriftqualitäten

Es gibt (und gab schon immer) unterschiedliche Fontqualitäten. Es liegt daran, dass Originalschriften längst verstorbener Schriftschöpfer in neuen Auflagen digitalisiert werden. Um die Urheberrechtsprobleme zu umgehen, wurden die Schnitte der Nachbildungen etwas verändert und umbenannt. Dabei blieben die zu den entsprechenden Originalschnitten gehörenden, aber logischerweise selten gebrauchten Sonderzeichen aus Kostengründen auf der Strecke. Daher haben wir heute eine Riesenauswahl oft «unvollständiger» Fonts und Schnitte, die zudem vielfach nicht an die Schönheit der Originale heranreichen.

Die bekanntesten Anbieter von Schriften sind (und waren) Adobe, Linotype, Agfa, Monotype, Bitstream, Berthold. Die Unterschiede gleichnamiger Schriften unterschiedlicher Hersteller sind teilweise minim, die Fonts können nahezu perfekt nachgebildet werden. Es gibt jedoch auch Beispiele, wo die Zurichtung (Kerning) nicht optimal stimmt, die Digitalisierung (Outlines) Mängel aufweist oder die Buchstaben auf der Schriftlinie «tanzen». Es gibt auch erhebliche Unterschiede, was die Bildschirmdarstellung betrifft. Von unlesbar bis super sind alle Schattierungen vertreten.

Trotz dieser Erfahrungen preisen die Schriftenhäuser ihre Schriften über kleine Müsterchen an. Umfassende Musterbücher mit allen notwendigen Details existieren schlicht nicht. Wer Schriften erwirbt, kauft die Katze im Sack – erst die eigene Erfahrung zeigt, was die einzelnen Fonts taugen.

Der Zeichenumfang einer Schrift am Beispiel der Utopia			
Kleinbuchstaben (Gemeine, Minuskeln)	abcdefghijklmnopqrstuvwxyz ß		
Grossbuchstaben (Versalien, Majuskeln)	ABCDEFGHIJKLMNOPQRSTUVWXYZ		
Akzentzeichen	Akut	´	Áá, Ée, Óó, Úú usw.
	Gravis	`	Àà, Èè, Òò, Ùù usw.
	Cedille	¸	Çç
	Apostroph	'	's
	Zirkumflex	^	â, ô, î, û, ê
	Haken	ˇ	č, š, ž
	Tilde	~	Ãã, Ññ, Õõ
	Ring	°	Åå
	Trema	¨	Ää, Öö, Üü, Ïï, Ÿÿ
	usw.		
Ziffern	Normalziffern	1234567890	
	Mediävalziffern	1234567890	
	Bruchziffern	¼, ½, ¾, ⅛, ⅜, ⅓, ⅔	
Ligaturen	ff, fi, fl, ffi, ffl, œ, æ		
Interpunktionen	.,;:!?- —		
Sonderzeichen	†*+-/$«»&%$§‰„@""{}()©®		
Kapitälchen	ECHTE KAPITÄLCHEN		

Adobe →
Berthold →

Der Unterschied von Fonts ver-
Der Unterschied von Fonts ver-

schiedener Schriftanbieter ist
schiedener Schriftanbieter ist

teilweise sehr gering.
teilweise sehr gering.

Die Stone Serif unterschiedlicher Schriftanbieter. Oben von Adobe, unten von Berthold. Der Adobe-Schnitt ist etwas breiter geschnitten.

Schriften

Ein Vergleich von verschiedenen Garamond-Schnitten aus dem Haus Adobe. Zu beachten ist jeweils auch die Bildschirmdarstellung in verschiedenen Grössen – sie kann qualitativ sehr unterschiedlich ausfallen.

Die Garamond ist seit 1532 etwa zwei Dutzend Mal unter verschiedensten Bezeichnungen kopiert worden.

Adobe Garamond

Die Garamond ist seit 1532 etwa zwei Dutzend Mal unter verschiedensten Bezeichnungen kopiert worden.

Garamond 3

Die Garamond ist seit 1532 etwa zwei Dutzend Mal unter verschiedensten Bezeichnungen kopiert worden.

Stempel Garamond

Die Garamond ist seit 1532 etwa zwei Dutzend Mal unter verschiedensten Bezeichnungen kopiert worden.

Simoncini Garamond

Die Garamond ist seit 1532 etwa zwei Dutzend Mal unter verschiedensten Bezeichnungen kopiert worden.

ITC Garamond

Ein Qualitätsvergleich bringt es an den Tag: Links die Helvetica mit Ecken und Kanten, welche mit dem Macintosh-System mitgeliefert wird. Rechts die Neue Helvetica 55 aus der Linotype Library.

Schriften unterscheiden lernen

Ein allumfassendes Schriftmusterbuch gibt es nicht – es sind einfach zu viele Schriften. Kein bestandener Typograf kennt alle und wer schon 20 bis 30 Normalschnitte ungestützt benennen kann, darf sich bereits als Eingeweihter bezeichnen. Zusätzliche Schwierigkeiten machen die verschiedenen Schnitte oder das Verziehen. Aus diesem Grund möchte ich Sie anleiten, auf bestimmte Merkmale der Schriften zu achten und sie anhand dieser Details selber besser kennenzulernen.

Eigentlich ist es erstaunlich, wie sich ein paar wenige Fonts über Jahre hinweg erfolgreich gegen alle Neuauflagen behaupten konnten. Die «Klassiker» wirken durch zeitlose Eleganz und vollendete Formen. Neuschöpfungen bringen oft nicht dieselbe Kraft aufs Papier oder unterliegen Modetrends – und davon gibt es wahrhaft genug! Unter Klassikern verstehe ich Schriften, welche schon zu Bleisatzzeiten die Setzkästen füllten; auch davon gibt es ja nicht wenige. Ohne Anspruch auf Vollständigkeit ein paar altbekannte Namen mit ihrem Schöpfer und Datum:

Times	Stanley Morrison	1931
Bodoni	Giambattista Bodoni	1789
Garamond	Claude Garamond	1532
Baskerville	John Baskerville	1754
Univers	Adrian Frutiger	1957
Futura	Paul Renner	1928
Helvetica	Max Miedinger	1957
Gill	Erich Gill	1927
Palatino	Hermann Zapf	1950
Walbaum	Erich Walbaum	1810
Caslon	William Caslon	1816
Clarendon	H. Eidenbenz	1951

Grobunterscheidung

Eine erste Unterscheidung in Grobkategorien ist einfach:
– Serifenschriften (Antiqua)
– Schriften ohne Serifen (Grotesk)
– Alle anderen Schriften

Antiquaschriften oder Groteskschriften innerhalb der eigenen «Gattung» zu unterscheiden, kann schwierig sein, weil sie teilweise grosse Ähnlichkeiten aufweisen. Die andern Fonts sind sehr eigenwillige Schöpfungen und kommen als Mengensatz praktisch nicht vor. Deshalb können die Hundertschaften von Zier-, Titel-, Schreib-, Fraktur-, Korrespondenz- oder Kinderschriften relativ leicht unterschieden werden.

Feinunterscheidung

Schriftenkenntnisse erwirbt man ausschliesslich durch intensives und genaues Betrachten von Schriftmustern. Eine Lupe hilft, die notwendigen Details zu erkennen, denn der Teufel steckt im Detail. Das Training erfolgt anhand gedruckter Produkte oder eigener Laserausdrucke, die mit Schriftmusterbüchern verglichen werden. Dem Anfänger hilft sicher eine Sammlung von Schriftproben, die er ordnen und allmählich erweitern kann. Eine typografisch bewusste Betrachtung der Umwelt schärft den Blick für Schriften ebenfalls. Fragen Sie sich bei jedem Plakat, bei jedem Firmenschild, bei jedem Mailing, welche Schriften vorkommen. So wird sich allmählich eine grössere Sicherheit einstellen.

Antiquaschriften unterscheiden

  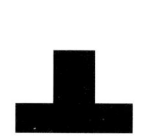

Die Serifenkehlung ist rund, die Serifen gebogen oder gerade. Die Schattierung der Rundung häufig geneigt. Die Strichstärkenunterschiede von waagrecht/senkrecht sind gut ausgewogen. In diese Kategorie gehören die Schriften der Gruppe 1 bis 3, «Renaissance-Antiqua» und «Barock-Antiqua».

Die Serifen sind als feine Haarstriche erkennbar. Die Strichstärkenunterschiede extrem gross: dicke Abstriche, feine Querstriche. Die Schattierung verläuft senkrecht. Hierher gehören die Fonts der Gruppe 4, «Klassizistische Antiqua».

Die Strichstärkenunterschiede sind praktisch verschwunden. Die Serifen sind betont ausgeprägt, manchmal sogar dicker gehalten als der Schaft – mit oder ohne Kehlung oder dreieckig. Eigenschaften der Fonts aus der Gruppe 5, «Serifenbetonte Linear-Antiqua».

Typologie der Schrift

Um die einzelnen Schriften zu unterscheiden, haben wir uns mit Details zu befassen. Die Ästhetik der Schriften verbirgt sich in den einzelnen Buchstabenformen. Eine wunderschöne Grazie, Anmut und ein Formenreichtum offenbart sich dem Betrachter. Aber nicht allein die Form, sondern auch das Zusammenwirken von Form und Zwischenräumen, das Spiel der einzelnen Formen miteinander, das unregelmässige Auf und Ab der Oberlängen, all das macht jede Schrift zu dem, was sie tatsächlich ist – zu einem wahren Kunstwerk.

Befassen wir uns mit den wichtigsten Bezeichnungen eines Schriftschnittes:

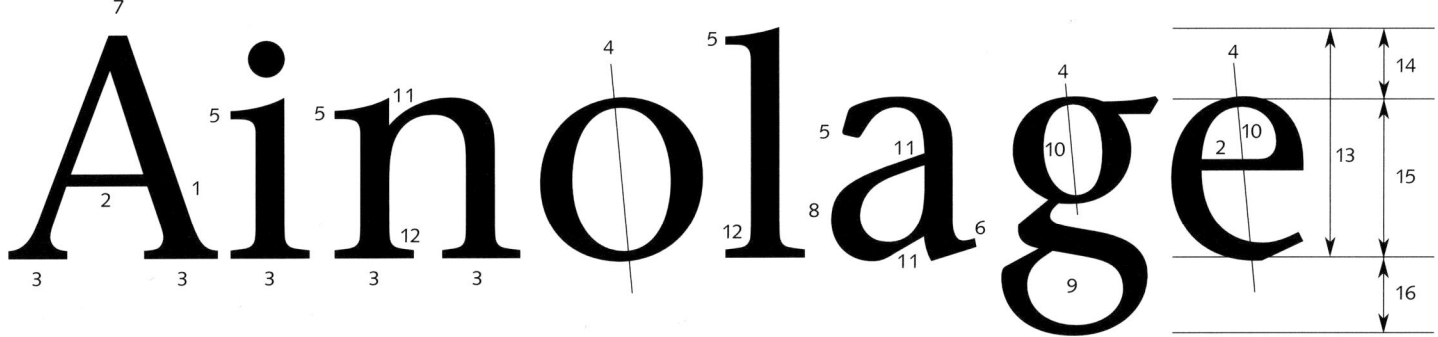

Je nachdem, wie die Details eines Fonts gestaltet sind, entsteht eine andere Wirkung. Die Digitalisierung (nicht das Zeichnen) einer Schrift ist technisch kein Problem mehr, während früher das Herstellen einer Schrift künstlerisch hohe Ansprüche stellte und entsprechend wenigen vorbehalten war. Aus diesem Grund hat uns die Computertechnologie Dutzende gleichartiger Schriften beschert und die Unterscheidung ist dadurch fast unendlich schwierig geworden. Ein gestandener Setzer konnte in den 60er Jahren die allermeisten der Gebrauchsschriften unterscheiden – heute ein Ding der Unmöglichkeit.

1 Schaft, Stamm, Hauptstrich
2 Haarstrich
3 Serife
4 Schattierung, Achsenstellung bei Rundungen
5 Anstrich
6 Endstrich
7 Scheitel
8 Bauch
9 Schlinge
10 Innenform
11 Verbindung/Überlauf
12 Kehlung
13 Versalhöhe
14 Oberlänge
15 Mittellänge
16 Unterlänge

Helvetica	Aortageuknis
Univers	Aortageuknis
Frutiger	Aortageuknis
Futura	Aortageuknis
Avenir	Aortageuknis
Avant Garde	Aortageuknis
Syntax	Aortageuknis
Franklin Gothic	Aortageuknis
News Gothic	Aortageuknis
Gill	Aortageuknis
Eras	Aortageuknis
Optima	Aortageuknis

Schriften

Times	Aortageuknis
Bodoni	Aortageuknis
Walbaum	Aortageuknis
Centennial	Aortageuknis
Utopia	Aortageuknis
ITC Garamond	Aortageuknis
Palatino	Aortageuknis
Caecilia	Aortageuknis
Lubalin Graph	Aortageuknis
New Century Schoolbook	Aortageuknis
Weiss	Aortageuknis
Perpetua	Aortageuknis

Von lesefreundlich bis «unlesbar»

Die Lesefreundlichkeit einer Schrift erhebt keine absolute Priorität gegenüber allen andern typografischen Gestaltungsregeln oder -ideen. Bei Titeln ist es sogar besser, eine wirkungsvollere Schrift einzusetzen, die halt nicht optimal lesbar ist.

Je lesefreundlicher das Druckerzeugnis, desto weniger ermüden Augen und Geist. Und der Faktor Müdigkeit spielt nur bei grösseren Textmengen eine Rolle, das heisst, wenn wir länger als «fünf» Minuten lesen müssen. Je kleiner die Textmenge, desto weniger haben wir auf die optimale Lesbarkeit einer Schrift Rücksicht zu nehmen. Eine Menükarte darf ruhig in einer geschwungenen englischen Schreibschrift gedruckt werden, für ein Plakat ist diese wohl weniger geeignet, und Fachzeitschriften in Schnörkelschrift würde niemand lesen.

Aber auch bei textreichen Inseraten und Prospekten heisst es aufgepasst: Der Empfänger übergeht Texte, die ihm schon rein optisch und auf den ersten Blick zu mühselig erscheinen.

Wie erreicht man Lesefreundlichkeit?

Abgesehen davon, dass es besser und schlechter lesbare Fonts gibt, sind es die folgenden wichtigen Faktoren, welche die Lesefreundlichkeit der Typografie bestimmen:
– Schriftschnitt
– Verzug
– Schriftgrösse
– Laufweite
– Zeilenlänge
– Buchstabenzahl pro Zeile
– Trennungen
– Zwischenräume
  (Wort-, Zeilen-, Spaltenabstände)
– Farbe
– Hintergrund

Schriftschnitt und Lesbarkeit

Der «normale» Schnitt ist am besten lesbar. Das bedeutet geradestehend, mittlere Strichstärke und -breite. Alle Abweichungen davon sind schlechter lesbar als das «Original»: kursiv oder fett sind schlechter lesbar, auch schmale und breite Schnitte gewinnen keine Pluspunkte. In der Regel führt alles, was durch Anwenderhand dazugegeben oder weggenommen wird, zu schlechteren Resultaten. Schriften extrem stauchen oder dehnen (Buchstaben selbst verändern) führt aufs Glatteis. In gewissen Grenzen ist es jedoch gestattet, weil dadurch andere Vorteile gewonnen werden, zum Beispiel haben mehr Buchstaben pro Zeile Platz. Wenn möglich sollten Manipulationen am Lauftext bei grösserer Textmenge unterlassen werden. Bei kleineren Textmengen darf ohne Probleme bis ±15% schmaler gestellt werden, bei Titeln oder fetten Schriften sogar noch mehr. Dehnen hat eher Ziercharakter, entsteht aus purer Lust. Stauchen hingegen entsteht aus Platznot.

Die Grossbuchstabenschreibweise (Versalien) soll im Lauftext vermieden werden. Die Versalien wirken ungewohnt eckig-krakelig und sind schlecht lesbar. Versalien sollten nur dort eingesetzt werden, wo die Lesbarkeit eine unbedeutende Rolle spielt, z. B. bei Rubriktiteln oder kurzen Titeln.

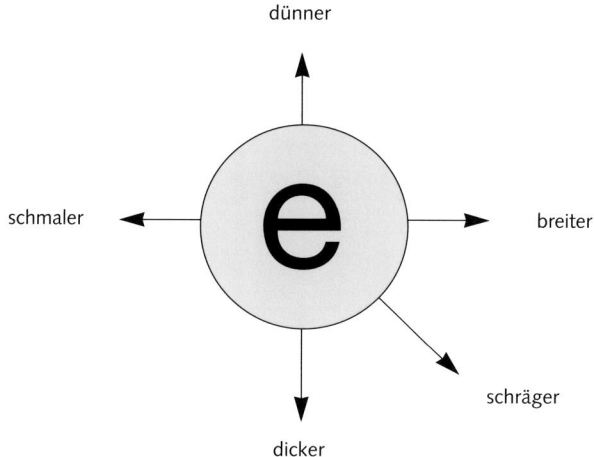

Alle Abweichungen vom normalen Schriftschnitt sind in der Regel schlechter lesbar.

Seien Sie gewiss, der Originalschnitt des Schriftgestalters liest sich am besten. Damit gehen Sie nie ein Risiko ein.

Schon die Auszeichnungsschnitte kursiv oder italique sind als Lesetext nicht geeignet.

DAS LESEN VON VERSALBUCHSTABEN HÄLT AUF DIE DAUER KEIN MENSCH AUS.

Fetter Grundtext wirkt nicht einladend und ist sehr mühsam zu lesen.

Ohne Grenzen wird der Text verzogen: Die Lesbarkeit bleibt auf der Strecke.

Was modisch chic erscheint, will gut überlegt sein: stauchen und sperren möglichst nicht bei Grundtexten.

Lesegrössen sollten nur mit grösster Zurückhaltung verzerrt werden. Bis maximal 15 % in der Breite darf der Text gestaucht oder gedehnt werden, *ohne* dass von Auge sichtbare Qualitätsmängel auftreten.

Unschön:
10 Punkt Helvetica,
70 % schmal gestellt

Lesegrössen sollten nur mit grösster Zurückhaltung verzerrt werden. Bis maximal 15 % in der Breite darf der Text gestaucht oder gedehnt werden, *ohne* dass von Auge sichtbare Qualitätsmängel auftreten.

Erlaubt:
10 Punkt Helvetica,
90 % schmal gestellt

Lesegrössen sollten nur mit grösster Zurückhaltung verzerrt werden. Bis maximal 15 % in der Breite darf der Text gestaucht oder gedehnt werden, *ohne* dass von Auge sichtbare Qualitätsmängel auftreten.

Der Originalschnitt
10 Punkt Helvetica

Lesegrössen sollten nur mit grösster Zurückhaltung verzerrt werden. Bis maximal 15 % in der Breite darf der Text gestaucht oder gedehnt werden, *ohne* dass von Auge sichtbare Qualitätsmängel auftreten.

Erlaubt: Helvetica
110 % breit verzogen

Benützen Sie wenn möglich immer die Originalschriftschnitte. Bei der Garamond (oben) und anderen Schriften besteht ein wesentlicher Unterschied zwischen dem kursiven Schnitt (Mitte) und dem elektronischen Schrägverziehen (unten).

---

e e e e e

Breite 50 %: unschöne Verdickungen unten und oben.

Breite 90 %: Die Verdickungen sind optisch kaum auszumachen.

Breite 100 %: So ist die Schrift am schönsten.

Breite 110 %: Die seitlichen Verdickungen sind gerade noch akzeptabel.

Breite 140 %: Die Buchstabenform hat ihren Charakter und ihre Schönheit verloren.

Individuelle Schriftgrössen

7 Punkt Times — Bei Konsultationsgrössen muss man schon ganz genau hinsehen. Bereits ein leichtes Rütteln im Zug macht das Lesen mühevoll.

10 Punkt Cheltenham — Die Lesegrössen weisen von Schrift zu Schrift unterschiedliche Versalhöhen auf. Vergleichen Sie einmal die Schriften Cheltenham, Avant Garde, Memphis und Perpetua.

10 Punkt Avant Garde — Die Lesegrössen weisen von Schrift zu Schrift unterschiedliche Versalhöhen auf. Vergleichen Sie einmal die Schriften Cheltenham, Avant Garde, Memphis und Perpetua.

10 Punkt Memphis — Die Lesegrössen weisen von Schrift zu Schrift unterschiedliche Versalhöhen auf. Vergleichen Sie einmal die Schriften Cheltenham, Avant Garde, Memphis und Perpetua.

10 Punkt Perpetua — Die Lesegrössen weisen von Schrift zu Schrift unterschiedliche Versalhöhen auf. Vergleichen Sie mal die Schriften Cheltenham, Avant Garde, Memphis und Perpetua.

12 Punkt Avant Garde. Zu schmal, zu gross, schlecht lesbar. — Schon wenn ein Text in 12 Punkt gesetzt wird, hat man gleich das Gefühl, etwas stimme nicht. Mit der richtigen Schriftgrösse kann man am meisten Platz sparen, weil in jedem grösseren Grad jeder Buchstabe mehr Platz beansprucht. Eine wichtige typografische Regel lautet: im Zweifelsfall immer ein Grad kleiner.

Schriftgrösse und Lesbarkeit

Bei der Wahl einer Schriftgrösse (Fachleute sprechen von Schriftgraden) hat man auf die Lesedistanz und auf das Zielpublikum Rücksicht zu nehmen. Bei einem Türplakat ist die Lesedistanz etwa ein bis zwei Meter, bei einer Zeitung etwa 40 cm und bei einem Plakataushang kann es sich um bis zu 50 m handeln. Sollten ältere und sehschwächere Menschen Ihr Werk lesen, darf die Schriftgrösse nicht zu klein gehalten werden. Man unterteilt die Schriftgrössen in vier Gruppen:

Konsultationsgrössen sind kleine Schriftgrade bis 8 Punkt. Sie werden verwendet für Fussnoten, Marginalien (Randbemerkungen), Lexika, Wörterbücher, Telefonbücher usw.

Lesegrössen sind mit normalem Abstand leicht zu lesen. Sie umfassen die Spanne von 8 bis 12 Punkt. Grössere Formate und breitere Zeilen rechtfertigen deswegen nicht grössere Schriftgrade: in einem ganzseitigen Zeitungsinserat ist eine 36 Punkt Times als Grundtext schlecht erfassbar, weil der Augenabstand bei etwa 40 cm bleibt.

Schriftgrade bis 48 Punkt bezeichnet man als *Schaugrössen*. Man setzt sie für Titel ein und für Text, der auf grössere Distanz gelesen werden soll.

Schriftgrade über 48 Punkt werden auch als *Plakatschriften* oder *Displayschriften* bezeichnet.

Auszeichnungen

Eine Textstelle besonders hervorheben, nennt man auszeichnen. Die üblichste Form im Grundtext ist kursiv (italic), weil die Grauwirkung nicht verändert wird. Die Textspalte wirkt gleichmässig grau und die ausgezeichnete Textstelle sticht erst während des Lesens hervor. Anders bei der halbfetten (bold) Auszeichnungsart: Hier springen die Textstellen *vor* dem Lesevorgang ins Auge und wecken die Neugierde. Es ist durchaus möglich, dass eine solche Auszeichnungsschrift auch aus einem andern Charakter gewählt wird. Zum Beispiel kann eine Times mit der Helvetica Bold ausgezeichnet werden. Die Wahl des Auszeichnungsschnittes hängt deshalb immer zusammen mit der Art der Leseführung und der zu wählenden Schrift für den Lauftext. Auf den Seiten 186/187 sind die verschiedensten Auszeichnungsarten dargestellt.

S10; AARWANGEN S14; AATHAL 10; ABTWIL S5; ADELBODEN S10; ADLIGENSWIL S5; ADLIKON S17; ADLISWIL 10; AEDERMANNSDORF S8; AEFLIGEN S13; AEGERI S15; AEGERTEN S4; AESCH BL S9; AESCH LU S5; AESCH ZH 10; AESCHI SO U. BE S10; AEUGST 10; AFFELTRANGEN S9; AFFOLTERN A/A S15; AGARONE S18; AGIEZ 12; AGNO S15; AGRA S10; AIGLE 61; ALBERSWIL S8; ALBEUVE S5; ALBLIGEN S10; ALCHENFLÜH S13; ALLENWINDEN S15; ALLMENDINGEN S6; ALLSCHWIL S12, ALPNACH 27; ALPTHAL S11; ALTBÜRON S8; ALTDORF 6; ALTENDORF S11; ALTENRHEIN S12; ALTERSWIL 4; ALTISHOFEN S10; ALTSTÄTTEN S12; AMBRI PIOTTA S18; AMDEN 7; AMINONA S4; AMMANNSEGG 10; AMMERSWIL S19; AMMERZWIL S10; AMRISWIL 29; AMSTEG 6; ANDELFINGEN S17; ANDWIL S5; ARBEDO S18; ARBON 29;

WIR REDEN VON ERSTER WELT, MEINEN DAMIT UNS, DIE SCHWEIZ, EUROPA UND DIE MENSCHEN IN NORDAMERIKA. WIR REDEN VON DRITTER WELT, VON DEN ARMEN LÄNDERN IN ASIEN, AFRIKA UND SÜDAMERIKA. DOCH IN WIRKLICHKEIT GIBT ES NUR EINE WELT FÜR UNS ALLE, ZU DER WIR SORGE TRAGEN MÜSSEN. HIER UND DORT.

HILFE ZUR SELBSTHILFE IST DAS LEITMOTIV DER SWISSAID ARBEIT. SWISSAID UNTERSTÜTZT EIGENINITIATIVEN, BEWEGUNGEN UND KONKRETE PROJEKTE VON BESONDERS STARK BENACHTEILIGTEN MENSCHEN IM SÜDEN UNSERER

Leicht lesbar ist keiner dieser Ausschnitte (Massstab 1:1). In Kombination mit einer schlecht lesbaren Schrift, Sperren oder Versalsatz ist die falsche Grösse besonders fatal.

			neuem Aktienrec
Sammelbuchungen	nein	ja	
Sammelkonti	nein	ja, individuelle Auswertungen	
Saldobilanz	ja	ja	
Summenbilanz	nein	ja	
Saldo pro Buchungszeile	ja, vor und nach Buchung	ja, vor und nach Buchung	
Journal beim Buchen sichtbar	ja	ja	
Anzahl Buchungen	100'000 je Mandant	100'000 je Mandant	
Konto Nummern	10-stellige mit Interpunktion möglich (staatliches Rechnungswesen)	10-stellige mit Interpunktion möglich (staatliches Rechnungswesen)	
Anzahl Konti	unbeschränkt, jederzeit erweiterbar	unbeschränkt, jederzeit erweiterbar	
Eingabe/Ausgabe:			
Budget	ja	ja	
Budget -Vergleich mit Rechnung	ja	ja, Monate abgrenzbar	
Bilanz	ja	ja	
Bilanz-Vergleich mit Vorjahr	nein	ja, Monate abgrenzbar	
Erfolgsrechnung	ja	ja, Monate abgrenzbar	
Erfolgsr-Vergleich mit Vorjahr	nein	ja, Monate abgrenzbar	
Zwischenabschlüsse	ja	ja, Monate abgrenzbar	
Konto nach Zeitperiode	nein	ja	
Standard Auswertungen	ja	ja	
Individuelle Auswertungen	nein	ja	

● Förderung des familiengerechten Siedlungsbaus
● Familienförderung in der Dritten Welt und entwicklungspolitische Weiterbildung
● Fortbildung auf dem Gebie der personalen Pädagogik.

MARKET
PASSPORT
TO EURO
ASSOCIA
FOR EUR

einem besten Freund. Die
ich ausgezeichnet: Percy
eduld, wenn sich sein He

Lesbarkeit

Zwischenräume und Lesbarkeit

Variable Zwischenräume kommen als Buchstaben-, Wort- und Zeilenabstand vor. Für die Lesbarkeit sind die Zwischenräume gleich wichtig wie die zeichnende Schrift. Die Zwischenräume beeinflussen die gesamte Grauwirkung einer Textspalte und vertragen keine allzu grossen Experimente.

Laufweite
Die Buchstabenzwischenräume werden auch als Laufweite bezeichnet. So wie die Schriften digital aufbereitet wurden, sind sie für eine normale Lesegrösse ideal. Jede Veränderung kann zu Qualitätsverlust führen, wenn zuviel des Guten daran herumgewerkelt wird. Die Buchstabenzwischenräume verändern nennt man auch sperren, spationieren (+), unterschneiden (–), englisch: «kerning» für das Buchstabenpaar oder «tracking» für die ganze Laufweite. Üblich sind heute Werte, die einen Teil eines Geviertes ausmachen. 1 Geviert wird definiert als Schriftgrösse im Quadrat, wobei mit der Schriftgrösse der gesamte Platzbedarf inkl. Unterlängen und Akzente gemeint ist, also nicht die Versalbuchstabenhöhe. Ein solches Geviert wird jetzt in eine bestimmte Anzahl Einheiten unterteilt, die beim Unterschneiden oder Kernen zur Anwendung gelangen. Die Werte bewegen sich innerhalb weniger Prozente eines Geviertes. Um einen optischen Ziehharmonika-Effekt zu vermeiden, darf die Laufweite innerhalb des Textes nicht variieren.

    Bei kleinen Graden soll die Schrift tendenziell eher weiter gehalten, bei Titeln kann ruhig etwas unterschnitten werden. Aber bitte alles mit Mass.

Telefon
Telefon

Mit Kerning unterschneidet man eine einzelne Buchstabenkombination gezielt. Hier zwischen T und e.

Unter «tracking» versteht man das Variieren der Laufweite eines Schriftschnittes.

Bauer Bodoni, unterschnitten

Unter «tracking» versteht man das Variieren der Laufweite eines Schriftschnittes.

Bauer Bodoni, nicht unterschnitten

Unter «tracking» versteht man das Variieren der Laufweite eines Schriftschnittes.

Bauer Bodoni, spationiert (= wenig sperren)

Unter «tracking» versteht man das Variieren der Laufweite eines Schriftschnittes.

Alle weiteren Beispiele: Bauer Bodoni, gesperrt

Unter «tracking» versteht man das Variieren der Laufweite eines Schriftschnittes.

Unter «tracking» versteht man das Variieren der Laufweite eines Schriftschnittes.

Unter «tracking» versteht man das Variieren der Laufweite eines Schriftschnittes.

Ich hatte bisher mit zwei Frauen Sex. Von diesen beiden kann ich sagen, dass ich sie wirklich geliebt habe. Ich werde mich davor hüten, mit jemandem Sex zu machen, den ich nicht liebe.

"Eine Gas-Motor-Wärmepumpe bedeutet gegenüber einer konventionellen Heizanlage eine erhebliche Mehrinvestition. Weil sie aber nicht nur Umwelt-Energie, sondern auch die Abwärme des Gasmotors ausnützt, spart sie dem Kunden bis über 50% Primärenergie. Dies senkt bei grösseren Anlagen mit Heizleistungen über 300–400 kW die Energiekosten so stark, dass die höheren Amortisations- und Unterhaltskosten der Gas-Motor-Wärmepumpe innert vernünftiger Frist zurückbezahlt werden können. Ein Beispiel: Die Gas-Motor-Wärmepumpe bei der Migros in Baden hat bei einer Heizleistung von 1080 kW fast eine Million Franken gekostet. Das ist gut angelegtes Geld: Die Energieeinsparung macht diese Anlage schon bei den heutigen Gaspreisen rentabel.

Abschied vom Andruck Digitales Proofing: Schneller geht es nicht.
Immer termingerecht. Immer kostengünstig.

«NUR WER DIE MÖGLICHKEITEN UND GRENZEN DER EINZELNEN PROGRAMME KENNT, KANN RATIONELL ARBEITEN.»

Wer an der Laufweite zu viel herumdoktert, nimmt eine Herabsetzung der Lesbarkeit in Kauf. Bei Titeln darf die Laufweite etwas enger, bei kleinen Graden etwas weiter gehalten werden.

u n s e r

Der Gepard nimmt unter den Katzen eine Sonderstellung ein. Er jagt nicht im Rudel und pirscht sich auch nicht an, sondern hetzt seine Beute mit einer Geschwindigkeit von über hundert Stundenkilometern. Allerdings ist er dazu nur über kurze Strecken in der Lage, und oft muss er die Jagd – ausser Atem – abbrechen. Junge Geparden haben eine lange Rückenmähne, die ihnen im hohen Gras als Tarnhilfe dient. Das ist überlebenswichtig, denn andere Raubtiere – vor allem Hyänen – können ihnen gefährlich werden. Weil Geparden tagsüber jagen, sind sie besonders störanfällig. Aufdringliche Safaritouristen können ihnen die Jagd verderben.

liegenden Nockenwellen zu ergründen. Oder die Raffinesse der elektronischen Benzineinspritzung PGM-FI kennenzulernen. Und erst dieses unbeschreiblich bewegende Gefühl des Freiseins, wenn das Kraftpaket in nullkommanichts in Fahrt kommt! Um wenn nötig mit vier, vorne belüfteten Scheibenbremsen sicher und sanft innezuhalten. So sanft,

Der Wortzwischenraum
Als optimaler Wortzwischenraum gilt die Faustregel:
⅓ eines Geviertes, die Dikte des kleinen t oder die Punzenweite des kleinen n.

Beim Flattersatz bleibt der Wortzwischenraum mit einem ⅓-Geviert (en-space) unveränderlich, Flattersatz bietet diesbezüglich Vorteile. Beim Blocksatz ist der Wortabstand bekanntlich variabel; starke Schwankungen der Abstände sind jedoch für das bequeme Lesen äusserst hinderlich. Wir wissen, dass unser Auge beim Lesevorgang nicht die einzelnen Buchstaben erfasst und zu Wörtern und Sätzen zusammenstellt, sondern ganze Wortgebilde als bekannte Muster zu sehen vermag. Dieser Vorgang wird durch Unregelmässigkeiten empfindlich gestört.

Ideale Zwischenräume im Blocksatz entstehen jedoch erst bei einer gewissen Zeilenlänge: bei zweispaltigem Umbruch auf einer A4-Seite. Bei drei oder vier Spalten entstehen meistens übergrosse, störende Wortzwischenräume. In diesem Fall ist zu überlegen, ob die Spalte breiter gehalten, die Schriftgrösse kleiner oder eine schmaler laufende Schrift gewählt werden könnte. Als letzte Möglichkeit bleibt immer noch die Umstellung auf Flattersatz.

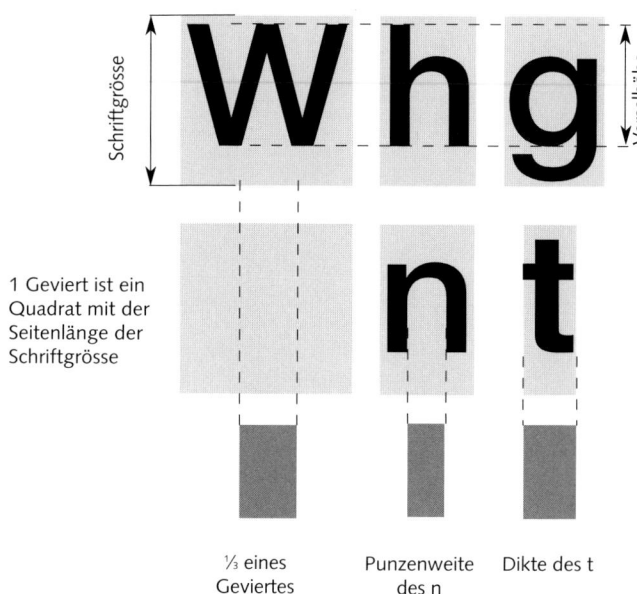

Der optimale Wortzwischenraum

1 Geviert ist ein Quadrat mit der Seitenlänge der Schriftgrösse

⅓ eines Geviertes | Punzenweite des n | Dikte des t

Dass Wortzwischenräume mal zu klein sind, habe ich noch nie erlebt, das Gegenteil ist der Fall. Im Flattersatz gibt es keine Probleme, weil der Wortabstand automatisch richtig gesetzt wird. Im Blocksatz heisst es aufpassen: Erst 8 bis 9 Wort-

Dass Wortzwischenräume mal zu klein sind, habe ich noch nie erlebt, das Gegenteil ist der Fall. Im Flattersatz gibt es keine Probleme, weil der Wortabstand automatisch richtig gesetzt wird. Im Blocksatz heisst es aufpassen: Erst 8 bis 9 Wortzwischenräume pro Zeile ergeben regelmässige Abstände.

Dass Wortzwischenräume mal zu klein sind, habe ich noch nie erlebt, das Gegenteil ist der Fall. Im Flattersatz gibt es keine Probleme, weil der Wortabstand automatisch richtig gesetzt wird. Im Blocksatz heisst es aufpassen: Erst 8 bis 9 Wortzwischenräume pro Zeile ergeben regelmässige Abstände.

Dass Wortzwischenräume mal zu klein sind, habe ich noch nie erlebt – das Gegenteil ist der Fall. Im Flattersatz gibt es keine Probleme, weil der Wortabstand automatisch richtig gesetzt wird. Im Blocksatz heisst es aufpassen: Erst 8 bis 9 Wortzwischenräume pro Zeile ergeben regelmässige Abstände.

Oben links Gegen die übergrossen Wortzwischenräume muss man etwas unternehmen:

Unten links entweder die Schrift verkleinern…

Oben rechts …oder die Spaltenbreite vergrössern.

Unten rechts Denken Sie auch an den Einsatz einer schmaleren Schrift.

Schriften:
ITC Garamond Light und Condensed Light
12 und 10 Punkt

Lesbarkeit

Regelmässige Wortabstände sind für die Lesbarkeit sehr wichtig. Bei schmalen Spalten hilft Flattersatz weiter. Beim Flattersatz sind die Abstände automatisch richtig. In der Kombination mit übergrossen Zeilenabständen entfalten die grossen Löcher ihre Wirkung besonders deutlich.

GROSSER PLAUSCH MIT TOPSY.

Am Tag der offenen Bank sind in unseren Räumlichkeiten Kunstwerke unserer jungen Kunden ausgestellt, die am grossen Topsy-Malwettbewerb teilgenommen haben. Sie sind nun unsere Jury! Bewerten Sie die besten Arbeiten jedes Jahrganges, und Sie nehmen automatisch an der Verlosung von drei Goldvreneli teil. Daneben sorgt auch Topsy für viel Stim-

Die Arbeitswelt der Drahtwerke...

...wirklichkeitsgetreu darzustellen, ist die Aufgabe von «mosaik» und auch das Fotothema dieses ersten Heftes im Jahre 1986. Um unsere Arbeitswelt so zu zeigen, wie sie ist, haben wir die beiden bekannten Solothurner Industriefotografen Roland Schneider und Franz Gloor beauftragt, die Atmosphäre in unseren Werken einzufangen. Wir wollten Bilder, die das Betriebsklima wiedergeben und mit denen sich unsere Mitarbeiter identifizieren können. Obwohl die Aufnahmen für sich sprechen, haben wir mit einigen unserer Mitarbeiter über ihre Arbeit, ihre Pläne und ihre Wünsche gesprochen. Dies in der Hoffnung, Ihnen einen bisher ungewohnten, interessanten Einblick in das Betriebsgeschehen vermitteln zu können. Über Ihre Reaktionen, Stellungnahmen und Vorschläge (sowie Ihre zukünftige Mitarbeit!) würden wir uns sehr freuen.

WAS OZON AUS DEM WASSER FISCHT, IST BIOLOGISCH ABBAUBAR.

Organische Stoffe aus Verwesungsprozessen werden biologisch abbaubar, zum Beispiel in nachgeschalteten Aktivkohle-Filtern.

OZON FÜR EINMAL NUR DORT, WO ES NÜTZT.

Es wird dort hergestellt, wo es gebraucht wird. Der Transport und die Lagerung von

Ganz einfach

Wer wird die Mode der neunziger Jahre bestimmen? Jene, die mit Verrücktheiten Furore ma- chen? Auch. Doch hat sich eine neue Möglichkeit des Ausdrucks manifestiert, losgelöst von jeder modi- schen Laune. Es ist die Freiheit in den For- men, denen erst die Trägerin Leben gibt. Es sind subtile Farben, der

Zeilenabstand

Der veraltete Fachbegriff für Zeilenabstand heisst «Durchschuss». Damit bezeichnete man früher den zusätzlichen Raum, der zwischen die Satzzeilen eingeschoben wurde. Jetzt wird der Abstand von einer Schriftlinie zur nächstfolgenden gemessen. In den meisten DTP-Programmen wird der Zeilenabstand «automatisch» gestaltet, basierend auf einer Prozentzahl der Schriftgrösse. Bei einem Zeilenabstand von 120% wird einer Schriftgrösse von 10 Punkt ein Zeilenabstand von 12 Punkt zugeordnet. Weil der Automatismus bei 13 Punkt folgerichtig einen Zeilenabstand von 15,6 Punkt ergibt, empfehle ich, beim Zeilenabstand immer mit absoluten Werten zu arbeiten und nicht mit dem Wert «auto», so kann man sich die Werte nach dem Komma ersparen.

Die rechnerischen Werte sagen jedoch nichts aus über den optimalen Zeilenabstand; wir haben es ja mit optischen Gesetzmässigkeiten zu tun.

Der optische Zeilenabstand stellt sich als optisch weisses Band zwischen den Zeilen dar und wird von Schriftlinie zu Mittellänge gemessen.

Der Zeilenabstand ist dann ideal, wenn das Satzbild als gleichmässige Graufläche wirkt, sobald man mit etwas zugekniffenen Augen darauf schaut. Wenn die einzelnen Zeilen deutlich sichtbar bleiben, haben wir es mit zuviel Abstand zu tun. Auf der andern Seite ist auch kompresser Satz (Schriftgrösse = Zeilenabstand) nicht optimal lesbar. Dann nämlich besteht die Gefahr, dass das Auge den richtigen Zeilenanfang nicht findet und die Schriftlinie als optische Lesehilfe sich verliert.

Bei den Lesegrössen (8–12 Punkt) gilt als gut lesbarer Zeilenabstand: Schriftgrösse +1 bis 3 Punkt. Der Zeilenabstand muss immer im Zusammenhang mit der Zeilenlänge gesehen werden. Längere Zeilen benötigen etwas mehr Abstand als kürzere.

Der normale Zeilenabstand beträgt ungefähr 120% der Schriftgrösse.

Der optische Zeilenabstand ist der Weissraum zwischen den Zeilen.

Der Zeilenabstand ist richtig, wenn beim Augenwinkern die Textspalte fast zur Graufläche verwischt. Die einzelnen Zeilenbänder sollen fast unmerklich sichtbar sein.

Schrift:
Souvenir Light

An mehr und mehr Tank-
stellen läuft mit der POSTCARD
alles viel flüssiger: Karte
einschieben, Code eintippen, auf-
handelsgeschäften bezahlen
Sie bargeldlos mit der POSTCARD.
An der Kasse tippen Sie Ihren
Code und bestätigen den Kaufbetrag.

**DIE POSTCARD ZUM TANKEN
UND EINKAUFEN.**

tanken, abfahren. Überall dort, wo
Sie das POSTCARD-Signet
begrüsst. Und auch in immer mehr
Einkaufszentren und Detail-
So rasch und elegant geht das. Ein-
kaufen und tanken mit der
POSTCARD ist vollkommen gebüh-
ren- und kostenfrei.

Der 17" Monitor
MAC-Direktkon

1. **Master Key** (Hauptschlüssel):

a) Zündschlüssel genutet und somit praktisch unkopierbar (in zweifacher Ausführung).

b) Zündschlüssel mit integrierter
UKW-Fernbedienung. Das
Türschloss lässt sich aus
Distanz öffnen. Es ist zudem diebstahl-

sicher, da über 200 Millionen Frequenz-
möglichkeiten bestehen.

c) Ersatzschlüssel in Kreditkarten-Format.
Dieser passt in jede Brieftasche.

2. **Sub Key** (Nebenschlüssel):

d) Zündschlüssel, ebenfalls genutet. Mit
diesem Schlüssel lassen sich weder Hand-
schuhfach noch Kofferraum öffnen.

Schalter für Fernbedienung

**Der CDU-Politiker
Christian Wulff hält sich
für nett, ehrlich und
bestens geeignet, Mini-
sterpräsident von Nie-
dersachsen zu werden.
TEMPO hält dagegen.**

Nach dem Sprichwort
«Alles neu macht
der Mai» beziehen
wir unsere neuen
Lokalitäten ab
Montag, 4. Mai 1992.
Wir bleiben im Ort

Albanien ist nach den fünfzig Jahren Herrschaft eines
totalitären Regimes sozial
und wirtschaftlich praktisch
am Boden zerstört. Einzig die
internationale Hilfe erlaubt
der Bevölkerung zu überle-
ben, doch ist diese Abhängigkeit heute so gross, dass
die UNO Albanien als einzi-
ges Land in Europa zu der
Ländergruppe zählt, die am
wenigsten entwickelt sind.
Terre des hommes Kinderhilfe ist seit sechs Monaten in
Albanien tätig. Der Terre des
hommes-Delegierte hatte
zuerst den Auftrag, die Situation der Kinder unter die
Lupe zu nehmen, die in einem Heim leben.
In Albanien wie auch in
Rumänien – doch in Albani-
en glücklicherweise in kleinerem Ausmass – wurden
vernachlässigte Kinder in
Heime eingewiesen, die für
die Entwicklung und Entfal-
tung der Kinder völlig ungeeignet waren. Viele Kinder

Der normale Zeilen-
abstand beträgt etwa
120 % der Schrift-
grösse. Zu kleine
Zeilenabstände wirken
sich negativ auf die
Lesbarkeit aus. Zu
grosse Zeilenabstände
werden häufig als chic
angesehen, wirken für
die Leser jedoch nicht
einladend. Sobald die
Textmenge grösser
wird, ist der Zeilen-
abstand «normal»
angebracht.

Zeilenlänge

Die Regel, wonach zwischen 50 bis 60 Buchstaben pro Zeile optimal sind, kann nur für Bücher oder im ein- bis zweispaltigen Satz gelten. Dort ist die Lesbarkeit wegen der langen Lesezeit extrem wichtig. Bei «Alltagspublikationen» mit mehrspaltigem Satz kann von ca. 30 bis 40 Buchstaben pro Zeile ausgegangen werden. Auf A4 bezogen, liegt diese Zahl beim vierspaltigen Satz eher um 30, beim dreispaltigen eher um 40. Die optimale Buchstabenzahl im Blocksatz bringt ideale Wortzwischenräume. Wenn in einer Zeile 10 Wörter mit 9 Abständen Platz finden, ergeben sich regelmässigere Wortzwischenräume als bei 7–8 Wörtern (Zeitungen) oder gar bei 4–6 Wörtern (vierspaltiger Satz in A4-Zeitschriften).

Flattersatz benötigt kaum mehr Platz als Blocksatz.

Schrift: ITC Fenice Bold und Regular

Flattersatz oder Blocksatz?

Eine häufige Frage, was denn besser lesbar sei, Flattersatz oder Blocksatz, ist leicht zu beantworten. Grundsätzlich soll der Zeilenbeginn eine optische Kante bilden, so muss das Auge nicht jedesmal den Anfang suchen. Flattersatz linksbündig und Blocksatz sind demnach etwa gleich gut lesbar, Mittelachsensatz und Flattersatz rechtsbündig eindeutig schlechter. Die Angst, Flattersatz biete weniger Platz für den Text als Blocksatz, ist unbegründet. Die Kleinigkeit, die verloren geht, kann durch einen kleineren Spaltenabstand oder durch eine grössere Spaltenbreite aufgefangen werden.

Flattersatz oder Blocksatz?

Eine häufige Frage, was denn besser lesbar sei, Flattersatz oder Blocksatz, ist leicht zu beantworten. Grundsätzlich soll der Zeilenbeginn eine optische Kante bilden, so muss das Auge nicht jedesmal den Anfang suchen. Flattersatz linksbündig und Blocksatz sind demnach etwa gleich gut lesbar, Mittelachsensatz und Flattersatz rechtsbündig eindeutig schlechter. Die Angst, Flattersatz biete weniger Platz für den Text als Blocksatz, ist unbegründet. Die Kleinigkeit, die verloren geht, kann durch einen kleineren Spaltenabstand oder durch eine grössere Spaltenbreite aufgefangen werden.

July 3 **Q's** TWO BONES & GUEST GEORGE ROBERT Danilo Moccia (tp), Paul Haag (tb), George Robert (as), Tutilo Odermatt (p), Erich Peter (b), Elmar Frey (dr) *** COJAZZ FEAT. ANN MALCOLM (voc), Andy Scherrer (p), Stephan Kurmann (b), Peter Schmidlin (dr)

July 4 **MAIN HALL** EMMYLOU HARRIS & THE NASH RAMBLERS Emmylou Harris (g,voc), Charles Samuel Bush (mand,vio), Albert Lewis Perkins (g), Jon Randall Stewart (g,mand), Laurence P. Atamanuik (dr), Mark Wesley Winchester (b) *** **Q's** THE CAGES Clayton Cages (g,voc), Aven (g,sax,hrm,voc) *** JIM LAUDERDALE (g,voc), Buddy Miller (g,voc)

July 5 **MAIN HALL** MARIO BAUZA'S AFRO-CUBAN ORCHESTRA Mario Bauza (bandleader), Graciela Perez (voc), Rudy Calzado (voc), Yolanda Maldonado (voc), Marcus Persiani (p), Guillermo Edgehill (b), Bobby Sanabria (dr), Joe Gonzalez (bgo), Papo Pepin (cga), Patata (cga), Victor Paz (tp), Stan Davis (tp), Ross Konikoff (tp), Enrique Fernandez (sax), Rolando Briceno (sax) Eddie Alex (sax), Dioris Rivera (sax), Pablo Calogero (sax), Gerry Chamberlain (tb), Noah Bless (tb) **Q's** ZIZI POSSI (voc), Marcos Suzano (perc), Benjamin Taubkin (p), Lui Combra (Acc-g, Charango)

July 6 **Q's** SEIS DE SOLAR Oscar Hernández (p), Michel Viñas (b, voc), Arturo Ortiz (kbds,voc), Ralph Irizarry (timb,perc), Robby Ameen (dr), Sammy Figueroa (cga,perc,voc) *** PAULO MOURA & HIS GROUP Paoulo Moura (as,cl), Michael Rodach (g), Jorge Degas (b), Andreas Weiser (perc), Bob Moses (dr) *** THE BHEKI MSELEKU TRIO Bheki Mseleku (p,ts,voc), Steve Williamson (ss), Michael

▶ Sie kennt nur eine Gerechtigkeit und kämpft gegen jedes Sonderinteresse. Darum setzt sie sich für eine bessere Wohnqualität im Kreis 5 ebenso wie in anderen belasteten Quartieren ein. Sie will, dass die Schule für alle Kinder gut ist. Und zu den städtischen Finanzen sollen bittschön alle ihren Teil beitragen. Sie ist erst 36, aber in den Bereichen, bei denen es für sie drauf ankommt, schon eine alte Häsin: Sie hat an der BZO mitgearbeitet, für einen anständigen Wohnanteil auf dem Löwenbräu-Areal gesorgt und

NETZ TIMBUKTU FÖRDERN

Das Wort »Netzwerk« ruft bei vielen Anwendern nebulöse Vorstellungen über Verkabelungen, Protokolle u.ä. hervor. Nicht zuletzt daher rührt die Meinung, alles was mit Netzwerken zu tun habe, sei ausschließlich Spezialisten-Angelegenheit. Daß dieses im Bereich der Netzwerk-Anwendungen ganz und gar nicht zutrifft, bewei-

l'indispensabilité du réceptacle hermétique» a fait place à deux attitudes distinctes.
Au Nord, la VCR correspond à ces petits services que l'on aime pouvoir se rendre entre amis, voisins, collègues et qui resserrent à leur façon le tissu social.
Au Sud, dans les pays en voie de développement, cette technique vient combler le fossé de communication existant encore entre publicité et tradition orale.
Ici comme là–bas, on ne tarit pas de louanges à son intention. Zaloula Tazi, directrice de clientèle JWT Maroc, parle même «... du plus droit chemin entre le bouche–à–oreille, le marketing direct et le contrat de confiance personnel.»
Jean-Thomas Bujard

Sie auch wissen, was unsere «Neue» alles kann:

Also, zunächst einmal arbeitet diese leistungsfähige und aufwendige Maschine rasend schnell: 9 Meter Papier schiessen pro Sekunde durch die Farbwalzen der 5 Doppeldruckwerke hindurch. Dabei werden sechzehn A4 Seiten gleichzeitig bedruckt. Und trotz dieser hohen Geschwindigkeit ist durch verschiedene vollautomatische und elektronische Kontroll-

Kurze oder überlange Zeilen erschweren das Lesen. Die optimale Lesbarkeit ist bei 50 bis 60 Buchstaben pro Zeile erreicht. Gerade wenn die Spaltenbreite nicht ideal ist, muss man vermehrt auf die andern Kriterien Rücksicht nehmen, denn Kombinationen von Lesbarkeitssünden wirken sich besonders schlimm aus: schmale Spalten, kursive Schrift, übergrosser Zeilenabstand, breite Schrift, Versalbuchstaben usw.

Trennungen

Gute Trennungen tragen viel zur Lesefreundlichkeit bei. Logische Silbentrennungen werden problemlos überlesen, unlogische dagegen bilden optische Stolpersteine. Stolper-steine ist besser als Stol-persteine und dies wiederum besser als Stolperstei-ne. Ganz «gelungene» Trennungen erzeugen sogar andere Bedeutungen: Drucker-zeugnis statt Druck-erzeugnis oder Wach-stube anstelle von Wachs-tube.

Logische Silbentrennungen sind jedoch nicht das A und O des gepflegten Satzes. Ein guter Flattersatz weiss Kompromisse zu schliessen: bei vielen Trennstellen ergibt sich ein schöneres, regelmässigeres Zeilenbild, dafür leidet die Leselogik. Umgekehrt kann man nicht einfach alle Trennungen vermeiden, das wilde Flattern mit ganz langen und ganz kurzen Zeilen ist ja auch nicht optimal lesbar. Aus der guten alten Bleisatzzeit stammt die Regel, nicht mehr als drei oder vier Zeilen nacheinander zu trennen.

Leider wird der Trennästhetik viel zu wenig Beachtung geschenkt, obwohl alle DTP-Programme Einstellungen diesbezüglich erlauben:
- optimaler Wortzwischenraum
- minimaler Wortzwischenraum
- maximaler Wortzwischenraum
- kleinstes zu trennendes Wort
- kleinste zu trennende Vorsilbe
- kleinste zu trennende Nachsilbe
- maximale Trennfolgen
- Silbentrennzone
- Anweisung, was geschieht, wenn kein Wortzwischenraum zur Verfügung steht
- Anweisung, was mit der Ausgangszeile eines Absatzes geschehen soll

Praktisch alle elektronischen Trennprogramme trennen nach einem Wörterbuch relativ stur. Die Probleme stellen sich mit den Ausnahmen (Diens-tag, Mac-in-tosh, wak-ker) – sie müssen in mühseliger Kleinarbeit als Ausnahme-wörterlexikon eingegeben werden. Ein 100%iges Trenn-programm gibt es nicht, der Desktopper muss die Trennentscheide kontrollieren und auch ästhetische Gesichtspunkte berücksichtigen.

Wer Trennungen manuell nachbearbeitet, muss wissen, dass eine zusätzliche Trennstelle weiter unten wieder andere Trennungen hervorrufen kann.

Schrift: Eras

Mit der fortwährenden Praxis entsteht gelegentlich das Bedürfnis, nicht nur Buchstaben für Buchstaben aneinander zu reihen, sondern mit Liebe Feinheiten zu pflegen. Die Beziehung zur Sprache erfährt plötzlich eine ganz andere Dimension; ein Komma und ein Strichpunkt werden differenziert eingesetzt, man fühlt sich gleich als halber Journalist. Die Beziehung zum Gestalterischen wird angeregt und neu entdeckt; die Schreibmaschine erstickte die Handschrift im tonlosen Einerlei jeder Bürokorrespondenz – welches Schriften- und Gestaltungspotential wartet nun im PC auf die Wiederbelebung. Heureka! Ein Aufbruch hin zu mehr schöpferischer Tätigkeit. Das gilt für die Korrespondenz gleich wie für die Menükarte der Kantine oder die Hochzeits-Zeitung. Alle dürfen und sollen sich auch verwirklichen. Die Publishing-Szene ist wirklich offen für alle geworden. Neben den gelernten Berufsleuten aus der grafischen Branche gestalten und publizieren Quereinsteiger mit Wonne und Engagement.

Ein Flattersatz ohne Trennungen erzeugt unregelmässige Zeilenenden.

Mit der fortwährenden Praxis entsteht gelegentlich das Bedürfnis, nicht nur Buchstaben für Buchstaben aneinander zu reihen, sondern mit Liebe Feinheiten zu pflegen. Die Beziehung zur Sprache erfährt plötzlich eine ganz andere Dimension; ein Komma und ein Strichpunkt werden differenziert eingesetzt, man fühlt sich gleich als halber Journalist. Die Beziehung zum Gestalterischen wird angeregt und neu entdeckt; die Schreibmaschine erstickte die Handschrift im tonlosen Einerlei jeder Bürokorrespondenz – welches Schriften- und Gestaltungspotential wartet nun im PC auf die Wiederbelebung. Heureka! Ein Aufbruch hin zu mehr schöpferischer Tätigkeit. Das gilt für die Korrespondenz gleich wie für die Menükarte der Kantine oder die Hochzeits-Zeitung. Alle dürfen und sollen sich auch verwirklichen. Die Publishing-Szene ist wirklich offen für alle geworden. Neben den gelernten Berufsleuten aus der grafischen Branche gestalten und publizieren Quereinsteiger mit Wonne und Engagement.

Jede mögliche Trennstelle wurde ausgenutzt. Die Lesbarkeit ist ebenfalls erschwert. Mehr als vier sich folgende Trennstellen sollten vermieden werden.

Mit der fortwährenden Praxis entsteht gelegentlich das Bedürfnis, nicht nur Buchstaben für Buchstaben aneinander zu reihen, sondern mit Liebe Feinheiten zu pflegen. Die Beziehung zur Sprache erfährt plötzlich eine ganz andere Dimension; ein Komma und ein Strichpunkt werden differenziert eingesetzt, man fühlt sich gleich als halber Journalist. Die Beziehung zum Gestalterischen wird angeregt und neu entdeckt; die Schreibmaschine erstickte die Handschrift im tonlosen Einerlei jeder Bürokorrespondenz – welches Schriften- und Gestaltungspotential wartet nun im PC auf die Wiederbelebung. Heureka! Ein Aufbruch hin zu mehr schöpferischer Tätigkeit. Das gilt für die Korrespondenz gleich wie für die Menükarte der Kantine oder die Hochzeits-Zeitung. Alle dürfen und sollen sich auch verwirklichen. Die Publishing-Szene ist wirklich offen für alle geworden. Neben den gelernten Berufsleuten aus der grafischen Branche gestalten und publizieren Quereinsteiger mit Wonne und Engagement.

Gute Lesbarkeit bedeutet einen Kompromiss zwischen logischen Silbentrennungen und regelmässig flatternden Zeilenenden.

Gliederung mit Schrift

«Ordnung ist das halbe Leben» gilt für die Typografie besonders. Eine klare Gliederung ist der raschen Erfassung dienlich; niemand möchte sich auf einer Seite erst lange orientieren müssen, bis klar wird, um was es überhaupt geht, obwohl dies immer wieder vorkommt. Eine wichtige Gliederungs-Grundregel lautet: Gleichwertiges soll typografisch gleich gestaltet werden. Betroffen sind vor allem Schriften, Schriftgrössen und Abstände.

Schriftabstufungen

Die einfachste Gliederung ist über die Schrift zu erreichen. Durch *deutliche* Grössenabstufungen erkennt der Leser gleich, was wichtig und was weniger wichtig ist. Die Betonung liegt auf deutlich. Wenn die Grösse für den Grundtext 10 Punkt beträgt, soll die nächste Rangstufe nach oben (z. B. für Untertitel) etwa 13 Punkt betragen, damit sie auch von Laien wahrgenommen wird. Die Titelgrösse in unserem Beispiel beträgt dann etwa 18 Punkt. Doch aufgepasst: weniger ist mehr. Der Salat ist vorprogrammiert, wenn vier verschiedene Schriftgrössen auf dem gleichen Blatt gemischt werden. Zwei bis drei Grössenabstufungen genügen vollauf.

Eine andere Gliederung bringt das Mischen von Schriften oder Schriftschnitten. Bei unserem Grundtext in 10 Punkt wird der Untertitel zwar ebenfalls in 10 Punkt gehalten; damit er sich jedoch deutlich abhebt, in einer Auszeichnungsschrift, also halbfett, fett oder kursiv. Auch hier gilt: Legen Sie sich beim Mischen von Schriften eine vornehme Zurückhaltung auf. In den allermeisten Fällen kommt man gut mit zwei Schriften aus. Damit lassen sich ganze Zeitschriftenlayouts konzipieren. Auf keinen Fall darf der Gestalter seine ganze verfügbare Schriftenvielfalt demonstrieren. Verpönt sind ausserdem die Auszeichnungsarten «outline» oder «schattiert» in Grössen unter 24 Punkt.

20 Punkt für den Titel
13 Punkt Regular für Untertitel
Der Grundtext ist in diesem Beispiel in 10 Punkt Univers Regular gehalten. Die übergeordneten Titel sollten sich klar erkennbar abheben.

18 Punkt für den Titel
10 Punkt Black genügen für Untertitel
Der Grundtext ist in diesem Beispiel in 10 Punkt Univers Light gehalten. Bei kräftigeren Titeln darf der Grössenunterschied bescheidener ausfallen.

Strapazierte Nägel? Dann ab in den Kurlaub

dikla Nagel-Kur

ist die optimale Pflege für 'urlaubsreife' Fingernägel. Die Wirkstoffe Calcium, Panthenol und Proteine stärken den Nagel von der Wurzel her.
So stimuliert dikla Nagel-Kur das Wachstum und empfindliche Fingernägel werden geschützt.
Die tägliche Anwendung ermöglicht schönere Nägel in nur 3 Wochen.

Die vollkommene Pflege für empfindliche Fingernägel

Strapazierte Nägel? Dann ab in den Kurlaub

dikla Nagelkur

ist die optimale Pflege für «urlaubsreife» Fingernägel. Die Wirkstoffe Calcium, Panthenol und Proteine stärken den Nagel von der Wurzel her.

So stimuliert die dikla Nagelkur das Wachtum und empfindliche Fingernägel werden geschützt.
Die tägliche Anwendung ermöglicht schönere Nägel in nur vier Wochen.

Die vollkommene Pflege für empfindliche Fingernägel

Das Original (links) zählt fünf Grössenabstufungen, die Nachbildung (rechts) kommt mit drei aus. Einmal mehr gilt: weniger ist mehr.

Schriften: Univers Light und Black

Gliederung mit Raum

Geschickte Raumaufteilung

Neben der Gliederung mit Schriften heisst die Möglichkeit Nummer zwei: Umgang mit Räumen. Ob diese nun weiss, schwarz oder farbig sind, spielt keine Rolle. Weissräume beeinflussen die Wirkung ebenso wie der Anteil der bedruckten Fläche. Mit dem Positionieren von Text und Bild wird die Seite in bedruckte und unbedruckte Flächen aufgeteilt – optisch entstehen Flächen durch Bilder, Hintergründe, Textspalten und Weissräume.

Seien wir uns jederzeit bewusst, dass die Wechselwirkung zwischen bedruckter und unbedruckter Fläche stets erhalten bleibt. Je mehr Text und Bilder hinzugefügt werden, desto weniger Weissfläche bleibt übrig. Umgekehrt bedeutet weniger Text und weniger Bilder mehr Weissraum. Die Weissfläche bildet die Basis für gerissene und spannungsvolle Lösungen – also pumpen Sie Ihre Gestaltung nicht mit Text auf, bis sie aus allen Nähten platzt.

Die Absatzgliederung
Eine Raumgliederung von Absatz zu Absatz drängt sich im Grundtext nicht auf – im Gegenteil. Wenn die einzelnen Absätze zu stark getrennt werden, entsteht eine Rauminflation, die Texte zerfleddern und stehen nicht mehr so kompakt zusammen. Blindzeilen (Leerzeilen) haben nur bei eigentlichen Aufzählungen etwas verloren. Und dort stehen als Alternative bestimmte Satzzeichen wie Punkte (●), Gedankenstriche (–) oder Schmuckelemente (☞) zur Verfügung.

Die Spaltengliederung
Einzelne Textspalten sollen in einem normalen Abstand den Zusammenhalt nicht verlieren. Ein «normaler» Spaltenabstand für Lesegrössen um 10 Punkt beträgt etwa vier bis sechs Millimeter. Im Flattersatz braucht es weniger Abstand als im Blocksatz, da der optische Weissraum des Flattersatzes mitwirkt. Ich gestalte den Spaltenabstand beim Flattersatz mit drei bis vier Millimetern. Es ist dabei klar, dass er sich der Spaltenbreite und dem Zeilenabstand anzupassen hat.

Papierrand
Der Papierrand bildet einen natürlichen Rahmen, vergleichbar mit einem Bilderrahmen. Nun kann man die Abstände zu den bedruckten Flächen symmetrisch oder asymmetrisch gestalten. Im Kapitel «Satzspiegel» auf Seite 132 werde ich darauf eingehen. Je näher der Text an den Rand «angelehnt» wird, desto stärker wirkt der optische Halt. Wenn der Laserdrucker nicht randlos drucken kann, misst der Rand etwa 10 mm. Aber keine Angst vor dem «Extremfall»: Kleinere Ränder wirken ungewöhnlicher, spannungsvoller und fallen mehr auf. Achten Sie dabei jedoch auf die Maschinentoleranzen in der Druckerei und Buchbinderei; ein minimaler Abstand von 3 mm hält Ihnen rote Köpfe vom Leib. Knapp bemessene Abstände zum Rand können auch zu Problemen beim Faxen oder Fotokopieren führen, weil diese Geräte oft nicht randabfallend abbilden können.

Noch eine Bemerkung zum gestalterischen Vorgehen. Bei allen Akzidenzdrucksachen, die nicht auf einem bestimmten Satzspiegel aufgebaut sind, sollte der Entwurf grundsätzlich *nicht* mit im voraus gewählten Rändern gestaltet werden. Der Rand verleitet automatisch dazu, dass der Text im festgelegten Randabstand plaziert wird, bevor überhaupt Gliederung, Proportionen und anderes bekannt ist.

Gliederung mit andern Elementen

Während die Abstände das einfachste und klarste Gliederungselement darstellen, beinhalten Schmuckelemente das grössere Kreativitätspotential. Wer mit solchen Elementen arbeitet, hat sich immer vor Augen zu halten: Weniger ist mehr. Wenn sich Linien, Punkte oder anderes en masse auf der Seite tummeln, geht der Reiz verloren, und man ist der Sache schnell überdrüssig.

Durch das Austreiben der Räume driften die Blöcke auseinander. Der Weissraum schiebt sich zwischen die Informationen, bleibt aber spannungslos langweilig.

Die Erscheinung wirkt hier kompakter, weil die Raumaufteilung bedruckt/unbedruckt klarer ist. Hier hängt der Text an der «Decke».

Negative Einzüge können reizvoll sein. Bei diesem Beispiel steht der Text auf dem «Boden».

Mit Linien oder Flächen können kurze Blöcke aufgefangen werden. Sie hängen dann nicht im «luftleeren Raum».

Ein Liniensystem kann helfen, den Text klar zu ordnen.

Schmuckelemente unterstützen wie Linien oder Flächen die optische Raumaufteilung.

Text anordnen

Die unendlich vielen Anordnungsmöglichkeiten können nicht umfassend dargestellt werden. Ich möchte jedoch mit ein paar grundsätzlichen Tips aufzeigen, welche der häufigsten Fehler nicht gemacht werden dürfen. Halten Sie sich an folgende Faustregeln:

1. Benützen Sie nicht mehr als zwei verschiedene Winkel in Ihrem Dokument.

2. Schmale Spalten lassen sich besser gestalten als breite.

3. Vermeiden Sie extrem lange und extrem kurze Zeilen in der gleichen Spalte.

4. Plazieren Sie nie den Text «ungefähr» in der Mitte. Suchen Sie nach Achsen und Proportionen.

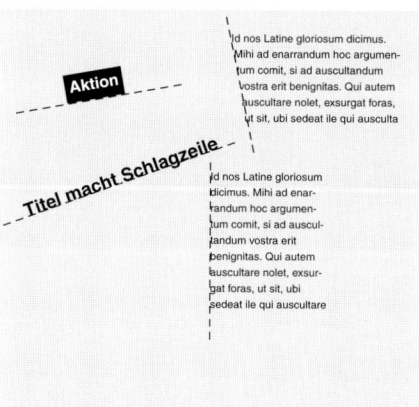

Lange und kurze Zeilen bilden einen instabilen Block, der unvorteilhaft aussieht.

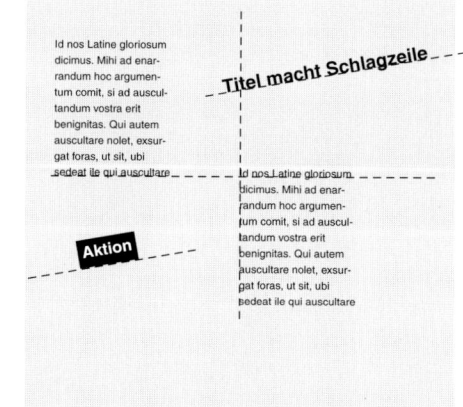

Gleichmässig lange Zeilen sehen besser aus.

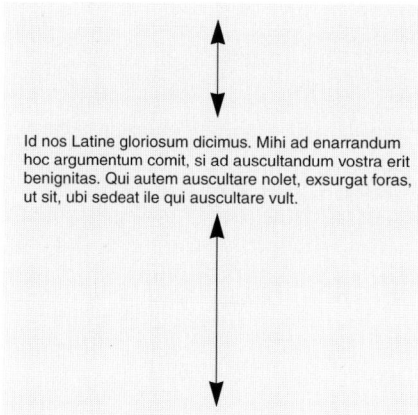

Mehrere optische Winkel oder Formen verhindern eine klare Struktur.

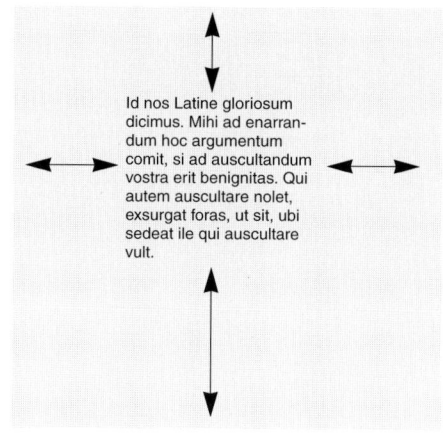

Weniger ist mehr. Je weniger Winkel, desto weniger Chaos.

Lange Zeilen sind weniger flexibel gestaltbar. Verschieben nur vertikal möglich.

Schmalere Spalten sind nach allen Richtungen verschiebbar.

Gliederung

Am linken Rand bildet dieser Text keine Proportion.

Am rechten Rand entsteht durch die Satzkante Spannung. Hier teilt sie das Blatt 3 : 5.

Mittelachsensatz, gemischt mit anderen Ausrichtungen, wirkt unschön.

Mittelachsensatz sollte durchwegs die Harmonie der Mitte suchen.

Achten Sie auf regelmässige Zeilenlängen und vermeiden Sie solche Treppeneffekte.

Zergliedern Sie den Text nicht zu stark. Bei zuvielen Abständen fällt der Zusammenhalt auseinander.

So reichen die Abstände auch. Halten Sie Absatzabstände gleichmässig.

Gestürzter Text oder Tabellen sind in der Regel von unten nach oben lesbar.

Einspaltige Anordnung bringt wenig Gestaltungsfreiheit.

Mehr Spalten bringen mehr Bewegungsfreiheit.

Plazieren Sie den Text nie irgendwie zufällig mitten auf dem Papier.

Winkelbildung vermeiden. Die obere Zeile kippt optisch über den «Abgrund».

Kontraste

Kontraste erzeugen Spannung

Betrachten wir die Typografie mal durch die Optik bedruckte/unbedruckte Fläche. Die sogenannte Bleiwüste (alter Setzerausdruck für überfüllte Textseiten) wirkt öd und zum Lesen nicht gerade einladend. Die Ausnahmen hierzu sind die Tageszeitung und das Buch. Überall, wo animierte Betrachtung zum Lesen verführen will, entdecken wir in irgend einer Form einen Kontrast:

gross	–	klein
schwarz	–	weiss
gerade	–	schräg
horizontal	–	vertikal
lang	–	kurz
bunt	–	unbunt
bunt	–	bunt
hoch	–	quer
flächig	–	gemustert
schmal	–	breit
dick	–	dünn
rund	–	eckig

Der Reiz der Abwechslung

Die wohl wichtigste Grundregel lautet: Erzeugen Sie Spannung und Dramatik. Zeigen Sie, dass sich hinter der Optik Wesentliches offenbart, der Inhalt informativ, spannend, unterhaltend zu sein verspricht! Seien Sie einfach nicht langweilig! Ja gut, aber wie? Spannung erzeugt man durch Kontraste, Schwarz und Weiss, durch Bedrucktes und Unbedrucktes. Wer einförmig den Text über die weisse Papierfläche streut, voller Angst, es könnte irgendwo zuviel Weiss übrigbleiben, wird weder Kontrast noch Spannung erreichen. Wenn aber ganz eindeutige Weissflächen als Gestaltungselemente erkennbar sind, kommt der Text viel besser zur Geltung. Überladen Sie Ihre Typografie nicht. Sonst wird sie so billig wirken wie das Fenster eines Souvenirladens. Nehmen Sie sich die teuren, exklusiven Schaufenster als Vorbild: einzelne Stücke, sorgfältig dekoriert mit passenden Accessoires. Dem kann sich kaum ein Passant entziehen.

Das Eingemittete mit ringsherum gleichmässigem Rand sollten Sie tunlichst vermeiden. Ziehen Sie die Ränder in Ihre Gestaltung mit ein. Ein Text darf schon mal knapp neben dem Rand beginnen, ein Titel angeschnitten oder schräggestellt werden. Lassen Sie Ihrer Fantasie freien Lauf, versuchen Sie auf Altbewährtem aufzubauen und Neues einzubringen. Je origineller, desto auffälliger.

Vergessen Sie die Mittelachse und vergessen Sie die langen Zeilen, die von links übers ganze Blatt nach rechts führen. Gestalten Sie tendenziell eher schmale Spalten, und schaffen Sie sich damit die Möglichkeit, mit Weissraum zu arbeiten. So entsteht die beste Voraussetzung für Spannung und Kontrast.

Kontrast vertikal/horizontal, Rechteck/Quadrat.

Kontrast durch negativ/positiv.

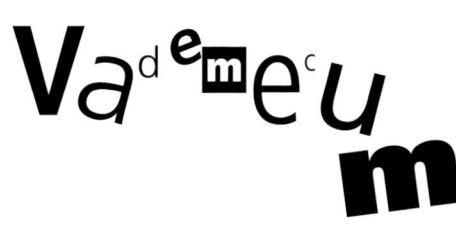

Kontrast durch lebendig/steif.

Die Gegensätze horizontal/vertikal oder auch schmal/breit bieten Kontrast.

Das Paar schräg/gerade sieht ungewöhnlich aus, ist jedoch aufwendig in der ganzen Realisationsarbeit.

Kontrastwirkung entsteht durch extreme Grössenunterschiede.

Optische Achsen

Unter Alinieren verstehen Fachleute «bündig» machen, das Ausrichten von unterschiedlichen Objekten auf eine optische Achse. Satzkanten spielen für die Schaffung von Weissräumen eine Rolle, und diese wiederum bilden das Gerippe für Kontrast und Wirkung der Gestaltung.

Geometrische und optische Mitte

Wir unterscheiden zwischen der geometrischen und der optischen Mitte. Erstere teilt eine Fläche oder Strecke horizontal wie auch vertikal genau in der Mitte. Die optische Mitte gliedert nur in der vertikalen – sie liegt gefühlsmässig ein wenig höher als die geometrische Mitte. Achten Sie zum Vergleich auf Bilderrahmen. Oft ist der Rand unten grösser als oben. Auch bei Zeitungen oder Zeitschriften treffen Sie diese «Art» optische Mitte an. Das Plazieren von Text oder Linien auf der genauen Mitte führt zu optischem Durchhängen, man hat das Gefühl, der Satz stehe nicht in der Mitte, sondern leicht tiefer. Die optische Mitte ist nur geringfügig höher. Als Faustregel stelle ich oft die Schriftlinie auf die genaue Mitte, um diesen Durchhängeeffekt zu verhindern.

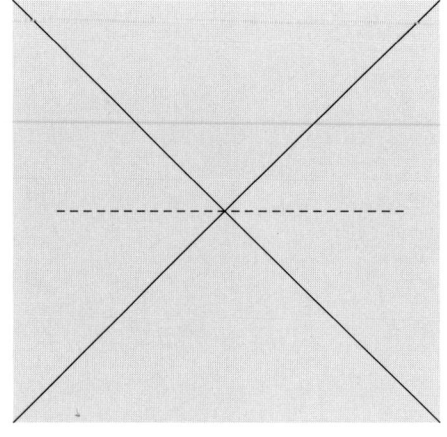

Die geometrische Mitte.

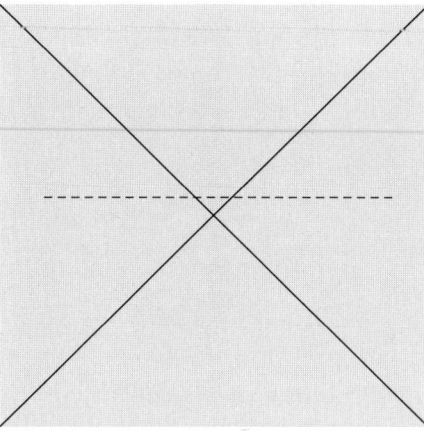

Die optische Mitte ist etwas höher.

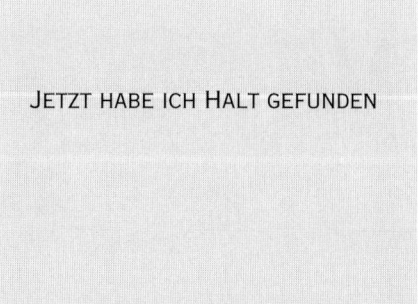

Die Zeile fällt unten durch.

Der etwas grössere Raum unten hält die Zeile optisch in der Mitte.

Die Satzkante als Achse

Satzkanten vermögen den Raum messerscharf zu teilen – viel besser als dies die Zeilenenden können. Wenn wir Flattersatz linksbündig links auf der Fläche positionieren, flattern die Zeilenenden frei in den Raum hinaus. Die Satzkante fällt optisch mit dem Formatrand zusammen. Die gleiche Spalte nach rechts gestellt, ergibt eine optische Kante, die den Raum zu unterteilen vermag. Zudem fängt die rechte Formatkante optische Unregelmässigkeiten der Zeilenlängen auf, der Formatrand wirkt wie eine unsichtbare Stützmauer. Umgekehrt verhält sich der rechtsbündige Flattersatz: Eine optische Kante entsteht erst dann, wenn der Satz nach links gestellt wird.

    Die Devise heisst: klare Weissräume schaffen. Je «geometrischer», je rechteckiger oder runder ein Weissraum wirkt, desto deutlicher tritt er in Erscheinung.

Ohne Kanten keine Flächen

Id nos Latine gloriosum dicimus. Mihi ad enarrandum hoc argumentum comit, si ad auscultandum vostra erit benignitas. Qui autem auscultare nolet, exsurgat foras, ut sit, ubi sedeat ile qui

Id nos Latine gloriosum dicimus. Mihi ad enarrandum hoc argumentum comit, si ad auscultandum vostra erit benignitas. Qui autem auscultare nolet, exsurgat foras, ut sit, ubi sedeat ile qui auscultare vult.

Wenn Satzkanten mit dem Rand zusammenfallen, entsteht ein «flatterhaftes» Raumgerüst.

Id nos Latine gloriosum dicimus. Mihi ad enarrandum hoc argumentum comit, si ad auscultandum vostra erit benignitas. Qui autem auscultare nolet, exsurgat foras, ut sit, ubi sedeat ile qui auscultare vult.

Bilden Sie optische Achsen

Id nos Latine gloriosum dicimus. Mihi ad enarrandum hoc argumentum comit, si ad auscultandum vostra erit benignitas. Qui autem auscultare nolet, exsurgat foras, ut sit, ubi sedeat ile qui auscultare vult.

Die Satzkanten tragen zur klaren Gliederung bei. Auch Titel wirken als Raumtrenner.

Id nos Latine gloriosum dicimus. Mihi ad enarrandum hoc argumentum comit, si ad auscultandum vostra erit benignitas. Qui autem auscultare nolet, exsurgat foras, ut sit, ubi sedeat ile qui auscultare vult.

Id nos Latine gloriosum dicimus. Mihi ad enarrandum hoc argumentum comit, si ad auscultandum vostra erit benignitas. Qui autem auscultare nolet, exsurgat foras, ut sit, ubi sedeat ile qui auscultare vult.

Ganz unvorteilhaft, wenn zwei Spalten gegeneinander flattern.

Id nos Latine gloriosum dicimus. Mihi ad enarrandum hoc argumentum comit, si ad auscultandum vostra erit benignitas. Qui autem auscultare nolet, exsurgat foras, ut sit, ubi sedeat ile qui auscultare vult.

Id nos Latine dicimus. Mihi ad enarrandum hoc argumentum comit, si ad auscultandum vostra erit benignitas. Qui autem auscultare nolet, exsurgat foras, ut sit, ubi sedeat

Rücken an Rücken bilden zwei Satzkanten eine «weisse» Linie.

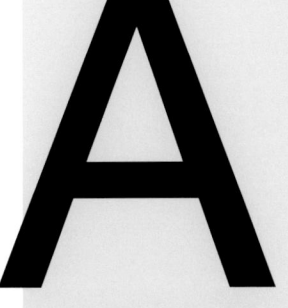

Id nos Latine gloriosum dicimus. Mihi ad enarrandum hoc argumentum comit, si ad auscultandum vostra erit benignitas. Qui autem aus-

Winter

Id nos Latine gloriosum dicimus. Mihi ad enarrandum hoc argumentum comit, si ad auscultandum vostra erit benignitas. Qui autem auscultare nolet, exsurgat foras, ut sit, ubi sedeat ile qui auscultare vult. Id

Rundungen und Spitzen sind etwas über die Satzkante hinauszustellen.

Proportionen

Dass das menschliche Auge an bestimmte Schönheitsideale gewöhnt ist, zeigen Bilder der Kunstgeschichte. Während im Mittelalter eher füllige Frauen dem damaligen Schönheitsempfinden entsprachen, hat sich vor zwanzig Jahren der magere Twiggy-Typus durchgesetzt, und heute wird vor allem Natürlichkeit gefragt. Wie Ideale und Vorstellungen im Lauf der Zeit doch ändern!

Bestimmte Proportionen galten schon bei den alten Griechen als schön; zum Beispiel entspricht der menschliche Körper den Proportionen des Goldenen Schnitts, die wir auch heute noch unbewusst als schön empfinden. Doch was sind Proportionen? Darunter verstehen wir Verhältniszahlen, die wir als Streckenabschnitte, als Verhältnis von Länge zu Breite oder als Vergrösserungsmassstab anwenden. In der Typografie treten sie auch als Abstände von optischen Achsen zum Rand oder als Papierformat in Erscheinung.

Die Strecke ist im Verhältnis 2:3 unterteilt.

Proportionen 1:2, die untere Strecke ist doppelt so lang wie die obere.

Die Seiten dieses Rechtecks stehen im Verhältnis 3:1.

Bei dieser Schrift steht die Mittellänge zur Oberlänge im Verhältnis 2:1.

Die DIN-A-Reihe weist die Proportionen 1:√2 auf (1:1,414).

Das Kleinbilddia oder -negativ weist die Proportionen 3:2 auf (36 × 24 mm).

Das Doppelquadrat mit dem Seitenverhältnis 1:2.

Interessanter ist das Seitenverhältnis 2:3, welches bei der Doppelseite Proportionen von 4:3 aufweist.

Die Proportion 3:4 ergibt bei der Doppelseite 2:3.

Der Goldene Schnitt

Der Goldene Schnitt ist eine Zahlenreihe mit der Proportion 1:1,618, was sich aus einer geometrischen Konstruktion ableiten lässt. Wenn eine Strecke im Goldenen Schnitt geteilt wird, verhält sich die kleinere Strecke zur grösseren wie die grössere zur ganzen. Den Proportionen des Goldenen Schnittes entsprechen beim Menschen die Kopfhöhe zur Kopfbreite oder die Augenbreite zur Mundbreite oder die Distanz Fuss–Nabel zur Distanz Nabel–Scheitel.

In der Praxis können wir von den gerundeten Zahlen 3 : 5 : 8 : 13 : 21 : 34 usw. ausgehen. Dabei wird die kleinere Zahl jeweils zur folgenden dazugezählt; das ergibt die nächstfolgende: 3 + 5 = 8; 8 + 5 = 13; 13 + 8 = 21; 21 + 13 = 34 usw.

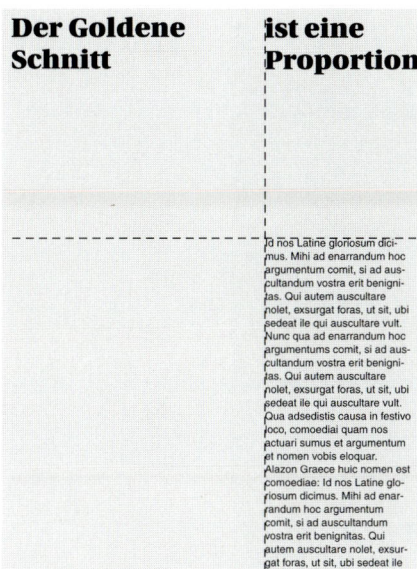

Dieses Format besitzt die Proportionen des Goldenen Schnittes. Länge und Breite stehen im Verhältnis 13 : 21.

Beim A4 kann die Breite 21 cm leicht im Goldenen Schnitt geteilt werden: 8 : 13. Auch die Höhe ist hier im gleichen Verhältnis geteilt.

Bei der Randeinteilung wird häufig auf bestimmte Zahlenverhältnisse geachtet.

Horizontal gedrittelt, vertikal geviertelt, ergibt Proportionen von 2:1 und 1:3.

Hier bilden die optischen Achsen verschiedene Proportionen wie 1:3, 2:3, 1:5, 1:2.

Farbwirkung

Gelb — *Positiv:* Farbe des Anfangs, des Neuen, Farbe, die da ist, bevor die Aktivität losgeht; Planung; Gesetz; Klarheit; Wissen; Transparenz; Erleuchtung; Aufklärung; durchschauen; verstehen; erkennen von Plänen, kreatives Suchen; vernünftig; sachlich; Heiterkeit; freundlich; Helligkeit des Herzens; archaisches Lächeln; *Negativ:* Einbildung; Anmassung; Arroganz; Frechheit; gefühlsmässige Oberflächlichkeit

Orange — *Positiv:* Effektivität; Effizienz; Ökonomieprinzip; Management; ein Gemisch zwischen Gelb (Planung/Gesetz) und Rot (Aktion). *Negativ:* Rohheit; Ungehobeltheit; rüppelhaft; technokratisch; unsensibel

Rot — *Positiv:* Inbegriff von bunt; Vitalität; kinetische Energie; äusserste Dynamik und Leidenschaft; Aktivierung; Erregung; Anspannung; herrlichste Genüsse; kurze Dauer; Schaffer; Wille, etwas zu erreichen; Macht; nicht viel denken – etwas tun; persönlich; individuell; maximaler Lebensausdruck. *Negativ:* Chaos, Gewalt; Unterdrückung; Heerscharen bilden

Violett/Magenta — *Positiv:* Umkehr; Einkehr; religiöse Farbe; umdenken; besinnen; Farbe der Busse und Reinigung; Kombination von Rot (Macht/Aktion) und Blau (Bewahren/Erhalten) ergibt Würde. Gegenpol zu Gelb: Abweichung von Plan und Vorschriften ergibt Spiel; Verzierung; irrational; Arabesken; Überflüssiges; geheimnisvoll, Mystik; unklar. *Negativ:* Naivität, Weltfremdheit

Blau — *Positiv:* Farbe des Resultates; Ergebnis; Farbe der Auflösung; Ausdehnung ins Unendliche; Weite; Abkühlung nach der Hitze; Nirwana; Erholung; Entspannung; gemeinsames Erleben; gefühlsmässiger Austausch; Erkaltung; Verfestigung; Strukturbildung; Kristallisation; Bewahrung; Treue; Tradition; Überlieferung; loslassend; zufrieden, befriedigt. *Negativ:* Starrheit, Sattheit, hyperkonservativ

Grün — *Positiv:* Neutrale Farbe an der Achse; Ruhe; unpersönlich; repräsentierend; ganzheitlich; regenerierend; heilend; Farbe der Fruchtbarkeit; bringt neues Leben; sachlich; den Überblick bewahrend; nicht emotional. *Negativ:* Unentschlossenheit; kann nicht definieren; will sich nicht festlegen; Faulheit

---

Die Welt ist herrlich bunt! Farbe als natürlichste Sache der Welt? Die DTP-Szene ist voll davon: farbfähige Soft- und Hardware soweit das Auge reicht, alles drängt nach Farbe. Um Farbe in der Typografie wirkungsvoll einsetzen zu können, bedarf es einiger theoretischer Kenntnisse über Farbmodelle, das Farbsehen, Licht- und Körperfarben usw. Literatur zum Thema Farbe steht genügend zur Verfügung und braucht hier nicht in epischer Breite behandelt zu werden. Vielmehr möchte ich die Brücke zur Typografie oder zum Gestalten mit dem PC schlagen – mehr von der praktischen Seite her.

Die zyklische Farbbewegung

Farben üben eine ungeheuer starke Wirkung auf den Menschen aus. Sie zu empfinden, ist ein wunderbares Geschenk der Natur. Dabei stellen alle Menschen sich Farben geringfügig anders vor. Oder wissen Sie etwa, wie Grün aussieht? Mein Grün ist vielleicht bläulicher als Ihres! Farben werden «durch den Bauch» wahrgenommen, es ist keine intellektuelle Leistung notwendig wie beim Lesen. Schon Babies können Farben unterscheiden und reagieren darauf. Unsere Alltagserfahrung konditioniert uns auf bestimmte Farbassoziationen: Der Himmel ist blau – weit weg. Feuer gelb – gefährlich nah. Schwarz ist dunkel und unheimlich, Pink ist süss, und bei sauer würde mir hellgrün in den Sinn kommen. Wir kennen Zitronengelb, Enzianblau, Saffrangelb aus Mode- und Konsumgüterbereich.

Versuchen wir einmal, den Farbkreis als Zyklus zu begreifen. Beim weissen Licht starten wir. Weiss beinhaltet die Kraft aller Farben, bedeutet Fülle und potentielle Energie. Eine Stufe weiter entwickelt Gelb Aktivität und Planung. Orange bedeutet Kalkül, Effizienz, Ökonomie. Wir gelangen weiter zu Rot. Rot ist pulsierendes Leben, Erregung, Aktivität. Violett ist verspielt und legt sich nicht fest. Blau entspannt, in sich kehrend, loslassend. Die vorletzte Station unserer Reise ist Grün. Hier herrscht innere Stille, Ruhe und Meditation – wir landen schliesslich im schwarzen Nichts, in der Leere.

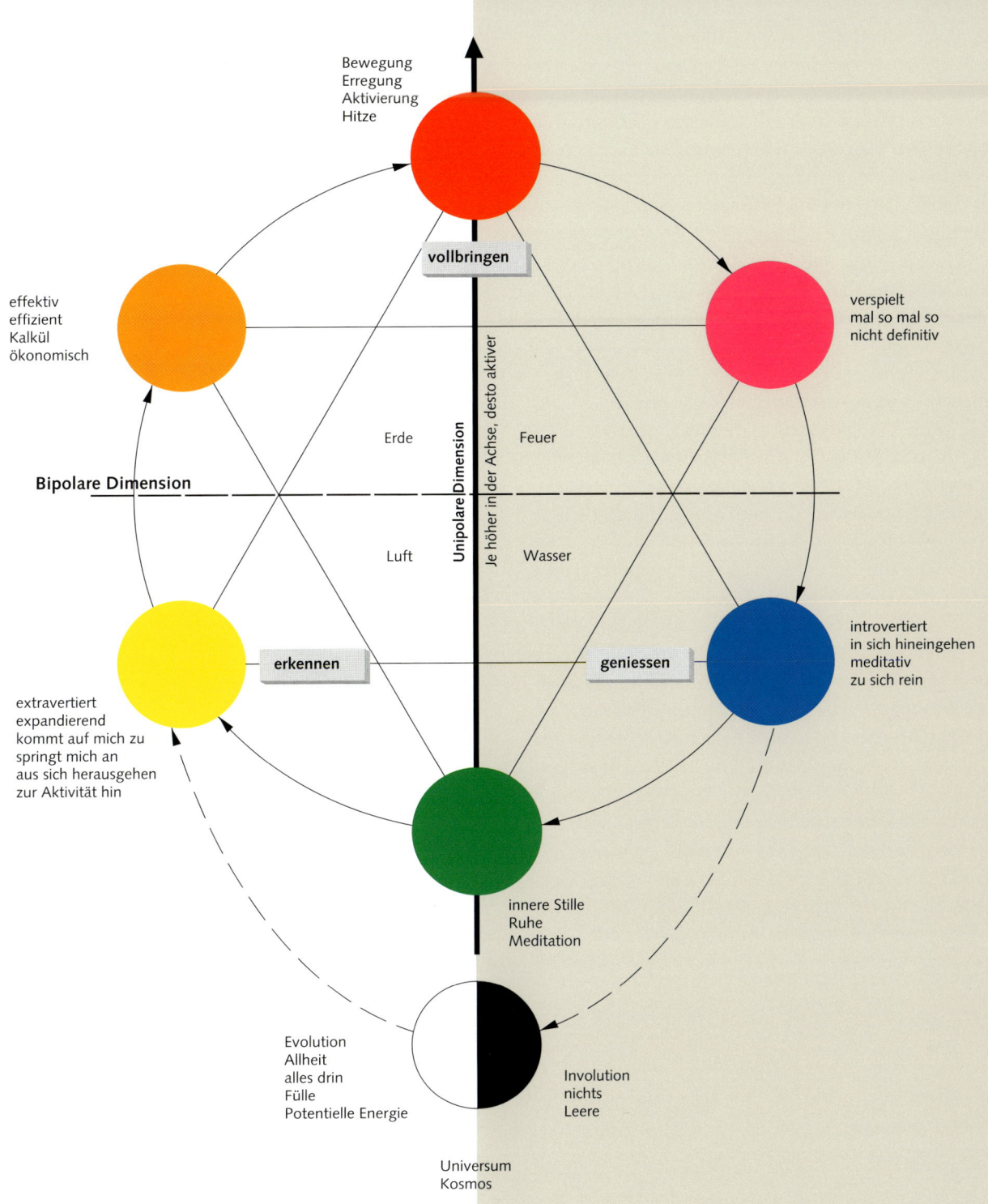

Farbe in Druckprodukten

Was tut sich bezüglich Farben in Druckerzeugnissen? In vielen Zeitungen und Zeitschriften ist Cyan als Buntfarbe eingesetzt, weil es sich mit anderen Farben am ehesten verträgt und neutral wirkt. Die blutdürstigen, schreierisch roten Balken unter den Titeln kennen wir aus der Boulevard-Typografie zur Genüge: Rot ist eine Signalfarbe. Wenn eine Verkaufsaktion ansteht, wird vorzugsweise Gelb mit starker Leuchtkraft als Augenöffner eingesetzt (Gelb drängt sich stark in den Vordergrund).

Bezüglich Farbe in Zeitungen liegen eine ganze Reihe gesicherter Befunde auf dem Tisch. Dasselbe können wir auf Diapräsentationen, Fernsehhintergründe, farbige Laserkopien usw. übertragen:

– Farbbilder werden realistischer empfunden als Schwarzweissbilder.
– Farbige Seiten mit einem modularen Seitenaufbau sind beliebter als reine Schwarzweiss-Seiten.
– Zeitungen in Farbdruck gelten als modern und fortschrittlich, jedoch weniger aktuell als Schwarzweiss-Zeitungen.
– Leser finden Zeitungen mit Farbe grundsätzlich interessanter, angenehmer und reizvoller.
– Die Beurteilung der redaktionellen Qualität wird von der Farbgebung wenig beeinflusst.
– Jüngere und weniger gebildete Leute mögen Farbe im redaktionellen Teil mehr als ältere und besser gebildete.
– Die Leser ziehen einen guten Schwarzweiss-Druck einem qualitativ schlechten Farbendruck vor.
– Farbige Inserate verkaufen besser als Schwarzweiss-Anzeigen, sie lösen deutlich mehr Warenbewegungen aus.
– Farbige Inserate sind beliebter als Schwarzweiss-Anzeigen, und der Text wird von mehr Personen gelesen.
– Leser erinnern sich zwar häufiger an farbige Anzeigen, aber die Erinnerung an Einzelheiten ist bei Schwarzweiss-Inseraten genauer und hält länger an.

Allzuviel ist ungesund. Farbe ja, aber bitte gezielt einsetzen. Die bunten Regenbogenseiten bürgen nicht für Klarheit; schrille und bunte redaktionelle Farbseiten konkurrenzieren zudem die farbigen Inserate und sind aus dieser Sicht nicht unbedingt wünschenswert. Der Leser muss zwischen redaktionellem Angebot und Inserat klar unterscheiden können.

Farben entsprechen der natürlichen Sehweise des Menschen. In der Zeitung oder Zeitschrift machen Farben attraktiver.

Farbe ja, aber wie einsetzen?

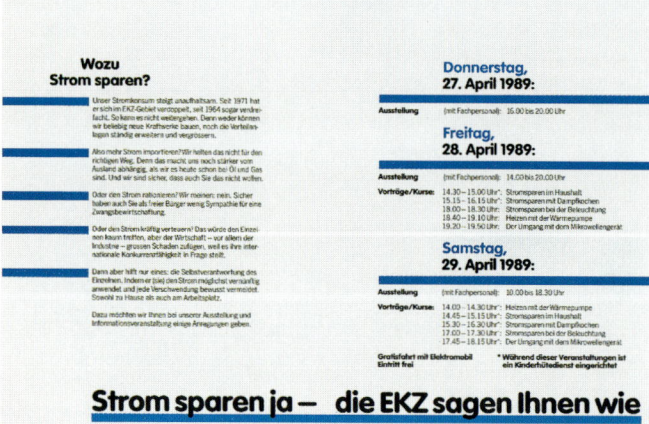

Um Farbe wirkungsvoll einzusetzen, bedarf es Grundkenntnissen aus der Farbenlehre und ein bisschen Intuition. Meistens kommt der Farbe eher eine begleitende Rolle zu, sie wirkt als Akzentgeber, selten dominierend. Was kann oder soll nun farbig gestaltet werden? Eine Textstelle? Das gehört wohl eher zur Schreibmaschine mit farbigen Farbbändern. Ein Titel? Das wäre denkbar, vor allem wenn die Buchstaben flächig und gross wirken. Farbige Titel oder Untertitel wirken jedoch nicht sehr fantasievoll, weil zu alltäglich. Linien? Linien – als farbige Balken gestaltet – ist eine Möglichkeit.

Flächig eingesetzt kommt Farbe am besten zur Geltung, mal pastell, mal knallig, je nach beabsichtigter Wirkung und übriger Typografie. Eine Frakturschrift passt vielleicht weniger zu Pink als eine Garamond.

Farbiges Papier als Hintergrund ist eine weitere Möglichkeit, jedoch darf die Papierfarbe nicht zu dunkel sein. Bei gleicher Hintergrundfarbe, jedoch vollflächig gedruckt, verfügt man zusätzlich über Weiss, während bei farbigem Papier der Hintergrund eintönig bleibt. Das Wechselspiel von Farbe, Weiss und Schwarz eröffnet mehr gestalterische Möglichkeiten.

JEAN ZIEGLER HAT DAS LAGER GEWECHSELT.

DIE GRÖSSTE BUCHHANDLUNG DER SCHWEIZ IST UMGEZOGEN.
ORELL FÜSSLI BUCHHANDLUNGS AG   FÜSSLISTRASSE 4   CH-8022 ZÜRICH
TEL 01-221 10 60   FAX 01-211 34 11

orell füssli
DIE BUCHHANDLUNG.

Farbe ist vital und kraftvoll. Grosszügig und flächig eingesetzt, wirkt sie am eindrücklichsten. Textstellen, Linien oder Seitenzahlen einzufärben bringt nichts.

In der Reproduktion und im Druck ist Farbe teuer – sie will also gut überlegt und wirkungsvoll eingesetzt werden.

Farbe

Hintergrund, Farbe und Lesbarkeit

Der Hintergrund darf die Lesbarkeit in keinem Fall beeinträchtigen, er ist ja nur «Staffage». Sobald er zu stark ins Auge springt, wird er zum unerwünschten Hauptakteur. Hintergründe dürfen nicht kontrastreich sein, Hell-Dunkel-Wechsel sind Gift für die Lesbarkeit. Wer Muster, Laub, Steine, Menschenmassen usw. als Hintergrund braucht, muss zwingend den Kontrast des Bildes vermindern.

Schwarze Schrift auf schwarzem Rasterton
Schwarze Schrift auf weissem Grund gilt als am besten lesbar, der Kontrast ist am grössten. Sobald die Schrift aufgehellt oder der Hintergrund dunkler gehalten wird, tritt eine Verminderung der Lesbarkeit ein. Wenn eine gerasterte Tonfläche als Hintergrund gewählt wird, ist die Strichstärke auf die Rasterweite anzupassen. Im Kapitel «Reproduktionstechnik» ab Seite 250 lesen Sie genaueres über technische Raster. Auf Rasterweiten bis etwa 48er Raster sind Grössen um 10 Punkt schlecht lesbar. Die Schrift soll dann in einem kräftigen Schnitt gewählt werden. Eine 9 Punkt Frutiger Light ist auf einem 20%igen Schwarzton schlecht lesbar, die Frutiger Regular hingegen besser, und die Frutiger Bold bietet keine Schwierigkeiten. Serifenlose Schriften zeichnen auf Rastertonflächen grundsätzlich besser als Antiquaschriften.

Schwarze Schrift auf farbigem Hintergrund
Hier ist auf einen genügend grossen Hell-Dunkel-Kontrast zu achten. Schwarz auf Gelb ist besser lesbar als Schwarz auf Blau. Hintergrundtöne sollten deshalb durch eine entsprechende Aufrasterung an die Erfordernisse der Lesbarkeit angepasst werden. In der Helligkeit entspricht 30% Cyan etwa 20% Magenta, 100% Gelb oder 15% Schwarz.

Negativtext auf Hintergrund
Weisser Negativtext auf einer Fläche ist grundsätzlich erlaubt, jedoch wesentlich schlechter lesbar als der normal schwarze Text. (Wir sind uns gewohnt, schwarzen Text auf weissem Papier zu lesen.) Es kommt deshalb auf die Menge an. Titel und Lead oder Kurztexte weiss zu halten ist völlig unproblematisch; nicht zu empfehlen sind weisse, seitenlange Grundtexte.

Es wird oft vergessen, dass weisser Text sogar auf Hellblau oder Orange gelesen werden kann. Auf mittleren Farbhelligkeiten dürfen wir ohne Scheu den Text weiss statt schwarz gestalten, er wirkt viel freundlicher. Wenn der weisse Text auf Flächen zu liegen kommt, die sich aus mehreren aufgerasterten Farben zusammensetzen – etwa Negativtext in einem vierfarbigen Bild –, kann es im Druck zu Passerproblemen kommen. Deshalb: nie feine Schriften verwenden – eventuell den Schnitt «Light» durch «Regular» ersetzen.

Farbiger Text auf farbiger Fläche
Schrift farbig einzusetzen, ist nicht üblich, jedoch erlaubt. Die Farbe sollte dann möglichst dunkel und kräftig sein, z.B. Rot, Dunkelblau, Violett, Braun usw. Wenn farbiger Text noch mit farbigen Hintergründen kombiniert werden soll, wird's etwas heikel. Blau auf gelbem Hintergrund verträgt sich sehr gut, während grüne Schrift auf knallrotem Hintergrund zu flimmern beginnt. Bei Kontrastfarben ist Vorsicht am Platz – benachbarte Farben im Farbkreis «beissen» sich in der Regel nicht so sehr.

Farben

| 20% Schwarz 34er Raster | 20% Schwarz 60er Raster | 100% Cyan 60er Raster | 60% Magenta 60er Raster | 100% Gelb 60er Raster | 100% Cyan 80% Magenta 60er Raster |

Bodoni Regular, 8 Punkt: Farbe soll sinnvoll eingesetzt werden, so dass sie auch zur Geltung kommt. Bei farbigen Hintergründen darf die Schrift nicht zu fein sein, und der Kontrast zum Hintergrund muss deutlich sein. Die Lesbarkeit hängt auch von der Rasterweite ab. Je gröber der Raster, desto gröber die Schrift!

Bodoni Regular, 8 Punkt: Farbe soll sinnvoll eingesetzt werden, so dass sie auch zur Geltung kommt. Bei farbigen Hintergründen darf die Schrift nicht zu fein sein, und der Kontrast zum Hintergrund muss deutlich sein. Die Lesbarkeit hängt auch von der Rasterweite ab. Je gröber der Raster, desto gröber die Schrift!

Bodoni Regular, 11 Punkt: Farbe soll sinnvoll eingesetzt werden, so dass sie auch zur Geltung kommt. Bei farbigen Hintergründen darf die Schrift nicht zu fein sein, und der Kontrast zum Hintergrund muss deutlich sein. Die Lesbarkeit hängt

Bodoni Regular, 11 Punkt: Farbe soll sinnvoll eingesetzt werden, so dass sie auch zur Geltung kommt. Bei farbigen Hintergründen darf die Schrift nicht zu fein sein, und der Kontrast zum Hintergrund muss deutlich sein. Die Lesbarkeit hängt

Frutiger Light, 9 Punkt: Farbe soll sinnvoll eingesetzt werden, so dass sie auch zur Geltung kommt. Bei farbigen Hintergründen darf die Schrift nicht zu fein sein, und der Kontrast zum Hintergrund muss deutlich sein. Die Lesbarkeit hängt auch von der Rasterweite ab. Je gröber der Raster desto gröber

Frutiger Roman, 9 Punkt: Farbe soll sinnvoll eingesetzt werden, so dass sie auch zur Geltung kommt. Bei farbigen Hintergründen darf die Schrift nicht zu fein sein, und der Kontrast zum Hintergrund muss deutlich sein. Die Lesbarkeit hängt auch von der Rasterweite ab. Je

Frutiger Bold, 9 Punkt: Farbe soll sinnvoll eingesetzt werden, so dass sie auch zur Geltung kommt. Bei farbigen Hintergründen darf die Schrift nicht zu fein sein, und der Kontrast zum Hintergrund muss deutlich sein. Die Lesbarkeit hängt auch von der Rasterweite ab. Je

Frutiger Bold, 9 Punkt: Farbe soll sinnvoll eingesetzt werden, so dass sie auch zur Geltung kommt. Bei farbigen Hintergründen darf die Schrift nicht zu fein sein, und der Kontrast zum Hintergrund muss deutlich sein. Die Lesbarkeit hängt auch von der Rasterweite ab. Je

---

Frutiger Roman, 9 Punkt: Farbe soll sinnvoll eingesetzt werden, so dass sie auch zur Geltung kommt. Bei farbigen Hintergründen darf die Schrift nicht zu fein sein, und der Kontrast zum Hintergrund muss deutlich sein. Die Lesbarkeit hängt auch von der Rasterweite ab. Je gröber der Raster, desto gröber die Schrift!

Frutiger Roman, 9 Punkt: Farbe soll sinnvoll eingesetzt werden, so dass sie auch zur Geltung kommt. Bei farbigen Hintergründen darf die Schrift nicht zu fein sein, und der Kontrast zum Hintergrund muss deutlich sein. Die Lesbarkeit hängt auch von der Rasterweite ab. Je gröber der Raster, desto gröber die Schrift!

Frutiger Roman, 9 Punkt: Farbe soll sinnvoll eingesetzt werden, so dass sie auch zur Geltung kommt. Bei farbigen Hintergründen darf die Schrift nicht zu fein sein, und der Kontrast zum Hintergrund muss deutlich sein. Die Lesbarkeit hängt auch von der Rasterweite ab. Je gröber der Raster, desto gröber die Schrift!

Schwarze Schriften auf dunklem Grund wirken oft düster. Anders helle Schriften. Der Kontrast muss in jedem Fall genügend gross sein – Texte werden auch bei schlechtem Licht gelesen!

Die Lesbarkeit bildet oberste Maxime

Die Lesbarkeit bildet oberste Maxime

Die Lesbarkeit bildet oberste Maxime

Wir sind uns gewohnt, schwarze Schrift auf hellem Grund zu lesen. Sobald wir mit Farben operieren, ist Vorsicht angebracht. Was bei plakativen Schriften noch geht, darf beim Grundtext nie angewendet werden.

Ob Hintergründe flächig, als grafische Formen oder als Bild auftreten, in jedem Fall sollten sie die Lesbarkeit des Textes so wenig wie möglich beeinträchtigen.

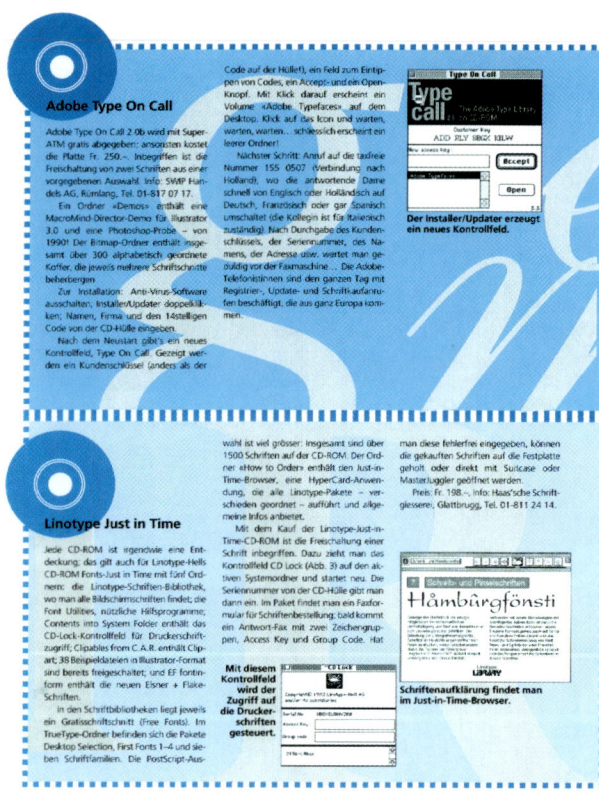

Farbverläufe

Farbverläufe verhelfen der Seite zu einer gewissen räumlichen Tiefe. Sie entsprechen unserem natürlichen Empfinden und sind in der Natur gang und gäbe. Ein Verlauf ist eine Farbfläche, die regenbogenartig von einer Farbe in die andere übergeht. Es gibt kontinuierliche und unregelmässige Verläufe, solche mit bestimmten Verlaufsformen, die über mehrere Farben führen können. Auch hier gilt: Weniger ist mehr. Die papageienartige Layoutseite kann nicht das Ziel der Gestaltung sein. Technisch gesehen soll der Verlauf über eine möglichst grosse Distanz mit einem kleinen Farbabstand führen.

Strukturierte Hintergründe

Zu grosse Kontrastsprünge sind zu vermeiden. Der rasche Wechsel von dunkel zu hell im Hintergrund ermüdet die Augen rasch. Je ruhiger der Text auf einer Fläche liegt, desto eher kann er gelesen werden. Denken Sie an das Theater: Das Bühnenbild darf dort auch nicht von der Handlung ablenken. Ablenk-Effekte etwa gibt es bei Pop-Konzerten. Dann nämlich, wenn eine grandiose Licht-Show die musikalische Darbietung übertrifft.

Strukturen finden wir vor allem bei Halbtonbildern, aber auch bei grafischen Hintergründen. Hier gibt es eigentlich nur einen Tip: Reduzieren Sie den Kontrast so, dass die Schrift lesbar wird.

Farbe

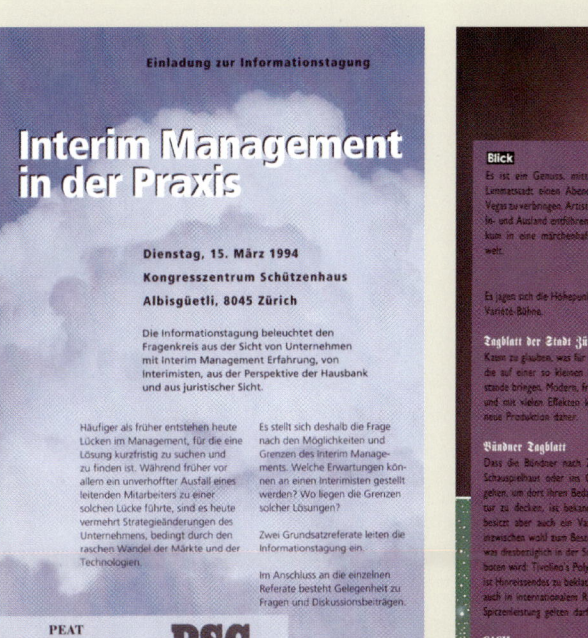

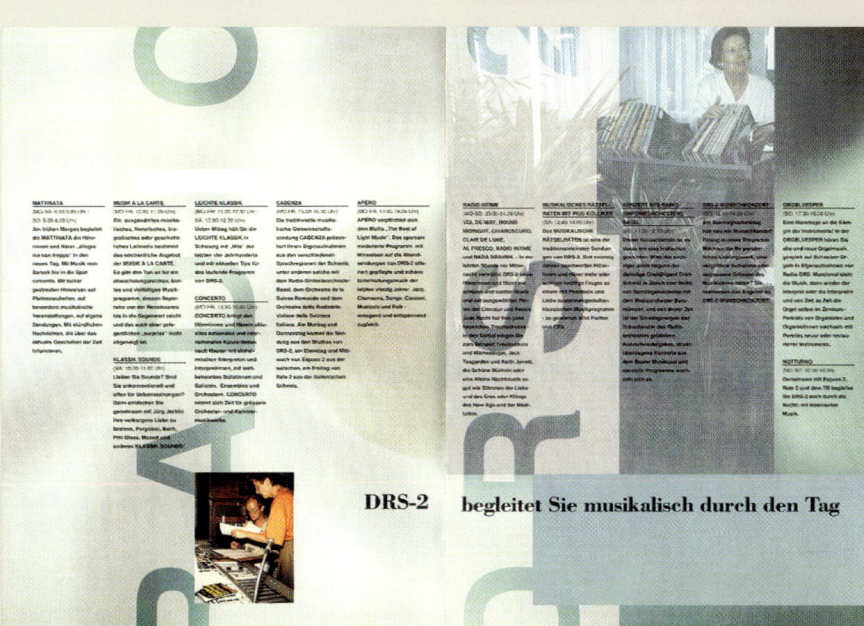

Bild, Text, Farbe, Hintergründe werden zu einem Gesamtwerk komponiert. Manchmal gelingt es, manchmal auch nicht. Die Bild-Text-Kombination ist für so manche Pröbler ein waghalsiger Seiltanz ohne Netz. Gedruckt ist gedruckt, und Leser verzeihen keine Fehler. Was nicht lesbar ist, wird nicht gelesen. Und was nicht gelesen werden kann, braucht auch nicht gestaltet und gedruckt zu werden!

Farben darstellen, Farben reproduzieren

Farben richtig gestalten ist nur die Hälfte der Miete. Sie technisch richtig zu definieren, steht auf einem andern Blatt. Böse Zungen behaupten, dass es Grafiker gebe, welche 27 Pantone-Farben in eine Datei packen! Hier etwas Hellgrün, da etwas dunkler, dort Wiesengrün – mit dem PC «null Problemo». Probleme haben nur die Belichter und die Drucker, welche mit eben dieser Datei nichts anfangen können.

Bekannt ist aus der Farbenlehre: Licht fällt auf einen Gegenstand, teilweise werden die Strahlen absorbiert (verschluckt), der andere Teil reflektiert. Das Licht fällt ins Auge und wird durch die Netzhaut in elektrische Impulse gewandelt, welche im Gehirn ein farbiges Bild entstehen lassen.

Echtfarben sind nur in der Natur «wirklich» vorhanden. Um Farben auf dem Bildschirm oder auf dem gedruckten Papier nachzubilden, benützen wir verschiedene Tricks. Denn die unzähligen Nuancen können wir unmöglich reproduzieren, der Kontrast ist viel zu gross. Wie wollte man die Sonne abbilden, dass sie mit gleicher Energie strahlt? Unmöglich – die hellste Stelle auf dem Papier ist das Papierweiss. Auch schwaches Sternenlicht in unendlicher Schwärze – keine Chance! Übrigens liegt die von Menschen unterscheidbare Zahl aller Lichtfarben bei etwa 10 Mio., diejenige von Körperfarben bei 1,2 Mio. Im Vierfarbendruck wird dieser Reichtum auf 576 000 Nuancen* zusammengestaucht. Was ist nun von einem 24-Bit-Bildschirm zu halten, der angeblich 16,7 Mio. Farben auf die Röhre zaubert? – Ganz einfach, er zeigt nicht das Resultat, welches Sie im Druck zu erwarten haben. Technisch ist es nicht möglich, die natürliche Farbtiefe im gesamten Kontrastumfang auch nur annähernd zu erreichen. Mit der Reproduktionstechnik wird der Farbumfang und -kontrast gleichmässig reduziert. Schon ein Dia als erstmalige Reproduktion beinhaltet nur noch einen Teil aller Farben, und im Druck schwindet die ganze Farbenpracht auf etwa die Hälfte. Für technische Raster, ermischt in 10%-Abstufungen der Vierfarbenskala, ergeben sich insgesamt 5 887 Töne.

In der Drucktechnik kennen wir genormte Farbmodelle wie Pantone, HKS, CMYK usw., welche die Kommunikation zwischen Gestaltern, Druckern, Farbenherstellern und Kunden gewährleisten.

*Prof. Dr. K. Schläpfer, «Farbmetrik in der Reproduktionstechnik und im Mehrfarbendruck», UGRA, 1993.

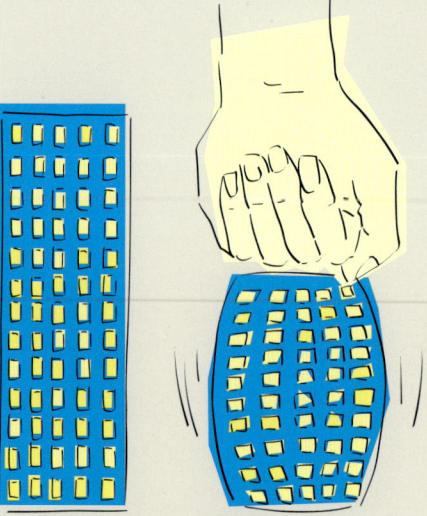

Die Druckwiedergabe ist eine Simulation der Wirklichkeit. Schon das Dia zeigt nur einen Teil dessen, was wir wahrnehmen können, und im Druck geht nochmals ein beträchtlicher Teil verloren. Sowohl der Kontrast- als auch der Farbumfang müssen ganz erheblich reduziert werden.

Wenn wir das obere Bild als Massstab der Wirklichkeit betrachteten, entspräche das untere Bild der Reproduktionsqualität.

Additives Farbmischen

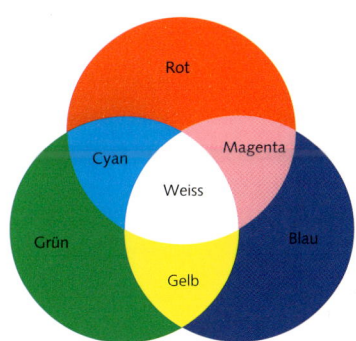

Alle Bildschirme arbeiten mit den «Lichtfarben» Rot, Grün, Blau (RGB). Ein grüner und ein blauer Lichtkegel ergeben in der Mischung Gelb. Die Mischfarbe ist heller als die Grundfarben. Alle drei Grundfarben zusammen ergeben Weiss.

Subtraktives Farbmischen

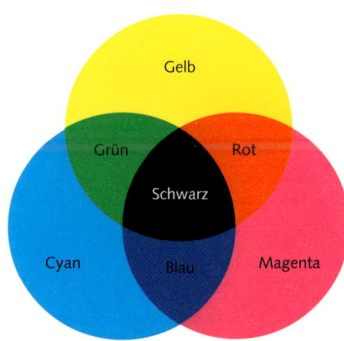

Die Druckindustrie basiert auf «Körperfarben». Wie beim Malen wird die Mischfarbe immer dunkler als die Grundfarben. Alle Farben zusammen ergeben ein Grau-Braun; deswegen wird als vierte Farbe noch Schwarz hinzugefügt.

Bildschirmdarstellung und Druckresultat basieren auf völlig unterschiedlichen Technologien. Die Drucktechnik kann man nicht ändern, deshalb müssen die Bildschirme auf die Drucktechnik abgestimmt werden. Diesen Vorgang nennt man auch «kalibrieren».

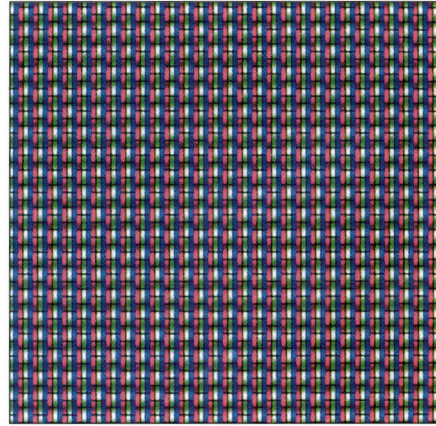

Der Farbmonitor simuliert alle Farben mit den drei Grundfarben RGB. 8 Bit Farbtiefe bedeutet, dass jeder Bildschirmpixel pro Farbe in 8 Stufen dargestellt werden kann. In der Kombination mit allen drei Farben ergeben sich insgesamt 8 × 8 × 8 = 256 darstellbare Farbtöne. Beim 24-Bit-Bildschirm können pro Pixel 256 Zwischenstufen dargestellt werden. Alle drei Farbkanäle können also 256 × 256 × 256 = 16,777 Mio. Farbnuancen zeigen.

Ein Bilderdruck erzeugt Farbtöne durch kleinere oder grössere farbige Punkte. Sie sind so klein, dass sie von Auge kaum wahrgenommen werden. Durch die Überlappung und das Wirken des Papierweiss' entsteht im Gehirn die gewünschte Farbwirkung. Im idealen Vierfarbendruck sind gerade 576 000 unterscheidbare Farbtöne erreichbar.

Farbmodelle

Es gibt verschiedenste Modelle, Farben zu kategorisieren und zu ordnen. Sie alle vermögen unserem Sehsinn nur teilweise gerecht zu werden. Licht ist eben mehr als elektromagnetische Schwingung im sichtbaren Fenster von 380 nm (blau) bis 720 nm (rot), die sich im Regenbogen zeigen. Farbe ist auch mehr als «Bildschirm» oder «Druck».

Ein wichtiger Tip: Setzen Sie die Farben nie nach dem Bildschirm ein. Benützen Sie dafür die Farbmusterhefte oder -fächer der verschiedenen Farbmodelle. Auf dem Bildschirm wirkt die Farbe trotz Kalibrierung nicht so wie im Druck. Hier die wichtigsten DTP-Farbmodelle:

RGB
steht für Rot, Grün, Blau und bezeichnet die Bildschirmfarben auf dem Monitor. Monitorfarben können aus technischen Gründen nur annähernd gleich gehalten werden wie Körperfarben (Druckfarben). Diesen Versuch des Abgleiches nennt man Kalibrierung.

HSB
(engl. hue, saturation, brightness) ist ein weiteres Modell, welches Farben nach Farbton, Sättigung und Helligkeit ordnet. HSB basiert auf den additiven Bildschirmfarben.

HKS
ist ein Farbmodell der Druckindustrie aus BASF-Farben. Es basiert auf Pigmentfarben und besteht aus 9 Grundfarben + Schwarz + Weiss, aus denen weitere Töne gemischt werden. Der Farbfächer erfüllt dieselbe Funktion wie beim Pantone-Modell.

RAL
ist eine Farbnormierung, die vor allem im Malergewerbe und in der Industrie verbreitet ist.

Pantone
heisst ein internationaler Farbenstandard aus den USA. Pantone-Farben sind gemischte Körperfarben, welche der Drucker fertig angemischt vom Farblieferanten beziehen kann. Bekannt sind die Farbfächer mit etwa 750 Farbnuancen, die es erlauben, die Druckfarben verbindlich im voraus festzulegen. Die C-Reihe steht für «coated», also gestrichenes Papier, die U-Reihe für «uncoated» (Offsetpapier), worauf nicht dieselbe Farbbrillanz erreichbar ist. Man betrachte zu diesem Zweck die beiden Farben Reflex Blue C und Reflex Blue U – ein beträchtlicher Unterschied! Der Bildschirm hingegen kennt nur *eine* Pantone-Darstellung, die zudem noch mit dem RGB-Modus simuliert wird. Mit den Pantone-Farben wird ein grosser Farbraum abgedeckt, zudem kommen noch Gold, Silber, Bronce und Leuchtfarben hinzu.

CMYK
Bei CMYK handelt es sich um eine Normierung aus der Druckindustrie. Praktisch alle farbigen Bilder werden heute mit den vier Grundfarben Cyan, Magenta, Yellow (Gelb) und Schwarz (Key) gedruckt. K steht für key = Schlüssel. Im Verpackungsdruck, Notendruck oder für Kunstkataloge, Landkarten und in einigen andern Spezialgebieten werden mehr als vier Farben verwendet. Das Modell CMYK nennt man auch Europaskala, Vierfarbenskala oder Prozessfarben.

Focoltone
ist auf der Vierfarbenskala aufgebaut. Die Farben werden 5%weise abgestuft. Eine Focoltone-Farbe ist eine Buntfarbe, die durch Mischung aus den Farben CMYK entsteht. Auch da gibt's bereits gedruckte Farbfächer zum Nachschlagen.

Der Pantone-Farbfächer ist über Druckereien oder Druckfarbenhersteller zu beziehen. Mit Pantone lassen sich auch Gold- und Silbertöne bestimmen.

Pantone oder Europaskala?

Unterschiede zwischen Pantone Blau 287 links und dem Vierfarbendruck rechts. Das «Pantone-Blau» wurde mit der Vierfarbenseparation reproduziert. Mit der Europaskala können nicht so reine Farben reproduziert werden.

Technische Rastertöne werden am besten mit solch gedruckten Farbskalen festgelegt. Sie sind über viele Reproduktionsbetriebe erhältlich. Insgesamt sind 5 887 Töne in 10 %-Schritten zu erreichen.

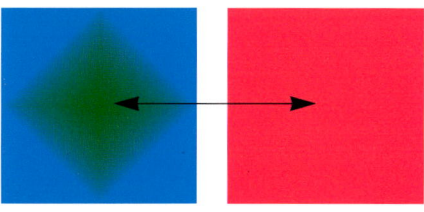

Der Grund für die Unreinheit: Cyan ist ein grünliches Blau, Magenta ein bläuliches Rot. Die Mischung von Magenta und Cyan enthält einen «Schuss» Grün, welcher das Magenta-Rot trübt. In der Mischung von Cyan und Magenta ergibt sich deswegen kein reines Blau.

Der Unterschied zwischen Pantone-Farben und Europaskala-Farben ist beträchtlich. Die Farben der Europaskala entstehen durch die Mischung der Grundfarben CMYK, sie sind im Farbumfang wesentlich eingeschränkt: klare, kräftige Farben können damit nicht ermischt werden. Pantone-Farben werden als Farbe in der Fabrik gemischt. Reine Farbpigmente kommen zur Anwendung, und damit ist der Farbumfang erheblich grösser. Auch Leuchtfarben oder Gold und Silber sind im Vierfarbendruck nicht zu realisieren.

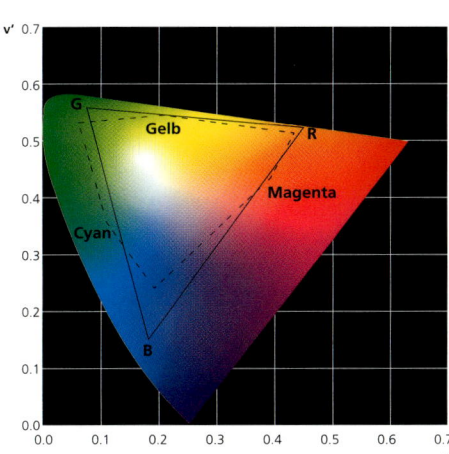

Im CIE Farbendreieck dargestellte Farbumfänge von RGB (Bildschirm) und CMY (Vierfarbendruck). Vor allem in den Ecken sind die Defizite des Vierfarbendruckes sichtbar.

Satzspiegel

Als Satzspiegel bezeichnen wir ein unsichtbares Netz von Hilfslinien und Hilfszeichen, die eine standgenaue Positionierung von verschiedensten Elementen auf allen Seiten einer Drucksache ermöglichen. Unter Satzspiegel wird auch die zu bedruckende Fläche auf dem Papierformat verstanden. Satzspiegel werden vor allem bei Büchern, Zeitungen, Zeitschriften usw. benötigt, aber auch bei einer Inserateserie oder bei einem mehrseitigen Prospekt. Zum Satzspiegel gehören
- Randeinstellungen
- Spaltenbreiten und -zwischenräume
- Grundlinienraster für die Registerhaltigkeit
- Schnittzeichen
- Zusätzlich können Falzmarken, Perforationszeichen, Passerzeichen, Pagina, Spaltenlinien dazugerechnet werden.

Satzspiegel werden nicht benötigt für einmalig erscheinende Anzeigen, Flugblätter, Briefbogen, Visitenkarten, Einladungskarten und andere einseitige Druckerzeugnisse.

Satzspiegel lassen sich auf mehrere Arten gestalten: zentriert, asymmetrisch, nach einem Rasterprinzip, nach Spalten geordnet, konstruiert usw. Es gibt wohl ein paar Richtlinien, wie ein Satzspiegel aufgebaut werden kann, grundsätzlich stehen jedoch alle Möglichkeiten offen. Zu beachten ist, dass die Doppelseite die Betrachtungseinheit für den Leser darstellt – nie die einzelne Seite, es sei denn, es *gebe* nur Einzelseiten.

Auch der Satzspiegel muss auf das spätere Handling Rücksicht nehmen. Bei Formularen, Briefen oder Preislisten sollte der linke Rand nicht kleiner sein als 2 cm, wenn der Text nicht einer späteren Lochung zum Opfer fallen soll. Handbücher oder Schulungsunterlagen sollten breite Ränder für Notizen lassen, damit sie genutzt werden können.

Randverhältnisse

Die Seitenränder können bewusste Proportionen aufweisen, die man von Auge nachvollziehen kann, z. B.
- Rand unten 2 Teile
- Rand oben und aussen je 1 Teil
- Rand im Bund 1,5 Teile

Ein brav eingemitteter Satzspiegel wirkt langweilig, Spannung und Dynamik erzeugt man durch ungleiche Seitenränder. Dabei soll darauf geachtet werden, dass der untere Rand immer grösser ist als der obere. Das lässt sich am besten am Beispiel von Büchern, Zeitschriften usw. feststellen. Wenn die Ränder im Bund grösser sind als aussen, driften die Seiten optisch auseinander, umgekehrt wirken sie mehr als Einheit. Haben Sie keine Angst vor Weissräumen, schaffen Sie Platz, entweder oben oder seitlich.

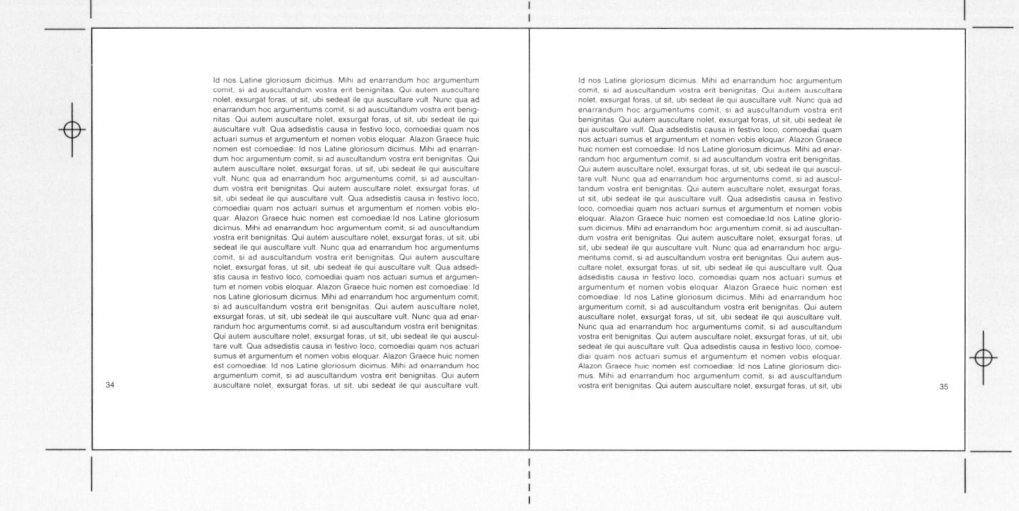

Satzspiegel

2spaltiger Satzspiegel mit Linie für Rubriktitel. Die Randverhältnisse sind mit den Proportionen 1 : 2 : 4 aufgebaut. Dieser Satzspiegel trägt mit einem breiten Lochrand der Archivierung Rechnung. Ein breiter Bund bewirkt, dass die Seiten auseinanderdriften.

Je grosszügiger die Randverhältnisse, desto kompakter wirken die beiden Seiten. Randverhältnis 1 : 2 : <2.

Im vierspaltigen Umbruch entstehen relativ kurze Zeilen. Ein möglicher Grund, die Randverhältnisse nicht so grosszügig zu halten. Randverhältnis 2 : 2 : 3.

Satzspiegel, die eine halbe Spalte «stehen lassen», bieten interessante Möglichkeiten. Eine davon ist die Plazierung von Legenden, eine andere der flexible Leerraum, der aussen, im Bund oder zwischen den Spalten stehen kann.

Das Rasterzellensystem ist unflexibel, was die Bildplazierung angeht. Verwendet wird es vor allem bei Firmenbroschüren oder Prospekten, weniger bei Magazinen.

Das vorliegende Buch basiert auf 7 Spalten. Es ist ein flexibler 3- oder 2spaltiger Umbruch möglich. In der Vertikalen ist das Format in 5 Teile unterteilt. Die grauen Flächen spielen innerhalb dieser Aufteilung auf jeder Seite anders.

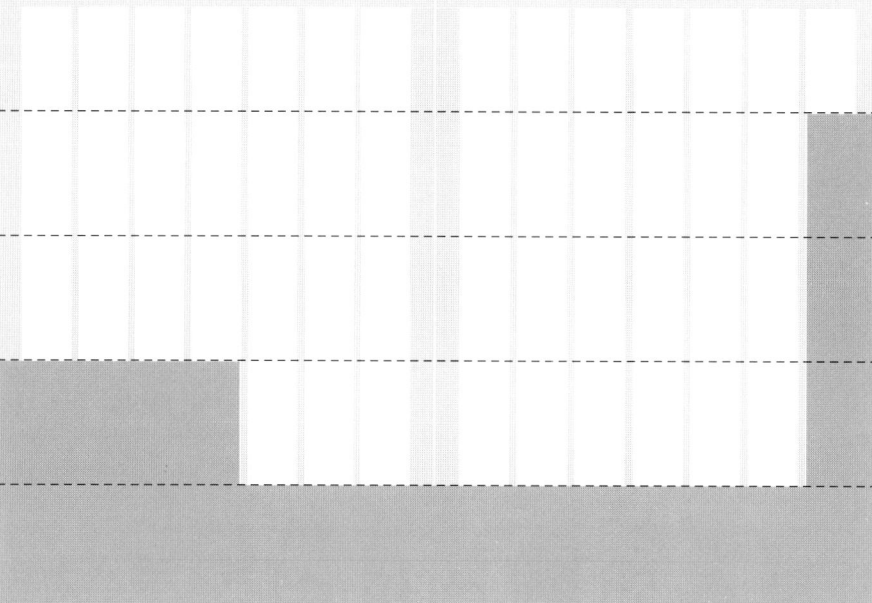

Anwendung des Satzspiegels mit 3½ Spalten. Die halbe Spalte wird genutzt für Titel, Lead und Legenden. Die Textspalten sind versetzt. Das Original misst 170 × 240 mm.

Anwendung des Satzspiegels mit Rasterzellen. Jedes Bild steht genau im Zellgerippe, ist quadratisch oder ein Mehrfaches davon. Original A5.

Die Doppelseite 32/33 mit 2- und 3spaltigem Text.

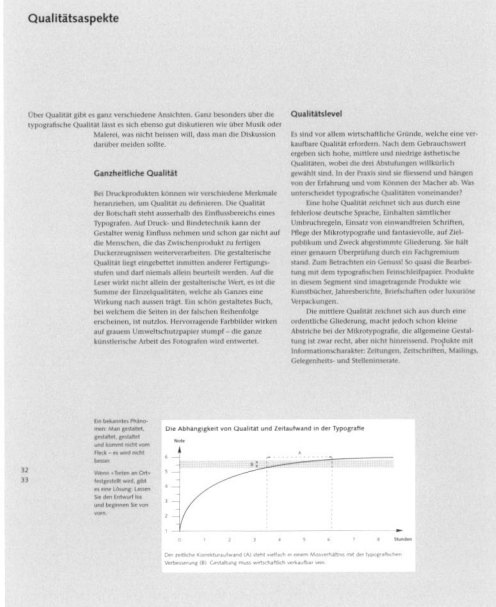

Satzspiegel gestalten

Ich halte hier nochmals fest: Satzspiegel benötigen wir nur, wenn wiederkehrende Elemente auf mehreren Blättern oder Seiten vorkommen. Mit dem PC können wir viele dieser Elemente auf sogenannten Stammseiten (auch Musterseiten, Masterpages) definieren. Die Stammseite steht als Synonym für Satzspiegel. Sie stehen beim Layout so quasi als «Vordruck» zur Verfügung. Der Anwender braucht nur noch Text und Bild zu plazieren, ohne sich wiederholt um die Spaltenlinien, die Spaltenbreite oder um die Pagina kümmern zu müssen.

Welche Elemente gehören zur Stammseite?

Das Format ist (meistens) gegeben, die weiteren Elemente sind
– Anzahl Spalten
– Spaltenbreite
– Spaltenzwischenraum
– Spaltenlinien
– Randeinstellungen
– Schriftdefinitionen
– Zeilenabstand
– Spaltenhöhe
– Rubriktitel
– Pagina
– Register
– Passerzeichen
– Definition der Silbentrennungen
– Farbdefinitionen

Anzahl Spalten

Wie schon im Kapitel «Lesbarkeit» beschrieben, ist die Zeilenlänge enorm wichtig. Wir fragen uns also gleich zu Beginn, wie bedeutend die Textvermittlung sei und wie lange sich Leser mit dem Text befassen. Je länger die Lesedauer, desto mehr haben wir ein Optimum an Lesbarkeit anzustreben. In der Buchtypografie oder im 2spaltigen Satzspiegel A4 können wir von optimaler Lesbarkeit sprechen. Ein- oder zweispaltige Satzspiegel sind jedoch relativ unflexibel im Layout – bei drei oder vierspaltigen Satzspiegeln gibt es einfach spannendere Möglichkeiten, Text und Bild auf die Seite zu bringen, mit der Konsequenz, dass das ganze Layout wesentlich anspruchsvoller wird.

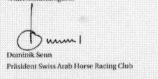

Die 2spaltige Gliederung bietet innerhalb des Satzspiegels wenig Möglichkeiten, Bildbreiten zu kreieren. Es herrscht eine gewisse Symmetrie, die durch die Plazierung der Bildelemente empfindlich gestört werden kann. Im Bereich A4 ist die Lesbarkeit wegen der Zeilenlängen optimal. Geeignet für Feuilletons, Magazine mit ausführlichen Berichten.

Bei der 3spaltigen Gliederung können mehr Bildbreiten (1-, 2- und 3spaltig) eingesetzt werden. Im Format A4 muss vermehrt auf die optimale Schrift in der richtigen Grösse geachtet werden.

Die 4spaltige Aufteilung ist relativ schwierig zu bewerkstelligen, bietet aber viele Layoutmöglichkeiten. 4 Spalten sind eher für Layouts mit Kurztexten wie Neuigkeiten, PR-Artikel, Kurzberichte geeignet.

Spaltenbreite und -abstand

Der Abstand zwischen den Spalten hängt von der Spaltenbreite und der Satzart ab. Je kürzer die Breite, desto eher wähle man Flattersatz. Blocksatz ist für 2- und 3spaltige Anordnung geeignet, im 4spaltigen Satz ergeben kleine Zeilenlängen grosse Wortzwischenräume. Beim 4spaltigen Satz ist deshalb der Flattersatz besser. Es spricht aber nichts dagegen, auch beim 2- und 3spaltigen Satz die Zeilen flattern zu lassen!

Im Blocksatz entstehen weisse, gradlinige Spaltenzwischenräume, im normalen Grundtext zwischen 4 und 6 Millimetern. Achten Sie darauf, dass die Spalten nicht zu stark «auseinanderfallen», dass der innere Zusammenhalt nicht verlorengeht.

Der Flattersatz – durch unregelmässige Zeilenenden bedingt – erzeugt optisch mehr Weissraum zwischen den Spalten. Halten Sie also den Spaltenabstand ruhig kleiner als beim Blocksatz.

    4spaltig: 2 bis 3 mm
    3spaltig: 3 bis 5 mm
    2spaltig: 4 bis 6 mm

Spaltenlinien

Spaltenlinien haben eine Schmuckfunktion, sie können durch das Layout führen oder den Flattersatz stützen. Normalerweise werden sie so dick gehalten wie die Strichstärke der Schrift. Die beliebten 1-Punkt-Linien sind in den allermeisten Fällen zu dick. Wählen Sie eine Linienstärke von 0,3 bis 0,6 Punkt. Spaltenlinien sind nicht zwingend nowendig, können aber, wenn sie mit anderen Linien korrespondieren, das Layout bereichern.

Wie Linien eingesetzt werden, ist auf Seite 204 nachzulesen.

Mögliche Spaltenlinien. Im Normalfall ist die Strichdicke der Grundtextschrift angepasst. Andere Linien, wie punktiert oder gestrichelt, sind ebenfalls erlaubt. Dicke Spaltenlinien assoziiert der Leser mit Trauerrändern.

Die Linienstärke 1 Punkt ist in den meisten Fällen weder Fisch noch Vogel. Zu dick für die Schrift, zu dünn, um einen Kontrast zur Schrift zu bilden.

Id nos Latine gloriosum dicimus. Mihi ad enarrandum hoc argumentum comit, si ad auscultandum vostra erit benignitas. Qui autem auscultare nolet, exsurgat foras, ut sit, ubi sedeat ile qui auscultare vult. Nunc qua ad enarrandum hoc argumentums comit, si ad auscultandum vostra erit benignitas. Qui autem auscultare nolet, exsurgat foras, ut sit, ubi sedeat ile qui auscultare vult. Qua adsedistis causa in festivo loco, comoediai quam nos actuari sumus et argumentum et nomen vobis eloquar. Alazon Graece huic nomen est comoediae: Id nos Latine gloriosum dici-

mus. Mihi ad enarrandum hoc argumentum comit, si ad auscultandum vostra erit benignitas. Qui autem auscultare nolet, exsurgat foras, ut sit, ubi sedeat ile qui auscultare vult. Nunc qua ad enarrandum hoc argumentums comit, si ad auscultandum vostra erit benignitas. Qui autem auscultare nolet, exsurgat foras, ut sit, ubi sedeat ile qui auscultare vult. Qua adsedistis causa in festivo loco, comoediai quam nos actuari sumus et argumentum et nomen vobis eloquar. Alazon Graece huic nomen est comoediae:Id nos Latine gloriosum dicimus. Mihi ad enarrandum hoc

argumentum comit, si ad auscultandum vostra erit benignitas. Qui autem auscultare nolet, exsurgat foras, ut sit, ubi sedeat ile qui auscultare vult. Nunc qua ad enarrandum hoc argumentums comit, si ad auscultandum vostra erit benignitas. Qui autem auscultare nolet, exsurgat foras, ut sit, ubi sedeat ile qui auscultare vult. Qua adsedistis causa in festivo loco, comoediai quam nos actuari sumus et argumentum et nomen vobis eloquar. Alazon Graece huic nomen est comoediae: Id nos Latine gloriosum dicimus. Mihi ad enarrandum hoc argumentum comit, si ad auscul-

9 Punkt Rockwell Light, Zeilenabstand 12 Punkt. Der Spaltenabstand ist mit 7 mm zu weit gehalten, die Spalten drohen den Zusammenhalt zu verlieren. Eine Spaltenlinie kann dies jedoch weitgehend auffangen.

Id nos Latine gloriosum dicimus. Mihi ad enarrandum hoc argumentum comit, si ad auscultandum vostra erit benignitas. Qui autem auscultare nolet, exsurgat foras, ut sit, ubi sedeat ile qui auscultare vult. Nunc qua ad enarrandum hoc argumentums comit, si ad auscultandum vostra erit benignitas. Qui autem auscultare nolet, exsurgat foras, ut sit, ubi sedeat ile qui auscultare vult. Qua adsedistis causa in festivo loco, comoediai quam nos actuari sumus et argumentum et nomen vobis eloquar. Alazon Graece huic nomen est comoediae: Id nos Lati-

ne gloriosum dicimus. Mihi ad enarrandum hoc argumentum comit, si ad auscultandum vostra erit benignitas. Qui autem auscultare nolet, exsurgat foras, ut sit, ubi sedeat ile qui auscultare vult. Nunc qua ad enarrandum hoc argumentums comit, si ad auscultandum vostra erit benignitas. Qui autem auscultare nolet, exsurgat foras, ut sit, ubi sedeat ile qui auscultare vult. Qua adsedistis causa in festivo loco, comoediai quam nos actuari sumus et argumentum et nomen vobis eloquar. Alazon Graece huic nomen est comoediae:Id nos Latine gloriosum dici-

mus. Mihi ad enarrandum hoc argumentum comit, si ad auscultandum vostra erit benignitas. Qui autem auscultare nolet, exsurgat foras, ut sit, ubi sedeat ile qui auscultare vult. Nunc qua ad enarrandum hoc argumentums comit, si ad auscultandum vostra erit benignitas. Qui autem auscultare nolet, exsurgat foras, ut sit, ubi sedeat ile qui auscultare vult. Qua adsedistis causa in festivo loco, comoediai quam nos actuari sumus et argumentum et nomen vobis eloquar. Alazon Graece huic nomen est comoediae: Id nos Latine gloriosum dicimus. Mihi ad en-

9 Punkt Memphis Light, Zeilenabstand 12 Punkt, mit einem Spaltenabstand von 4 mm. Die Spaltenlinie ist bereits zuviel des Guten.

Id nos Latine gloriosum dicimus. Mihi ad enarrandum hoc argumentum comit, si ad auscultandum vostra erit benignitas. Qui autem auscultare nolet, exsurgat foras, ut sit, ubi sedeat ile qui auscultare vult. Nunc qua ad enarrandum hoc argumentums comit, si ad auscultandum vostra erit benignitas. Qui autem auscultare nolet, exsurgat foras, ut sit, ubi sedeat ile qui auscultare vult. Qua adsedistis causa in festivo loco, comoediai quam nos actuari sumus et argumentum et nomen vobis eloquar. Alazon Graece huic nomen est

comoediae: Id nos Latine gloriosum dicimus. Mihi ad enarrandum hoc argumentum comit, si ad auscultandum vostra erit benignitas. Qui autem auscultare nolet, exsurgat foras, ut sit, ubi sedeat ile qui auscultare vult. Nunc qua ad enarrandum hoc argumentums comit, si ad auscultandum vostra erit benignitas. Qui autem auscultare nolet, exsurgat foras, ut sit, ubi sedeat ile qui auscultare vult. Qua adsedistis causa in festivo loco, comoediai quam nos actuari sumus et argumentum et nomen vobis eloquar. Alazon Graece

huic nomen est comoediae:Id nos Latine gloriosum dicimus. Mihi ad enarrandum hoc argumentum comit, si ad auscultandum vostra erit benignitas. Qui autem auscultare nolet, exsurgat foras, ut sit, ubi sedeat ile qui auscultare vult. Nunc qua ad enarrandum hoc argumentums comit, si ad auscultandum vostra erit benignitas. Qui autem auscultare nolet, exsurgat foras, ut sit, ubi sedeat ile qui auscultare vult. Qua adsedistis causa in festivo loco, comoediai quam nos actuari sumus et argumentum et nomen vobis eloquar.

9 Punkt Lubalin Graph, Zeilenabstand 12 Punkt, jedoch Flattersatz statt Blocksatz. Die flattersatzbedingten Räume am Zeilenende werden durch einen schmaleren Spaltenabstand kompensiert. Der Spaltenabstand beträgt gerade 2,5 mm. Die letzte Spalte kann über den Satzspiegel hinaus gestaltet werden, optisch bleibt der Weissraum erhalten.

Randeinstellungen

Unglücklicherweise werden in allen Layoutprogrammen gleich nach der Definition des Formates die Abstände zum Rand gefordert. Dies ist vielleicht bei Briefbogen oder anderen Einzelarbeiten richtig. Beim mehrspaltigen Layout ist der Rand erst einmal nebensächlich. Wichtiger ist die Spaltenzahl, deren Breite und Abstände. Die ermittelte Satzspiegelbreite lässt dann einen Rand übrig, der links und rechts verteilt wird. Er gleicht einem «Abfallprodukt», welches halt so anfällt. Die nebenstehenden Zahlen zeigen die gängigsten Spaltenbreiten im 3- und 4spaltigen Umbruch bei gleicher Satzspiegelbreite.

Wenn zum Beispiel 25 mm für den Rand übrigbleiben und der Satzspiegel eingemittet werden soll, hat man aussen 13 und im Bund 12 mm zu verteilen. Ein guter Satzspiegel kennt nur ganze Millimeter. Erst dann nämlich lassen sich auch die Bilder in ganzen Millimetern verarbeiten, und die Positionierung von Text und Bild läuft am Bildschirm ganzzahlig, was bei der Eingabe und visuellen Kontrolle angenehmer ist.

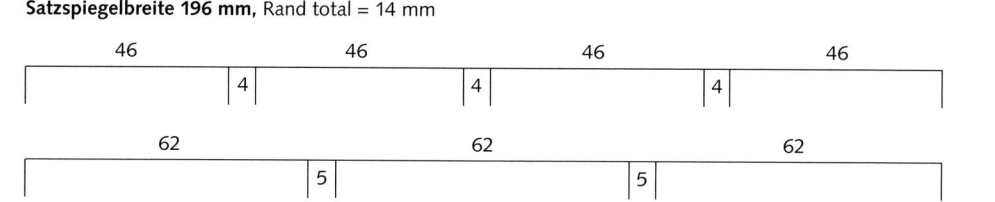

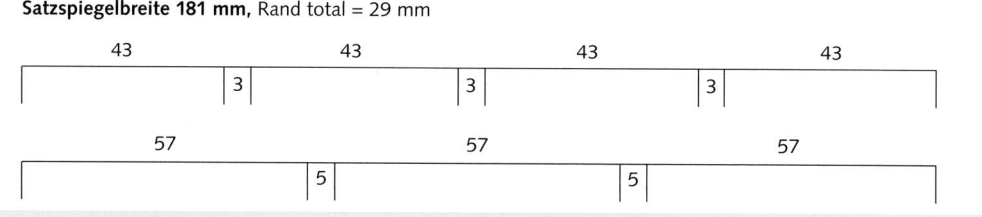

Ermittlung der Spaltenbreiten und -abstände für 3- und 4spaltigen Satz. Ziel: beide Einteilungen müssen die gleiche Satzspiegelbreite haben und alle Masse keine Dezimalstellen aufweisen. Die Masse eignen sich für Papierbreiten um ±210 mm. Es wurden nur die Spaltenabstände 3, 4 und 5 mm berücksichtigt.

Spaltenhöhe

Die Frage nach der Höhe des Satzspiegels zieht vielfach das grosse Achselzucken nach sich. Oben beginnt der Text nach der Randdefinition, doch wie sieht's unten aus? Bei vielen Gestaltern herrscht die zwanghafte Vorstellung, oben, unten, links und rechts alles auf den Satzspiegel auszurichten. Das Resultat: überall, auf jeder Seite, ein rechteckiger Block. Wie langweilig! Verspielter scheint das «Flattern» der Spalten unten. Dass sie auch oben auf unterschiedlicher Höhe beginnen können, ist seltener anzutreffen, jedoch eine gute Variationsmöglichkeit.

Bewegen wir uns im Rahmen des «Normalen», so bleibt die Frage offen, wo denn die Textspalte unten aufhören soll. Den Satzspiegel definieren wir aus einer Anzahl Zeilen des Grundtextes – oben beginnend mit der Oberlänge, unten endend auf der Schriftlinie. Titel, Untertitel oder Abstände bleiben unberücksichtigt. Ausgegangen wird von einer Textspalte, die ohne jeglichen Abstand und ohne Titel auf der Seite steht. Um den Satzspiegel festzulegen, hat man deshalb zuerst die Schriftgrösse und den Zeilenabstand des Grundtextes zu definieren. Er ist keinesfalls identisch mit den anfänglich eingestellten Rändern; diese werden nachträglich angepasst.

Die Höhe der Spalten entspricht einer Anzahl Zeilen des Grundtextes ohne Zwischenräume (1). Die Randeinstellungen (2) sollen nachträglich auf den Satzspiegel angepasst werden. Schrift: Rotis Semi Serif 9 Punkt, Zeilenabstand 14 Punkt.

Wenn im gleichen Satzspiegel mehrere Schriftgrössen und Zeilenabstände (z.B. bei 2- und dreispaltigem Umbruch) vorkommen, müssen diese aufeinander abgestimmt werden. Schrift Futura Book 10 Punkt, Zeilenabstand 15,5 Punkt.

Registerhaltigkeit

Als Register bezeichnen wir das deckungsgleiche Positionieren des Grundtextes einer Vorder- und Rückseite. Die Registerhaltigkeit ist vor allem bei der Buchherstellung sehr wichtig. Halten Sie einmal eine Buchseite gegen das Licht: Sie werden feststellen, dass die Zeilen der Vorderseite und der Rückseite deckungsgleich Schriftlinie auf Schriftlinie stehen. Warum wohl? Weil dadurch der Text von der Rückseite weniger störend durch das Papier durchschimmert. Somit lässt sich auch dünneres oder weniger opakes Papier bedrucken. Den Text auf Register zu fixieren, macht nur Sinn in mehrseitigen Publikationen, wo derselbe Grundtext auf der Vorder- und Rückseite aufeinandertrifft.

Die Registerhaltigkeit wird heute durch verschiedene DTP-Programme automatisch hergestellt. Andere Namen für Register sind Grundlinienraster, -gitter oder Seitenraster. Für die Qualität eines Magazins spielt die Registerhaltigkeit keine so grosse Rolle, weil Inserate, Abbildungen, Kästchen oder weitere Schriften die Registerhaltigkeit sowieso streckenweise verunmöglichen. Im Zeitschriftenumbruch sehe ich die wesentlichen Vorteile in der Schnelligkeit und in der Genauigkeit.

Das Register legt ein unsichtbares, magnetisches Netz über die ganze Seite, beginnt bei der ersten Schriftlinie und hört unten im Satzspiegel auf. Beim Layoutvorgang schnappen – sofern man will – alle Schriftlinien automatisch auf dieses Netz, so dass der Anwender sich nicht darum zu kümmern braucht – eine tolle Sache. Vorbei ist das ewige Hineinpixeln im grösstmöglichen Abbildungsmassstab.

Welcher Text ist registerhaltig?

Sicher die Grundschrift, darüber sind sich alle einig. Alle übrigen Textelemente brauchen nicht auf das Register fixiert zu werden. Haupttitel sind dafür zu gross, Legenden stehen beim Bild, haben rein gar nichts mit dem Grundtext zu tun, auch für Rubriktitel, Tabellen-, Kästchentexte oder Marginalien besteht kein Grund für die Registerhaltigkeit – im Gegensatz zu Zwischentiteln.

Zwischentitel im Grundlinienraster

Die Registerhaltigkeit bringt nun ein paar Probleme mit sich, die es zu umschiffen gilt. Jedes Grundliniengitter geht logischerweise von einem einzigen Zeilenabstand aus. Muss es auch.

Am wenigsten Probleme bringen Zwischentitel, die denselben Zeilenabstand aufweisen wie die Grundschrift. Die Grösse spielt insofern eine Rolle, als der Zeilenabstand, welcher durch das Grundliniengitter gegeben ist, nicht beliebige Grössen zulässt. Mit einem Zeilenabstand von 12 Punkt lässt sich vielleicht eine Zwischentitelgrösse von 12 Punkt verantworten, mehr nicht.

Wenn die Zwischentitel am Grundliniengitter fixiert werden, geht's am leichtesten mit dem Umbruch voran. Sie laufen ja bei Änderungen mit dem Lauftext mit.

Der Frage nach dem Abstand zum oberen und unteren Absatz wollen wir im Kapitel «Zwischentitel» auf Seite 162 nachgehen.

Rubriktitel und Pagina stehen deckungsgleich auf der Seite.

Zusammenfassung deutsch: der Text hält Register.

Headquarters of Blancpain SA: old farmhouse in Le Brassus where the tranquillity seems near to perfect.

Clockwork of the watch «Minute repeater».

Walter Senn

The watch with the finest tradition in the world is and will remain a supreme work of handcrafted art without quartz.

The quintessence of time

In the Swiss Jura, Blancpain watches are made by hand in a farmhouse exactly as they were 250 years ago. Ever since Blancpain started making watches in 1735, the company has never produced quartz watches, and there will never be anything but mechanical ones. Yet these mechanical timepieces are not just ordinary watches, but works of art of international repute, costing between Sfr. 3 500 and Sfr. 800 000 a piece. With the creation of the six masterpieces from the world of watchmaking, Blancpain has attained absolute perfection in the art of timekeeping. In 1991 the watch company celebrated a world premiere, when marvelling connoisseurs were presented with the «Seventh Wonder of the World» in the art of watchmaking, the new «1735» model, which unites the previous six masterpieces into one single timepiece.

The Jura, the region in Western Switzerland bordering onto France, is a world all of its own. It is a tranquil, secluded world, a region marked by its own cultural identity, stretching out between the gently undulating Jura hills. The Jura is the coldest part of Switzerland, a feature which has earned it the nickname of «the Swiss Siberia». Centuries ago, the icy winter months forced the Jura farmers into an isolation which could only be endured with great difficulty. However, the raw climate instilled in the local people the qualities of silent reflection and resolute staying power, which were later to enrich their culture and stand them in good stead economically. At the beginning of the 18th century, the skill of watchmaking gradually developed from the traditional home crafts with which the farming community occupied itself during the winter. This skill was particularly suited to these people, with their passion for handicrafts, their dexterity with mechanical works and their penchant for precision. During that time in the 18th century, in the winter the venerable Geneva watchmaking families passed on the actual assembly work to the farming families in the Jura. In those days, the farmers were nothing more than craftsmen carrying out piece work in their homes, while the prices and designs of the watches were determined by the well-to-do patrons in the Calvin city. The conservative, yet business-minded Geneva watch-makers used the Jura farmers as cheap labour.

The Jura people had established themselves as independent watchmakers no later than the year 1735, when the name Jehan-Jacques Blancpain appeared for the first time on intricately designed timepieces. Thus the foundation stone of the world-famous dynasty of watchmakers was laid. Jehan-Jacques Blancpain was born in 1693 into a family whose name could be traced back as far as 1400. He was an ingenious inventor and master craftsman, not to mention a competent businessman. With a far-sighted-ness unique for his time, he foresaw that painstakingly assembled and finished watches would one day enjoy fame and popularity all over the world. His motto — «today we are writing the pages of the history books of tomorrow» — is just as valid today as it was 250 years ago. For thus the supreme achievements of 13 generations of watchmakers became an important chapter of watch-making history.

The Jurassian watchmaking village nestles closely in the slopes of the Col du Marchairuz in the Vallée de Joux. On the right hand side as you leave the village in the direction of the Lac de Joux, a narrow country lane branches off the main road, leading up into the Jura hills. In the last cluster of houses on the edge of the forest stands an old farmhouse, which in the wintertime is covered with a myriad of spiky icicles. In the darkness, the lit-up windows cast a warm light onto the glittering snow. Here, the tranquillity seems near to perfect. Now and again the silence is broken by a dog barking huskily in the distance or the north wind singing its eternal melancholic song as it dances through the dark pine treetops. The farmhouse which is set in this idyllic location is the headquarters of the present-day watch company, Blancpain SA. In homage to their forefathers, the watchmakers at Blancpain

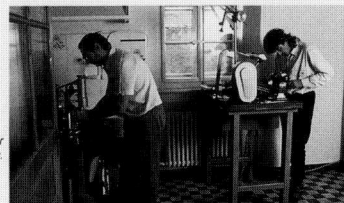

Watchmakers have pushed their work tables against the window.

The six masterpieces of the traditional art of watchmaking

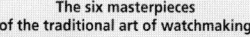

Extra-slim manual or selfwinding movement

Moon-phase calendar

Perpetual calendar

Extra-slim chronograph with or without split second

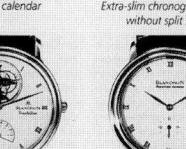

«Tourbillon» regulator

Minute repeater

have pushed their work tables against the window of this former farmhouse, so that they can develop and assemble their watches by hand just as they were 250 years ago. It is in this simple, well-kept house, which bears not the slightest resemblance to a factory, that the technical and creative heritage of generations of master watchmakers is allowed to flourish. Here, each watchmaker is an artist in his own right, a master craftsman who is highly respected for his creativity and technical dexterity. The watchmakers at Blancpain do not work according to fixed times. They are free to work when they feel they are best able to develop their creative skills. For they do not simply produce chronometers in series, but create pure works of art. Each individual watch is instilled with a breath of its creator's very soul. And that means that each and every watch is a very special timepiece. The commissions which are directly received by the firm are passed on to a watchmaker, who carries out the entire work by hand from beginning to end. Each watch, which comprises over 300 individual parts, takes him around three months to piece together. As a result, the finished timepiece is truly his own personal creation, which, just as in the year 1735, he engraves with his name before it undergoes its final polish.

The watchmakers in the Jura create works of art for people whose lives are characterised by an inclination towards inner, natural values. These people do not regard a watch as being simply a means of telling the time, but rather a classic masterpiece, a traditional, artistic heirloom of human creativity in its broadest sense. ◁

Die traditionsreichste Uhr der Welt ist und bleibt ein Kunsthandwerk ohne Quarz.

Eine Uhr schreibt Zeitgeschichte

Im Schweizer Jura werden die Blancpain Uhren noch wie vor 250 Jahren in einem Bauernhaus von Hand hergestellt. Seit 1735 gibt es bei Blancpain keine Quarzuhren und es wird auch nie andere als mechanische geben. Aber diese mechanischen Uhren sind keine gewöhnlichen Uhren, sondern Kunstwerke von Weltruf, die zwischen 3 500 und 800 000 Franken kosten. Mit der Schaffung der sechs Meisterstücke der Uhrmacherkunst brachte das Haus Blancpain die Kunst der Zeitmessung zur allerhöchsten Vollendung. Im Jahre 1991 feierte Blancpain zudem Weltpremiere: Einer staunenden Fachwelt wurde mit dem neuen Modell «1735» das «Siebente Weltwunder der Uhrmacherkunst» vorgestellt, das alle bisherigen sechs Meisterstücke in einer einzigen Uhr vereinigt.

Die Uhrmacher im Jura schaffen Kunsthandwerke für Menschen, deren Lebensstil durch die Zuneigung zu inneren, natürlichen Werten geprägt ist. Für sie stellt die Uhr nicht einfach ein Instrument zur Zeitmessung dar, sondern ist ein Meisterwerk der Klassik, im weitesten Sinne ein traditionelles, künstlerisches Erbstück menschlicher Schaffenskraft. ◁

Grundtext steht Zeile auf Zeile auf dem Grundliniengitter.

Titel und Lead alinieren nicht auf dem Zeilenregister.

Legenden halten kein Register.

Randabfallende Elemente

Der Satzspiegel ist Rahmenbedingung und Leitlinie. Doch was wäre die Regel ohne Ausnahme? Nicht alles braucht sich automatisch in diesen Rahmen zwängen zu lassen – tausendfach genutzt ist zum Beispiel der Rand. Elemente verschiedenster Art wagen sich weit hinaus, bis sie zuletzt vom Buchbinder gekappt werden.

Elemente, die dafür in Frage kommen, sind vor allem Bilder, Flächen oder Linien, manchmal sogar plakative Titel. Sie nutzen den Platz maximal aus, weil der Rand im Layout immerhin 1 bis 2 cm beträgt. Mit randabfallenden Elementen wird die «Sturheit» des Satzspiegels auf eine spielerische Art durchbrochen.

Alle diese Randelemente sollten einen Beschnitt von mindestens drei Millimetern aufweisen. Das heisst, sie müssen 3 mm über den Rand hinaus gestaltet werden. Der Buchbinder beschneidet das Papier aufs Format, und die 3 mm fallen weg.

Zeitungen können aus technischen Gründen nicht randabfallend bedruckt werden, es sei denn, sie werden nachträglich geschnitten.

Der Bund

Im Bund ist grundsätzlich kein Beschnitt nötig. Es gibt allerdings Fälle, wo trotzdem Beschnitt berücksichtigt werden muss. Bei Inseraten zum Beispiel ist nicht bekannt, ob sie links oder rechts zu liegen kommen; auch die Bindeart kann Beschnitt verlangen.

Der Bund gibt noch ein anderes Problem auf: Durch die Bindeart bedingt, gibt es Toleranzen bis 2 mm. Das heisst, dass alle bundüberlaufenden Bilder problematisch sind. Hier muss der Buchbinder sehr darauf achten, dass die beiden Bildteile zusammenpassen. Schon ein Blitzer von einem Millimeter fällt unschön auf.

Am schlimmsten sind Texte, welche über den Bund laufen. Was bei Titeln noch zu bewerkstelligen ist, lässt sich bei Legenden oder dem Grundtext nicht mehr realisieren – eine todsichere Methode, Text unlesbar zu machen! Bei Titeln sollte der Bund genau zwischen zwei Wörtern liegen, notfalls zwischen zwei Buchstaben – dann geht's.

Eine todsichere Methode, den Grundtext unlesbar zu machen, ist, ihn über de

So wird's

Randabfallende Elemente wie Bilder, Linien oder Flächen müssen 3 mm oder mehr über den Seitenrand hinaus gestaltet werden. Sie werden nachträglich vom Buchbinder beschnitten, daher die Bezeichnung «Beschnitt».

zu gestalten. Funktioniert bestens. Absolut verboten.

gemacht.

Gliederungselemente

Haupttitel

Mit der Titelgestaltung legen wir die Gliederung, die hierarchische Ordnung, die Logik des Aufbaus fest. Wir unterscheiden Haupttitel (Headlines), Untertitel, Zwischentitel (Sublines) und Rubriktitel. Die Begriffe vermischen sich zunehmend; so stammt der Begriff Rubrik aus dem Lateinischen: *Rubrum* heisst Rötel (eine rötliche Farbpaste) und wurde generell für Überschriften gebraucht. Heute ist eine Rubrik ein journalistischer Teil (Ausland, Inland, Wirtschaft, Sport usw.) von Periodika. Ein Rubriktitel bezeichnet deshalb ein redaktionelles «Gefäss».

Führungsanspruch und Dominanz

Der Haupttitel führt unangefochten Regie auf der Seite. Er wird dominant gehalten und soll von keinem anderen typografischen Element zu stark konkurrenziert werden. Der Titel kann in verschiedene Kleider schlüpfen: eine klare Aussage transportieren, aber auch doppelsinnig auftreten. Eine Frage im Titel wirft Zweifel auf, regt graue Hirnzellen an – ein Ausrufezeichen hinterlässt nachhaltig Entsetzen oder Freude. Wenn zwei Aussagen als Titel gewünscht sind, sollte man sich für den einen entscheiden – zwei Titelaussagen wirken verwirrend. In allen Fällen gelten die Gesetze der Lesbarkeit. Wenn der Titel schlecht lesbar ist, verfehlt er weitgehend seinen Zweck, das Interesse für den Inhalt zu wecken.

Anzahl Zeilen
Wenn immer möglich, muss der Haupttitel kurz und prägnant gehalten werden. Schwerverständliche Phrasen wirken wenig einladend – je kürzer, desto schlagkräftiger. Ein Haupttitel darf bis zwei Zeilen einnehmen. Langfädige Drei- oder Vierzeiler sind übertrieben und wirken meistens plump. Eine schmallaufende Schrift hält den Schaden in Grenzen, wenn Titel einmal zu lang ausfallen. In der Werbung (Plakate, Inserate usw.) gelten andere Gesetze, wenn ganze Aussagen zu Titeln oder Slogans aufgemacht werden.

Trennungen
Trennungen im Haupttitel sind tunlichst zu vermeiden. Sie sind unschön und behindern das rasche Erfassen auf einen Blick. Manchmal lässt sich dies jedoch nicht vermeiden, bei schmalen Spalten etwa, dann achten Sie wenigstens auf sinnvoll-logische Silbentrennungen.

Doppeldeutige Titel sind gefährlich oder spielerisch. Ist hier das Gemüse oder der Politiker gemeint? Alle Arten Titel sind linksbündig gesetzt.

Diese Aussage ist klar. Zentrierte Titel sind o.k.

Langfädige Titel signalisieren langweiligen Text. In Kombination mit schlecht lesbarer Typografie ein Grund für die Nichtbeachtung.

Am einfachsten ist die einheitliche Ausrichtung für Titel und Untertitel. Eine Kombination von linksbündig und zentriert ist ebenfalls möglich.

VERSALBUCHSTABEN SIND SCHLECHT LESBAR

Ausser der schlechten Lesbarkeit sind die Abstände mangelhaft. Die zweite Zeile steht näher beim Text als bei der ersten.

Für mehr Logik in Titeln!

Speziell bei Titeln soll auf den logischen Zeilenabbruch geachtet werden.

FAST GROBFAHRLÄSSIG IST VERSAL UND KURSIV

Eine Kumulierung von verschiedenen Auszeichnungsarten wirkt sich besonders fatal auf die Lesbarkeit aus. Der Zeilenabstand ist viel zu klein.

Für mehr Logik in Titeln!

So wird's gemacht. Sogar die stark unterschiedlichen Zeilenlängen können etwas aufgefangen werden.

KAPITÄLCHEN SIND FÜR TITEL UNGEEIGNET

Kapitälchen sind eine Auszeichnungsart für den Grundtext – in Antiquaschriften. Kapitälchen, Groteskschriften und Titel vertragen sich nicht.

Alles, nur keinen Blocksatz in Titeln!

Blocksatz in Titeln ist etwas absolut Verbotenes. Die riesigen Wortzwischenräume verraten den Dilettanten.

SPERREN JA, ABER BITTE MIT MASS!

Einzelne Titel sperren ist tolerierbar. Viele gesperrte Titel lassen die Seite äusserst unruhig erscheinen.

Müssen Titelzeilen immer gleichlang sein?

Die Mode, Titel aus unterschiedlichen Grössen gleich lang zu gestalten, ist ein Unsinn. Die Betonung liegt dann meistens völlig daneben.

Haupttitel gestalten

Die einfachste Lösung der Titelgestaltung – grösser als der Grundtext oder fett – liegt auf der Hand. Das Normale sieht aber gewöhnlich und deshalb unauffällig aus. Wollen wir dem Titel nicht etwas mehr Zugkraft – wie es seiner Stellung entspricht – zuhalten? Die Gestaltung der Schrift im Haupttitel ist so frei wie sonst nichts auf der Seite. Leider wird diese Möglichkeit wenig genutzt: geschwungen, rotiert, mit Schatten usw., nirgendwo kann mit Schrift mehr gespielt werden als beim Titel. Damit will ich jedoch nicht einem typografischen Schriftsalat das Wort reden. Viel Schnickschnack sieht nicht einfach gut aus – auch hier will das Spiel gekonnt inszeniert sein.

In Magazinen und Zeitungen werden Haupttitel häufig nach einem festgelegten Konzept gestaltet. Das bedeutet aber nicht unbedingt stur, immer gleich. Das Gestaltungskonzept kann auch heissen: Alle Titel werden bewusst unterschiedlich gestaltet, die Schriften zum Artikel passend ausgesucht. Oder: die gleiche Schrift in unterschiedlichen Grössen, die gleiche Schriftfamilie in mehreren Schriftschnitten.

1 Die Kontur einer Schrift heisst Outline. Schrift: Helvetica Inserat.

2 In Layout- und Textverarbeitungsprogrammen sind «outline» und «schattiert» beliebte Möglichkeiten für die Titelgestaltung. Nicht unter 24 Punkt anzuwenden. Schattenabstand, Konturstärke und Schwärzung können nicht variiert werden.

3 Eine Kombination von «outline» und «schattiert». Die Schrift ist etwas zu unterschneiden.

4 Schrift und Schatten sind im Layoutprogramm übereinandergelegt und somit im Abstand, Winkel und in der Schwärzung variabel.

5 In Grafikprogrammen kann die Konturstärke mit verschiedenen Füllfunktionen frei definiert werden. Schriften: Lithos, Cooper Black.

6 Die Schrift ist dreifach vorhanden: in Schwarz, in der Hintergrundfarbe und in Weiss. Schrift: Copperplate.

7 Ähnlicher Aufbau wie bei 6 und doch so verschieden. Schrift: News Gothic.

8 Bei Outlines ist darauf zu achten, dass die Feinheiten nicht verschmelzen. Die weisse Innenform sollte der normalen Form entsprechen. Schrift: Poster Bodoni.

9 Im Titel können verschiedene Helligkeitsstufen leicht kombiniert werden. Schrift: Futura Extra Black.

10 Das Anschneiden von Titeln ist durchaus erlaubt. Bei Titeln am Seitenrand aufgepasst: Schriften haben keinen Beschnitt, er muss im Grafikprogramm angesetzt werden. Schriften: Fenice, Avenir.

11 Titel können ausser Rastertönen und Farben auch Füllungen aus Mustern oder Bildern annehmen. Schrift: Helvetica Inserat.

12 Perspektivische Verzüge in allen Richtungen bis hin zum körperhaften 3D-Effekt sind etwas aufwendig, aber ungewöhnlich. Schrift: Helvetica Inserat.

13 Die Schriftlinie kann ebenfalls gestaltet werden, beim Rundsatz sind die Buchstaben nicht zu eng zu halten, sie sollten sich nicht berühren. Schrift: Hobo.

14 Die Wellenform darf nicht zu extrem ausgelebt werden, sonst beginnen die einzelnen Buchstaben optisch zu wackeln. Schrift: Clearface.

FLY & DRIVE 9

wieder geöffnet

50-m-Schwimmbecken 10

VOYAGER 11

Raumplanung in Zürich 12

Einladung zur Diskussionsrunde 13

Wanderungen im Voralpengebiet 14

Haupttitel plazieren

Stellung
Die Stellung des Titels auf der Seite ist völlig frei. Er kann jede Stelle einnehmen, oben, unten, rechts oder links des Textes, er kann sogar von unten nach oben oder umgekehrt laufen, angeschnitten werden oder (als Gag) seitenverkehrt aufkreuzen. Das wichtigste ist, dass er als erstes erfasst wird.

Bei einer traditionellen Gestaltung steht der Titel immer oben links beim Lesebeginn. Je weiter wir uns vom Gewöhnlichen entfernen, desto auffälliger wird die Gestaltung. Nur muss dann darauf geachtet werden, dass der Textbeginn klar erkannt wird, was in der Magazintypografie mit einem Initialbuchstaben «markiert» werden kann.

Abstände
Der Zeilenabstand eines Haupttitels richtet sich nach der gewünschten Wirkung und ist von Schrift zu Schrift unterschiedlich. In der Regel ist der automatische Zeilenabstand von 120% der Schriftgrösse zu gross. Lange Titelzeilen benötigen einen grösseren Zeilenabstand als kurze. Man achte darauf, dass Unterlängen und Oberlängen sich nicht berühren, vor allem bei fetten Schriften kann dies störend wirken. Der optische Zeilenabstand der Titelzeilen soll nicht grösser sein als der Abstand des Titels zum Text. Die Abstände von Titeln (gleicher Hierarchiestufe) zum Text müssen über die ganze Publikation hinweg einheitlich sein. Gleiches soll gleich gesetzt werden.

Mittelachse oder Flattersatz?
Titel geniessen eine gewisse Narrenfreiheit, d.h. sie dürfen in jeder Satzart gesetzt werden. Blocksatz ist wegen der unregelmässig grossen Zwischenräume nicht angebracht. Flattersatz linksbündig oder Mittelachsensatz trifft man am meisten an. Vielfach findet sich zwischen den einzelnen Hierarchien eine gewisse Übereinstimmung: Bei zentriertem Haupttitel werden auch die Zwischentitel eingemittet, und wer sich für linksbündig entscheidet, setzt alle Titel linksbündig. Erlaubt sind auch: Haupttitel eingemittet, Untertitel und Zwischentitel linksbündig.

Achsen oder Randausgleich
Grosse Buchstaben haben links und rechts etwas Fleisch. Aliniert auf eine Satz- oder Bildkante steht der Titel zu weit davon weg. «Fleisch ist sündig», gilt in der Typografie nicht. Im Gegenteil. Der optische Randausgleich zeichnet eine gute Typografie aus. Rundungen oder dreieckartige Spitzen stehen etwas über die Satzkante hinaus.

Über den Bund laufende Titel
Wenn ein Titel über den Bund laufen soll, muss die Bindeart berücksichtigt werden. Vor allem bei dickeren Broschüren besteht die Gefahr, dass einzelne Buchstaben im Bund verschwinden. Der Bund sollte deshalb nie direkt durch einen Buchstaben laufen, sondern immer zwischen zwei Wörtern oder wenigstens zwischen zwei Buchstaben. Denken Sie an die Maschinentoleranzen – ein Millimeter zuviel weggeschnitten bedeutet dann vielleicht, dass ein Buchstabe unleserlich wird. Dasselbe gilt auch für die Bildgestaltung: Keine wichtigen Bildelemente im Bund!

Haupttitel

1 Die Titelgestaltung hilft dem Leser, sich auf der Seite zu orientieren. Bei engen Raumverhältnissen kann der Titel nur in plakativer Art dominieren – feine Schriften wären fehl am Platz.

2 Titel brauchen Weissraum. Je mehr, desto vornehmer die Wirkung und desto eindringlicher die Aussage.

3 Ein Layout mit gleichartig gestalteten Titeln in unterschiedlichen Grössen.

Das neue Dinkmotell.

1
One Beautiful Saks Fifth Avenue

In every city in America,
you'll find more than one
fantastic restaurant...
more than one outrageous night spot...
more than one very cultured museum...
but you'll find only one
Saks Fifth Avenue.
One glorious store...
in thirty cities throughout America...
housing all at once, the best of the
best designers in all the world...
the very best there is of fashion. Beauty.
And style! Come in and see why
there is really only one beautiful
Saks Fifth Avenue!

Atlanta • Bal Harbour • Bala Cynwyd • Beachwood • Bergen County • Beverly Hills • Boston • Chevy Chase • Chicago • Fairlane
Fort Lauderdale • Frontenac • Garden City • Houston • La Jolla • Las Vegas • Monterey • New York • Palm Beach • Palm Springs • Palo Alto
Phoenix • Pittsburgh • San Francisco • Skokie • South Coast Plaza • Springfield • Troy • White Plains • Woodland Hills

HDTV
HDTV: Digital in den USA, analog in Japan und Europa?

Keine Frage – ein Hauptthema der photokina Professional Media wird die Frage nach dem Stand von HDTV sein. Während in Japan seit dem 25. November 1991 täglich 8 Stunden das neue Fernsehverfahren übertragen

In den USA steht 40 Jahre nach dem Start des vom National Television Systems Committee vorgeschlagenen NTSC-Systems die Einführung des hochauflösenden Fernsehens an. Freilich ist über das Verfahren selbst noch nicht entschieden. Nur einige Vorstellungen sind bekannt: Das neue System soll für alle Übertragungsmedien geeignet sein, vor allem

Forbo Magazine 1/1993

Management — Teamwork is combat power in a multinational market 2
Focus — The Swiss President is a sporting all-rounder 4 / Martin Bangemann, EC Vice President 6
Economics — Not just in Switzerland but in Europe too 7
People — The dynamic coach and his team: Hans-Rudolf Strässler 8
Story — Top Gun: Swiss elite pilots take to the skies 10
Inside — Forbo Race 1992 15 / Our material is design 17 / Forbo Giubiasco in Eastern Europe 18 / New showrooms at Forbo Parade Tapijt 22

Wenn wir von Schärfe reden,

meinen wir die ganze oder nur partiell gestaltete Bildschärfe. Durch starkes Vergrössern können Reproduktionen unscharf werden oder die Kornstruktur der Vorlage hervorbringen. Bei extremen Vergrösserungsfaktoren von 1000 bis 1000 Prozent setzen wir darum am Scanner, je nach Art der Abbildung, die Konturberdruckung ein. So wird das sonst ungewollt abgebildete Bildkorn der Dias unterdrückt. Aufsichtsvorlagen lassen sich nur wenig vergrössern, da die Detailauflösung viel gröber als bei Diapositiven ist. Weitere Informationen in unserem nächsten Inserat oder bei: Nievergelt Repro AG, Wurzgrabenstrasse 6, Postfach, 8048 Zürich, Telefon 01 432 53 53, Telefax 01 432 81 31

TEXTIL Festival
In der IKEA vom 24.1.94 – 5.3.94

Im Möbelhaus ist jetzt alles total auf Textil eingestellt. Egal aus welchem Stoff Deine Träume sind – Du und Dein Budget schneiden jetzt besonders gut ab. Von der Meterware über Bettwäsche bis hin zum Zierkissen findest Du super Angebote am Laufmeter. Zum Beispiel 10% Rabatt wenn Du selber Hand an die Schere legst. Dass Du ausserdem eine Textil-Ausstattung im Wert von 5000.– gewinnen kannst, ist eigentlich ganz gut eingefädelt, oder?

12.– m
MARIETTA MARIANA Stoff.
100% Baumwolle, Chintz.
150 cm breit.

Elektrische Lampen

Spanisch

Spanisch lernen in Madrid, Barcelona und Salamanca: mit Eurocentres ein kulturelles Erlebnis.
Gratis-Prospekt Tel. 01 / 485 50 40

EUROCENTRES
Die siebensprachige Migros-Tochter

Klassische Formen verführen zu jungen Ideen. interlübke
macht Lust auf Wohnen: ›duo‹
Unwiderstehlich. interlübke

Elektrische und magnetische Felder: Entstehung, Vorkommen, Wirkung

Bei den Feldern, die «Elektrosmog» verursachen können, unterscheidet man zwischen elektrischen und magnetischen Feldern sowie den elektromagnetischen Wechselfeldern, die in Form von elektromagnetischen Wellen auftreten. Je nach Feldart, bei elektromagnetischen Wellen je nach Frequenz, ist die Wirkung sehr unterschiedlich.

1 Buchstaben werden durch Bilder ersetzt, im Kopf passiert es umgekehrt.

2 Um 90 Grad gedrehte Titel werden von unten nach oben gelesen.

3 Eine Stanzung eröffnet den Durchblick auf den Titel «700 Jahre Eidgenossenschaft».

4 Titel lassen mehr Möglichkeiten der Schriftwahl offen als andere Gliederungselemente. Wo anders als im Titel können Schreibschriften verwendet werden?

5 Durch die geschickte Gliederung wird eine Legende als Titel portiert.

6 Titel können durch Bilder führen und eine eigene Geschichte erzählen.

7 Titel brauchen Raum, keine Initialbuchstaben.

8 Eine aussagekräftige Visualisierung.

9 Negativ-Positiv-Effekt mit Hintergrund.

10 Das kommt uns wirklich spanisch vor… Gelungene Titelgestaltung.

11 Trennungen im Titel sollten, wenn immer möglich, vermieden werden. Manchmal ist die Trennung aber das kleinere Übel. Die Alternative: 5 Zeilen.

12 Kalligrafie steht heute wieder hoch im Kurs.

13 Wer sucht, der findet… den Titel. Da ist wohl einiges falsch gelaufen.

14 Durch eine plakative Grösse entfalten Titel eine eigene Kraft.

15 Über den Bund sind schon viele Titel gestolpert…

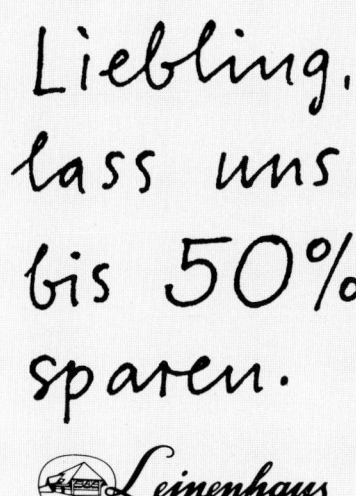

12

13

14

15

Untertitel

Viele Zeitschriften und Zeitungen benutzen die Möglichkeit, den Haupttitel mit einer Zusatzinformation, einem Untertitel, zu ergänzen. Gestalterisch kann dieser als Accessoire zum Titel angesehen werden – auf keinen Fall dominierend, nur unterstützend. Auf diese Weise wird der Leser in erweiterter Form auf das Thema hingewiesen. Häufig «funktioniert» ja der Haupttitel als reisserischer Aufmerksamkeitserreger und sagt allein nichts oder nur wenig über den Inhalt aus.

Untertitel finden wir vor allem in Zeitungen und Zeitschriften, zunehmend auch in Inseraten oder auf Buchumschlägen. Für die Gestaltung in der gleichen Drucksache gilt die Regel der Einheitlichkeit: Gleiches soll gleich gestaltet werden. Der Untertitel muss zwingend nahe beim Haupttitel stehen, die Lage und Stellung ist frei wählbar, meistens steht er unmittelbar darüber, mit oder ohne Doppelpunkt, oder darunter. Untertitel müssen schnell erfassbar sein – sie bilden zusammen mit dem Titel eine Einheit. Alle gutgemeinten gestalterischen Auszeichnungen und Schnickschnack wie sperren, Kapitälchen, Versalbuchstaben oder Effekte sind also fehl am Platz. Klarheit und Lesbarkeit sind beim Untertitel mehr wert als typografische Gags.

Nationalrat für Beschwerderecht

Maulkorb für Gemeinden

PostScript-Konferenz in London:

Level 2 ist da!

FC Zürich – Barcelona 2 : 3

Böser Ausrutscher

Die Hexe hat zugeschlagen

Hilfe bei Hexenschuss

Tragtaschen-Ausstellung im Kunsthaus

Sackstark

Untertitel verdeutlichen das Thema und geben dem Haupttitel Sinn.

In der Boulevard-Typografie nehmen Titel und Untertitel oft mehr Platz ein als der gesamte Artikel. Die gegenseitige Konkurrenzierung lässt hier die Titel eingeklemmt erscheinen.

Untertitel können zuweilen auch die Funktion eines Rubriktitels oder eines Stoppers übernehmen.

Rubriktitel

Rubriktitel führen den Leser in mehrseitigen Publikationen mit einem breiten Informationsangebot über die einzelnen redaktionellen Gefässe. Zu finden sind sie in den meisten Zeitungen am oberen Rand und heissen etwa: Ausland, Inland, Wirtschaft, Gesellschaft, Feuilleton, Sport, Wetter, Vermischte Meldungen usw. Bei Zeitschriften heissen die Rubriken zum Beispiel: Editorial, Kolumne, Das aktuelle Interview, Küche, Mode. Vielfach sind Rubriktitel mit anderen Seitenelementen wie Linien, Pagina oder Norm zusammengefasst.

Ein älterer Begriff bezeichnet Rubriktitel als *Kolumnentitel*. Kolumne heisst ein Fachausdruck für Satzspalte, der Kolumnentitel stand folgedessen über der Spalte, vielfach abgetrennt mit einer Linie. Man unterscheidet zwei Arten: *Tote Kolumnentitel* beinhalten nur die Seitenzahl – «tot» deshalb, weil damit keine Aussage möglich ist. Toter Kolumnentitel ist die alte Bezeichnung im Werksatz für die Pagina (Seitenzahl). Anders die *lebenden Kolumnentitel:* Sie beinhalten nebst der Seitenzahl zusätzlich eine Aussage, den Autor, das Werk, den jeweiligen Kapiteltitel. In Lexika findet man das erste oder das letzte Wort der Seite. Aus heutiger Sicht haben sich «tot» und «lebendig» gestalterisch getrennt, und wir bezeichnen diese Gliederungselemente als Rubriktitel und als Pagina.

Die Rubriktitel sollen dezent gehalten werden, sie sind in erster Linie Führungsinstrument und transportieren wenig Gehaltvolles. Rubriktitel sind gestalterischer Schmuck. Wenn sie zu prägnant, zu gross erscheinen, konkurrenzieren sie die Haupttitel, was nicht erwünscht ist. Man bedenke, dass die Rubriktitel Seite für Seite immer wieder vorkommen, deshalb besteht die Gefahr, dass auch die pfiffigste Gestaltung nach der zigsten Ausgabe und Seite abgedroschen wirkt.

Der Leseführung förderlich ist die immer gleiche Gestaltung in der gleichen Position. Meistens stehen Rubriktitel oben, allenfalls aussen innerhalb des Randes. Seitlich können sie rechts- oder linksbündig mit dem Satzspiegel stehen, man kann sie auch mit einem beliebigen Spaltenbeginn alinieren, d.h. auf die erste, zweite oder dritte Spalte ausrichten.

Tote Kolumnentitel bestehen nur aus der Seitenzahl, die allerdings auch unten oder seitlich stehen kann. Schrift: Cheltenham.

Lebende Kolumnentitel beinhalten neben der Pagina noch Zusätze. Schrift: Avenir.

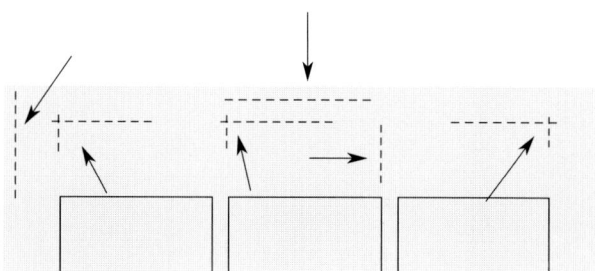

Plätze für Rubriktitel gibt's genug: oben oder seitlich randabfallend, im Satzspiegel bündig mit einer Spalte, links oder rechts, waagrecht oder senkrecht.

GESUNDHEIT

KINO

MAGAZIN

Kᴜʟᴛᴜʀ

Einfach und gut. Rubriktitel können ausgezeichnet werden: versal, gesperrt, Kapitälchen oder kursiv.

FRAU DES MONATS

Editorial

AUS- UND WEITERBILDUNG

■ FREIZEIT ■

Erweiterte Gestaltungsmöglichkeit mit dem Einsatz von waagrechten und senkrechten Linien.

PEOPLE & SCENE

Wettbewerb

Skandinavien

Wenn Linien zu Flächen wachsen, können Farben und Verläufe eingesetzt werden.

MAC**FORUM**

SERVICE

VOM UMGANG MIT KINDERN

Bei schrägen Elementen heisst es aufgepasst: sie stören schnell die Harmonie.

Ausserdem

MIXED

Partnerschaft

Rubriktitel sind frei gestaltbar. Grafiken, Pictogramme, Wischeffekte oder sogar Bilder können mit einbezogen werden.

Portrait

Markt

Hochgestellte Rubriktitel setzen Kürze voraus.

Rubriktitel haben eine Führungsfunktion. Sie erscheinen häufig auf dem Cover und im Inhaltsverzeichnis.

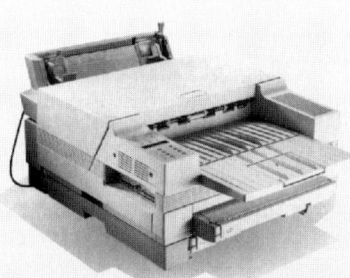

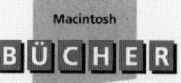

Rubriktitel prägen das Gestaltungskonzept von Zeitungen und Zeitschriften in starkem Mass. «Macintouch» variiert die Rubriktitel, lässt jedoch den Weissraum und Beginn der Textspalten immer gleich. Durch den Weissraum erkennt der Leser sofort die wegweisende Stellung des Rubriktitels.

Vor allem sorgfältig gestaltete Rubriktitel brauchen Weissraum – erst dann entfalten sie ihre Wirkung.

Zwischentitel

Zwischentitel gliedern einen oder mehrere Textabschnitte in ganze Themenblöcke. Sie sind deshalb wichtig, weil sie dem Leser erlauben, Augensprünge zu machen, um gewisse Textpassagen auszulassen. Für den Wiedereinstieg in den Artikel an einem andern Ort sind Zwischentitel unerlässlich. Sie werden in der Umgangssprache oft auch als Untertitel bezeichnet, was weiter nicht schlimm ist, wenn beide Male die Titel zwischen den Textabschnitten gemeint sind. Zwischentitel kommen vor allem bei Zeitungen und Publikationen mit Zeitschriftencharakter, aber auch bei Büchern oder Dissertationen vor.

Die Schrift bestimmen

Zwischentitel wirken am besten, wenn sie herausragen, kräftiger als der Grundtext gestaltet sind. Also wird die Grösse und/oder die Strichstärke und/oder der Schriftschnitt variiert. Als minimaler Unterschied gilt: Grundschrift, eine Strichstärkenstufe mehr. Beispiel: Eine 10 Punkt Times bekommt als Zwischentitel die 10 Punkt Times Bold. Auffälliger wirken Zwischentitel in einer anderen Schrift: Zur Times gesellt sich nun eine fette Grotesk, z.B. die Helvetica Bold. Lesen Sie dazu bitte die Seiten 80 bis 85, wo der Einsatz und die Wirkung der Schriften eingehend behandelt sind.

Die Grösse der Zwischentitel

Zwischentitel sollten gleich gross oder grösser als der Grundtext gehalten werden. Das hat mit dem Zeilenregister zu tun. Heutige Layoutprogramme richten alle Zeilen auf Wunsch automatisch auf ein Grundlinienraster aus, was erhebliche Geschwindigkeitsvorteile bringt. Wenn nun die Untertitel ausgenommen werden, gibt das Layout merklich mehr zu tun, denn die (jetzt variablen) Zwischenräume vor und nach den Zwischentiteln müssen manuell behandelt werden. Wichtig ist deshalb nicht so sehr die eigentliche Schriftgrösse, sondern der Zeilenabstand, welcher mit Vorteil gleich gehalten wird wie jener der Grundschrift. Wenn die 10 Punkt Times einen Zeilenabstand von 13 Punkt aufweist, so soll der Zwischentitel ebenfalls mit einem Zeilenabstand von 13 Punkt gestaltet werden. Dies erlaubt eine maximale Schriftgrösse von 13 Punkt, was dann sehr eng und unvorteilhaft aussieht. (Wenn Schriftgrösse und Zeilenabstand gleich gross sind, spricht man von kompressem Satz, und die Unterlängen berühren beinahe die Oberlängen der nächsten Zeile.)

Abstände bei Zwischentiteln

Der Zwischentitel steht dem folgenden Abschnitt vor, er gehört optisch also näher zu diesem als zum oberen. Gewiefte Zeitschriften- und Buchgestalter arbeiten mit sogenannten Blindzeilen. Das sind Leerzeilen, die durch die Zeilenschalttaste (Returntaste) entstehen. Wenn auf Zeilenregister gearbeitet wird, stehen alle Zeilen im Register – sowohl Zwischentitel als auch der Grundtext. Folgende Lösungen können als Standard gelten:

	Variante 1	Variante 2	Variante 3	Variante 4
Raum über dem Zwischentitel	1 Blindzeile	1 Blindzeile	2 Blindzeilen	2 Blindzeilen
Raum unter dem Zwischentitel	–	1 Blindzeile	–	1 Blindzeile

Schmuckelemente

Die Menge macht es aus! Stellen Sie sich vor, wie die einzelne Seite gelayoutet aussieht. Wenn mehrere Zwischentitel auf einer Seite stehen, sieht die einfachste Form ohne Schmuck am besten aus. Sechs Zwischentitel, und jeder kommt mit einer Linie oben und unten daher… das sieht dann leicht übertrieben aus. Bei einem oder zwei Zwischentiteln kann man jedoch Linien einsetzen.

Qui autem auscultare nolet, exsurgat foras, ut sit, ubi sedeat ile qui auscultare vult. Nunc qua ad enarrandum hoc argumentums comit, si ad auscultandum vostra erit benignitas.

Pseudostandard macht Furore

Qui autem auscultare nolet, exsurgat foras, ut sit, ubi sedeat ile qui auscultare vult. Qua adsedistis causa in festivo loco, comoediai quam nos actuari sumus et argumentum et nomen vobis qua.

Attraktiver Preis Qui autem auscultare nolet, exsurgat foras, ut sit, ubi sedeat ile qui auscultare vult. Qua adsedistis causa in festivo loco, comoediai quam nos actuari sumus et argumentum et nomen vobis eloquar. Alazon Graece huic nomen est comoediae: Id nos Latine gloriosum dicimus.

■ **Kleinere Dividende**

Qui autem auscultare nolet, exsurgat foras, ut sit, ubi sedeat ile qui auscultare vult. Qua adsedistis causa in festivo loco, comoediai quam nos actuanolet, exsurgat foras, ut sit, ubi sedeat ile qui auscultare vult. Nunc qua ad enarrandum hoc.

<u>Wer die Wahl hat…</u>

Qui autem auscultare nolet, exsurgat foras, ut sit, ubi sedeat ile qui auscultare vult. Qua adsedistis causa in festivo loco, comoediai quam nos actuari sumus et argumentum et nomen vobis eloquar. Alazon Graece huic nomen est comoediae: Id nos Latine gloriosum dicimus.

Links Beispiele von Gestaltungsmöglichkeiten für Zwischentitel.

Mitte Im Blocksatz sollten Zwischentitel entweder linksbündig oder auf Mittelachse gestellt werden. Eine Kombination von Grundtext in Flattersatz und Zwischentitel in Mittelachse sieht nicht harmonisch aus.

Rechts Zwischentitel dürfen auf keinen Fall im Blocksatz gesetzt werden. Trennungen sind wenn möglich zu vermeiden, und der Zeilenfall sollte dem natürlichen Lesen entsprechen.

Schriften: Grundtext Sabon, Titel linke Spalte Stone Sans, mittlere Spalte Aachen Bold, rechte Spalte Gill.

Vermögensertrag stabil

Qui autem auscultare nolet, exsurgat foras, ut sit, ubi sedeat ile qui auscultare vult. Qua adsedistis causa in festivo loco, comoediai quam nos actuari sumus et argumentum et nomen vobis eloquar. Alazon Graece huic nomen est comoediae: Id nos Latine gloriosum dicimus. Qui autem auscultare nolet, exsurgat foras, ut sit, ubi sedeat ile qui auscultare vult. Nunc qua ad enarrandum hoc argumentums comit, si ad auscultandum vostra erit benignitas.

Über eine Milliarde Zins

Qui autem auscultare nolet, exsurgat foras, ut sit, ubi sedeat ile qui auscultare vult. Qua adsedistis causa in festivo loco, comoediai quam nos actuari sumus et argumentum et nomen vobis eloquar. Alazon Graece huic nomen est comoediae: Id nos Latine gloriosum dicimus. Qui autem auscultare nolet, exsurgat foras, ut sit, ubi sedeat ile qui auscultare vult. Nunc qua ad enarrandum hoc comit, si ad auscultandum vostra erit benignitas.

Börse im Hoch

Qui autem auscultare nolet, exsurgat foras, ut sit, ubi sedeat ile qui auscultare vult. Qua adsedistis causa in festivo loco, comoediai quam nos actuari sumus et argumentum et nomen vobis eloquar. Alazon Graece huic nomen est comoediae: Id nos Latine gloriosum dicimus. Qui autem auscultare nolet, exsurgat foras, ut sit, ubi sedeat ile qui auscultare vult. Nunc qua ad enarrandum hoc argumentums comit, si ad auscultandum vostra erit benignitas. Qui autem auscultare nolet, exsurg

---

Qui autem auscultare nolet, exsurgat foras, ut sit, ubi sedeat ile qui auscultare vult. Nunc qua ad enarrandum hoc argumentums comit, cultare nolet, exsurgat foras, ut sit, si ad auscultandum vostra erit benignitas.

Und wer sind die Nutzniesser?

Qui autem auscultare nolet, exsurgat foras, ut sit, ubi sedeat ile qui auscultare vult. Qua adsedistis causa in festivo loco, comoediai quam nos actuari sumus et ad enarrandum hoc argumentums comit, si ad auscultandum vostra erit benignitas.

Und wer sind die Nutzniesser?

Qui autem auscultare nolet, exsurgat foras, ut sit, ubi sedeat ile qui auscultare vult. Qua adsedistis causa in festivo loco, comoediai quam nos actuari sumus et argumentum et nomen vobis eloquar. Alazon Graece huic nomen est comoediae: Id nos Latine gloriosum dicimus.

Und wer sind die Nutzniesser?

Qui autem auscultare nolet, exsurgat foras, ut sit, ubi sedeat ile qui auscultare vult. Qua adsedistis causa in festivo loco, comoediai quam nos actuari sumus et argumentum et nomen vobis eloquar. Alazon Graece huic nomen est comoediae: Id nos Latine gloriosum dicimus. Qui autem auscultare nolet, exsurgat foras, ut sit, ubi sedeat ile qui auscultare vult. Nunc qua ad enarrandum hoc argumentums comit, si ad auscultandum vostra erit benignitas.

Qui autem auscultare nolet, exsurgat foras, ut sit, ubi sedeat ile qui auscultare vult. Qua adsedistis causa in festivo loco, comoediai quam nos actuari sumus et argumentum

Schrift: Grundtext 9 Punkt Franklin Gothic, Zwischentitel Franklin Gothic Bold. Zeilenabstand 11 Punkt.

Zwischentitel am Anfang

Qui autem auscultare nolet, exsurgat foras, ut sit, ubi sedeat ile qui auscultare vult. Qua adsedistis causa in festivo loco, comoediai quam nos actuari sumus et argumentum et nomen vobis eloquar. Alazon Graece huic nomen est comoediae: Id nos Latine gloriosum dicimus.

Wer die Abstände bei Zwischentiteln in Blindzeilen festlegt, hat Gewähr, dass der Grundtext registerhaltig bleibt. Die Schriftgrösse der Zwischentitel bleibt gleich wie beim Grundtext. Eine Anwendung dieser Art ist bei Satzspiegeln vorteilhaft, bei denen die Zeilen unten alinieren, d. h. auf der gleichen Höhe abschliessen.

Zwischentitel mit zwei Zeilen am Anfang einer Spalte

Qui autem auscultare nolet, exsurgat foras, ut sit, ubi sedeat ile qui auscultare vult. Qua adsedistis causa in festivo loco, comoediai quam nos actuari sumus et argumentum et nomen vobis eloquar. Alazon Graece huic nomen est comoediae: Id nos Latine gloriosum dicimus.

Zwischentitel können auch drei Zeilen umfassen und am Anfang einer Spalte stehen

Qui autem auscultare nolet, exsurgat foras, ut sit, ubi sedeat ile qui auscultare vult. Qua adsedistis causa in festivo loco, comoediai quam nos actuari sumus et argumentum et nomen vobis eloquar. Alazon Graece huic nomen est comoediae: Id nos Latine gloriosum dicimus.

Zwischentitel, die in das Zeilenregister eingebunden werden, lassen nur geringfügig grössere Schriftgrade zu (Mitte). Die Abstände zum oberen und unteren Text sind eine oder zwei Blindzeilen gross, oder dann entfällt der untere Abstand.

Qua adsedistis causa in festivo loco, comoediai quam nos actuari sumus et argumentum et nomen vobis eloquar. Alazon Graece huic nomen est comoediae: Id nos Latine gloriosum dicimus. Mihi ad enarrandum hoc argumentum comit, si ad auscultandum vostra erit benignitas. Qui autem auscultare nolet, exsurgat foras, ut sit, ubi sedeat ile qui auscultare vult. Nunc qua ad enarrandum hoc argumentums comit, si ad auscultandum vostra erit benignitas.

Zwischentitel gehören optisch zum nachfolgenden Text

Qui autem auscultare nolet, exsurgat foras, ut sit, ubi sedeat ile qui auscultare vult. Qua adsedistis causa in festivo loco, comoediai quam nos actuari sumus et argumentum et nomen vobis eloquar. Alazon Graece huic nomen est comoediae: Id nos Latine gloriosum dicimus.

Qua adsedistis causa in festivo loco, comoediai quam nos actuari sumus et argumentum et nomen vobis eloquar. Alazon Graece huic nomen est comoediae: Id nos Latine gloriosum dicimus. Mihi ad enarrandum hoc argumentum comit, si ad auscultandum vostra erit benignitas. Qui autem auscultare nolet, exsurgat foras, ut sit, ubi sedeat ile qui auscultare vult. Nunc qua ad enarrandum hoc argumentums comit, si ad auscultandum vostra erit benignitas.

Zwischentitel gehören optisch zum nachfolgenden Text

Qui autem auscultare nolet, exsurgat foras, ut sit, ubi sedeat ile qui auscultare vult. Qua adsedistis causa in festivo loco, comoediai quam nos actuari sumus et argumentum et nomen vobis eloquar. Alazon Graece huic nomen est comoediae.

Qua adsedistis causa in festivo loco, comoediai quam nos actuari sumus et argumentum et nomen vobis eloquar. Alazon Graece huic nomen est comoediae: Id nos Latine gloriosum dicimus. Mihi ad enarrandum hoc argumentum comit, si ad auscultandum vostra erit benignitas. Qui autem auscultare nolet, exsurgat foras, ut sit, ubi sedeat ile qui auscultare vult. Nunc qua ad enarrandum hoc argumentums comit, si ad auscultandum vostra erit benignitas.

Zwischentitel gehören optisch zum nachfolgenden Text
Qui autem auscultare nolet, exsurgat foras, ut sit, ubi sedeat ile qui auscultare vult. Qua adsedistis causa in festivo loco, comoediai quam nos actuari sumus et argumentum et nomen vobis eloquar. Alazon Graece huic nomen est comoediae: Id nos Latine gloriosum dicimus.

Qui autem auscultare nolet, exsurgat foras, ut sit, ubi sedeat ile qui auscultare vult. Qua adsedistis causa in festivo loco, comoediai quam nos actuari sumus et argumentum

Schrift: Grundtext 9 Punkt Franklin Gothic, Zeilenabstand 11 Punkt.
Zwischentitel 12 Punkt Franklin Gothic Demi, Zeilenabstand 14 Punkt.

Zwischentitel am Anfang

Qui autem auscultare nolet, exsurgat foras, ut sit, ubi sedeat ile qui auscultare vult. Qua adsedistis causa in festivo loco, comoediai quam nos actuari sumus et argumentum et nomen vobis eloquar. Alazon Graece huic nomen est comoediae: Id nos Latine gloriosum dicimus.

Wenn der Zwischentitel grösser – mit einem grösseren Zeilenabstand – gehalten ist als der Grundtext, bleibt die Registerhaltigkeit auf der Strecke, je nachdem ob der Zwischentitel eine, zwei oder gar drei Zeilen aufweist. Diese Anwendung kommt zum Tragen, wenn die einzelnen Spalten sehr mit Bildern durchsetzt sind oder die Spalten unten nicht alinieren müssen.

Qua adsedistis causa in festivo loco, comoediai quam nos actuari sumus et argumentum et nomen vobis eloquar. Alazon Graece huic nomen est comoediae: Id nos Latine gloriosum dicimus. Mihi ad enarrandum hoc argumentum comit, si ad auscultandum vostra erit benignitas. Qui autem auscultare nolet, exsurgat foras, ut sit, ubi sedeat ile qui auscultare vult. Nunc qua ad enarrandum hoc argumentums comit, si ad auscultandum vostra erit benignitas.

Zwischentitel gehören zum nachfolgenden Text

Qui autem auscultare nolet, exsurgat foras, ut sit, ubi sedeat ile qui auscultare vult. Qua adsedistis causa in festivo loco, comoediai quam nos actuari sumus et argumentum et nomen vobis eloquar. Alazon Graece huic nomen est comoediae: Id nos Latine gloriosum dicimus.

Diese beiden Abstände müssten gleich gross sein. Wenn der Zeilenabstand von Zwischentiteln grösser als derjenige des Grundtextes gewählt wird, ist bei Registerhaltigkeit ein gleicher Abstand nicht möglich.

Zwischentitel mit 2 Zeilen am Anfang einer Spalte

Qui autem auscultare nolet, exsurgat foras, ut sit, ubi sedeat ile qui auscultare vult. Qua adsedistis causa in festivo loco, comoediai quam nos actuari sumus et argumentum et nomen vobis eloquar. Alazon Graece huic nomen est comoediae: Id nos Latine gloriosum dicimus.

Qua adsedistis causa in festivo loco, comoediai quam nos actuari sumus et argumentum et nomen vobis eloquar. Alazon Graece huic nomen est comoediae: Id nos Latine gloriosum dicimus. Mihi ad enarrandum hoc argumentum comit, si ad auscultandum vostra erit benignitas. Qui autem auscultare nolet, exsurgat foras, ut sit, ubi sedeat ile qui auscultare vult. Nunc qua ad enarrandum hoc argumentums comit, si ad auscultandum vostra erit benignitas.

Zwischentitel

Qui autem auscultare nolet, exsurgat foras, ut sit, ubi sedeat ile qui auscultare vult. Qua adsedistis causa in festivo loco, comoediai quam nos actuari sumus et argumentum et nomen vobis eloquar. Alazon Graece huic nomen est comoediae: Id nos Latine gloriosum dicimus.

Zwischentitel am Anfang einer Spalte können auch 3 Zeilen umfassen

Qui autem auscultare nolet, exsurgat foras, ut sit, ubi sedeat ile qui auscultare vult. Qua adsedistis causa in festivo loco, comoediai quam nos actuari sumus et argumentum et nomen vobis eloquar. Alazon Graece huic nomen est comoediae: Id nos Latine gloriosum dicimus.

Qua adsedistis causa in festivo loco, comoediai quam nos actuari sumus et argumentum et nomen vobis eloquar. Alazon Graece huic nomen est comoediae: Id nos Latine gloriosum dicimus. Mihi ad enarrandum hoc argumentum comit, si ad auscultandum vostra erit benignitas. Qui autem auscultare nolet, exsurgat foras, ut sit, ubi sedeat ile qui auscultare vult. Nunc qua ad enarrandum hoc argumentums comit, si ad auscultandum vostra erit benignitas.

Zwischentitel

Qui autem auscultare nolet, exsurgat foras, ut sit, ubi sedeat ile qui auscultare vult. Qua adsedistis causa in festivo loco, comoediai quam nos actuari sumus et argumentum et nomen vobis eloquar. Alazon Graece huic nomen est comoediae: Id nos Latine gloriosum dicimus.

Hier sind zwar die Abstände gleich gehalten wie beim Zweizeiler ganz links, der Grundtext kann in diesem Fall nicht mehr ins Grundlinienraster eingebunden werden.

Grundtext

Obwohl für die Leseführung alle Titel und Bilder, sogar die Bildlegenden, wichtiger sind als der Grundtext, ist die Lesbarkeit des Grundtextes von grösserer Bedeutung. Schon im Kapitel «Grundlagen rund um die Typografie» auf den Seiten 82 bis 105 wies ich darauf hin. Im Sinn einer Repetition möchte ich nochmals die wichtigsten Einflussgrössen der Lesefreundlichkeit aufführen:
– Schriftcharakter
– Schriftschnitt
– Auszeichnung
– Verzug
– Schriftgrösse
– Laufweite
– Zeilenlänge
– Buchstabenzahl pro Zeile
– Trennungen
– Zwischenräume
  (Wort-, Zeilen-, Spaltenabstände)
– Farben
– Hintergrund

Soweit alles, was die Leserlichkeit anbetrifft. Wenden wir uns nun der praktischen Seite zu und versuchen wir schlecht lesbare Grundtexte lesbarer zu machen, quasi «zurück zu den Wurzeln».

WANN HABEN IHRE KUNDEN ZUM LETZTEN MAL ETWAS VON IHNEN GELESEN? TELEFON 01-248 40 30, UND IHR INSERAT IST HIER PRÄSENT.

Tages-Anzeiger

So erschien das Original in der Zeitung. Eine ganze Reihe von Lesbarkeitssünden stellen sich dem schnellen Erfassen in den Weg: Negativschrift, extrafett, gesperrt, versal.

Grundtext

Wann haben Ihre Kunden zum letzten Mal etwas von Ihnen gelesen? Telefon 01-248 40 30, und Ihr Inserat ist hier präsent.

Tages Anzeiger

Wann haben Ihre Kunden zum letzten Mal etwas von Ihnen gelesen? Telefon 01-248 40 30, und Ihr Inserat ist hier präsent.

Tages Anzeiger

Wann haben Ihre Kunden zum letzten Mal etwas von Ihnen gelesen?

Telefon 01-248 40 30

und Ihr Inserat ist hier präsent.

Tages Anzeiger

Wir ersetzen die Versalien durch Gross- und Kleinschreibung. Der Text ist ist schon wesentlich besser lesbar. Die Schrift ist mit der Gill Sans Extra Bold nachgestellt.

Nun ersetzen wir die Gill Extra Bold mit dem Schnitt Bold. Zudem entfernen wir die Spationierung. Und schon wieder gewinnt die Lesbarkeit.

Im letzten Schritt wählen wir statt der Bold die Regular, kombiniert mit der Bold, gliedern den Text in drei Abschnitte und stellen ihn linksbündig. Vergleichen Sie die Lesbarkeit mit der Originalversion.

Bei diesem Selbstportrait war die Begeisterung wohl so gross, dass die Lesbarkeit schlicht vernachlässigt wurde. Kapitälchen im Grundtext lesen nur sehr geduldige Menschen – und davon gibt es immer weniger. Beachten Sie auch die ungleichen Ränder vom Text zum Rahmen.

Wie viele selbständige Grafiker und Desktop Spezialisten haben Ihnen schon geschrieben? Zehn? Zwanzig? Fünfzig? Hundert? Oder mehr? Und alle behaupten, dass sie wie ich etwas von ihrem Handwerk verstehen. Dass sie wie ich die Konzeption und Gestaltung von Broschüren, Hauszeitungen, Flugblättern oder kleineren Inserate-Kampagnen übernehmen. Und diese Werbemittel auch bis zum fertigen Lithofilm produzieren.

Warum sollten Sie Ihren Auftrag also gerade mir geben? Vielleicht weil ich – bevor ich selbständig wurde – sechs Jahre lang als Grafiker in Agenturen wie Seiler, Marti Werbung und Marti, Ogilvy & Mather gearbeitet habe. Weil ich bei Kunden wie Honda, Ford, Hakle, Interio, Cenovis, Majestic, Alpine Car Stereo, Cyndarella, Säntis Joghurt, Esco Männermode, A. Dürr & Co., American Express Card, Helvetia Krankenkasse Erfahrung gesammelt habe. Weil ich nicht nur in meinem Atelier über Aufträgen brüte, sondern – wenn nötig – auch in Agenturen als Grafiker, Illustrator oder Desktoper einspringe. Weil ich bei jedem Auftrag so zuverlässig arbeite wie eine Patek Philippe. Oder weil Ihnen bei nochmaligem Hinschauen meine Nase vielleicht doch nicht so schlecht gefällt.

Ich freue mich jedenfalls auf Ihren Anruf.
Mit den freundlichsten Grüssen

Wieviele selbständige Grafiker und Desktop Spezialisten haben Ihnen schon geschrieben? Zehn? Zwanzig? Fünfzig? Hundert? Oder mehr? Und alle behaupten, dass sie wie ich etwas von ihrem Handwerk verstehen. Dass sie wie ich die Konzeption und Gestaltung von Broschüren, Hauszeitungen, Flugblättern oder kleineren Inserate-Kampagnen übernehmen. Und diese Werbemittel auch bis zum fertigen Lithofilm produzieren.

Warum sollten Sie Ihren Auftrag also gerade mir geben? Vielleicht, weil ich – bevor ich selbständig wurde – sechs Jahre lang als Grafiker in Agenturen wie Seiler, Marti Werbung und Marti, Ogilvy & Mather gearbeitet habe. Weil ich bei Kunden wie Honda, Ford, Hakle, Interio, Cenovis, Majestic, Alpine Car Stereo, Cyndarella, Säntis Joghurt, Esco Männermode, A. Dürr & Co., American Express Card, Helvetia Krankenkasse Erfahrung gesammelt habe. Weil ich nicht nur in meinem Atelier über Aufträgen brüte, sondern – wenn nötig – auch in Agenturen als Grafiker, Illustrator oder Desktoper einspringe. Weil ich bei jedem Auftrag so zuverlässig arbeite wie eine Patek Philippe. Oder weil Ihnen bei nochmaligem Hinschauen meine Nase vielleicht doch nicht so schlecht gefällt.

Ich freue mich jedenfalls auf Ihren Anruf.
Mit den freundlichsten Grüssen

Mit einem Minimum an Korrekturaufwand wird das Portrait sofort leserlich:
10 Punkt Times, Zeilenabstand 14 Punkt. Flattersatz wirkt lebendiger.

Broschüre A4, querformatig, 24 Seiten, Produkteangebot eines Software-Anbieters. Die erste Innenseite wurde nachgestellt. Hintergrund: violette Schrift auf grauem Grund. Schriften: Futura Extra Bold, Helvetica Condensed Bold und Roman.

Weisser Negativtext ist grundsätzlich schlechter lesbar als schwarzer Text auf hellem Grund. Wenn sich noch ein unruhiger Hintergrund hinzugesellt, ist das Fiasko vorprogrammiert. Schlechte Trennungen, falsche Anführungen und Gedankenstriche zeugen von wenig typografischer Sorgfalt.

Produkte:

Wir bieten Ihnen die neuesten Mac-Versionen aus den USA, sowie ein umfassendes Angebot der aktuellen deutschen Software. Leistungsfähige Einsteigerpakete wie exklusive Profi-Systeme, einfache Buchhaltungs-Software wie branchenspezifische Spezialpakete. Wir haben für jeden Wunsch, jede Branche und jedes Budget die passenden Produkte! Fragen Sie nach unseren aktuellen Angeboten.

Bestellung:

Beratung wird bei uns groß geschrieben. – Ob Sie Extrawünsche haben oder sich angesichts der grossen Auswahl nicht entscheiden können, ob Sie «Tips und Tricks» für die Arbeit am Mac hören möchten oder einfach über die neusten und künftigen Trends informiert werden wollen – als reiner Software-Spezialist helfen wir Ihnen gerne weiter. Anruf genügt!

Unsere Rufnummern:
Schweiz: 072-69 18 78
Deutschland: 0 75 31-6 28 77

Inhalt:	Seite:
DTP	4
Grafik	5–6
Business	7–8
Wissenschaft	9
Multimedia	10
Utilities	11–13
Entertainment	14–15
Kommunikation	16
Education	17
Textverarbeitung	18
CAD	18
Musik	19
ISDN	19
Branchenlösungen	20

Sobald der Kontrast zurückgenommen wird, ist der Grundtext besser lesbar. Zur Kontraststeigerung habe ich ihn zusätzlich halbfett gesetzt und den Zeilenabstand verkleinert. Kleine Änderungen, grosse Wirkung!

Wie kann der Grundtext gestaltet werden?

Eine ganze Anzahl Kriterien der Lesbarkeit bestimmen die Grundschrift: Je grösser die Textmenge, desto mehr muss auf die optimale Lesbarkeit geachtet werden. Mittlerweile kennen wir die Sünden, mit denen Text schlechter lesbar gemacht wird:
- Der Schriftcharakter ist an sich nicht sehr gut lesbar und eignet sich nicht für längere Texte.
- Der Zeilenabstand ist wesentlich grösser als 120 % der Schriftgrösse, oder der Abstand ist so klein gehalten, dass sich Unterlängen und Oberlängen berühren.
- Die Schriftgrösse ist nicht dem Produkt angepasst, sie ist viel zu gross oder zu klein (Lesegrössen liegen etwa zwischen 8 und 12 Punkt).
- Die Schriftgrösse passt nicht zur Zeilenlänge, im Blocksatz entstehen grosse Wortzwischenräume.
- Die Buchstabenzahl pro Zeile weicht wesentlich vom Optimum (50–60 Buchstaben) ab: mehr als 80 Buchstaben oder weniger als 25 Buchstaben.
- Der Grundtext wird über alle Massen in der Höhe und Breite verzogen.
- Die Unterschneidungswerte sind extrem: zu wenig oder zu viel Buchstabenzwischenraum.
- Der Grundtext ist in einer Auszeichnung gehalten: kursiv, halbfett, versal, Kapitälchen, schattiert, oder outline.
- Der Grundtext liegt negativ weiss auf dunklem Hintergrund.
- Der Grundtext liegt auf einem unruhigen Hintergrund.

Nun wollen wir uns jedoch auf das Gute besinnen und fragen, wie weit denn der Grundtext überhaupt gestaltet werden könne, wenn die optimale Lesbarkeit gewährleistet werden müsse. Ich vertrete die Ansicht, dass der Grundtext eben *nicht* gestaltet (im Sinn von Verändern des Normalschnittes) werden sollte. Er liegt ruhig auf dem Papier – Lebendigkeit, Kontrast und Spannung erreicht man durch die Anordnung, durch andere Gliederungselemente. Je wilder der Grundtext «gestaltet» wird, desto mehr konkurrenziert er diese. Dabei hat er es gar nicht nötig. Wenn erst einmal das Interesse für die Botschaft geweckt ist, und der Leser zum Grundtext gelangt, so soll er möglichst bequem den Text «einlöffeln», ohne einen optischen Hindernislauf absolvieren zu müssen.

Dabei möchte ich nochmals klar darauf hinweisen, dass die Lesedauer die Gestaltung des Grundtextes bestimmt. Es ist keineswegs so, dass meine Hinweise auf alle Grundtexte absolut angewendet werden können. Vielmehr will ich das Bewusstsein für die Lesemechanismen schärfen.

Grundtext

Eine Gestaltungsvariante des Grundtextes ist das Stürzen der senkrechten Satzkante nach links oder nach rechts.

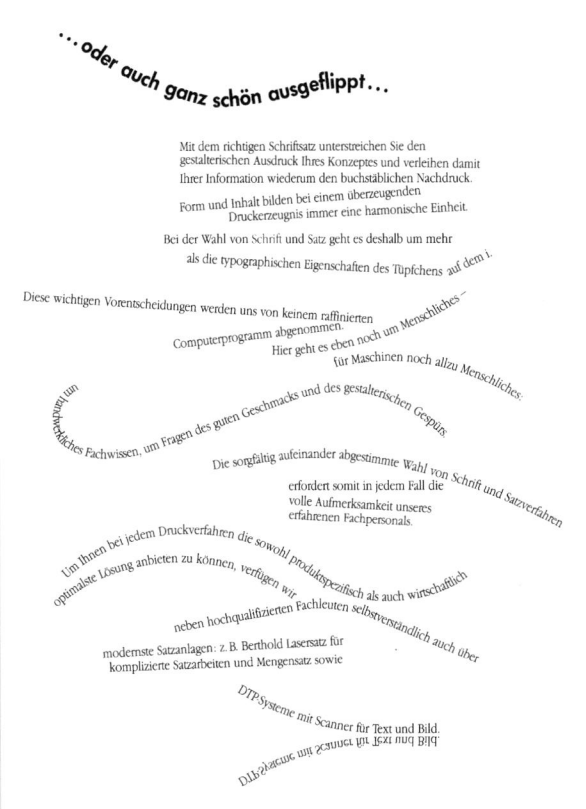

Links Das Verändern der Grundlinie bringt sehr viel Leben, ist jedoch nicht mehr gut lesbar, zudem in der Herstellung aufwendig. Eher geeignet für kurze Schlagworttexte.

Rechts Kontursatz drängt sich im Zusammenhang mit Bildern und Grafiken auf.

Wie wird der Grundtext ausgewählt?

Die Wahl des Grundtextes für ein beliebiges Einzelprodukt wie eine Heiratsanzeige oder ein Inserätchen wird kein grosses Kopfzerbrechen bereiten. Anders bei Texten, bei denen allfällige spätere Änderungen viel Korrekturaufwand bedeuten würde, etwa bei Magazinen, Newslettern, Zeitungen, Büchern usw. Folgende Aspekte gilt es sorgfältig abzuwägen:

1. Ist das Produkt textlastig, bildlastig oder ausgewogen?
2. Ist das Produkt so beschaffen, dass lange Lesestrecken vorliegen, oder sind Bild und Text auf der Seite durchmischt? Die Antwort gibt Ihnen Hinweise auf die Anzahl Spalten. Wir zeigen das Vorgehen für 4 Spalten, Blocksatz.
3. Welche Schrift passt zum Produkt? Muss es eine Serifenschrift sein oder eignet sich eine Serifenlose? Da hilft nur Intuition! Gestalten Sie einen beliebigen Mustertext in der richtigen Spaltenbreite. Wählen Sie drei bis vier verschiedene Schriften in verschiedenen Schriftgrössen und drucken Sie diese Beispiele auf dem Laserdrucker aus. Achten Sie besonders auf die Laufweite, und wählen Sie eine Schrift aus, die möglichst viele Buchstaben auf eine Zeile bringt. Vergleichen Sie die Blätter und eliminieren Sie der Reihe nach diejenigen Schriften, die nicht in Frage kommen.
4. Jetzt erfolgt die richtige Wahl des Zeilenabstandes. Ausgehend von einem normalen Zeilenabstand (=120% der Schriftgrösse) variieren Sie diesen nach oben und unten in zwei bis drei Schritten. Die erneuten Ausdrucke lassen Sie auf sich wirken – entscheiden Sie sich für einen davon.
5. Nun komponieren Sie weitere Schriften hinzu für Titel, Untertitel, Zwischentitel, Lead, Legenden usw. Entscheiden Sie sich für eine Schrift, die es in mehreren Schnitten gibt, so sind die späteren Gestaltungsmöglichkeiten grösser.

	Bauer Bodoni	Centennial
Schriftgrösse 8 Punkt Zeilenabstand 9 Punkt	Id nos Latine gloriosum dicimus. Mihi ad enarrandum hoc argumentum comit, si ad auscultandum vostra erit benignitas. Qui autem auscultare nolet, exsurgat foras, ut sit, ubi sedeat ile qui auscultare vult. Nunc qua ad enarrandum hoc argumentums comit, si ad auscultandum vostra erit benignitas. Qui autem auscultare nolet, exsurgat foras, ut sit, ubi sedeat ile qui auscultare vult. Qua adsedistis causa in festivo loco, comoediai quam nos actuari sumus et argumentum et nomen vobis eloquar. Alazon Graece huic nomen est comoediae:.	Id nos Latine gloriosum dicimus. Mihi ad enarrandum hoc argumentum comit, si ad auscultandum vostra erit benignitas. Qui autem auscultare nolet, exsurgat foras, ut sit, ubi sedeat ile qui auscultare vult. Nunc qua ad enarrandum hoc argumentums comit, si ad auscultandum vostra erit benignitas. Qui autem auscultare nolet, exsurgat foras, ut sit, ubi sedeat ile qui auscultare vult. Qua adsedistis causa in festivo loco, comoediai quam nos actuari sumus et argumentum et nomen vobis eloquar. Alazon Graece huic nomen est comoediae.
Schriftgrösse 9 Punkt Zeilenabstand 10 Punkt	Id nos Latine gloriosum dicimus. Mihi ad enarrandum hoc argumentum comit, si ad auscultandum vostra erit benignitas. Qui autem auscultare nolet, exsurgat foras, ut sit, ubi sedeat ile qui auscultare vult. Nunc qua ad enarrandum hoc argumentums comit, si ad auscultandum vostra erit benignitas. Qui autem auscultare nolet, exsurgat foras, ut sit, ubi sedeat ile qui auscultare vult. Qua adsedistis causa in festivo loco, comoediai quam nos actuari sumus et argumentum et nomen vobis eloquar. Alazon Graece huic nomen est comoediae.	Id nos Latine gloriosum dicimus. Mihi ad enarrandum hoc argumentum comit, si ad auscultandum vostra erit benignitas. Qui autem auscultare nolet, exsurgat foras, ut sit, ubi sedeat ile qui auscultare vult. Nunc qua ad enarrandum hoc argumentums comit, si ad auscultandum vostra erit benignitas. Qui autem auscultare nolet, exsurgat foras, ut sit, ubi sedeat ile qui auscultare vult. Qua adsedistis causa in festivo loco, comoediai quam nos actuari sumus et argumentum et nomen vobis eloquar. Alazon Graece huic nomen est comoediae.
Schriftgrösse 10 Punkt Zeilenabstand 11 Punkt	Id nos Latine gloriosum dicimus. Mihi ad enarrandum hoc argumentum comit, si ad auscultandum vostra erit benignitas. Qui autem auscultare nolet, exsurgat foras, ut sit, ubi sedeat ile qui auscultare vult. Nunc qua ad enarrandum hoc argumentums comit, si ad auscultandum vostra erit benignitas. Qui autem auscultare nolet, exsurgat foras, ut sit, ubi sedeat ile qui auscultare vult. Qua adsedistis causa in festivo	Id nos Latine gloriosum dicimus. Mihi ad enarrandum hoc argumentum comit, si ad auscultandum vostra erit benignitas. Qui autem auscultare nolet, exsurgat foras, ut sit, ubi sedeat ile qui auscultare vult. Nunc qua ad enarrandum hoc argumentums comit, si ad auscultandum vostra erit benignitas. Qui autem auscultare nolet, exsurgat foras, ut sit, ubi sedeat ile qui

1. Verschiedene Schriften in verschiedenen Grössen in der richtigen Spaltenbreite ausgedruckt. Wir beachten die Ästhetik und vergleichen die Laufweite der Schriften. Welche Schrift bringt am meisten Buchstaben pro Platzeinheit unter? Wir entscheiden uns für die Walbaum, die Grösse legen wir mit 8,5 Punkt fest.

Grundtext

Walbaum

Id nos Latine gloriosum dicimus. Mihi ad enarrandum hoc argumentum comit, si ad auscultandum vostra erit benignitas. Qui autem auscultare nolet, exsurgat foras, ut sit, ubi sedeat ile qui auscultare vult. Nunc qua ad enarrandum hoc argumentums comit, si ad auscultandum vostra erit benignitas. Qui autem auscultare nolet, exsurgat foras, ut sit, ubi sedeat ile qui auscultare vult. Qua adsedistis causa in festivo loco, comoediai quam nos actuari sumus et argumentum et nomen vobis eloquar. Alazon Graece huic nomen est comoediae.

Id nos Latine gloriosum dicimus. Mihi ad enarrandum hoc argumentum comit, si ad auscultandum vostra erit benignitas. Qui autem auscultare nolet, exsurgat foras, ut sit, ubi sedeat ile qui auscultare vult. Nunc qua ad enarrandum hoc argumentums comit, si ad auscultandum vostra erit benignitas. Qui autem auscultare nolet, exsurgat foras, ut sit, ubi sedeat ile qui auscultare vult. Qua adsedistis causa in festivo loco, comoediai quam nos actuari sumus et argumentum et nomen vobis eloquar. Alazon Graece huic nomen est comoediae.

Id nos Latine gloriosum dicimus. Mihi ad enarrandum hoc argumentum comit, si ad auscultandum vostra erit benignitas. Qui autem auscultare nolet, exsurgat foras, ut sit, ubi sedeat ile qui auscultare vult. Nunc qua ad enarrandum hoc argumentums comit, si ad auscultandum vostra erit benignitas. Qui autem auscultare nolet, exsurgat foras, ut sit, ubi sedeat ile qui

Walbaum, 8,5 Punkt

Zeilenabstand 9 Punkt

Id nos Latine gloriosum dicimus. Mihi ad enarrandum hoc argumentum comit, si ad auscultandum vostra erit benignitas. Qui autem auscultare nolet, exsurgat foras, ut sit, ubi sedeat ile qui auscultare vult. Nunc qua ad enarrandum hoc argumentums comit, si ad auscultandum vostra erit benignitas.

Zeilenabstand 11 Punkt

Id nos Latine gloriosum dicimus. Mihi ad enarrandum hoc argumentum comit, si ad auscultandum vostra erit benignitas. Qui autem auscultare nolet, exsurgat foras, ut sit, ubi sedeat ile qui auscultare vult. Nunc qua ad enarrandum hoc argumentums comit, si ad auscultandum vostra erit benignitas.

Zeilenabstand 13 Punkt

Id nos Latine gloriosum dicimus. Mihi ad enarrandum hoc argumentum comit, si ad auscultandum vostra erit benignitas. Qui autem auscultare nolet, exsurgat foras, ut sit, ubi sedeat ile qui auscultare vult. Nunc qua ad enarrandum hoc argumentums comit.

Walbaum, 8,5 Punkt, 90 % unterschnitten

Id nos Latine gloriosum dicimus. Mihi ad enarrandum hoc argumentum comit, si ad auscultandum vostra erit benignitas. Qui autem auscultare nolet, exsurgat foras, ut sit, ubi sedeat ile qui auscultare vult. Nunc qua ad enarrandum hoc argumentums comit, si ad auscultandum vostra erit benignitas.

Id nos Latine gloriosum dicimus. Mihi ad enarrandum hoc argumentum comit, si ad auscultandum vostra erit benignitas. Qui autem auscultare nolet, exsurgat foras, ut sit, ubi sedeat ile qui auscultare vult. Nunc qua ad enarrandum hoc argumentums comit, si ad auscultandum vostra erit benignitas.

Id nos Latine gloriosum dicimus. Mihi ad enarrandum hoc argumentum comit, si ad auscultandum vostra erit benignitas. Qui autem auscultare nolet, exsurgat foras, ut sit, ubi sedeat ile qui auscultare vult. Nunc qua ad enarrandum hoc argumentums comit.

2. Die intuitiv ausgewählte Walbaum verändern wir im Zeilenabstand, in der Laufweite und in der Schriftbreite, ebenfalls in diversen, kleinen Schritten. Auch hier wählen wir die gefälligste Variante aus. Bei Unsicherheit hilft ein Quervergleich mit anderen Druckprodukten.

Zwischentitel-Schriften sollten möglichst schmal laufen

Zwischentitel-Schriften sollten möglichst schmal laufen

Zwischentitel-Schriften sollten möglichst schmal laufen

3. Als letztes suchen wir passende Ergänzungsschriften, die für Titel, Legenden usw. eingesetzt werden könnten: (von oben) Avant Garde Condensed Bold, Futura Bold, Frutiger Black Condensed oder andere.

Zwischentitel-Schriften sollten möglichst schmal laufen

Id nos Latine gloriosum dicimus. Mihi ad enarrandum hoc argumentum comit, si ad auscultandum vostra erit benignitas. Qui autem auscultare nolet, exsurgat foras, ut sit, ubi sedeat ile qui auscultare vult. Nunc qua ad enarrandum hoc argumentums comit, si ad auscultandum vostra erit benignitas. Qui autem auscultare nolet, exsurgat foras, ut sitat ile qui

4. Ein Textabsatz als Resultat der Bemühungen. Kontrolle: Kommen keine übergrossen Wortzwischenräume vor? Entsteht bei Augenwinkern eine regelmässige Grauwirkung?

Absatzgliederung

Für die Gliederung des Grundtextes in einzelne Absätze (Abschnitte) stechen vor allem drei Möglichkeiten ins Auge: Einzüge, Abstände und Schmuckelemente.

Einzüge

Meistens wird die erste Zeile des neuen Absatzes um etwa ein Geviert eingerückt, so dass ein optisches weisses Quadrat entsteht. Dieser Einzug ist jedoch keinesfalls fix, er kann beliebig verändert werden. Anderseits setzt die Spaltenbreite eine natürliche Grenze; es macht wenig Sinn, z. B. die Spaltenbreite auf 41 mm mit einem Absatzeinzug von 30 mm festzulegen.

Weshalb Einzüge?
Einzüge müssen nicht unbedingt sein. Sie helfen dem Leser jedoch, sich von Gedanke zu Gedanke vorzutasten oder nach einem Unterbruch eine Textstelle rascher wiederzufinden. In diesem Sinn ist der Einzug ein wichtiges Ordnungs- und Gliederungselement. Ohne Einzüge würde der Leser bei einer vollen Ausgangszeile (die letzte Zeile eines Abschnittes) nicht merken, dass der Absatz beendet ist. Ohne Einzüge ist die Absatzgliederung nur mit zusätzlichen, kleinen Zeilenabständen zu bewerkstelligen, die aus Gründen der Registerhaltung nicht überall willkommen sind.

Einzüge nach dem Titel?
Die Frage lässt sich leicht beantworten. Nach Titeln aller Art muss kein Einzug stehen, ist es doch klar, dass ein neuer Gedanke beginnt. Ausserdem sind Einzüge nach dem Titel sind nicht besonders ästhetisch, weil die Titel dann etwas «überhängend» wirken.

Variationen
Einzüge müssen nicht zwingend kürzer gehalten werden als der übrige Grundtext – auch die umgekehrte Variante sollte man im Auge behalten. Negative Einzüge stehen ein Stück über die Satzkante hervor (wie in diesem Buch bei jedem Kapitelbeginn). Diese Art ist vielleicht etwas ungewöhnlicher und eignet sich nicht für Zeitschriften und Zeitungen, eher für Prospekte, Einladungskarten, Inserate usw.

Absatzgliederung

Bei keinem oder zu kleinem Einzug sind die Absätze schlecht erkennbar. Vor allem dann, wenn die Ausgangszeile einer vollen Zeile entspricht. Flattersatz lässt Ausgangszeilen besonders schwer erkennen.

Id nos Latine gloriosum dicimus. Mihi ad enarrandum hoc argumentum comit, si ad auscultandum vostra erit benignitas. Qui autem auscultare nolet, exsurgat foras, ut sit, ubi sedeat ile qui auscultare vult. Nunc qua ad enarrandum hoc argumentums comit, si ad auscultandum erit benignitas. Qui autem t, ut sit, ubi ile auscultarevult. Qua adsedistis causa in festivo loco, benignitas. Qui autem auscultare nolet, exsurgat foras, ut comoediai quam nos actuari sumus et argumentum et nomen vobis eloquar. Alazon Graece huic nomen est comoediae: Id nos Latine gloriosum dicimus.

Id nos Latine gloriosum dicimus. Mihi ad enarrandum hoc argumentum comit, si ad auscultandum vostra erit benignitas. Qui autem auscultare nolet, exsurgat foras, ut sit, ubi sedeat ile qui auscultare vult. Nunc qua ad enarrandum hoc argumentums comit, si ad auscultandum erit benignitas. Qui autem t, ut sit, ubi ile auscultarevult. Qua adsedistis causa in festivo loco, comoediai quam nos actuari sumus et argumentum etbenignitas. Qui autem auscultare nolet, exsurgat foras, ut nomen vobis eloquar. Alazon Graece huic nomen est comoediae: Id nos Latine gloriosum dicimus.

Ein Geviert Einzug ist normal. Bei grösserem Einzug läuft man Gefahr, dass die Ausgangszeile kürzer ist als der Einzug selbst, die Folge davon sind optische Blindzeilen.

Id nos Latine gloriosum dicimus. Mihi ad enarrandum hoc argumentum comit, si ad auscultandum vostra erit benignitas. Qui autem auscultare nolet, exsurgat foras, ut sit, ubi sedeat ile qui auscultare vult. Nunc qua ad enarrandum hoc argumentums comit, si ad auscultandum erit benignitas. Qui autem t, ut sit, ubi ile qui auscultare vult.
Qua adsedistis causa in festivo loco, benignitas. Qui autem auscultare nolet, exsurgat foras, ut comoediai quam nos actuari sumus et argumentum et nomen vobis eloquar. Alazon Graece huic nomen est comoediae: Id nos Latine gloriosum dicimus.

Id nos Latine gloriosum dicimus. Mihi ad enarrandum hoc argumentum comit, si ad auscultandum vostra erit benignitas. Qui autem auscultare nolet, exsurgat ad enarrandum hoc argumentums comit, si ad auscultandum erit benignitas. Qui autem t, ut sit, ubi ile qui auscultare.
Qua adsedistis causa in festivo loco, comoediai quam nos actuari sumus et benignitas. Qui autem auscultare nolet, exsurgat foras, ut argumentum et nomen vobis eloquar. Alazon Graece huic nomen est comoediae: Id nos Latine gloriosum dicimus.

Nach dem Titel steht normalerweise kein Einzug, es sei denn, der Titel werde ebenfalls eingezogen.

Kein Einzug nach dem Titel!

Id nos Latine gloriosum dicimus. Mihi ad enarrandum hoc argumentum comit, si ad auscultandum vostra erit benignitas. Qui autem auscultare nolet, exsurgat foras, ut sit, ubi sedeat ile qui auscultare vult. Nunc qua ad enarrandum hoc argumentums comit, si ad auscultandum erit benignitas. Qui autem t, ut sit, ubi ile qui auscultare argumentum nomen vult.
Qua adsedistis causa in festivo loco, comoediai quam nos actuari sumus et argumentum et nomen vobis eloquar. Alazon Graece huic nomen est comoediae: Id nos

Kein Einzug nach dem Titel?

Id nos Latine gloriosum dicimus. Mihi ad enarrandum hoc argumentum comit, si ad auscultandum vostra erit benignitas. Qui autem auscultare nolet, exsurgat foras, ut sit, ubi sedeat ile qui auscultare vult. Nunc qua ad enarrandum hoc argumentums comit, si ad auscultandum erit benignitas. Qui autem t, ut sit, ubi ile qui vult.
Qua adsedistis causa in festivo loco, comoediai quam nos actuari sumus et argumentum et nomen vobis eloquar. Alazon Graece huic nomen est comoediae: Id nos Latine gloriosum dicimus.

Schrift: Century Old Style 10 Punkt
Zeilenabstand 12 Punkt

Abstände

Erste Wahl der Absatzgliederung bei längeren Texten bleibt der Einzug. Bei Kurztexten oder wenn aus irgendwelchen Gründen Einzüge nicht in Frage kommen, kann die Ordnung durch einen grösseren Abstand gewährleistet werden. Diese häufig angewendete Gliederungshilfe gilt es jedoch mit Bedacht einzusetzen. Bei allzu vielen Abständen beginnt der Text auseinanderzubröckeln – erst recht, wenn sie zu gross gehalten sind. Mit einer Blindzeile ist der Absatzabstand in den meisten Fällen zu gross – ein bis zwei Millimeter zusätzlich zum Zeilenabstand genügen vollauf.

Übergrosse Abstände im Layout wirken unprofessionell. Speziell wenn sich die Schriftgrösse am oberen Limit bewegt, sind, soweit das Auge reicht, nur noch Löcher zu sehen.

Absatzgliederung

Architekt HTL/ETH oder Immobilienkaufmann

Zur Verstärkung unseres Experten-Teams **Liegenschaften-Schätzungen** suchen wie Sie, den initiativen, ca. 35 bis 45 Jahre jungen **Architekten HTL/ETH** mit fundierten betriebswirtschaftlichen Kenntnissen oder den versierten Immobilienkaufmann.

Sie bewerten Industrie-, Gewerbe- sowie Geschäftsliegenschaften und beurteilen Bauprojekte nach technischen und wirtschaftlichen Gesichtspunkten.

Ihre mehrjährige Berufserfahrung ist Voraussetzung für diese interessante, selbständige Aufgabe.

Weitere Informationen erhalten Sie von Peter Tobler, Leiter Schätzungen, Tel. 01/299 73 00, oder Andreas Maier, Personal Hauptsitz, Tel. 01/477 83 54.

Zürcher Kantonalbank
Personaldienst
Postfach
8010 Zürich

Zürcher Kantonalbank

Nachgestelltes Stelleninserat, bei dem sowohl Zeilenabstand als auch Absatzabstand sehr grosszügig gewählt sind. Optisch fallen die einzelnen Absätze auseinander, der innere Zusammenhalt fehlt. Schrift: Futura.

Architekt HTL/ETH oder Immobilienkaufmann

Zur Verstärkung unseres Experten-Teams **Liegenschaften-Schätzungen** suchen wie Sie, den initiativen, ca. 35 bis 45 Jahre jungen **Architekten HTL/ETH** mit fundierten betriebswirtschaftlichen Kenntnissen oder den versierten Immobilienkaufmann.

Sie bewerten Industrie-, Gewerbe- sowie Geschäftsliegenschaften und beurteilen Bauprojekte nach technischen und wirtschaftlichen Gesichtspunkten.

Ihre mehrjährige Berufserfahrung ist Voraussetzung für diese interessante, selbständige Aufgabe.

Weitere Informationen erhalten Sie von Peter Tobler, Leiter Schätzungen, Tel. 01/299 73 00, oder Andreas Maier, Personal Hauptsitz, Tel. 01/477 83 54.

Zürcher Kantonalbank
Personaldienst
Postfach
8010 Zürich

Zürcher Kantonalbank

Zum Vergleich sind die Räume enger gehalten. Die ganze Satzgruppe wirkt sofort kompakter, zudem konnte 30 mm Platz gespart werden, was bei einem Millimeter-Preis von Fr. 9.– immerhin 270 Franken ausmacht.

Aufzählungen

Um stichwortartige Auflistungen gut darzustellen, sind eine Anzahl typografischer Nüsse zu knacken. Grundsätzlich wird Flattersatz für Aufzählungen bevorzugt, auch wenn der Grundtext in Blocksatz gestaltet ist, ausser, die einzelnen Textblöcke seien mindestens fünf Zeilen lang.

Verschiedene Zeichen stehen zur Auswahl, die wohl bekanntesten sind der Gedankenstrich oder der dicke Punkt. Pfeile, Herzchen, Sterne und andere Schmuckelemente verlieren mit der Häufigkeit ihres Einsatzes den Reiz. Oder ertragen Sie etwa 25 Zeigehändchen auf der gleichen A4-Seite?

Zur Schreibweise: Bei der fortlaufenden Aufzählung kann man Interpunktionen setzen. Muss man aber nicht, weil die Gedankenstriche bereits diese Funktion übernehmen. Die Aufführungen kann man gross oder klein beginnen. Ein vollständiger Satz beginnt gross und endet mit einem Punkt. Einen unvollständigen Satz kann man auch klein beginnen. Schlecht sieht es aus, wenn mal gross und mal klein angefangen wird.

Mein Lehrer sagte immer:
– Pünktlichkeit,
– Ehrlichkeit
– und Fleiss
seien die höchsten Tugenden

Die drei besprochenen Verben heissen
– sein
– haben
– müssen
Aus diesem Grund werden…

Gegendarstellung
– Das besprochene Wohnheim hat mit dem ASC nichts zu tun.
– Herr Engel ist erst seit dem 1. Februar bei uns tätig.
– Das abgebildete Foto zeigt keine Person des ASC.

Dabei wurden fünf Objekte aus dem breiten Spektrum Grossküche, Kantine, Schnellimbiss-Restaurant und Landgasthof untersucht, nämlich:
- Migros-Restaurant mit Traiteur im Shopping-Center Lyss
- Alters- und Pflegeheimküche mit Cafeteria in Liestal
- Kantonsspital-Küche mit Cafeteria in Liestal
- Schnellimbiss-Restaurant in der Nordwestschweiz
- Landgasthof Bären in Langenbruck
In jedem Objekt wurde eine Grobanalyse sowie ein Messprogramm durchgeführt und die Ergebnisse tabellarisch ausgewertet und kommentiert.

Eine lieblose Art der Darstellung: Bindestrich statt Gedankenstrich. Der Blocksatz erzeugt grosse Wortzwischenräume, und die Auflistung geht zu wenig klar hervor. Zwischen Strich und Textbeginn steht ein normaler Wortzwischenraum, der sich beim Blocksatz verändert. Schrift: Goudy.

Dabei wurden fünf Objekte aus dem breiten Spektrum Grossküche, Kantine, Schnellimbiss-Restaurant und Landgasthof untersucht, nämlich:
– Migros-Restaurant mit Traiteur im Shopping-Center Lyss
– Alters- und Pflegeheimküche mit Cafeteria in Liestal
– Kantonsspital-Küche mit Cafeteria in Liestal
– Schnellimbiss-Restaurant in der Nordwestschweiz
– Landgasthof Bären in Langenbruck
In jedem Objekt wurde eine Grobanalyse sowie ein Messprogramm durchgeführt und die Ergebnisse tabellarisch ausgewertet und kommentiert.

Neu wurde der Bindestrich durch den Gedankenstrich ersetzt, die linke Satzkante einheitlich gerade ausgerichtet. Innerhalb der Aufzählung haben wir meistens ein flattersatz-ähnliches Gebilde. Weshalb nicht gleich auf Flattersatz umstellen? Dann verschwinden die grossen Wortzwischenräume!

Dabei wurden fünf Objekte aus dem breiten Spektrum Grossküche, Kantine, Schnellimbiss-Restaurant und Landgasthof untersucht, nämlich:
- Migros-Restaurant mit Traiteur im Shopping-Center Lyss
- Alters- und Pflegeheimküche mit Cafeteria in Liestal
- Kantonsspital-Küche mit Cafeteria in Liestal
- Schnellimbiss-Restaurant in der Nordwestschweiz
- Landgasthof Bären in Langenbruck

In jedem Objekt wurde eine Grobanalyse sowie ein Messprogramm durchgeführt und die Ergebnisse tabellarisch ausgewertet und kommentiert.

Dabei wurden fünf Objekte aus dem breiten Spektrum Grossküche, Kantine, Schnellimbiss-Restaurant und Landgasthof untersucht, nämlich:
- Migros-Restaurant mit Traiteur im Shopping-Center Lyss
- Alters- und Pflegeheimküche mit Cafeteria in Liestal
- Kantonsspital-Küche mit Cafeteria in Liestal
- Schnellimbiss-Restaurant in der Nordwestschweiz
- Landgasthof Bären in Langenbruck

In jedem Objekt wurde eine Grobanalyse sowie ein Messprogramm durchgeführt und die Ergebnisse tabellarisch ausgewertet und kommentiert.

Dabei wurden fünf Objekte aus dem breiten Spektrum Grossküche, Kantine, Schnellimbiss-Restaurant und Landgasthof untersucht, nämlich:
- Migros-Restaurant mit Traiteur im Shopping-Center Lyss
- Alters- und Pflegeheimküche mit Cafeteria in Liestal
- Kantonsspital-Küche mit Cafeteria in Liestal
- Schnellimbiss-Restaurant in der Nordwestschweiz
- Landgasthof Bären in Langenbruck

In jedem Objekt wurde eine Grobanalyse sowie ein Messprogramm durchgeführt und die Ergebnisse tabellarisch ausgewertet und kommentiert.

Statt der Gedankenstriche verwenden wir den dicken Punkt: die einzelnen Aussagen treten stärker hervor, nicht wahr?

Die Punkte sind aber noch zu dick, wir setzen sie statt 10 Punkt nur 8 Punkt gross, das genügt vollumfänglich.

Zu guter Letzt geben wir etwas Raum (1 mm) zwischen die einzelnen Absätze, was eine bessere Trennung bewirkt.

Id nos Latine gloriosum dicimus. Mihi ad enarrandum hoc argumentum comit, si ad auscultandum vostra erit benignitas. Qui autem auscultare nolet, exsurgat foras, ut sit, ubi sedeat ile qui auscultare vult. Nunc qua ad enarrandum hoc argumentums comit, si ad auscultandum vostra erit benignitas.

◆ Qui autem auscultare nolet, exsurgat foras, ut sit, ubi sedeat ile qui auscultare vult. Qua adsedistis causa in festivo loco, comoediai quam nos actuari sumus et argumentum et nomen vobis eloquar. Alazon Graece huic nomen est comoediae: Id nos Latine gloriosum dicimus. Mihi ad enarrandum hoc argumentum comit, si ad auscultandum vostra erit benignitas.
◆ Qui autem auscultare nolet, exsurgat foras, ut sit, ubi sedeat ile qui auscultare vult. Nunc qua ad enarrandum hoc argumentums comit, si ad auscultandum vostra erit benignitas. Qui autem auscultare nolet, exsurgat foras, ut sit, ubi sedeat ile qui auscultare vult.
◆ Qua adsedistis causa in festivo loco, comoediai quam nos actuari sumus et argumentum et nomen vobis eloquar. Alazon Graece huic nomen est comoediae: Id nos Latine gloriosum dicimus. Mihi ad enarrandum hoc argumentum comit, si ad auscultandum vostra erit benignitas. Qui autem auscultare nolet, exsurgat foras, ut sit, ubi sedeat ile qui auscultare

Bei längeren Textabschnitten ist der Blocksatz wieder angebracht. Durch den eingezogenen Satz entsteht im mehrspaltigen Umbruch optisch ein riesiger Spaltenabstand, dieser Platz wird unnütz verschwendet. Schrift: Rotis Serif.

Id nos Latine gloriosum dicimus. Mihi ad enarrandum hoc argumentum comit, si ad auscultandum vostra erit benignitas. Qui autem auscultare nolet, exsurgat foras, ut sit, ubi sedeat ile qui auscultare vult. Nunc qua ad enarrandum hoc argumentums comit, si ad auscultandum vostra erit benignitas.

● Qui autem auscultare nolet, exsurgat foras, ut sit, ubi sedeat ile qui auscultare vult.
  - Qua adsedistis causa in festivo loco, comoediai quam nos actuari sumus et argumentum et nomen vobis eloquar.
  - Alazon Graece huic nomen est comoediae: Id nos Latine gloriosum dicimus. Mihi ad enarrandum hoc argumentum comit, si ad auscultandum vostra erit benignitas.
● Qui autem auscultare nolet, exsurgat foras, ut sit, ubi sedeat ile qui auscultare vult. Nunc qua ad enarrandum hoc argumentums comit, si ad auscultandum vostra erit benignitas. Qui autem auscultare nolet, exsurgat foras, ut sit, ubi sedeat ile qui auscultare vult.
● Qua adsedistis causa in festivo loco, comoediai quam nos actuari sumus et argumentum et nomen vobis eloquar. Alazon Graece huic nomen est comoediae: Id nos Latine gloriosum dicimus. Mihi ad enarrandum hoc argumentum comit, si ad auscultandum vostra erit benignitas. Qui autem auscultare nolet, exsurgat foras,

Noch schlimmer wird es, wenn sich hierarchisch gar zwei Auflistungen folgen. Dann gerät die linke Satzkante völlig aus den Fugen.

Id nos Latine gloriosum dicimus. Mihi ad enarrandum hoc argumentum comit, si ad auscultandum vostra erit benignitas. Qui autem auscultare nolet, exsurgat foras, ut sit, ubi sedeat ile qui auscultare vult. Nunc qua ad enarrandum hoc argumentums comit, si ad auscultandum vostra erit benignitas.

■■■ Qui autem auscultare nolet, exsurgat foras, ut sit, ubi sedeat ile qui auscultare vult. Qua adsedistis causa in festivo loco, comoediai quam nos actuari sumus et argumentum et nomen vobis eloquar. Alazon Graece huic nomen est comoediae: Id nos Latine gloriosum dicimus. Mihi ad enarrandum hoc argumentum comit, si ad auscultandum vostra erit benignitas.
■■■ Qui autem auscultare nolet, exsurgat foras, ut sit, ubi sedeat ile qui auscultare vult. Nunc qua ad enarrandum hoc argumentums comit, si ad auscultandum vostra erit benignitas. Qui autem auscultare nolet, exsurgat foras, ut sit, ubi sedeat ile qui auscultare vult.
■■■ Qua adsedistis causa in festivo loco, comoediai quam nos actuari sumus et argumentum et nomen vobis eloquar. Alazon Graece huic nomen est comoediae: Id nos Latine gloriosum dicimus. Mihi ad enarrandum hoc argumentum comit, si ad auscultandum vostra erit benignitas. Qui autem auscultare nolet, exsurgat foras, ut sit, ubi sedeat ile qui auscultare vult. Nunc qua ad enarrandum hoc argumentums

Regelmässige Spaltenabstände erzeugen diese Aufzählungen ohne jeden Einzug. Gedankenstriche würden sich optisch verlieren – nur dicke Punkte oder andere gut zeichnende Elemente kommen in Frage.

Absatzgliederung

Id nos Latine gloriosum dicimus. Mihi ad enarrandum hoc argumentum comit, si ad auscultandum vostra erit benignitas.
1.) Qui autem auscultare nolet, exsurgat foras, ut sit, ubi sedeat ile qui auscultare vult.
2.) Nunc qua ad enarrandum hoc argumentums comit, si ad auscultandum vostra erit benignitas.
3.) Qui autem auscultare nolet, exsurgat foras, ut sit, ubi sedeat ile qui auscultare vult.
4.) Alazon Graece huic nomen est comoediae: Id nos Latine gloriosum dicimus argumentum et nomen vobis eloquar.
5.) Mihi ad enarrandum hoc argumentum comit, si ad auscultandum vostra erit benignitas.Nunc qua ad enarrandum hoc argumentums comit, si ad auscultandum vostra erit benignitas.

Alazon Graece huic nomen est comoediae: Id nos Latine gloriosum dicimus. Mihi ad enarrandum hoc argumentum comit, si ad auscultandum vostra erit benignitas.

Eher schreibmaschinenhaft mutet diese Aufreihung an. Die Klammern sind überflüssig.
Schrift: Utopia.

Id nos Latine gloriosum dicimus. Mihi ad enarrandum hoc argumentum comit, si ad auscultandum vostra erit benignitas.
6. Qui autem auscultare nolet, exsurgat foras, ut sit, ubi sedeat ile qui auscultare vult.
7. Nunc qua ad enarrandum hoc argumentums comit, si ad auscultandum vostra erit benignitas.
8. Qui autem auscultare nolet, exsurgat foras, ut sit, ubi sedeat ile qui auscultare vult.
9. Alazon Graece huic nomen est comoediae: Id nos Latine gloriosum dicimus argumentum et nomen vobis eloquar.
10. Mihi ad enarrandum hoc argumentum comit, si ad auscultandum vostra erit benignitas.Nunc qua ad enarrandum hoc argumentums comit, si ad auscultandum vostra erit benignitas.

Alazon Graece huic nomen est comoediae: Id nos Latine gloriosum dicimus. Mihi ad enarrandum hoc argumentum comit, si ad auscultandum vostra erit benignitas.

So ist's richtig. Der Abstand muss allenfalls Platz für zwei Ziffern bieten. Diese können auf die Satzkante oder auf den Punkt ausgerichtet werden.

Id nos Latine gloriosum dicimus. Mihi ad enarrandum hoc argumentum comit, si ad auscultandum vostra erit benignitas.
❶ Qui autem auscultare nolet, exsurgat foras, ut sit, ubi sedeat ile qui auscultare vult.
❷ Nunc qua ad enarrandum hoc argumentums comit, si ad auscultandum vostra erit benignitas.
❸ Qui autem auscultare nolet, exsurgat foras, ut sit, ubi sedeat ile qui auscultare vult.
❹ Alazon Graece huic nomen est comoediae: Id nos Latine gloriosum dicimus argumentum et nomen vobis eloquar.
❺ Mihi ad enarrandum hoc argumentum comit, si ad auscultandum vostra erit benignitas.Nunc qua ad enarrandum hoc argumentums comit, si ad auscultandum vostra erit benignitas.

Alazon Graece huic nomen est comoediae: Id nos Latine gloriosum dicimus. Mihi ad enarrandum hoc argumentum comit, si ad auscultandum vostra erit benignitas.

Ziffern können in allen möglichen Gewändern daherkommen. Wenn die Auflistung wichtig ist, sollen die Ziffern bombastisch wirken, z. B. 1. Preis, 2. Preis, 3. Preis usw. Bei einer gewöhnlichen Auflistung sind gewöhnliche Ziffern eher angebracht.

Absätze durch Schmuckelemente gliedern

Gedankenstriche und Punkte stehen für die Absatzgliederung zuvorderst, provozieren jedoch bestimmt keine «standing ovation». In den Sonderzeichen-Fonts finden wir zuhauf Schmuckelemente, die mehr auffallen. Auf der einen Seite lockt die spielerische Vielfalt, auf der andern sei man sich bewusst, dass der Leser ebendieser sehr schnell überdrüssig wird. Es kommt also auf die Menge an. Bei Zeitungen, Magazinen und anderen Publikationen mit Mengensatz würde ich generell auf solche Schmuckelemente zur Absatzgliederung verzichten. Bei kleineren Textmengen mit wenig Aufzählungen sind sie durchaus am Platz.

Absätze können wir auch mit Linien aller Art (punktiert, gestrichelt, dick, dünn, farbig) gliedern. Die Linien sind auf Seite 204 näher besprochen.

Absatzgliederung

1 Einzelne Absätze mit Linienelementen gliedern.

2 Statt Linien sind alle möglichen Schmuckelemente ebenfalls ins Auge zu fassen.

3 Die typische Einladung wäre ohne die Fähnchen zur Absatzgliederung todlangweilig.

4 Allzuviel ist ungesund: Hier weihnachtet es direkt schon.

5 Randabfallende Linien wirken gekonnt.

6 Sogar Logos werden herangezogen, um Abschnitte optisch zu trennen.

Auszeichnung

Es kann gar nicht genug betont werden, dass als Grundtext sich der normale Schriftschnitt am besten eignet. Auch wenn es immer wieder Irrgläubige gibt, welche meinen, der fette oder kursive Schnitt sei besser lesbar als der normale. Heutzutage gilt es ja schon fast als chic, den Grundtext zu verändern. Diese Untugend darf auf keinen Fall nachgeahmt werden. Der Grundtext hat *keine* Werbefunktion und soll seinen Informationspflichten nachkommen!

Auszeichnen heisst der Fachbegriff für das Hervorheben eines Wortes oder einer Textstelle. Innerhalb der gleichen Publikation sollen hierarchisch gleichartige Elemente gleich ausgezeichnet werden. Es ist durchaus möglich, mehrstufig zu arbeiten. Die häufigsten Auszeichnungsarten:
- kursiv
- spationieren
- unterstreichen
- Kapitälchen
- fetter
- andere Schrift

Harmonische Auszeichnungen
Bei dieser Auszeichnungsart wird die Grauwirkung des Grundtextes nicht verändert. Die ausgezeichnete Stelle fügt sich nahtlos in den Satz ein. Erst während des Lesens nimmt der Leser die Auszeichnung wahr. Kursiv (italique, oblique) ist die üblichste Auszeichnungsart, deshalb sind alle guten Schriften mit einem kursiven Schnitt ausgerüstet.

Kontrastreiche Auszeichnungen
Im Gegensatz zu den harmonischen Auszeichnungen sollen hier die hervorgehobenen Textstellen sofort ins Auge springen, wie man dies bei Klatschspalten «Notizen zu Namen» oft sieht. Dort pickt man sich aufgrund der Auszeichnung jene Personen heraus, die interessant sind, die andern lässt man beiseite. Die häufigste Art dieser Auszeichnung ist halbfett. Beziehungsweise eine Strichstärke dicker als der Grundtext. Wenn der Grundtext aus der Halbfetten besteht, kann die Auszeichnung auch fett gehalten werden. Oder umgekehrt: Auch eine magere Schrift fällt in einem halbfetten Milieu sofort auf.

Kapitälchen
Kapitälchen sind eine bessere Auszeichnungsart als Versalien. UNTER KAPITÄLCHEN WERDEN ZWEI UNTERSCHIEDLICHE GRÖSSEN VON VERSALBUCHSTABEN VERSTANDEN. Diese sind wie Versalien schlecht lesbar, fügen sich aber besser ins Satzbild ein. Sie sollten etwas spationiert werden. Obwohl mit jedem PC Kapitälchen gestaltet werden können, kommen sie nur für Serifenschriften in Frage – eine serifenlose Schrift in Kapitälchen sieht einfach unprofessionell aus!

Man hört heute oft von echten und unechten Kapitälchen. Was ist damit gemeint? Bei den unechten, computergenerierten Kapitälchen wird die Schrift und damit auch die Strichstärke proportional verkleinert. Die Strichstärken der grösseren und kleineren Versalbuchstaben sind unterschiedlich. Bei den echten Kapitälchen besteht ein separater Font, vielfach mit «Expert Font» bezeichnet. Bei diesen Fonts ist kein Strichstärkenunterschied auszumachen. Expert Fonts gibt es leider nur von wenigen Schriften.

Versalien
Versalbuchstaben sind sehr schwer erfassbar und aus diesem Grund keine optimale Auszeichnungsart. Es fehlt ihnen das natürliche Auf und Ab der Gemeinen, sie wirken recht krakelig und steif. Obwohl in der Grundschrift gehalten, fallen Sie sofort durch eine veränderte Grauwirkung auf.

Vergleichen Sie oben die Utopia Expert, darunter die normale Utopia mit computergenerierten Kapitälchen.

BEI ECHTEN KAPITÄLCHEN SIND DIE STRICHSTÄRKEN AUSGEGLICHEN.

BEI UNECHTEN KAPITÄLCHEN SIND DIE STRICHSTÄRKEN UNGLEICH.

Die üblichsten Auszeichnungsvarianten. Mit ausgezeichnet wird auch die folgende Interpunktion wie Komma, Punkt, Fragezeichen usw. Schrift: Galliard.

Sie haben sich für einen MACINTOSH entschlossen. Wir gratulieren Ihnen dazu, denn Sie besitzen einen der besten Personal Computer, die es heute zu erwerben gibt. Es ist kein Zufall, dass wir ausgerechnet mit APPLE MACINTOSH arbeiten und nicht mit irgend einem andern Computer. APPLE baut Geräte, denen die natürliche Arbeitsweise des Menschen zugrunde liegt. Dazu gehört das Arbeiten mit *grafischen Symbolen* anstatt mit endlosen Folgen komplizierter Befehle ebenso wie der reibungslose Informationsaustausch im Team und *Spass an der Arbeit!*

Nun geht es darum, dass Sie sich möglichst schnell und effizient das notwendige Wissen aneignen, **um aus Ihrem Mac grösstmöglichen Nutzen zu ziehen.** Umfangreiche Handbücher erlauben das Beherrschen der Programme nicht auf Anhieb, und eine Schulung wäre besonders nützlich.

Aber wie anstellen? – Denn Schulung ist Vertrauenssache. Es ist nicht egal, wo und von wem man sich schulen lässt. Als erste Macintosh-Tagesschule der Schweiz durften wir bis heute über 12 000 Kursteilnehmerinnen und Kursteilnehmer in der HANDHABUNG des Macintosh ausbilden, und zwar zu deren vollsten Zufriedenheit. Eine Zahl, die keine andere Schule aufweisen kann.

Das ist das eine, was uns **unvergleichlich** macht. Das andere ist unsere Unabhängigkeit. Wir wollen Ihnen nichts verkaufen. Keine Computer und keine Programme. Nur Know-how, also Tips und Tricks, mit denen Sie schneller und besser zu Hause weiterarbeiten können.

Kapitälchen

Italic

Bold

Unterstichen, Unterlängen ausgespart

Versal

Andere Schrift

Initiale

Initialbuchstaben stammen aus dem Mittelalter, als die Mönche kunstvoll verzierte Buchstaben von Hand in die gedruckten Seiten einmalten. Eine Initiale kennzeichnet den Textbeginn. Heute werden sie genauso als Zierde eingesetzt, zu Beginn eines Textes, um mehrere Abschnitte visuell zu trennen oder als Schmuck eines Titels, Zitates. Ein Initialbuchstabe dient der Leseführung – er ist zwingend notwendig, wenn der Titel nicht am gewohnten Platz oben links auf der Seite steht. Man liest den Titel ja zuerst und nachher soll der Textbeginn ohne langes Suchen gefunden werden. Wenn der Text gleich unter dem Titel beginnt, ist kein Initial nötig, ja unschön, weil er optisch mit dem Titel konkurriert. Ebenfalls können zuviele Initiale auf einer Seite lächerlich wirken; so viele wichtige neue Gedanken kann es gar nicht geben.

Andere Markierungen

Dieselbe Führungsfunktion wie Initiale können auch Flächen oder Linien übernehmen, die das Auge zum Textbeginn führen.

Comoediai quam nos actuari sumus et argumentum et nomen vobis eloquar. Alazon Graece huic nomen est comoediae: Id nos Latine gloriosum dicimus. Mihi ad enarrandum hoc argumentum comit, si ad auscultan-

Normalerweise sind Initiale eine Anzahl Zeilen gross, mit Oberlänge und Schriftlinie alinierend. Grundtext: New Baskerville.

Alazon Graece huic nomen est comoediae: Id nos Latine gloriosum dicimus. Mihi ad enarrandum hoc argumentum comit, si ad auscultandum vostra erit benignitas. Qui autem auscultare nolet, exsurgat foras, ut sit,

A, V, W, O, G usw. sollten etwas über die Satzkante hinausgestellt werden, damit sie optisch bündig scheinen.

Hoc argumentum comit, si ad auscultandum vostra erit benignitas. Qui autem auscultare nolet, exsurgat foras, ut sit, ubi sedeat ile qui auscultare vult. Nunc qua ad enarrandum hoc argu-

Der Abstand zum Text darf nicht zu eng, aber auch nicht zu weit gehalten sein.

Enarrandum hoc argumentum comit, si ad auscultandum vostra erit benignitas. Qui autem auscultare nolet, exsurgat foras, ut sit, ubi sedeat ile qui auscultare vult. Nunc qua ad enarrandum hoc argumentums comit, si ad auscultandum vostra erit benigni-

Einzüge sind erlaubt. Hier aliniert die Initiale mit der ersten Zeile, und der Schriftkontrast wird durch die Rasterung gemildert.

Initiale

Das Problem «Anführungszeichen am Textbeginn» kennt drei Lösungen. Schrift: Italia.

«Graece huic nomen est comoediae: Id nos Latine gloriosum dicimus. Mihi ad enarrandum hoc argumentum comit, si ad auscultandum vostra erit benignitas. Qui autem auscultare nolet, exsurgat foras, ut sit, ubi sedeat ile qui auscultare vult. Nunc qua ad enarrandum hoc argumentums comit, si ad auscultandum vostra erit

«Graece huic nomen est comoediae: Id nos Latine gloriosum dicimus. Mihi ad enarrandum hoc argumentum comit, si ad auscultandum vostra erit benignitas. Qui autem auscultare nolet, exsurgat foras, ut sit, ubi sedeat ile qui auscultare vult. Nunc qua ad enarrandum hoc argumentums comit, si ad aus-

«Graece huic nomen est comoediae: Id nos Latine gloriosum dicimus. Mihi ad enarrandum hoc argumentum comit, si ad auscultandum vostra erit benignitas. Qui autem auscultare nolet, exsurgat foras, ut sit, ubi sedeat ile qui auscultare vult. Nunc qua ad enarrandum hoc argumentums comit, si ad aus-

Bei Jahreszahlen oder Ziffern wird die ganze Zahl als Initiale betrachtet. Schrift: Excelsior.

1886 Comoediai quam nos actuari sumus et argumentum et nomen vobis eloquar. Alazon Graece huic nomen est comoediae: Id nos Latine gloriosum dicimus. Mihi ad enarrandum hoc argumentum comit, si ad auscultandum vostra erit benignitas. Qui autem auscultare nolet, exsurgat foras, ut sit, ubi sedeat ile qui auscultare vult. Nunc qua

Otine gloriosum dicimus. Mihi ad enarrandum hoc argumentum comit, si ad auscultandum vostra erit benignitas. Qui autem auscultare nolet, exsurgat foras, ut sit, ubi sedeat ile qui auscultare vult. Nunc qua ad enarrandum hoc argumentums comit, si ad auscultandum vostra erit benignitas. Mihi ad enarrandum hoc argumentum comit, si ad auscultandum vostra erit benignitas.

Vatine gloriosum dicimus. Mihi ad enarrandum hoc argumentum comit, si ad auscultandum vostra erit benignitas. Qui autem auscultare nolet, exsurgat foras, ut sit, ubi sedeat ile qui auscultare vult. Nunc qua ad enarrandum hoc argumentums comit, si ad auscultandum vostra erit benignitas.

Mihi ad enarrandum hoc argumentum comit, si ad auscultandum vostra erit benignitas. Qui autem auscultare nolet, exsurgat foras, ut sit, ubi sedeat ile qui auscultare vult. Nunc qua ad enarrandum hoc argumentums comit, si ad auscul-

Besonders gepflegt sieht eine Initiale aus, wenn sich der Text harmonisch anschmiegt. Grundtext oben: Poetica Chancery III, Initiale: Poster Bodoni. Unten: ITC Fenice, Initiale: Lithos.

Initialbuchstaben dürfen ruhig auch geschwungen, in einer Schreibschrift wie der Shelley, gestaltet werden. Grundtext: Perpetua.

1

2

3

1 Initiale sind sehr wirkungsvoll, nicht nur beim Textbeginn, sondern auch bei Titeln.

2 Grosse Buchstaben üben durch ihre Ästhetik, durch ihren Schwung eine Reizwirkung aus.

3 Experimente sind erlaubt: Auch Schriften, die man als Titelschrift nicht brauchen könnte, kommen zum Einsatz.

4 Ganze Wörter (im Text) werden als Initiale aufgebaut.

5 Die Initiale dient als Auflockerung und zieht zugleich die Blicke auf sich.

6 Häufig bilden Initiale einen Kontrast zur übrigen Typografie. Beachten Sie die Anführung.

Kästchen

Mit Schrecken erinnere ich mich an die Desktop-Geburtsstunden – eine richtige Kästchen-Manie trat in Erscheinung. Kästchen mit dünnen, dicken und gestrichelten Linien, mit abgerundeten Ecken und, und, und. Es war damals eine Sensation, wie einfach man ein solches Ding zuwege brachte: Klicken und Ziehen genügte. Die ganze Fachwelt staunte; dort war solches nur über die Eingabe diverser X-Y-Koordinaten möglich.

Nun, das «Spektakel» hat an Attraktivität eingebüsst, jedermann setzt auf gleich einfache Weise Kästchen ein. Leider oft ohne Mass. Ein Kästchen im Kasten im Kasten – jedes Ding ist eingeschlossen, hat kaum Luft zum Atmen!

Wann werden Kästchen eingesetzt?

Kästchen beinhalten ganzheitliche Aussagen. Was die Auszeichnung für Textstellen, sind Kästchen für ganze Informationen. In einer Box stehen wichtige Aussagen, die eine besondere Hervorhebung rechtfertigen. Wenn alles und jedes in Kästchen versorgt wird, macht das einen äusserst kleinkarierten, krämerischen Eindruck.

Elemente eines Kästchens

Als Abgrenzung zum übrigen Text setzen wir Umrandungslinie und Tonfläche ein. Ob diese nun einzeln oder in Kombination gestaltet werden, spielt eigentlich keine Rolle. Vielfach gilt auch hier: weniger ist mehr. Kästchen können die meisten sonstigen Gliederungselemente enthalten, die ein abgeschlossener Text braucht: Titel, Untertitel, Zwischentitel, Grundtext, Tabellen, Bilder, Legenden usw.

Gestaltungsmöglichkeiten

Die *Umrandungslinie* sollte in Übereinstimmung zu weiteren Linien stehen. Ist z.B. die Spaltenlinie 0,5 Punkt stark, so wird auch die Umrandungslinie dieselbe Stärke aufweisen. Eine Linienstärke von über 2 Punkt assoziiert einen Trauerrand und sollte daher wenigstens aufgerastert oder farbig gestaltet werden. Die Kästchenform ist normalerweise eckig. Alle abgerundeten Ecken mit einem bestimmten Eckradius verleiden sehr schnell und sollten in den Bereich Haus und Hobby verbannt werden.

Das gilt ebenso für bestimmte Füllmuster und Schraffuren. Der Profi setzt ausschliesslich *Rastertöne* oder *Bildhintergründe* ein. Selbstverständlich steht auch hier die Lesbarkeit der Schrift im Vordergrund. Es geht um eine sanfte Trennung vom übrigen Text. Das Kästchen darf nicht zum Aufhänger der ganzen Seite avancieren.

Schatten in allen Richtungen sind eine gute Möglichkeit, um Rahmen etwas dreidimensionale Tiefe zu verleihen, dabei darf der Schatten das Objekt optisch nicht erschlagen. Zur Kontrastmilderung ist der Schatten eventuell aufzurastern.

Kästchen sollen in der Gestaltung auf die Inhaltsmenge Rücksicht nehmen: von schmal, einspaltig, bis doppelseitenbreit kann alles vorkommen. Der Text hat sich in diesem Fall halt anzupassen – in einer mehrspaltigen Box gestalten wir den Text dann ebenfalls mehrspaltig.

Der Textabstand zum Kasten soll einheitlich gestaltet werden. Vor allem links und rechts sollte gleich viel Abstand sein, unten etwas mehr. Ungleichmässige Weissräume fallen sofort auf.

Kästchen

1

4

2

5

3

6

1 Dass alles und jedes in einem Kästchen versorgt ist, mutet krämerhaft und kleinkariert an. Die abgerundeten Ecken gelten als veraltet.

2 Kästchen sind hier zusammen mit den Bildern als eigenständige Informationseinheiten aufbereitet. Die Seite wirkt durch die Fülle überladen.

3 Eine wahre Kästchenmanie! Hier wird eine inflationäre Sprücheklopferei betrieben.

4 Gleich drei unterschiedliche Kästchenformen: Mit Linienrahmen, Klammer und Hintergrundton. Auch Büroklammern, Reissnägel oder Stecknadeln können die Box optisch aufs Papier heften.

5 Mit Kästchen eine ganze Seite einzufassen, gilt eigentlich als laienhaft – ausser, der Linienrahmen sei gerissen gestaltet.

6 Bei einem punktierten Linienrahmen sollte die Liniendicke etwa vier bis sechs Punkt betragen, erst dann kommt er zur Geltung.

Die Rahmendicke wie die Form der Linie ist frei wählbar. Normal ist eine Strichstärke von etwa 0,3 bis 0,6 Punkt. Bei Schnittlinien für Coupons oder Talons sind die Linienstücke etwa viermal so gross wie die Abstände. Zu dicke Rahmen assoziieren sofort einen Trauerrand.

Als Füllung setzen wir Flächen, Verläufe oder Bildhintergründe ein. Die Füllung sollte möglichst kontrastarm und ruhig liegen. Kontrastreiche Füllungen behindern die Lesbarkeit. Wenn eine Fläche den Kasten abgrenzt, ist keine Linienumrandung nötig.

Schatten können auf einfache Weise oder im aufwendigen 3D-Look gestaltet werden. Der Schatten darf nicht zu stark wirken und wird aus diesem Grund oft aufgerastert.

Kästchen

Mac, Mac, Mac

Mihi ad enarrandum hoc argumentum comit, si ad auscultandum vostra erit benignitas. Qui autem auscultare nolet, exsurgat foras, ut sit, ubi sedeat ile qui auscultare vult. Nunc qua ad enarrandum hoc argumentums comit, si ad auscultandum vostra erit benignitas. Qui autem auscultare nolet, exsurgat foras, ut sit, ubi sedeat ile qui auscultare vult. Qua adsedistis causa in festivo loco, comoediai quam nos actuari sumus et argumentum et nomen vobis eloquar. Alazon Graece huic nomen est comoediaediai quam nos actuari.

Malkurse

Mihi ad enarrandum hoc argumentum comit, si ad auscultandum vostra erit benignitas. Qui autem auscultare nolet, exsurgat foras, ut sit, ubi sedeat ile qui auscultare vult. Nunc qua ad enarrandum hoc argumentums co-

Kommentar

Mihi ad enarrandum hoc argumentum comit, si ad auscultandum vostra erit benignitas. Qui autem auscultare nolet, exsurgat foras, ut sit, ubi sedeat ile qui auscultare vult. Nunc qua ad enarrandum hoc argumentums comit, si ad auscultandum vostra erit benignitas. Qui autem auscultare nolet, exsurgat foras, ut sit, ubi sedeat ile qui auscultare vult. Qua adsedistis causa in festivo loco, comoediai quam nos actuari sumus.

Berberteppiche

Mihi ad enarrandum hoc argumentum comit, si ad auscultandum vostra erit benignitas. Qui autem auscultare nolet, exsurgat foras, ut sit, ubi sedeat ile qui auscultare vult. Nunc qua ad enarrandum hoc argumentums comit, si ad auscultandum vostra erit benignitas. Qui autem auscultare nolet, exsurgat foras, ut sit, ubi sedeat ile qui auscultare vult. Qua adsedistis causa in festivo loco, comoediai

Reinkarnation

Mihi ad enarrandum hoc argumentum comit, si ad auscultandum vostra erit benignitas. Qui autem auscultare nolet, exsurgat foras, ut sit, ubi sedeat ile qui auscultare vult. Nunc qua ad enarrandum hoc argumentums comit, si ad auscultandum vostra erit benignitas. Qui autem auscultare nolet, exsurgat foras, ut sit, ubi sedeat ile qui auscultare vult. Qua adsedistis causa in festivo loco, comoediai quam nos actuari sumus et argumentum et nomen vobis eloquar. Alazon Graece huic nomen est comoediaediai.

Mihi ad enarrandum hoc argumentum comit, si ad auscultandum vostra erit benignitas. Qui autem auscultare nolet, exsurgat foras, ut sit, ubi sedeat ile qui auscultare vult. Nunc qua ad enarrandum hoc argumentums comit, si ad auscultandum vostra erit benignitas. Qui autem auscultare nolet, exsurgat foras, ut sit, ubi sedeat ile qui auscultare vult. Qua adsedistis causa in festivo loco, comoediai quam nos actuari sumus et argumentum et nomen vobis eloquar. Alazon

Die Form eines Kästchens lässt viele Möglichkeiten offen. Je nach Drucksache kann eine freie Form angebrachter sein. In einer Zeitschrift kommen immer wieder Boxen vor – da würde eine allzu ausgefallene Lösung mit zunehmender Anzahl an Attraktivität verlieren. Auch die Wirtschaftlichkeit spielt eine Rolle; einen einfachen Linienrahmen gestaltet und korrigiert man natürlich schneller als eine Exklusivität.

Schriften: Franklin Gothic
in verschiedenen Schnitten

Legende

Wie bereits auf Seite 18 beschrieben, erhält das Bild in Bezug auf das Orientierungsverhalten die erste Priorität. Unweigerlich zieht es den Blick auf sich, und demzufolge ist die Erklärung zum Bild ebenso wichtig. Somit sind wir – fachsprachlich – bei der Legende, auf gut Deutsch auch Bildunterschrift genannt. Es gibt eine eiserne Regel unter Journalisten und Gestaltern: Kein Bild ohne Legende! Dabei soll ein Bild nicht beschrieben werden: «Die Sonne im blauen Himmel strahlt wärmend auf die Badegäste», vielmehr muss ergänzende Hintergrundinformation geboten werden wie z. B.: «Zu intensive Sonneneinstrahlung fördert das Risiko zum Hautkrebs». Die Legende ist deshalb wichtig, weil das Bild allein oft vieldeutig sein kann, es hinterlässt einen zwiespältigen Eindruck, ist offen, lässt vielerlei Interpretationen zu. Allein die Legende vermag den Bildinhalt so zu steuern, dass er die erwünschte Aussage unmissverständlich wiedergibt. Bilder ohne Legende haben nicht nur mit Bequemlichkeit zu tun, sondern auch mit mangelndem Wissen um diese wichtigen Zusammenhänge. Die Bildlegende bringt mehr, sie wirkt nachhaltiger und schneller als noch so ausführlicher Text. Die einzige Ausnahme hierzu: Wenn das Bild als Hintergrund eingesetzt wird oder sehr illustrativ wirkt, ohne eine konkrete Information transportieren zu müssen, darf auf die Legende verzichtet werden.

Plazierung der Legende

Als normal gilt die Stellung direkt unter dem Bild. Der Abstand sollte minimal so gewählt werden, dass der optische Zeilenabstand eingehalten wird. Innerhalb einer Publikation sind die Abstände zum Bild immer gleich zu halten, streng nach dem Gesetz: Gleichartiges soll gleich gestaltet werden. Weitere Positionen sind links oder rechts neben dem Bild. Wenn die Legende im Bild selber steht, darf es an dieser Stelle keine Kontrastunterschiede aufweisen, sonst ist sie nicht lesbar – ausser das Bild werde partiell zugedunkelt oder aufgehellt. Über dem Bild steht die Legende nur im Ausnahmefall, nämlich dann, wenn das Bild unten und seitlich angeschnitten wird und somit kein anderer Platz zur Verfügung steht.

Es kommt auch auf die Legendenlänge an. Lange Bildunterschriften sind nicht seitlich zu plazieren, sie sind an sich schon nicht lesefreundlich. Wenn die Legende mehr Platz benötigt als das Bild, muss dieses Missverhältnis schleunigst geändert werden, z. B. indem man das ganze in ein Kästchen setzt mit einem Titel dazu.

Die Sammellegende kann für mehrere Bilder, wenn sie ähnlich sind oder ganze Sequenzen zeigen, sprechen.

Als weitere Möglichkeit gibt es die Numerierung der Bilder. Die einzelnen Ziffern stören die Bildgestaltung nicht so sehr wie ganze Legenden, die dann an einem andern Ort auf der Seite konzentriert werden. Für das einzelne Bild und den Leser ist dies nicht so günstig, weil immer ein Suchprozess stattfinden muss, während die Legende beim Bild direkt vermittelt. Geradezu lästig sind die gesammelten Legenden am Schluss eines Werkes – dieser Mühsal unterziehen sich die wenigsten Leser.

Gestaltung der Legende

Häufig wird die Legende als «Anhängsel» zum Bild betrachtet. Vielleicht in der Grundschrift gestaltet, kursiv, eher etwas kleiner als die Grundschrift. Die Unscheinbarkeit muss jedoch nicht sein, Legenden dürfen auch etwas grösser als die Grundschrift oder gar fetter gehalten werden. Als Basis soll die Grundschrift dienen, und die Legende sollte sich im Grad und/oder im Schnitt und/oder im Charakter geringfügig abheben.

Klar gibt es auch hier Ausnahmen: Etwa wenn Titel und Lead gleichzeitig die Funktion einer Legende übernehmen oder ein Zitat in Form einer Sprechblase die Legende bildet.

Dann wäre noch die Frage zu prüfen, ob man Legenden im Blocksatz oder Flattersatz gestalten soll. Beides ist richtig! Bei kurzen, schmalen Legenden ist der Flattersatz ein Muss, während breite Räume die Wahl lassen.

Die Bildlegende steht normalerweise unter dem Bild. Hier wurde der Abstand mit einem Millimeter zu klein gewählt, optisch steht die erste Zeile näher beim Bild als bei der folgenden. Dafür ist der Zeilenabstand zu gross.

Der Abstand sollte etwa einer optischen Blindzeile entsprechen, dann bildet der Weissraum schön gleichmässige Bänder.

Legenden sollten nicht ins Zeilenregister eingebunden werden und dürfen einen andern Zeilenabstand aufweisen als die Grundschrift. Je kompakter, desto besser.

Diese Legende ist kaum mehr zu entziffern, sie ist viel zu klein und kann leicht mit einem Copyright-Hinweis verwechselt werden.

Die Schriftgrösse wurde mit 9 Punkt zwar beibehalten, die Schrift jedoch um 90% schmal gestellt, so dass mehr Platz für einen vernünftigen Legendentext vorhanden ist.

Diese Legende ist mit 12 Punkt zu gross. Was für Abc-Schützen gut ist, empfinden wir als laienhaft. Je grösser die Schrift, desto eher entstehen Trennprobleme.

Links von einem Bild kann sich der Text rechtsbündig an das Bild anlehnen.

Auch die linksbündige Variante ist statthaft. Seitliche Legenden alinieren oben oder unten.

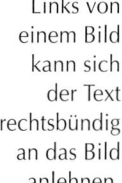

Negativ weiss oder bunt in einem vierfarbigen Bild kann zu Passerproblemen führen, deshalb keine kleinen, feinen Schriften verwenden.

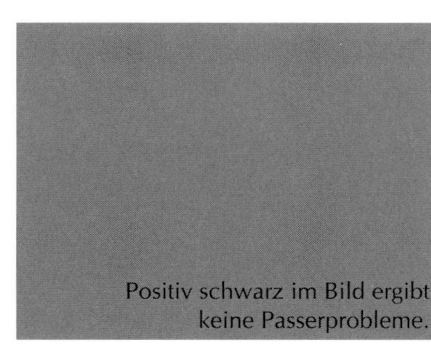

Positiv schwarz im Bild ergibt keine Passerprobleme.

Schrift: Optima

Einleitungstext

Der Einleitungstext (Lead) wird vor allem bei Zeitungen und Zeitschriften eingesetzt. Vielfach wird der Lead von der Redaktion erst am Schluss geschrieben. Er zeigt oberflächlich, was den Leser im Artikel erwartet, und ist für den Einstieg wichtig. Nicht statthaft ist das Umfunktionieren des ersten Absatzes als Lead, dies führt einfach zum Einstieg in den Text. Der Einleitungstext hingegen bringt einen Überblick – nicht ganz dasselbe. In zunehmendem Mass sind Einleitungstexte auch in Unternehmensbroschüren oder Verkaufsprospekten eingesetzt, einfach, weil sich damit zusätzliche Aufmerksamkeit erregen lässt, ohne dem Leser allzuviel Zeit zu stehlen. A propos Zeit: der Einleitungstext sollte nicht zu lang sein; in maximal vier, fünf Sätzen sollte das Wichtigste gesagt werden können.

Der Einleitungstext steht immer in der Nähe des Titels, darüber, darunter, seitlich, je nach Gusto. Meistens wird er etwas grösser gesetzt als der Grundtext, eben seiner Wichtigkeit gemäss. Ob er normal, leicht, halbfett oder fett gesetzt wird, spielt ebenfalls keine Rolle, achten Sie dabei auf die Lesbarkeit. Die Kumulierung von Lesbarkeitssünden ist streng zu vermeiden: keine Versalien, keine extrafette, gesperrte Schrift, keine Schatten, keine Outlines. Sperren oder stauchen in einem vernünftigen Rahmen ist erlaubt. Häufig wird auch mit dem Zeilenabstand gespielt, was durchaus gute Resultate bringen kann.

Eine wunderschöne Kombination von Lead und Titel: Gleich dem Nebel schleicht sich der Einleitungstext um den Titel herum.

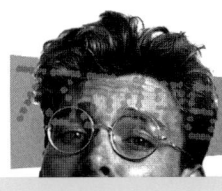

Der Einleitungstext steht in der Nähe des Titels. Flattersatz ist immer gut, auch wenn der Grundtext in Blocksatz gehalten wird. Hingegen verträgt sich der Lead in Blocksatz nicht, wenn der Grundtext in Flattersatz gestaltet wurde.

Der Lead übernimmt die Funktion als Einleitungstext genauso wie als Legende zum Bild.

Die Stellung des Leads ist grundsätzlich frei, er kann sogar inmitten des Grundtextes stehen.

Über den Bund gezogene Einleitungstexte geben technische Probleme auf: Der Bund entzweit die Wörter über die Massen. Nur mit einer genauen Buchbinderarbeit zu bewerkstelligen.

Junges ceylor

**Carolin Versteeg
Produkt Managerin ceylor**

Mit dem Slogan «Make love, not war – aber mit ceylor» haben wir im letzten Jahr die Neupositionierung des meistverkauften, schweizerischen Präservativs eingeläutet. Unser Ziel war es, vor allem jüngere Käuferschichten zu gewinnen. Mit einem modernen Kinospot setzten wir auf eine Generation, die ohnehin weniger Berührungsängste zur Sexualität bekundet. Diese Strategie werden wir dieses Jahr mit diversen Werbemassnahmen noch intensivieren:

Kinospot
Der Erfolg des Spots bestärkte uns darin, diesem Medium auch weiterhin unsere grösste Beachtung zu schenken. Die Botschaft ist zielgruppengerecht, sie wird verstanden und sogar honoriert. Der Art Directors Club Schweiz (ADC) zeichnete den Film mit einem bronzenen Würfel aus. 1994 wird er in über 60 Kinos der deutschen und welschen Schweiz insgesamt 18 Wochen lang zu sehen sein – von Januar bis März, sowie im Oktober und November. Noch mehr Impact versprechen wir uns von den Openair-Kinos, die wir in diversen Städten im Juli und August mit dem Spot bedienen. Wie kaum an einem anderen Ort, stimmen hier Zielpublikum, Jahreszeit und Erwartungshaltung überein.

Bemusterung
Werbung ist wichtig, selbst ausprobieren ist besser. Um die Verwendung von ceylor bei den jungen Männern zu verankern, verteilen wir in den diesjährigen Rekrutenschulen 35'000 kostenlose ceylor-Muster. Die RS ist aus mehreren Gründen ideal: Zum einen ist die Armee an gesunden, aufgeklärten Soldaten selbst interessiert und unterstützt unsere Aktion, zum anderen regt der frauenlose, harte Militärdienst zur Diskussion und zum Nachdenken an.

Was für junge Männer richtig ist, kann für junge Frauen nur billig sein. Zusammen mit der Firma Mercilon verteilen wir über Frauenärzte rund 30'000 Starter-Kits an junge Pilleneinsteigerinnen. Neben einer Monatsration Antibabypillen finden sich in der Schachtel ein hübsches Aufbewahrungsetui mit einem ceylor PASTELL inklusive Gebrauchsanleitung. Die Distribution über den Facharzt dürfte die Akzeptanz zusätzlich verstärken.

PR-Massnahmen
Damit ceylor vermehrt ins Gespräch gebracht wird – das Kondom selbst wird durch das BAG genügend beworben – sind Meinungsumfragen zu sexuellen Themen geplant. Die aufbereiteten Erkenntnisse werden der Tagespresse zum freien Abdruck zur Verfügung gestellt. Damit wird erreicht, dass das Kondom noch stärker mit der Marke ceylor verknüpft wird.

WERBUNG 15

Die Gestaltung des Leads darf auch einmal die normalen Grenzen überschreiten. Hier soll ein junges Publikum angesprochen werden.

ceylor LARGE

CEYLOR

"Was will das Weib eigentlich vom Mann?", fragte sich einst der aus Mähren stammende Psychoanalytiker Sigmund Freud. Wir Männer müssen erkennen, dass wir auch 60 Jahre später nicht klüger sind,

Männliche Ohnmacht in der Sexualität

Unser kleiner Herr

Extraweites Bedürfnis

Es gibt nichts Dehnbareres als reinen Latex. Man kann ihn fast beliebig in die Länge und Breite ziehen, zusammenquetschen, biegen oder aufblasen. Und immer findet er zu seiner ursprünglichen Form zurück. Das ist auch der Grund, weshalb ceylor-Latexkondome bisher nur in einer Grösse erhältlich waren. Immerhin lassen sie sich bis auf 700–800% ihres ursprünglichen Volumens vergrössern ohne zu zerreissen. Das sollte für den «kleinen Unterschied» mehr als ausreichend sein, damit sie ihren Zweck zuverlässig erfüllen.

So meinten wir jedenfalls. Eine australische Studie hat uns eines Besseren belehrt. Auf dem fernen Kontinent wollte man nämlich genauer wissen, weshalb sich viele Männer kategorisch weigerten, dem Kondom als einzigen Schutz vor Aids zu vertrauen. Als Grund gab rund ein Viertel der befragten Männer an, dass die Verhüterlis für ihre Manneskraft schlichtweg zu klein seien und deshalb Schmerzen beim Gebrauch verursachten. Tatsächlich machte die Studie deutlich, dass erhebliche Unterschiede in Penislänge (Ø 155 mm) und Penisumfang bei der Wurzel (Ø 140 mm) bestehen, als man gemeinhin annahm.

Die Aussagen der Befragten sollen weder einem Machogehabe noch einer Bluffermentalität entspringen, meinen dazu die Forscher, sondern einem wirklichen Bedürfnis. Was bei Schuhen seit jeher üblich ist, soll nun auch bei Kondomen zum Zuge kommen: eine Grössenauswahl. Lamprecht entspricht diesem Bedürfnis mit der neuen Produktevarietät ceylor LARGE. Dieser extraweite Überzieher wartet mit einer Nennbreite von 54 mm (statt 52) und einem Umfang von 108 mm (statt 104) auf. Diese Masse beruhen auf Erfahrungsgrössen, denn ein Präservativ muss aus Sicherheitsgründen deutlich schmäler sein als der Penis. Trotz dieser geringscheinenden Millimeterdifferenz wird nun das genannte Viertel der Herren der Schöpfung hinreichend und schmerzfrei versorgt sein.

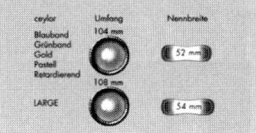

ceylor LARGE

Extraweit – rund 10% grösser als die bisherigen Standardgrössen – mit angenehmer Gleitcrème beschichtet. Das Präservativ ist gedacht für Männer mit überdurchschnittlich grossem Glied.

Achtung: Sollte ceylor LARGE nicht richtig sitzen und besteht die Gefahr des Abrutschens, muss unbedingt ein Präservativ der Standardgrösse ceylor Blauband, Grünband, Pastell, Gold oder Retardierend benutzt werden, damit optimaler Schutz gewährleistet ist.

ceylor	Umfang	Nennbreite
Blauband Grünband Gold Pastell Retardierend	104 mm	52 mm
LARGE	108 mm	54 mm

Lassen wir uns überraschen, wie die Schweizer Männerwelt auf ceylor LARGE reagieren wird. Jedenfalls können sie ihre übergrosse Manneskraft ab sofort nicht mehr als Ausrede benutzen, warum sie dem schützenden Kondom den Rücken zukehren sollten.

Viva Kondom

Meistens lustig, manchmal beissend hat sich der Karikaturist Caspar Frei dem Thema «Kondom» angenommen. Doch wenn er in seinem 64seitigen, farbenfrohen Cartoonband auch skurrile und groteske Verwendungszwecke anbietet, geht es ihm doch um eine (tod)ernste Sache. Deshalb wurde die Herausgabe unter anderem vom Bundesamt für Gesundheitswesen unterstützt. Wir meinen, dass dieses Buch in jeden Haushalt gehört und empfehlen es allen zur Lektüre und zum Schmunzeln. Auf diesen Seiten finden Sie drei Abbildungen aus dem Band.

Viva Kondom gibt es im Buchhandel (Edition Olms) zu Fr. 24.80 (1 Franken geht an die AIDS-Hilfe Schweiz).

was unsere Geschlechtspartnerinnen anbelangt. Denn eigentlich sind wir in der Sexualität, so meinen die Autoren Jolliffe und Mayle in ihrer Comicserie «Sein bester Freund», überhaupt nicht Herr in unserem Haus. Die beiden sind der Überzeugung, dass es das Schicksal jedes Mannes ist, einen Freund durch's Leben schleppen zu müssen, der ihm nicht nur Freude bereitet.

Solche und ähnliche Gedanken analysiert der frühere Arzt und heutige Schriftsteller Till Bastian in einem Aufsatz des Psychologiemagazins Intro, das sich zu Beginn letzten Jahres mit diesem Thema befasste. Er zeigt dabei auch Zusammenhänge auf zwischen der natürlichen, männlichen Aggressivität und seiner Gewalttätigkeit gegenüber dem schwachen Geschlecht. Vor allem weil der Mann sein Geschlechtsorgan nicht voll unter Kontrolle halten kann – es führt ein sehr souveränes Eigenleben –, bekommt er es oft mit der Angst vor der Frau zu tun, die nicht so funktioniert, wie er es gern hätte. Die Folge ist, dass er sie oft zum verfügbaren Objekt degradiert.

Seine Angst beruht auch darauf, dass er beim Geschlechtsakt immer die Frau ist, die den Überblick behält und die Situation im Griff hat. Nur sie weiss, ob sie dabei zur Erfüllung gelangte, der Mann kann solches nicht verheimlichen. Auch nur die Frau weiss mit absoluter Sicherheit, dass sie ihr eigenes Kind zur Welt brachte. Der Mann bleibt auf Mutmassungen und Treugläubigkeit angewiesen. So sucht der Mann nach anderer Selbstbestätigung, um seine Schwächen und Unzulänglichkeiten zu verdrängen. Dominierendes Imponiergehabe mit seiner Penisgrösse, ungerechtfertigte Vorwürfe an seine Partnerin oder Herrenallüren kennzeichnen sein Verhalten. Seine mühsam errungene und bedrohte Selbstbeherrschung ist im Kontakt mit der Frau in seinen Grundfesten ständig bedroht.

So benutzen viele Männer nur zu oft ihren kleinen Herrn als Machtmittel, weil sie ihm gegenüber ohnmächtig sind, obschon niemand besser als die Frau diese ständigen Lebenslügen von Kraft und Macht durchschauen kann.

Info: Intro-Verlag Matzner & Looser, Ausgabe 15 «Das neue Mannbild», Altenbergstr. 80, 3013 Bern (031 331 65 02)

Gleich zwei Gestaltungsarten: Auf der linken Seite ist der Lead spaltenweise versetzt; auf der rechten läuft er über den Titel hinweg.

Pagina

Für die Seitennumerierung kennen wir verschiedene gleichbedeutende Begriffe: Pagina heisst auf lateinisch Seite – heute wird die Seitenzahl in der Fachsprache mit *Pagina* bezeichnet. *Toter Kolumnentitel* ist eine weitere Bezeichnung (siehe dazu auch Seite 158), dann *Kolumnenziffer* oder schlicht Seitenzahl.

Wann braucht es Seitenzahlen?

Die Paginierung ist nicht zwingend notwendig – sie kann eingesetzt werden, um den Suchvorgang von einem Inhaltsverzeichnis oder einem Glossar zu erleichtern. Bei zwei- oder vierseitigen Druckerzeugnissen kann deshalb gut darauf verzichtet werden – mit einem einzigen Handgriff ist hier das Dokument durchgesehen. Bei vielseitigen Objekten ist die Paginierung hingegen hilfreich:
– Beim Leseunterbruch kann die Stelle besser wieder gefunden werden.
– Beim telefonischen Kontakt kann auf eine Stelle hingewiesen werden.
– Bei Quellenhinweisen und Querverweisen kann so die Textstelle besser beschrieben werden.

Die Form der Pagina

Auch die Pagina hat Anspruch auf eine sorgfältige Gestaltung. Normalerweise sieht man sie in einem Schriftcharakter, der in der Grundschrift oder in der Titelschrift ebenfalls vorkommt. Das ist richtig so; denken wir an den Grundsatz: «Weniger ist mehr.»

Die Grösse der Pagina gibt auch zu reden. Die Seitenzahl ist eine Suchhilfe und hat mit dem Inhalt nichts gemein. Sie sollte dementsprechend klein und dezent gehalten werden. Je plakativer die Ziffer gesetzt wird, desto skurriler schaut die Seite eventuell aus: Ist das die Pagina wert? Ist sie am Ende wichtiger als der Titel? Sicher nicht.

Um vom Üblichen abzuweichen, bieten sich z. B. Linien oder Flächen in Variationen an. Diese Schmuckelemente dürfen auch randabfallend gestaltet werden. Bei einem klaren Aufbau kann die Numerierung zwei Ziffern beinhalten, um damit die Doppelseite zu kennzeichnen.

Wo plazieren?

Wer ein Buch oder eine Zeitschrift schnell durchblättert, überfliegt nur die äusseren Partien des Objektes, die Stellen im Bund bleiben mehr «verborgen», bei der Schnelldurchsicht à la Daumenkino sind sogar nur die äussersten Zentimeter sichtbar. Grundsätzlich sind alle Stellen belegbar, der Rand im Bund ist jedoch nicht sehr funktionell. Aus diesem Grund überlege man sich gut, wo die Pagina plaziert werden soll.

Der normale Platz ist in der Randzone unten/aussen, weil die Seitenzahl da am wenigsten stört und die Gestaltung am wenigsten hindert. Weitere Möglichkeiten sind oben/aussen, aussen/Mitte, unten/Mitte oder Zwischenlösungen davon.

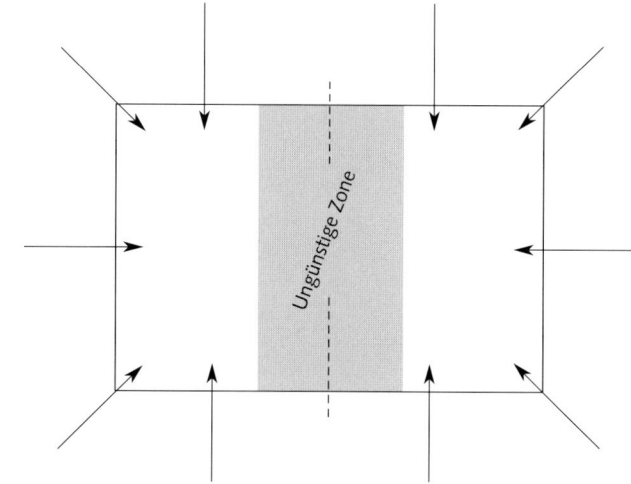

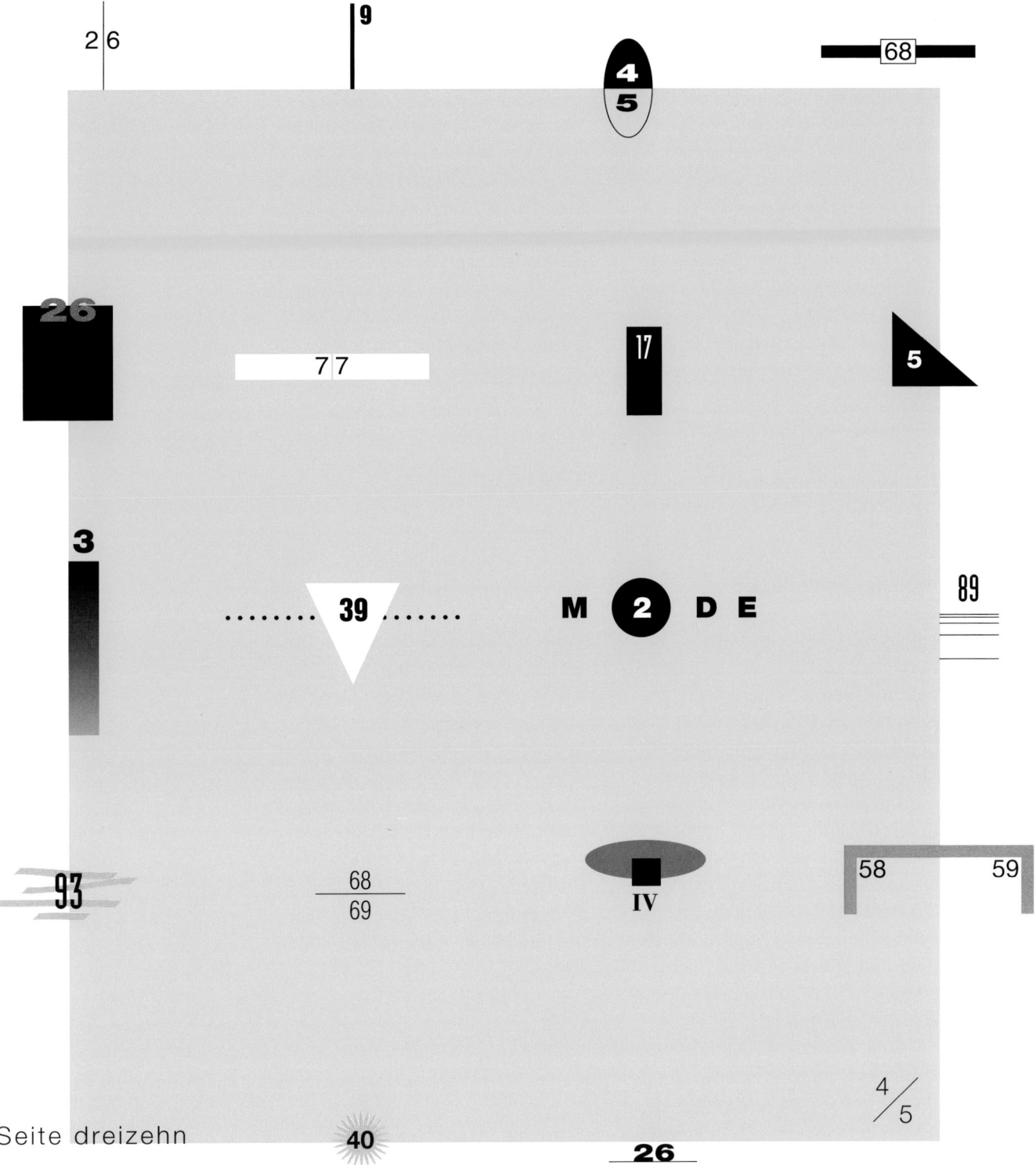

Linie

Linien aller Art haben Schmuckcharakter. Auf keinen Fall sind sie notwendig, im Gegenteil: weniger ist mehr – und vielfach kann darauf verzichtet werden. Gestalten Sie zu diesem Zweck die Drucksache einmal mit Linien, einmal ohne und vergleichen Sie: Wenn es ohne ebenso gut aussieht, dann verzichten Sie auf die Linien.

Waagrechte Linien kommen unter anderem in Tabellen, bei Rubriktiteln, in der Pagina, als Abtrennung von Fussnoten vor. Senkrechte Linien finden wir vor allem als Spaltenlinien und in Tabellen. Der Tabellengestaltung widmen wir gleich anschliessend unser Augenmerk.

Welche Liniendicke?

Linien haben meistens Führungs- und Stützfunktion und dürfen deshalb nicht zu stark in den Vordergrund treten. Eine standardmässige Dicke ist 0,4 bis 0,6 Punkt, das entspricht der früheren Bezeichnung «stumpffein». In Millimetern ausgedrückt: 0,15 bis 0,2 mm. Der gebräuchliche Begriff «Hairline» erzeugt eine Linienstärke von etwa 0,3 Punkt und ist ebenfalls gut zu gebrauchen. Deren Strichstärke ist an der unteren Grenze anzusiedeln und entspricht in der Fachsprache etwa einer «feinen» Linie.

Die Linienstärke 1 Punkt ist zwar in allen gängigen Programmen enthalten, jedoch für Spaltenlinien, Kästchenumrandungen usw. oft zu dick. Die Liniendicke kann wie folgt bestimmt werden: Als Vergleichsmassstab dient die Strichstärke des Grundtextes; die Liniendicke darf auf keinen Fall fetter, muss eher eine Spur feiner erscheinen als der Stamm des Gundtextes (Abstriche von h, d, b usw.). Bei den meisten Grundschriften, vergleichbar mit einer 10 Punkt Times, ist die 1-Punkt-Linie zu dick und fällt überbetont auf.

Anders verhält es sich, wenn Sie einen bewussten Kontrast zur Schrift suchen. In diesem Fall ist die Linienstärke deutlich von der Grundschrift zu unterscheiden. Ab 2 Punkt ist dies der Fall. Eine 6 Punkt dicke Linie erinnert leicht an einen Trauerrand; Abhilfe schafft eine Farbe oder die Aufrasterung.

Welche Art Linie?

Die ausgezogene, einfache Linie ist die am wenigsten auffällige. Andere wie punktiert oder gestrichelt springen da schon mehr ins Auge. Linien, die von Hand gemalt sind, nicht gerade laufende, sich in der Mitte verdickende (englische Linien) usw. sind sehr verlockend. Auch hier kommt es auf die Menge an. Normale, gerade Linien verleiden auch nach dutzendfachem Gebrauch nicht, irgendwelche Zierlinien im Jugendstilcharakter schon. Solche Zierlinien sind eher für vierseitige Einladungskarten, Menükarten, Seminarprogramme oder Inserate denkbar.

0,3 pt	Strichstärkenbereich für Spaltenlinien, Kästchen, Linien in Coupons usw.
0,4 pt	
0,5 pt	
0,6 pt	
1 pt	Liniendicke, die bei Lesegrössen häufig weder Fisch noch Vogel ist. Zu vermeiden.
2 pt	Bei diesen Stärken beginnt der Kontrast zum Grundtext zu wirken.
3 pt	
4 pt	
8 pt	In der Übergangszone Linie/Fläche wirken die Dicken sehr plakativ.
12 pt	

Zusammen lassen dick und dünn viele Kombinationen zu.

Die strichpunktierte Linie gehört ins Reich der Pläne.

Bei Coupons zum Abschneiden sollen die Linien lang, die Abstände kurz sein, das untere Beispiel ist das beste.

Bei der punktierten Linie sollte die Grösse und der Abstand gestaltet werden, sie darf auch aus dicken Punkten einer Schrift konstruiert werden.

Führungslinien in Antwortkarten können auf verschiedene Weise gestaltet werden. Der Platz zwischen den Linien ist grosszügig zu bemessen (8 bis 12 mm).

Kurze aber wichtige Mitteilung:

Besuchen Sie auch unsere neugestaltete Frühlings-Ausstellung in der Mühle Tiefenbrunnen

und unser neues Geschäft Colombo bei Mobilia in Solothurn an der Bielstrasse 15.

Wo auch immer – wir freuen uns, Sie bei uns begrüsssen zu dürfen.

Colombo Mobili AG

COLOMBO

Kurze aber wichtige Mitteilung:

Besuchen Sie auch unsere neugestaltete Frühlings-Ausstellung in der Mühle Tiefenbrunnen

und unser neues Geschäft Colombo bei Mobilia in Solothurn an der Bielstrasse 15.

Wo auch immer – wir freuen uns, Sie bei uns begrüsssen zu dürfen.

Colombo Mobili AG

COLOMBO

Kurze aber wichtige Mitteilung:

Besuchen Sie auch unsere neugestaltete Frühlings-Ausstellung in der Mühle Tiefenbrunnen

und unser neues Geschäft Colombo bei Mobilia in Solothurn an der Bielstrasse 15.

Wo auch immer – wir freuen uns, Sie bei uns begrüsssen zu dürfen.

Colombo Mobili AG

COLOMBO

Kurze aber wichtige Mitteilung:

Besuchen Sie auch unsere neugestaltete Frühlings-Ausstellung in der Mühle Tiefenbrunnen

und unser neues Geschäft Colombo bei Mobilia in Solothurn an der Bielstrasse 15.

Wo auch immer – wir freuen uns, Sie bei uns begrüsssen zu dürfen.

Colombo Mobili AG

COLOMBO

Linien können vor allem bei Kleinanzeigen, auch bei Briefen, Vernissagen usw. auf lebendige Art und Weise die Darstellung untermalen. Linien stützen horizontal, vertikal, randabfallend den Text und bilden in verschiedenen Stärken einen Kontrast zum Text. Schrift: Flora.

Linie

Tagungsprogramm

9.30 Uhr	Empfangskaffee, Registrierung
10 Uhr	Begrüssung durch Dr. C. Buri, Präsident der SGLWT
10.15 Uhr	Europäische Integration zugunsten der Schweiz Botschafter Dr. Brumo Spinner, Chef des Integrationsbüros EDA/EVED im Bundeshaus
	Diskussion
11.45 Uhr	Apéro und Mittagessen
13.30 Uhr	Auswirkungen eines neuen Wirtschaftsumfeldes auf Mittel- und Kleinbetriebe der Nahrungsmittelindustrie Beat Hodler, Fürsprecher, Geschäftsführender Sekretär der Föderation der Schweiz. Nahrungsmittel-Industrien (FIAL), Bern
14.45 Uhr	Kaffeepause
15 Uhr	Die Konsequenzen eines möglichen Beitritts zur EG für einen bedeutenden nationalen Nahrungsmittelproduzenten Dr. Anton Scherrer, Chef Departement Industrie, Mitglied der Verwaltungsdelegation Migros Genossenschaftsbund, Zürich
16 Uhr	Schlussfolgerungen, Ausblick Professor Dr. Hans Georg Graf
16.30 Uhr	Ende der Tagung

Tagungsprogramm

9.30 Uhr	Empfangskaffee, Registrierung
10 Uhr	Begrüssung durch Dr. C. Buri, Präsident der SGLWT
10.15 Uhr	Europäische Integration zugunsten der Schweiz Botschafter Dr. Brumo Spinner, Chef des Integrationsbüros EDA/EVED im Bundeshaus
	Diskussion
11.45 Uhr	Apéro und Mittagessen
13.30 Uhr	Auswirkungen eines neuen Wirtschaftsumfeldes auf Mittel- und Kleinbetriebe der Nahrungsmittelindustrie Beat Hodler, Fürsprecher, Geschäftsführender Sekretär der Föderation der Schweiz. Nahrungsmittel-Industrien (FIAL), Bern
14.45 Uhr	Kaffeepause
15 Uhr	Die Konsequenzen eines möglichen Beitritts zur EG für einen bedeutenden nationalen Nahrungsmittelproduzenten Dr. Anton Scherrer, Chef Departement Industrie, Mitglied der Verwaltungsdelegation Migros Genossenschaftsbund, Zürich
16 Uhr	Schlussfolgerungen, Ausblick Professor Dr. Hans Georg Graf
16.30 Uhr	Ende der Tagung

Tagungsprogramm

9.30 Uhr	Empfangskaffee, Registrierung
10 Uhr	Begrüssung durch Dr. C. Buri, Präsident der SGLWT
10.15 Uhr	Europäische Integration zugunsten der Schweiz Botschafter Dr. Brumo Spinner, Chef des Integrationsbüros EDA/EVED im Bundeshaus
	Diskussion
11.45 Uhr	Apéro und Mittagessen
13.30 Uhr	Auswirkungen eines neuen Wirtschaftsumfeldes auf Mittel- und Kleinbetriebe der Nahrungsmittelindustrie Beat Hodler, Fürsprecher, Geschäftsführender Sekretär der Föderation der Schweiz. Nahrungsmittel-Industrien (FIAL), Bern
14.45 Uhr	Kaffeepause
15 Uhr	Die Konsequenzen eines möglichen Beitritts zur EG für einen bedeutenden nationalen Nahrungsmittelproduzenten Dr. Anton Scherrer, Chef Departement Industrie, Mitglied der Verwaltungsdelegation Migros Genossenschaftsbund, Zürich
16 Uhr	Schlussfolgerungen, Ausblick Professor Dr. Hans Georg Graf
16.30 Uhr	Ende der Tagung

Tagungsprogramm

9.30 Uhr	Empfangskaffee, Registrierung
10 Uhr	Begrüssung durch Dr. C. Buri, Präsident der SGLWT
10.15 Uhr	Europäische Integration zugunsten der Schweiz Botschafter Dr. Brumo Spinner, Chef des Integrationsbüros EDA/EVED im Bundeshaus
	Diskussion
11.45 Uhr	Apéro und Mittagessen
13.30 Uhr	Auswirkungen eines neuen Wirtschaftsumfeldes auf Mittel- und Kleinbetriebe der Nahrungsmittelindustrie Beat Hodler, Fürsprecher, Geschäftsführender Sekretär der Föderation der Schweiz. Nahrungsmittel-Industrien (FIAL), Bern
14.45 Uhr	Kaffeepause
15 Uhr	Die Konsequenzen eines möglichen Beitritts zur EG für einen bedeutenden nationalen Nahrungsmittelproduzenten Dr. Anton Scherrer, Chef Departement Industrie, Mitglied der Verwaltungsdelegation Migros Genossenschaftsbund, Zürich
16 Uhr	Schlussfolgerungen, Ausblick Professor Dr. Hans Georg Graf
16.30 Uhr	Ende der Tagung

Linien können eine an sich langweilige, brave Gliederung reizvoll auflockern. Form, Dicke, Rasterwert und Farbe eröffnen unzählige Varianten. Schrift: Fenice (Grundtext) Franklin Gothic heavy (Titel).

Tabelle

Überall, wo Texte oder Zahlen im Vergleich oder als Auflistung vorkommen, ist eine Tabelle angebracht. Sie besteht aus folgenden Elementen:

a Tabellenkopf
b Tabellenfuss
c Kopflinie
d Randlinie
e Fusslinie
f Kopfabschlusslinie
g Querlinie
h Unterteilungslinie
i Kolonnenunterteilungslinie
k Längslinie
l Kolonne
m Feld

Die Lage der Tabelle entspricht der normalen Sehweise. Wenn eine querformatige Tabelle auf der Seite gekippt werden muss, geschieht dies im Gegenuhrzeigersinn um 90°, der Text ist dann von unten nach oben lesbar. Wenn Texte in den Feldern keinen Platz finden, können diese hochgestellt werden, ebenfalls von unten nach oben lesbar.

Wie ein Kästchen stellt die Tabelle ein abgeschlossenes Element dar, welches nicht zwingend in der Grundschrift gestaltet werden muss. Oft wirkt sie lebendiger, wenn der Schriftcharakter ändert.

Durch die einzelnen Kolonnen bildet die Tabelle vertikal verschiedene optische Achsen: Die Kolonnen sind meistens deutlicher sichtbar als die Felder in horizontaler Reihe. Dies, weil die seitlichen Abstände meist grösser sind als der Zeilenabstand. Bei fast jeder Tabelle entsteht so die Gefahr, dass die horizontale Führung nicht gewährleistet ist, obwohl dieser mehr Gewicht zukommt als der vertikalen über die einzelnen Kolonnen hinunter. Damit erhalten die Querlinien eine besondere Bedeutung. Ob ganz fein oder als farbige Flächen wie ein Zebraformular gestaltet, spielt keine Rolle. Die vertikalen Unterteilungslinien sind für die Leseführung bedeutungslos, auf sie kann in vielen Fällen ganz gut verzichtet werden.

Auszeichnungen

Für Auszeichnungen aller Art eignen sich in der Tabelle besonders die Flächen. Damit können Tabellenkopf und -fuss, einzelne Kolonnen oder Felder wirkungsvoll hervorgehoben werden. Die Flächen können uniform, verlaufend, strukturiert gestaltet werden. Manchmal drängt sich auch ein Halbtonbild auf, welches als Hintergrund eingesetzt werden kann.

Liniengestaltung

In einer Tabelle sollten die Linien nicht zu dominant wirken. Als blosses Führungsinstrument enthalten sie keine Informationen – folgedessen sind sie in der Stärke wie andere Führungslinien (Spaltenlinien, Schreiblinien usw.) zu gestalten (ca. 0,5 Punkt), es sei denn, man wolle einen bewussten Kontrast herbeiführen: In diesem Fall sind die entsprechenden Linien deutlich dicker zu wählen (ca. 2 Punkt). Die 1-Punkt-Linien wirken zu schwer für den Grundtext und sollten vermieden werden. Für die Liniengestaltung gelten die gleichen Kriterien, wie sie im vorangegangenen Kapitel «Linien» beschrieben wurden.

Budget 1996

Gruppe		Artikel-Nr.	Artikel-name	Verkauf in Stück	Budget in sFr.
Alpin	Herren	1022	Florence	120	102'000.--
		1026	Sunfit	180	70'560.--
		1148	Outlook	140	90'400.--
	Damen	1323	Falcon	310	120'000.--
		1356	Fred Fox	180	100'000.--
		1378	Orion	50	76'000.--
Nordisch	Herren	987	Kevlar	110	23'000.--
		677	Sunny	30	16'500.--
		788	Racer	350	75'000.--
		789	Wintertime	140	87'000.--
	Damen	598	Winner	500	35'000.--
		1404	Futura	350	110'000.--
	Junioren	2458	Kid	80	7'800.--
		2467	Dixie	65	6'500.--
Snowboard		7048	Crazy Elk	30	15'700.--
		7060	Performer	65	45'000.--

Solche Arten von Tabellen beleidigen das geschulte Typografenauge: Tabulatoren alle linksbündig, zu dicke Linien, zu wenig Raum, horizontale Zeilenführung schlecht, falsche Striche bei der Preiskolonne. Schrift: Rotis Semi Sans.

Budget 1996

Gruppe		Artikel-Nr.	Artikel-name	Verkauf in Stück	Budget in sFr.
Alpin	Herren	1022	Florence	120	102 000.-
		1026	Sunfit	180	70 560.-
		1148	Outlook	140	90 400.-
	Damen	1323	Falcon	310	120 000.-
		1356	Fred Fox	180	100 000.-
		1378	Orion	50	76 000.-
Nordisch	Herren	987	Kevlar	110	23 000.-
		677	Sunny	30	16 500.-
		788	Racer	350	75 000.-
		789	Wintertime	140	87 000.-
	Damen	598	Winner	500	35 000.-
		1404	Futura	350	110 000.-
	Junioren	2458	Kid	80	7 800.-
		2467	Dixie	65	6 500.-
Snowboard		7048	Crazy Elk	30	15 700.-
		7060	Performer	65	45 000.-

Die unterschiedlichen Linien betonen den Tabellenkopf und die eingezogenen Linien stützen die einzelnen Artikelgruppen.

Budget 1996

Gruppe		Artikel-Nr.	Artikel-name	Verkauf in Stück	Budget in sFr.
Alpin	Herren	1022	Florence	120	102 000.-
		1026	Sunfit	180	70 560.-
		1148	Outlook	140	90 400.-
	Damen	1323	Falcon	310	120 000.-
		1356	Fred Fox	180	100 000.-
		1378	Orion	50	76 000.-
Nordisch	Herren	987	Kevlar	110	23 000.-
		677	Sunny	30	16 500.-
		788	Racer	350	75 000.-
		789	Wintertime	140	87 000.-
	Damen	598	Winner	500	35 000.-
		1404	Futura	350	110 000.-
	Junioren	2458	Kid	80	7 800.-
		2467	Dixie	65	6 500.-
Snowboard		7048	Crazy Elk	30	15 700.-
		7060	Performer	65	45 000.-

Neu wurden die Zeichen richtig eingesetzt, die Hunderter statt mit Apostroph mit einem Abstand getrennt und die Zahlen rechtsbündig ausgerichtet. Die vertikalen Linien sind nicht nötig.

Budget 1996

Gruppe		Artikel-Nr.	Artikel-name	Verkauf in Stück	Budget in sFr.
Alpin	Herren	1022	Florence	120	102 000.-
		1026	Sunfit	180	70 560.-
		1148	Outlook	140	90 400.-
	Damen	1323	Falcon	310	120 000.-
		1356	Fred Fox	180	100 000.-
		1378	Orion	50	76 000.-
Nordisch	Herren	987	Kevlar	110	23 000.-
		677	Sunny	30	16 500.-
		788	Racer	350	75 000.-
		789	Wintertime	140	87 000.-
	Damen	598	Winner	500	35 000.-
		1404	Futura	350	110 000.-
	Junioren	2458	Kid	80	7 800.-
		2467	Dixie	65	6 500.-
Snowboard		7048	Crazy Elk	30	15 700.-
		7060	Performer	65	45 000.-

In jeder Tabelle können Flächen genauso gut wie Linien die Kolonnen und Felder trennen. Eine Kombination von Linien und Flächen drängt sich dann auf, wenn einzelne Kolonnen betont werden wollen, z.B. bei Jahresberichten.

Lieblos, inklusive Tabelle. Die Schrift ist zu gross und klebt förmlich an den Linien. Zudem wurden haufenweise falsche Zeichen gesetzt, viel zu viele Schriftgrössen verwendet. Kästchen, Tabelle und Rahmen machen das Durcheinander perfekt. Ein Produkt Marke Desktop-Schrott.

Trotz Farbverlauf ist die Leseführung bei solchen Tabellen nicht gewährleistet. Der Sprung vom Text links zum Preis in der rechten Kolonne ist zu gross – ohne Lineal als Lesehilfe nicht zu bewerkstelligen. Die Liniendicke ist mit 1 Punkt zu dick für die eingesetzte Schriftgrösse.

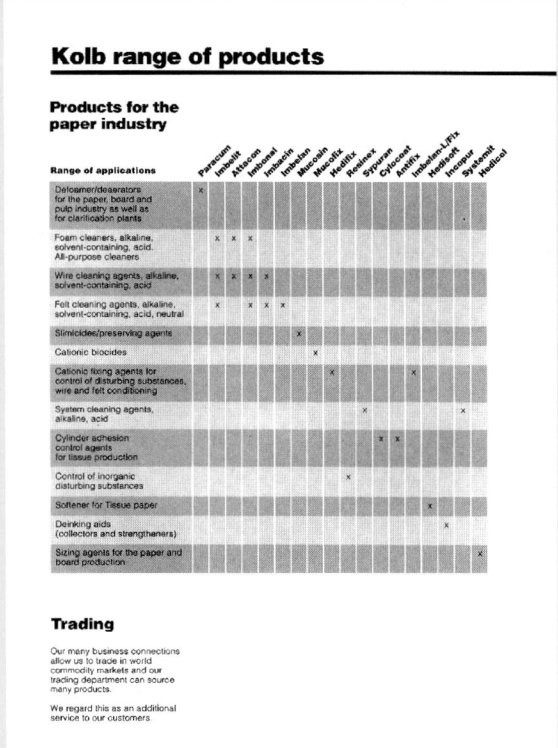

Wenn der Text des Tabellenkopfes horizontal keinen Platz findet, kann er gestürzt werden. Im Winkel von 90° liest er sich von unten nach oben.

Die Idee des Zebra-Formulars für die waagrechte Zeilenführung ist gut, wenn der Kontrast wie hier nicht zu gross gewählt wird. Als Kontrastunterschied für schwarze Balken genügen 20% Flächendeckung.

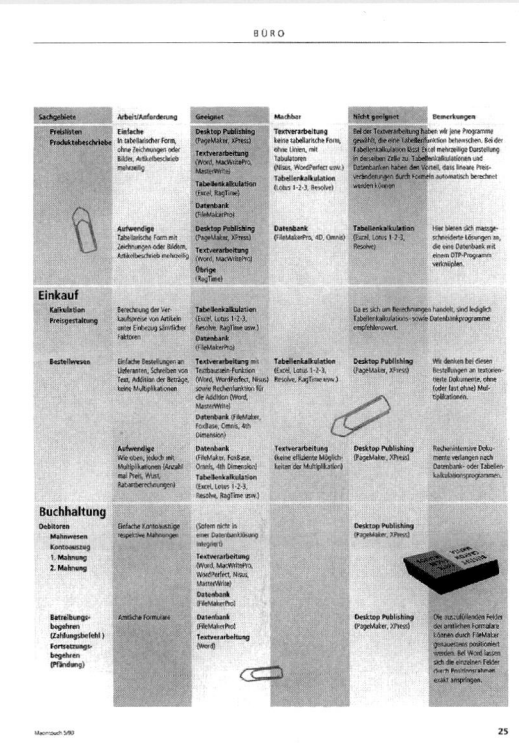

Die Zeilenführung ist bei diesem Beispiel nicht relevant. Ein Verlauf von Cyan zu Gelb trennt die sechs Spalten auf ungewöhnliche Weise. In der Mitte entsteht eine gleichfarbige Zone. Bilder oder Grafiken bilden eine kleine Zierde, damit die Seite nicht zu textlastig wirkt.

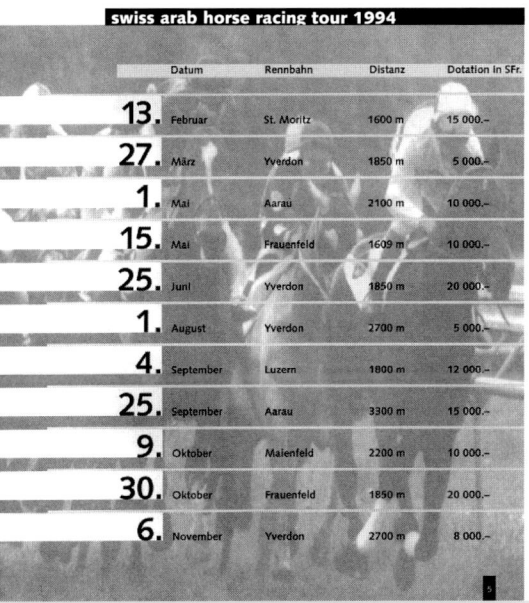

Verschiedene Liniendicken und Flächen befinden sich im Wechselspiel. Das Hintergrundbild ist im Kontrast soweit zurückgenommen, dass die Lesbarkeit des Textes (12 Punkt Syntax Bold) einwandfrei gewahrt bleibt.

Längere und kürzere Linien unterteilen in der gleichen Tabelle die verschiedenen Hierarchien.

Feine Linien führen quer über die ganze Seite. Alle Preise sind mit einem dickeren Linienstück hervorgehoben, was einen eigenen Tabellencharakter erzeugt.

Hintergrund

Einen Text mit einem Hintergrund zu unterlegen, ist zwar eine reizvolle Sache, die jedoch gekonnt eingesetzt werden will. Allzu schnell ist die Gestaltung überladen oder wird gar unlesbar gemacht, weil der Hintergrund zu stark dominiert. Welche Art von Hintergrund auch verwendet wird, immer muss der Text lesbar bleiben. Sobald die Lesbarkeit leidet, ist die ganze Gestaltung in Frage gestellt. Für die Unterlegung von Hintergründen gelten drei ausschlaggebende Kriterien: Erstens muss der Kontrast zum Vordergrund (Text/Bild) genügend gross sein. Zweitens müssen sich die Vordergrund- und die Hintergrundfarbe «vertragen» (grosse Farbkontraste, z. B. Rot–Grün, beginnen zu flimmern). Und drittens darf der Hintergrund keine Hell-Dunkel-Wechsel aufweisen, wie das bei Laub oder Kieselsteinen vorkommt. Starke Kontrastunterschiede hemmen die Lesbarkeit.

Flächen als Hintergrund

Volltonflächen oder eine aufgerasterte Abstufung bringt von der Lesbarkeit her gesehen keine Probleme. Im einfarbigen Schwarzdruck empfehle ich eine Aufrasterung von 15 bis 20%. Grössere Flächendeckungen wie 30% oder 40% wirken sehr düster. Denken Sie daran, dass der Text ja zusätzlich schwarz wirkt. Wie auf Seite 124 und 125 beschrieben, ist die Rasterweite für die Wahl der Schrift entscheidend: Keine feinen Schriften (Serifenschriften oder Light-Schnitte) mit einem aufgerasterten Ton hinterlegen – die Feinheiten gehen im Raster verloren! Je gröber der Raster, desto stärker zeichnend die Schrift. Auf Rastertönen ab etwa 40% kann der Text auch negativ weiss gestaltet werden. Schwarzweisse Rastertöne im Dreivierteltonbereich um 70% wirken in der Typografie plump.

Auf einer farbigen Volltonfläche (100%) kann jede noch so feine Schrift bedenkenlos gestaltet werden. Dasselbe gilt für Volltöne, bei denen die Schrift negativ weiss eingesetzt wird. Aus Gründen der Passergenauigkeit sollte bei mehrfarbigen Rastertönen die Schrift ebenfalls nicht light oder fein gestaltet werden. Bei der geringsten Passerungenauigkeit im Druck würde eine solche Schrift unlesbar.

Verläufe im Hintergrund

Seit mit DTP Verläufe einfach generiert werden können, erfreuen sie sich grosser Beliebtheit und sollten unbedingt im gestalterischen Werkzeugkasten aufbewahrt werden. Im Kapitel «Farben» auf den Seiten 124 bis 127 ist bereits das Wichtigste über Verläufe gesagt und soll hier nicht repetiert werden.

Hintergrundtöne im Schwarzdruck mit 15–20 % hell halten (links). In der Mitte 40 % und rechts 70 % wirken beide zu düster.
Schrift: PMN Caecilia

Id nos Latine gloriosum dicimus. Mihi ad enarrandum hoc argumentum comit, si ad auscultandum vostra erit benignitas. Qui autem auscultare nolet, exsurgat foras, ut sit, ubi sedeat ile qui auscultare vult. Nunc qua ad enarrandum hoc argumentums comit, si ad auscultandum vostra erit benignitas. Qui autem auscultare nolet.

Id nos Latine gloriosum dicimus. Mihi ad enarrandum hoc argumentum comit, si ad auscultandum vostra erit benignitas. Qui autem auscultare nolet, exsurgat foras, ut sit, ubi sedeat ile qui auscultare vult. Nunc qua ad enarrandum hoc argumentums comit, si ad auscultandum vostra erit benignitas. Qui autem auscultare nolet.

Id nos Latine gloriosum dicimus. Mihi ad enarrandum hoc argumentum comit, si ad auscultandum vostra erit benignitas. Qui autem auscultare nolet, exsurgat foras, ut sit, ubi sedeat ile qui auscultare vult. Nunc qua ad enarrandum hoc argumentums comit, si ad auscultandum vostra erit benignitas. Qui autem auscultare nolet.

Die Verlauftöne sollen so eindeutig gestaltet werden, dass kein Verdacht aufkommt, der Drucker habe die Farbe unregelmässig geführt.

Id nos Latine gloriosum dicimus. Mihi ad enarrandum hoc argumentum comit, si ad auscultandum vostra erit benignitas. Qui autem auscultare nolet, exsurgat foras, ut sit, ubi sedeat ile qui auscultare vult. Nunc qua ad enarrandum hoc argumentums comit, si ad auscultandum vostra erit benignitas. Qui autem auscultare nolet.

Id nos Latine gloriosum dicimus. Mihi ad enarrandum hoc argumentum comit, si ad auscultandum vostra erit benignitas. Qui autem auscultare nolet, exsurgat foras, ut sit, ubi sedeat ile qui auscultare vult. Nunc qua ad enarrandum hoc argumentums comit, si ad auscultandum vostra erit benignitas. Qui autem auscultare nolet.

Id nos Latine gloriosum dicimus. Mihi ad enarrandum hoc argumentum comit, si ad auscultandum vostra erit benignitas. Qui autem auscultare nolet, exsurgat foras, ut sit, ubi sedeat ile qui auscultare vult. Nunc qua ad enarrandum hoc argumentums comit, si ad auscultandum vostra erit benignitas. Qui autem auscultare nolet.

Die beteiligten Farben eines Verlaufes sollten sich im Farbkreis nicht gegenüberstehen, weil in der Mischung unbunte, schmutzige Zonen entstehen. Zusammen mit den Buntfarben wirkt dies nicht gerade appetitlich.
Schrift:
Caecilia Roman.

Id nos Latine gloriosum dicimus. Mihi ad enarrandum hoc argumentum comit, si ad auscultandum vostra erit benignitas. Qui autem auscultare nolet, exsurgat foras, ut sit, ubi sedeat ile qui auscultare vult. Nunc qua ad enarrandum hoc argumentums comit, si ad auscultandum vostra erit benignitas. Qui autem auscultare nolet.

Id nos Latine gloriosum dicimus. Mihi ad enarrandum hoc argumentum comit, si ad auscultandum vostra erit benignitas. Qui autem auscultare nolet, exsurgat foras, ut sit, ubi sedeat ile qui auscultare vult. Nunc qua ad enarrandum hoc argumentums comit, si ad auscultandum vostra erit benignitas. Qui autem auscultare nolet.

Id nos Latine gloriosum dicimus. Mihi ad enarrandum hoc argumentum comit, si ad auscultandum vostra erit benignitas. Qui autem auscultare nolet, exsurgat foras, ut sit, ubi sedeat ile qui auscultare vult. Nunc qua ad enarrandum hoc argumentums comit, si ad auscultandum vostra erit benignitas. Qui autem auscultare nolet.

Illustration und Grafik als Hintergrund

Hände weg davon! Illustrationen und Grafiken sind zu wertvoll und zu teuer, um sie einfach so in den Hintergrund zu verbannen. Vielleicht kann man Teile davon mit Text überdecken, ohne einen visuellen Schaden zu produzieren. Wenn sie jedoch nur illustrativen Hintergrundcharakter aufweisen, so sind sie bedenkenlos zu verwenden. Ich denke da z. B. an eine Verbotstafel, welche einem Antirauchertext gross hinterlegt ist. Auf jeden Fall gilt auch hier: Der Kontrast zum Lesetext muss genügend gross sein, und die Schrift darf nicht durch Hell-Dunkel-Wechsel im Hintergrund an Lesbarkeit leiden. Dies wird erreicht duch eine Kontrastminderung des Hintergrundes – sie bedeutet, dass er dann monotoner, grauer, heller erscheint.

Schrift als Hintergrund

Auch Buchstaben oder Sonderzeichen können den Hintergrund besetzen. Hier ist die Gefahr des Hell-Dunkel-Wechsels besonders gross. Schon ein Kontrastunterschied von nur 30% Flächendeckung genügt, um die Lesbarkeit des Textes empfindlich zu stören. Mit anderen Worten: Wenn Sie grosse Lettern einem Text hinterlegen, dürfen diese höchstens 20% aufgerastert sein, damit der Vordergrund ungestört gelesen werden kann (einfarbiger Schwarzdruck). Bei Buntfarben gelten die Abstufungen der Farbhelligkeit entsprechend: Cyan ist eine helle Farbe. Cyanfarbige Hintergrundbuchstaben sind, etwa 60% aufgerastert, absolut akzeptabel. Bei Gelb als hellster Buntfarbe dürfen wir Hintergründe gar 100% gestalten – trotzdem ist der Vordergrundtext gut lesbar. Der Hell-Dunkel-Kontrast beeinflusst die Lesbarkeit.

Halbtonbilder im Hintergrund

Das höchste der Gefühle: Bild und Text in hochaufgelöster Form am Bildschirm direkt zu kontrollieren! Was passiert, wenn wir Bilder als Hintergrund verwenden? Die Bildinformation geht bis zur Unkenntlichkeit verloren! Vor allem, wenn das Hintergrundbild vollständig vom Text «zugedeckt» wird. Hintergrundbilder sind dann wirkungsvoll, wenn sie wenigstens teilweise unbedeckt sichtbar sind, so dass sich der Leser die fehlenden Bildinformationen im Kopf automatisch ergänzt. Fotos mit einer «unklaren», eher diffusen Bildinformation eignen sich als Hintergrund besser als konkrete Objektinformationen; die grüne Blumenwiese ist besser als eine einzelne Blume, Wolken am blauen Himmel sind besser als das Flugzeug davor, eine Hausmauer besser als ein Haus.

Beliebige Strukturen gibt es mittlerweile von Bilderdatenbanken oder ab Foto-CD wie Sand am Meer – im Handel meist unter der Bezeichnung «Backgrounds». Diese Hintergründe lassen sich in der Regel problemlos einsetzen; einzig zu beachten ist eine genügende Auflösung. Bei zu kleiner Auflösung oder einem zu grossen Vergrösserungsfaktor zeigt sich bereits am Bildschirm eine grobe Pixelstruktur, die nicht verändert werden kann.

Hintergründe aufbereiten

Um den Vordergrundtext lesbar zu halten, kann man ihn wohl schwarz, negativ weiss oder gar farbig gestalten. Es sind der Möglichkeiten nicht viele. Beim Hintergrundbild hingegen lässt sich viel unbeschwerter in den Werkzeugkisten des Bildbearbeitungsprogrammes wühlen. Aus Farbbildern werden Graustufen- oder Duplexbilder, der Kontrast lässt sich beliebig aufsteilen oder abflachen, diverse Filter lassen der Kreativität freien Lauf, man kann mit Fremdfarben arbeiten, kurzum, bei den Hintergrundbildern ist eine weitgehend freie Gestaltbarkeit möglich. Viel eher als bei normalen Bildern, bei denen es auf eine originalgetreue Wiedergabe ankommt. Die Hintergrundbilder gehören also in die Hände der Kreativen, die normalen Bilder in jene der Repro-Profis von Lithoanstalten und Druckereien. Wobei keineswegs gesagt ist, dass jemand nicht beides bewerkstelligen könnte.

Obwohl eigentlich nicht zwingend notwendig, wurde der Kontrast des Bildes reduziert und damit eine reizvolle Grauwirkung erreicht.

Bei grossen Kontrastunterschieden drängt sich der Hintergrund nach vorn und kann die Lesbarkeit des Textes empfindlich vermindern.

Hintergründe werden auch bei Stellenanzeigen immer öfter eingesetzt. Im Zeitungsdruck wegen der schlechteren Druckqualität ein etwas heikles Unterfangen.

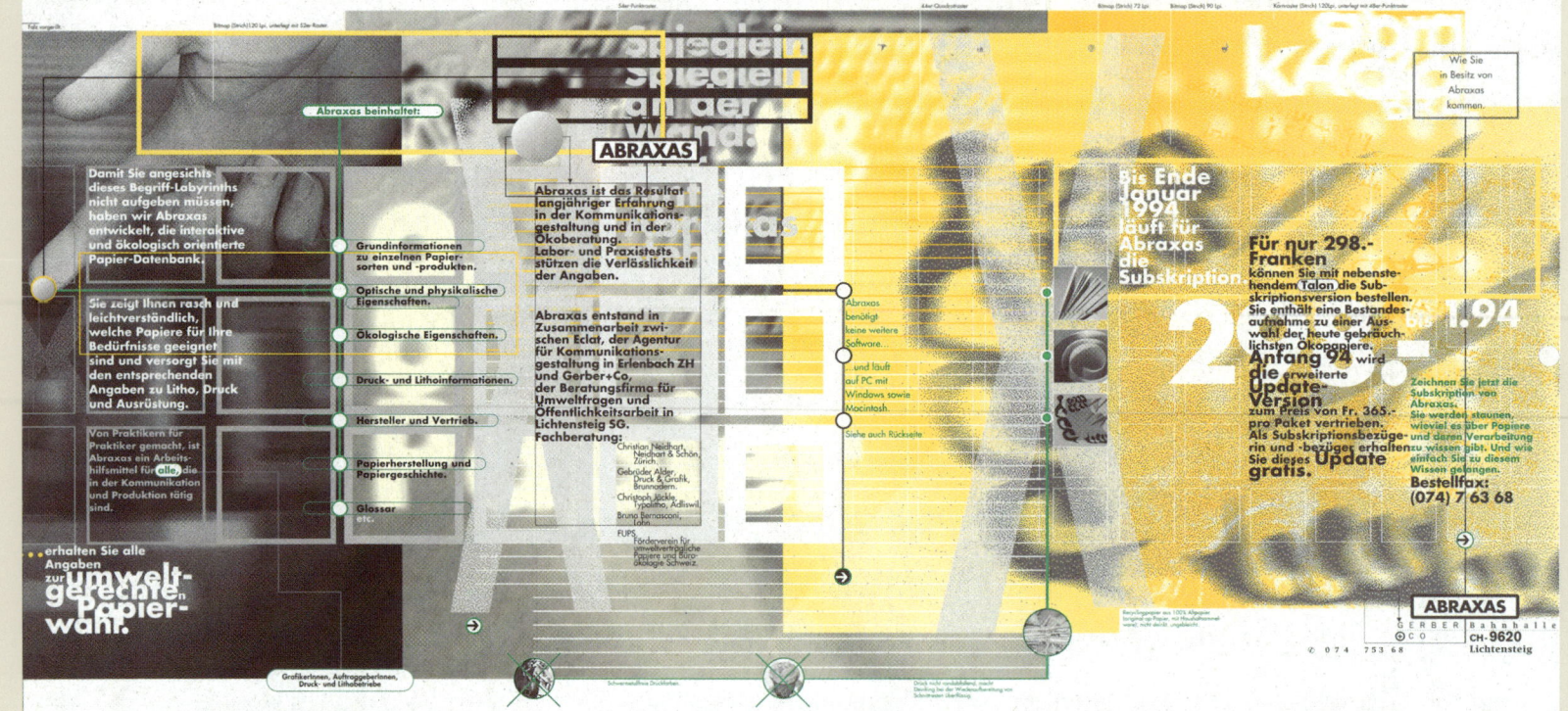

L'art pour l'art oder wie man Text unlesbar machen kann. Gestalter haben nicht in erster Linie sich selber zu verwirklichen, sondern den Inhalt zu transportieren!

Grüne Buchstaben als Hintergrund dürfen wirklich nur ganz zart durchschimmern.

Ein Sand-Hintergrund ab Photo-CD. Je ruhiger der Hintergrund liegt, desto besser ist der Text lesbar.

Der spielerische Umgang mit Hintergrund und Text kann völlig danebengehen – auch wenn hier eine junge Leserschaft angesprochen wird. Eine solche Verstümmelung wird auch der toleranteste Konsument höchstens betrachten, keinesfalls lesen und verstehen.

Der rasche Wechsel von Hell und Dunkel im Hintergrund zerstört jegliche Lesbarkeit, und es ist äusserst mühsam, den Text zu entziffern.

Zitat

Eine persönlich wirkende Aussage erster Güte wirkt als zusätzlicher Animator und besitzt fast die gleiche Kraft wie der Titel. Von Zitaten ist hier die Rede. Zitate können in verschiedene typografische Kleider schlüpfen, z.B. die Bildlegende ersetzen, die Rolle des Titels übernehmen oder fehlende Bilder grafisch ersetzen. Zitate wirken viel persönlicher als normaler Text, deswegen vielleicht auch glaubwürdiger. Sie sind als Auflockerung in Interviews zu finden, zunehmend auch in der Werbung, die teilweise ja mit der Glaubwürdigkeit zu kämpfen hat.

Die Anführungszeichen

Zitate sind immer durch An- und Abführungen gekennzeichnet, die sich einer gewissen gestalterischen Narrenfreiheit erfreuen. Erstens ist da die Grösse: Die Anführungszeichen dürfen ruhig etwas grösser als normal gestaltet werden, um die Kraft noch zu untermalen. Zweitens sind die richtigen Zeichen gut und billig, auffälliger sind An- und Abführungen als Sonderzeichen oder der Marke Eigenbau. Im Stand können die Anführungszeichen am Anfang und am Schluss oder eingemittet stehen.

«Zitat» «Zitat»
„Zitat" „Zitat"
"Zitat" "Zitat"
"Zitat" "Zitat"

Üblich sind die drei ersten Varianten, die letzte zeigt Gänsefüsschen, keine Anführungen. Links die Frutiger Bold, rechts die Bauer Bodoni Bold.

❞ Die Öffnung der Grenzen wird die Umweltbelastung anheizen. ❝

❞ Viele Parlamentarier sind überfordert. ❞

' Im Spitzensport sind die Risiken nicht auszuschliessen. '

« Geld spielt keine Rolle! »

Schrift: Post-Antiqua

Stopper

Unter Stopper verstehen wir Elemente, die in marktschreierischer Art Aufmerksamkeit erheischen, den Blick des Lesers beim Überfliegen stoppen und einen Augenblick lang auf sich ziehen. Am bekanntesten sind Stopper für Aktionen, Preisangebote, Qualitätsmerkmale oder andere Marktvorteile. Die Auffälligkeit ist entweder mit Farbe oder mittels kräftiger Schrift zu erreichen. Auch die Form und Lage eines Stoppers ist gestaltbar – ein handschriftlicher Zug oder stempelartige Aufmachung geben zudem einen «Last-minute»-Charakter – so richtig zum Zugreifen.

Zur Geltung kommt ein Stopper jedoch nur, wenn er auf der gleichen Seite nicht im Dutzend daherkommt, wie das oft als Preisschild bei Prospekten für Discount-Geschäfte zu sehen ist.

Helvetica Inserat

ITC Garamond Bold

Frutiger Black

95 Neue Helvetica Black

VAG Rounded Black

Autorenhinweis

Der Leser hat Anspruch darauf – es nimmt ihn meistens auch wunder – zu erfahren, von wem der Text stammt. Nun kann der Hinweis auf den Schreiber am Anfang oder ganz am Schluss des Textes stehen, je nach dem, wie wichtig er für seine «Gefolgschaft» ist. In Zeitungen nimmt der Journalist für sein Publikum einen wichtigen Platz ein, er gehört an den Anfang. Entweder zeichnet er mit vollem Namen oder mit seinem Kürzel, welches dann in Klammer steht oder durch einen Gedankenstrich abgetrennt wird. Am Schluss des Textes zeichnet der Autor mit seinem vollen Namen, der meistens kursiv ausgezeichnet und rechtsbündig ausgeschlossen wird.

Copyright-Hinweise von Fotos stehen meistens direkt unter der Abbildung oder seitlich hochgestellt, in einer kleinen Schrift. Bei ausgiebigen Reportagen wird der Fotograf in einem Atemzug wie der Autor genannt.

Illustratoren oder Cartoonisten zeichnen ihr Werk meist handschriftlich, auf eine zusätzliche Nennung kann verzichtet werden.

Den Stromverbrauch sichtbar machen

Ein neues Gerät, der «Strom-Tacho», macht den Stromverbrauch von Haushalten, Betrieben oder anderen Strombezügern auf einfachste Art sichtbar. Ursprünglich an der ETH Zürich entwickelt, wurde der Strom-Tacho von einer Elektronik-Firma zur Marktreife gebracht und ist jetzt zu einem erschwinglichen Preis im Handel erhältlich.

STEFAN GASSER, AMSTEIN + WALTHERT AG, ZÜRICH

Schon wieder eine neue Präsentationssoftware? Ja – zudem ein würdiger Konkurrent für Persuasion und PowerPoint! Astound bringt Animation (Zeichentrickfilme) Sound und Interaktivität ins Spiel. Dies alles hat uns

In Erstaunen versetzt

von Andy Kunz

Präsentieren heisst, Produkte, Ideen, Gedanken einem breiteren Publikum darstellen, ins rechte Licht rücken und schmackhaft machen. Präsentieren heisst aber auch in Erstaunenen versetzen, will man die Zuschauer in seinen Bann ziehen, die Aufmerksamkeit auf sich lenken und mit kleinen Gags und Effekten wachhalten. Hier setzt sich Astound von der Konkurrenz ab und geht eigene Wege

kostbares blut

Dominik Senn

Das arabische Pferd hat die globale Pferdezucht massgeblich beeinflusst. Seit über 1000 Jahren ist das Vollblutaraberpferd der unerschöpfliche Urquell für Schönheit, Leistung und Trockenheit. Sein Siegeszug als Veredler beinahe aller Pferdezuchten hält weiterhin an.

Fussnote

Hinweise auf allfällige Quellen (Fotos, Textstellen) werden am unteren Rand als Konsultationsgrösse zwischen 6 und 8 Punkt gestaltet. Deshalb der Name «Fussnote». Die Textstelle wird mit einem hochgestellten Sternchen (*) oder mit einer Ziffer ([1]) gekennzeichnet, die auch der zugehörigen Fussnote vorsteht. Die Ziffer benötigt *keine* zusätzliche Klammer ([1)]). Bei mehreren Fussnoten setzt man mehrere Sternchen oder besser eine fortlaufende Numerierung.

Die Fussnote sollte am Fuss jener Spalte stehen, in der sich der Text befindet, auf die sie sich bezieht. Dem Leser soll die Sucharbeit erleichtert werden. Wenn sich die Quellenangaben häufen, so dass die Fussnoten bald grösser werden als der eigentliche Text, ist zu empfehlen, sie am Schluss des Textes zusammenzufassen, wie das bei Büchern oder wissenschaftlichen Werken häufig anzutreffen ist.

Der Abstand zum Text beträgt als Minimum soviel wie der optische Zeilenabstand, als Maximum darf eine Blindzeile gelten. Zur besseren Trennung kann eine horizontale Linie dienen. Die Ziffer kann in der Note ebenfalls hochgestellt werden, muss aber nicht.

Schriften: Caslon 3 und Helvetica

Hinweise auf allfällige Quellen (Fotos, Textstellen) oder fremdartige Ausdrücke werden am Fuss der Spalte in Konsultationsgrösse[*] gestaltet. Daher die Bezeichnung «Fussnote».

[*] Konsultationsgrössen sind Schriftgrössen zwischen 6 und 8 Punkt.

Hinweise auf allfällige Quellen (Fotos, Textstellen) oder fremdartige Ausdrücke werden am Fuss der Spalte in Konsultationsgrösse[1] gestaltet. Daher die Bezeichnung «Fussnote».

[1] Konsultationsgrössen sind Schriftgrössen zwischen 6 und 8 Punkt.

Hinweise auf allfällige Quellen (Fotos, Textstellen) oder fremdartige Ausdrücke werden am Fuss der Spalte in Konsultationsgrösse[**] gestaltet. Daher die Bezeichnung «Fussnote».

[**] Konsultationsgrössen sind Schriftgrössen zwischen 6 und 8 Punkt.

Hinweise auf allfällige Quellen (Fotos, Textstellen) oder fremdartige Ausdrücke werden am Fuss der Spalte in Konsultationsgrösse[1] gestaltet. Daher die Bezeichnung «Fussnote».

---

1 Konsultationsgrössen sind Schriftgrössen zwischen 6 und 8 Punkt.

Marginalie

Auf Lateinisch heisst «margo» Rand, ergo sind Marginalien Randbemerkungen. Marginalien weisen stichwortartig auf Textstellen hin und helfen dem Leser beim überfliegenden Suchen, sie rascher zu finden. Bei Gesetzeswerken oder anderen Regulativen und Nachschlagewerken sind Marginalien vor allem anzutreffen, aber auch da wohl des Aufwandes wegen immer seltener.

In der Schriftgrösse sind sie etwas kleiner zu halten als der Grundtext, eventuell sogar in einer anderen Schrift. Marginalien benötigen einen grosszügigen Rand. Sie werden entweder linksbündig gesetzt oder dann zum Text hin ausgeschlossen, d. h. auf der linken Seite rechtsbündig, auf der rechten Seite linksbündig, mit etwa einem Spaltenabstand zum Text.

Marginalien sind etwas in die Jahre gekommen. Sie wurden durch andere Gliederungselemente, wie etwa Zwischentitel, von der Bildfläche verdrängt – wohl auch, weil es komplizierter und teurer ist, sie zu setzen und zu korrigieren.

Interview

Das Interview ist eine authentische, journalistische Form und will entsprechend interessant gestaltet werden. Zu vermeiden sind die Namensnennungen zu Beginn jeder Frage und Antwort.

Die Interview-Form ist eine beliebte journalistische Art, authentisch zu wirken. Das Frage-Antwort-Spiel ist so zu gestalten, dass die Fragen klar von den Antworten unterschieden werden können. Mindestens pro Frage-Antwort-Paket ist ein neuer Absatz zu gestalten, besser noch zwischen jeder Frage und Antwort. Die Fragen können kursiv gehalten werden, die Antworten (sie sind häufig länger) normal. Die Wiederholung des Namens oder Kürzels des Fragestellers und Interviewten am Anfang jeder Aussage ist überflüssig. Denken Sie an Dialoge in Büchern: Dort werden Zwiegespräche gehalten, ohne dass der Leser dauernd darauf hingewiesen wird, wer nun spricht.

Besser ist es, eine regelmässige Grauwirkung in der Spalte hinzukriegen und mit Zitaten oder Bildern das Interview optisch «aufzumöbeln».

Das Bild in der Typografie

Plädoyer für das Bild

In der Praxis kommt dem Bild leider eine untergeordnete Rolle zu. In den meisten Fällen werden Autoren und Auftraggeber eine Idee zuerst mittels Text zu Papier bringen. Im nachhinein schaut man dann noch, ob ein ansprechendes Bild aufzutreiben wäre. Selbst in den Kreativküchen von Werbeagenturen wird so operiert. Wenn es ganz gut kommt, hat ein Gestalter von Anfang an seine Hände mit im Spiel, und das Bildelement wird gleichwertig eingeplant. Vielfach und vor allem bei Laien ist dem jedoch nicht so. Leider. Das Bild ist elementar wichtig, es vermag auf der Gefühlsebene schneller und nachhaltiger Informationen zu transportieren, als dies der Text jemals könnte (auch mit der besten Typografie nicht). Mit «Bild» ist im typografischen Sinn nun nicht einfach eine Fotografie gemeint, nein, alle Elemente, die mit der rechten Gehirnhemisphäre erfasst werden.

In der linken Hirnhälfte sitzt bei den meisten Menschen das Sprachzentrum, wo das analytische Denken (lesen, schreiben, rechnen) regiert. Links deshalb, weil die meisten Menschen Rechtshänder sind. In der rechten Hälfte sitzen die Hirnregionen für das gesamtheitliche Betrachten, Schauen, für die Farben, für Klänge usw. Typografische Gestaltung wird also ebenfalls mit der rechten Gehirnhälfte empfunden. Bei Kindern sind die beiden Hälften etwa gleichwertig entwickelt, bei Erwachsenen – durch den Prozess der Sozialisation in eine analytisch denkende Welt bedingt – dominiert die linke Hirnhälfte. Wer jemals gegen Kinder «Memory» gespielt hat, kann ein Lied davon singen. Deren bildliches Gedächtnis ist derart brillant, dass wir Erwachsenen kaum gewinnen können!

Gestalterisch gesehen sollten wir auf beide Gehirnhälften zielen, um nachhaltig Wirkung zu erreichen. Mit dem Text erreichen wir die linke Hirnhälfte, mit dem Bild und der Typografie die rechte. So belegen wir mehrere Eingangskanäle – unsere Gestaltung wirkt stärker.

Was ist ein Bild?

Nun ist es relativ einfach zu definieren: Alles, was nicht gelesen und analytisch verarbeitet werden muss, ist «Bild». In der Typografie verwischen sich die Grenzen. Auch ein Schriftzug, ein Titel oder eine Textform kann bildhaft wirken; mit allen möglichen Visualisierungen gehen unsere Bemühungen in genau diese Richtung! Jede Tabelle, jede Grafik, jeder Hintergrund, jede Fotografie, jede Illustration, ja sogar jede Farbfläche ist im weitesten Sinn als Bild zu betrachten! Da soll mal einer kommen und sagen, die Typografie sei unwichtig. Eine miese Gestaltung, die meinen Ausführungen nicht Rechnung trägt, verlangt hohe intellektuelle Leistung (= Überwindung). Es bleibt jedem Gestalter überlassen, zu beurteilen, wie weit die Leser bereit sind, zu suchen und zu denken.

Über die mit typografischen Mitteln gestaltbaren «Bildelemente» (Flächen, übergrosse Buchstaben, Hintergrund usw.) wollen wir nichts mehr aussagen – es geht in diesem Kapitel um die Fotografie, die Grafik und die Illustration. Wie kann man denn ein Bild «gestalten», wenn es doch schon fixfertig vorliegt? Die richtige Auswahl und Beurteilung sind folgenschwer für die Reproduktion, und es ist mir wichtig, die wesentlichsten Aspekte zu besprechen. Die Reproduktionstechnik ist in gewissen Gebieten weit anspruchsvoller als das Aufbereiten von Schrift, Linien und Flächen. Deshalb sind die minimalsten Kenntnisse für die erfolgreiche Zusammenarbeit mit Reproduktionsfachleuten von entscheidender Bedeutung.

Was braucht es für die Bildverarbeitung?

Mit Kenntnissen der Reproduktions- und Drucktechnik und einer leistungsfähigen PC-Konfiguration (das Feinste vom Feinen), ausgestattet mit der nötigen Software, ist man dabei. Wer den nötigen Power nicht aufbringt und über keine Grundkenntnisse verfügt, wer sich zudem weder mit Druckmaschinen noch mit Papier auskennt, keine Filmbelichtungs- und keine Proofmöglichkeit besitzt, wer Überfüllfunktionen, Möglichkeiten der Bogenmontage nicht kennt, der lasse besser die Hände von der Bildverarbeitung und kaufe Lithos ein – wie bis anhin, in einer Qualität, für die der Lieferant geradesteht. Ob die Lithos nun auf Film belichtet sind oder als Grobdatei auf einer 44 MB Wechselplatte angeliefert werden, ist wieder ein anderes Thema. DTP sei Dank gibt es da ja verschiedene Produktionswege.

Einfacher ist die Schwarzweiss-Bildverarbeitung; sie liegt durchaus in Reichweite von Nichtfachleuten mit «normaler» Hardware, obwohl die hochstehende Schwarzweissrepro sehr, sehr anspruchsvoll ist. Im Bereich Zeitungen, Zeitschriften, Newsletter usw. kann der (von Profis begleitete) Versuch gewagt werden, die Bildreproduktion zu «packen».

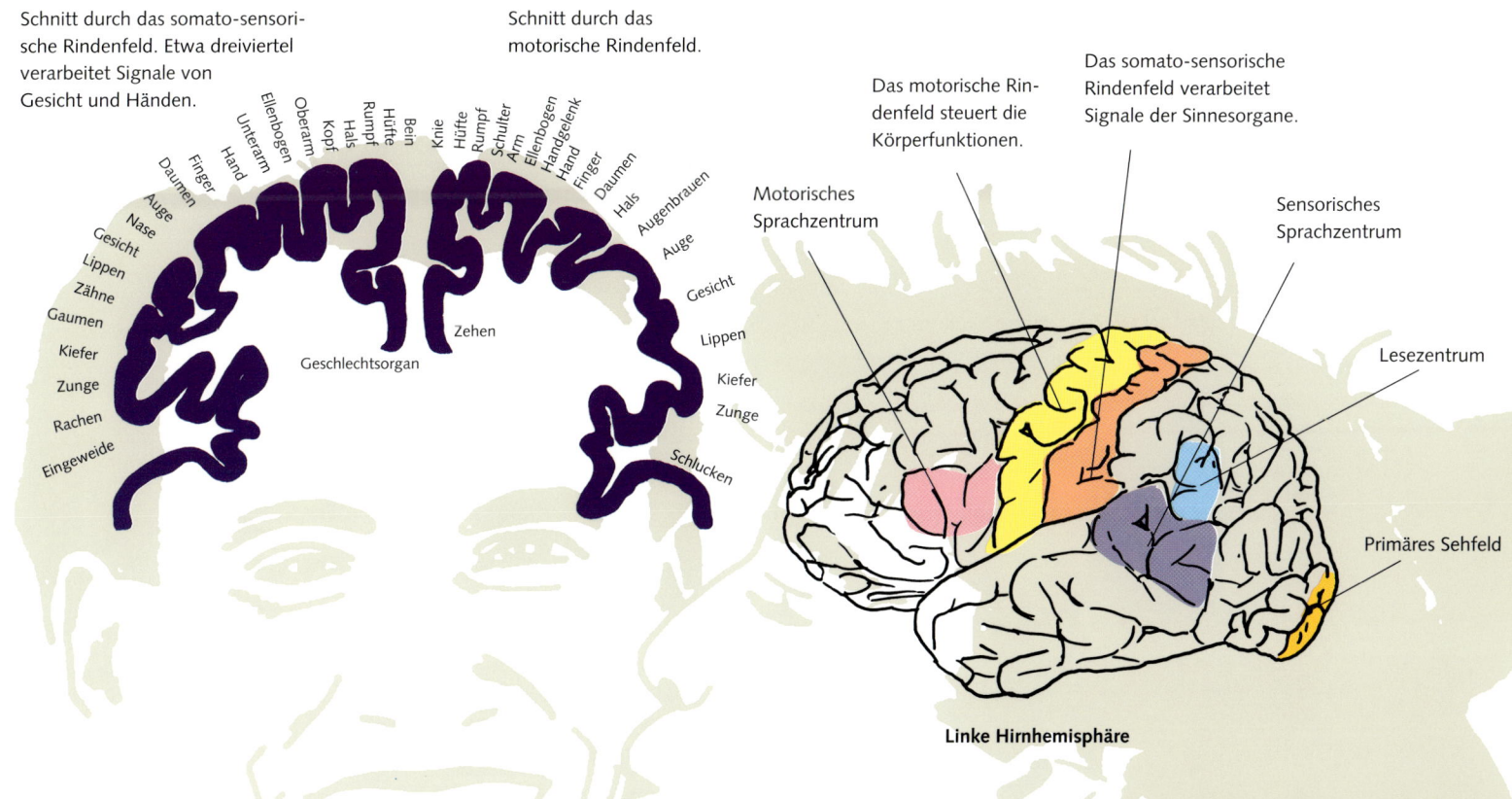

Schnitt durch das somato-sensorische Rindenfeld. Etwa dreiviertel verarbeitet Signale von Gesicht und Händen.

Schnitt durch das motorische Rindenfeld.

Das motorische Rindenfeld steuert die Körperfunktionen.

Das somato-sensorische Rindenfeld verarbeitet Signale der Sinnesorgane.

Motorisches Sprachzentrum

Sensorisches Sprachzentrum

Lesezentrum

Primäres Sehfeld

Linke Hirnhemisphäre

Linke Hirnhemisphäre
(für Rechtshänder)

«Digitale» Kommunikation. Übersetzung der wahrgenommenen Sinneseindrücke, logisch-analytische Hirnhälfte, mit Sprache denken, Grammatik, Syntax, Semantik, lesen, schreiben, zählen, rechnen.

Rechte Hirnhemisphäre
(für Rechtshänder)

«Analoge» Kommunikation. Ganzheitliche Erfassung komplexer Zusammenhänge, Raumgefühl, Erkennen von Gesamtheit anhand einzelner Details, Geruchsempfindung, Körpersprache, Empfindung von Musik.

Die Macht des Bildes erkennt man erst im Vergleich. Panorama-artig aufgemacht, erreicht die bildliche Botschaft, die Emotion, viel eher das Herz des Betrachters als das gleiche Bild im «Briefmarkenformat».

Bildvorlagen

Verschiedene Bildstile

Als Gestalter von Drucksachen hat man nicht nur einzelne Bilder, sondern den gesamten Auftritt im Auge zu behalten. Vorzugsweise wähle man innerhalb einer Drucksache den gleichen Bildstil. Mit Stil meine ich, dass auch ein Fotograf oder ein Illustrator seine Handschrift nie verleugnen kann. Es gibt Fotografen, die «schiessen» lieber im Reportagestil mit dem bestehenden Licht und einer Kleinbildkamera. Andere fühlen sich wohler im eigenen Studio, wo jede hinterste Ecke ausgeleuchtet und kontrolliert werden kann.

Bei Illustratoren und Grafikern verhält es sich ähnlich. Wieviele unterschiedliche Zeichen- und Maltechniken gibt es doch! Und dazu kommt erst noch der persönliche Strich des Künstlers.

Unterschiedliche Zeichenstile im gleichen Magazin sind aus gestalterischer Sicht genauso problematisch wie unterschiedliche Businessgrafiken im Jahresbericht. Wieder gilt das bewährte typografische Gesetz: Gleiches soll gleich gestaltet werden.

Leider kann dem nicht immer entsprochen werden, sind doch die erhaltenen Originalvorlagen von den verschiedensten Urhebern, im Stil bunt gemischt. Für ein Periodikum ist das normal, in einer Imagebroschüre eher eine Notlösung.

Mit einer guten Reprotechnik können verschiedene Mängel harmonisiert werden, z.B. Hauttöne angleichen, Himmel überall gleichfarbig, Schnee oder Papier gleich weiss halten usw. Damit sind wir schon beim nächsten Thema.

Zwei typische Vertreter der Kleinbild-Reportagefotografie. Diese Sorte Bild ist vor dem Scannen mit der Lupe auf die Schärfe zu kontrollieren.

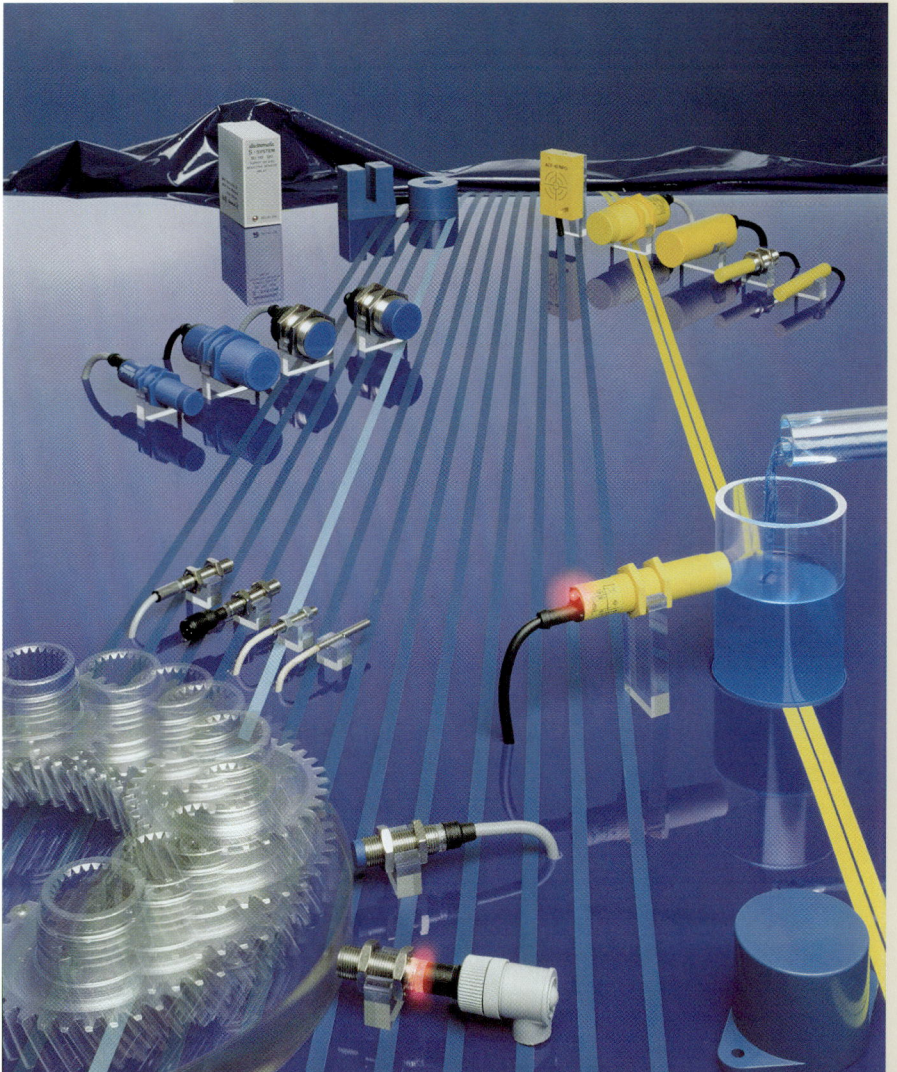

Aufwendig und entsprechend professioneller die Studiofotografie. Von Profis hergestellt, stimmt die Aufnahme bis ins Detail und lässt häufig keinen Ausschnitt zu.

Wenn das Bild viele kaum wahrnehmbare Graustufen aufweist, spricht man von einem weichen Kontrast. Das Gamma der Gradationskurve ist ≤ 45 Grad.

Ein harter Kontrast entsteht dann, wenn die Gradationskurve angesteilt wird. Die Zeichnungen in den Lichtern und Schatten beginnen zu verschwinden.

Wenn die Gradationskurve senkrecht verläuft, beinhaltet das Bild nur noch zwei Graustufen, nämlich Schwarz und Weiss.

Originalvorlagen

So unterschiedlich wie die Stilrichtungen, so verschieden sind auch die Vorlagen, die für die Reproduktion angeliefert werden.

Durchsichtsvorlagen heissen Vorlagen, die mit einem Leuchtpult oder mittels Projektion betrachtet werden, in den meisten Fällen sind dies Dias. Auch Negative können als Durchsichtsvorlagen gelten.

Alle andern Vorlagen werden als *Aufsichtsvorlagen* bezeichnet: Farbfotos, Schwarzweissfotos, Gemälde usw.

Halbtonvorlagen heissen jene Bilder, die fliessende Graustufen oder Farbtöne zur Modulation des Bildes aufweisen. Zwei typische Vertreter dieser Gattung sind das Dia und das Schwarzweissfoto.

Im Gegensatz dazu werden Vorlagen ohne Abstufungen *Strichvorlagen* genannt. Eine Tuschzeichnung oder eine Unterschrift wären zwei Vertreter davon.

Für die Reproduktion sind alle gleichermassen geeignet, sofern die fotografische Qualität stimmt. Ein unscharfes Bild kann auch in der Reproduktion nicht scharf gemacht werden (ausser mit aufwendiger Retusche), abgeschnittene Füsse und stürzende Linien in der Architektur korrigiert kein Scanner einfach so.

Dazu kommt, dass die Vorlagen *biegsam* und flach sein müssen, um auf einen Trommel- oder Flachbettscanner aufgespannt werden zu können. Ein dreidimensionales Objekt, ein pastös gemaltes Ölbild oder ein Buch kann schlecht verarbeitet werden.

Ein Dia wird immer ohne Rähmchen gescannt, bereits der Gestalter kann es daraus befreien.

Kontrast

Der Kontrast wird in einem logarithmischen Wert gemessen, als Verhältnis der hellsten zur dunkelsten Stelle. Der Kontrast wird in Form einer Kurve dargestellt. Sie heisst Gammakurve oder Gradationskurve. Auf der einen Seite zeigt sie die Grautöne der Vorlage, auf der anderen das Ergebnis. Mehr davon in der technischen Bildverarbeitung (ab S. 259). In Bildverarbeitungsprogrammen kann anhand der Gradationskurve die Vorlage auf das Druckverfahren angepasst werden.

Alle fotografischen Materialien haben einen grösseren Kontrastumfang, als im Druck erreicht werden kann. Populär ausgedrückt sind in einem Dia auch in den hellsten Schneepartien noch feinste Schattenstrukturen sichtbar, die im Druck «durchfallen». Und in sehr dunklen

Das Kleinbildformat 24×36 mm ist vor allem für Reportagen geeignet. Solche Vorlagen müssen genau auf Schärfe, Kontrast oder Farbstichigkeit kontrolliert werden, weil sie auch von Laien stammen können.

Das Mittelformat wird vor allem von Profis eingesetzt und liefert eine hervorragende Qualität. Es sind folgende Formate möglich:
4,5×6 cm
6×6 cm
6×7 cm
6×9 cm

Stellen ist Zeichnung sichtbar, die im Druck einfach «zuschmiert». Bei der Vorlagenbeurteilung ist nun darauf zu achten, ob ein genügender Kontrast sichtbar ist. Bei schlechtem Kontrast auf der Vorlage wird sich dieser Mangel beim Druck eher noch verstärken. Eine solche Abbildung wirkt flach, grau in grau. Ein anderes Problem ist die fehlende Lichterzeichnung, die sich z. B. in Gesichtern fatal auswirkt. Wenn diese bereits auf der Vorlage weiss «ausgefressen» sind, bringt auch die Reproduktion keine Modulation.

Von einem weichen Kontrast spricht man, wenn viele Töne in kleinen, kaum wahrnehmbaren Abstufungen vorkommen. Ein harter Kontrast beinhaltet deutlich weniger Zwischenstufen. Im Extremfall hat ein Bild nur noch zwei «Graustufen»: Schwarz und Weiss. Dann allerdings wird von einer Strichvorlage gesprochen.

Schärfe

Unschärfe entsteht beim Fotografieren durch Bewegung (Verwackeln/Bewegungsunschärfe des Objektes), durch die falsche Fokussierung oder eine geringe Schärfentiefe. Beabsichtigte Unschärfe mag durchaus ihren Reiz haben, dann stellen sich auch keine Reproduktionsprobleme. Beim Beurteilen von Vorlagen stellen Sie sich lieber die Frage: Liegt die Schärfe am richtigen Ort oder sind bildunwichtige Stellen scharf abgebildet? Bei einer Porträtaufnahme ist nicht der Haarkranz wichtig, sondern die Augen sollten scharf sein.

Ein Gestalter muss die Vorlagen kritischer beurteilen als dies im Familienkreis beim Betrachten der Ferienfotos geschieht. Vor allem bei Diavorlagen heisst es aufpassen. Gross- oder mittelformatige Dias stammen in der Regel von Berufsfotografen, die über eine entsprechende Ausbildung und Ausrüstung verfügen. Es darf davon ausgegangen werden, dass diese Bilder die technischen Anforderungen der Druckindustrie erfüllen. Kleinbildkameras hingegen machen auch in den Händen von Amateuren Fotos. Deswegen ist eine Betrachtung mit der Lupe unumgänglich. Erst dann können Mängel wie fehlende Schärfe oder fehlende Zeichnung in den Lichtern oder Schatten entdeckt werden.

Das Fachformat oder Grossformat ist vor allem in der Studiofotografie anzutreffen. Die Reproduktionsqualität ist ebenfalls hervorragend, Vergrösserungen bieten keine Probleme mit dem Fotokorn. Folgende Formate sind möglich: 9×12 cm (4×5 inch), 13×18 cm und 20×25 cm.

Farbvorlagen versus Schwarzweiss

Farbige Verarbeitungsprozesse haben der reinen Schwarzweissfotografie schwer Konkurrenz gemacht. Farbbilder sind heute günstiger, schneller und problemloser herzustellen als Schwarzweisskopien. Für die Druckqualität in einem mittleren Qualitätsniveau spielt das Vorlagenmaterial keine Rolle. Für die Farbrepro ist Diamaterial am besten geeignet und wird am häufigsten verwendet, weil der Kontrastumfang am grössten ist. Ebenso können Papierkopien reproduziert werden, sofern sie einem gewissen Level genügen. Wichtig zu wissen: Aus jeder Farbvorlage kann problemlos eine Schwarzweiss-Reproduktion hergestellt werden.

Fotokorn

Alle Halbtonvorlagen, ob Film oder Papier, haben ein sogenanntes Fotokorn. Das Fotokorn hängt von der Filmemulsion ab, welche die Empfindlichkeit des Films ausmacht. Normalempfindliche Filme liegen so um die 100 ASA (Grösse für die Lichtempfindlichkeit, auch ISO oder DIN-Wert). Ein Film mit 25 ASA hat ein wesentlich feineres Korn als ein solcher mit 800 ASA. Durch die Vergrösserung kann das Fotokorn sichtbar werden, deutlich zu sehen, wenn ein Kleinbildfilm zum Poster vergrössert wird. Das Poster wirkt wie «fleckig» – vor allem in Hauttönen störend sichtbar. Genau dasselbe passiert in der Reproduktion auch. Ab etwa 1500%, also bei 15facher Vergrösserung, wird das Korn bei einem normalempfindlichen Film sichtbar. Bei Papierfotos oder Grossformatdias gibt es in der Regel keine Probleme – eine 15fache Vergrösserung von einem Mittelformatdia ergäbe immerhin eine Reproduktionsgrösse von 90×90 cm – was wohl für die allermeisten Anwendungen genügte. Ein Kleinbilddia weist die Grösse von 24×36 mm auf, netto sind als Litho nutzbar 23×35 mm. 1500% bringt die maximale Reproduktionsgrösse von ungefähr 34×52 cm, etwa die Grösse A 3. Bei kleinerem Ausschnitt ist das Kleinbilddia lediglich auf ein A 4 vergrösserbar, will man nicht das Fotokorn in Kauf nehmen. Als Faustregel aus der Praxis gilt: Die Querseite eines Kleinbilddias sollte nicht über A 4 vergrössert werden.

Beim querformatigen Kleinbilddia darf ein hochformatiger Ausschnitt nicht über A 4 vergrössert werden – sonst wird das Fotokorn störend sichtbar.

Digitale Vorlagen

Wer von Bildvorlagen spricht, kommt um das Thema digitale Fotografie nicht herum. Unter «digital» verstehen wir Bilder, die immateriell auf einen Datenträger «fotografiert» wurden. Mit andern Worten: der Scanvorgang findet bereits beim Fotografieren statt, die Szene wird ohne Umweg über einen fotografischen Film in ein Speichersystem übertragen.

Still-Video

Unter Still-Video verstehen wir das Herauslösen eines Fernsehbildes für die Weiterverarbeitung auf einem PC oder das «Fotografieren» mit einer Videokamera. Nach Auflösung und reproduzierbaren Farbtönen gemessen, ist Still-Video für den Offsetdruck (60er Raster) keine Konkurrenz. Der Informationsgehalt eines Fernsehbildes ist etwa 20mal kleiner. Selbst wenn dannzumal mit HDTV (High Definition Television) hochzeiliges Fernsehen bei uns Einzug hält, ist ein Fernsehbild erst in der Reichweite des Zeitungsdruckes. Diese Art Fotografie ist deshalb dort stark, wo es um die Schnelligkeit geht, die Bilder nur gerade Referenzcharakter aufweisen und wo es nicht darauf ankommt, wie das Bild im Detail aussieht. Vielleicht werden solche Bilder auch nur am Monitor betrachtet und für eine gedruckte Wiedergabe nie verwendet, was bei digitalen Katalogen oder Verzeichnissen auf CD (Compact Disc) der Fall ist. Im klassischen Offsetdruck ergeben Still-Video-Bilder in der Regel eine mindere Qualität.

Digitale Fotografie

Im Gegensatz zu Still-Video arbeitet die digitale Fotografie mit einer Studio-Fachkamera. Die Szene wird digital mit den drei Farbfiltern RGB (Rot, Grün, Blau) «gescannt» und direkt auf die Harddisk des angeschlossenen PCs geschrieben. Die Steuerung der Helligkeit, der Fokussierung und des Abbildungsmassstabs funktioniert über die Maus. Als Resultat entstehen RGB-Daten, welche über eine Bildverarbeitungssoftware in jedes beliebige Datenformat umgewandelt werden können.

Eingesetzt wird die digitale Fotografie im Studio. Weil an die Hardware gebunden und wegen der langen Belichtungszeiten, eignet sie sich nur für stehende, nicht für bewegte Aufnahmen, sie ist also in einem ganz engen Produktesegment anzusiedeln: für Schrauben, Stecker, Kopfsalat, Steaks, Flaschen, Schuhe, Packungen usw. Der

Vorteil der digitalen Fotografie liegt in der Geschwindigkeit und in den Kosten: Unmittelbar nach dem «Schuss» ist das Bild auf einer Wechsel-Harddisk vorhanden, bereit, in ein Layout eingefügt zu werden, ohne Material-, Scankosten und erst noch ohne Entwicklungschemikalien. Das tönt verlockend. Aber was ist von der Qualität zu erwarten? Die digitale Fotografie ist in Entwicklung begriffen, und die Qualität hängt wesentlich von der Nachbearbeitung ab. Nachbearbeitung ist immer notwendig, erst dann wird die Qualität auf das Niveau eines Kleinbilddias gebracht. Da ist zum einen die noch fehlende Schärfe, die immer ab einem bestimmten Vergrösserungsfaktor auftritt. Vergrössern ist jedoch nicht beliebig möglich, da die Scanauflösung beschränkt ist. Schon heute können ganz hervorragende Produkte entstehen – sofern das Know-how vorhanden ist.

Die digitale Fotografie wird sicher in einem bestimmten Produktesegment zunehmende Bedeutung erlangen, denn die Kinderkrankheiten werden mit Sicherheit in Kürze abgelegt werden. Probieren geht über studieren!

Foto-CD

Die CD-Technologie hat sich in der DTP-Gemeinde einen festen Platz erobert, und es werden kaum mehr PCs für den Publishing-Markt gebaut, die auf ein CD-Laufwerk verzichten. Grafiken, Schriften, Spiele, Programme und Multimedia-Produkte werden auf CD verkauft. Auf einer CD haben heute bis 740 MB Daten Platz. Was liegt also näher, als die Farbbilder als «Speicherfresser» ebenfalls auf CD zu pressen? Kaum hatte Kodak im Heimmarkt mit der *Kodak Photo CD* die Türen geöffnet, traten die ersten Nachahmer auf den Plan.

Was ist von solchen digitalen Bildvorlagen zu halten, die wir nur auf dem Bildschirm beurteilen können? Es sind meistens drei Problemfaktoren, die geprüft werden müssen: 1. Ist die Auflösung genügend hoch? Auf welche Grösse kann das Bild maximal vergrössert werden, ohne dass der Pixeleffekt auftritt? 2. Ist die Bildschärfe in Ordnung oder muss nachgeschärft werden? 3. Wie sieht der Kontrast- und Farbumfang aus?

Viele der angebotenen Bilder haben eine zu geringe Auflösung und können nur im kleineren Bereich um A 6 empfohlen werden. Als Vergleich der erforderlichen Datenmenge ziehen wir die Tabelle auf Seite 263 zu Rate. Wenn die Bilddatei wesentlich weniger Daten als in der Tabelle aufweist, so wird es mit dem Druckresultat Probleme geben – eine hohe Qualität (wie ab Dia) ist nicht drin. Die RGB-Daten sind etwa einen Viertel kleiner als die CMYK-Daten. Als Anhaltspunkt für ein farbiges Bild A 4 können wir für den 60er Raster etwa von knapp 40 MB Daten ausgehen. Die Kodak-Photo-CD-Technologie bringt es in der Auflösung «Base *16» auf etwa 18 MB im RGB-Modus, was eine Vergrösserung von 17×26 cm in einem 60er Raster zulässt. Viele CDs bieten weit mehr als 100 Bilder pro CD an – irgendwo fehlen hier doch ein paar Megabytes, nicht wahr? Die erreichbare Qualität oder eben die Vergrösserbarkeit bleiben limitiert. Was am Bildschirm schön ausschaut, ist noch lange nicht für einen guten Druck zu gebrauchen. Es ergeben sich für die Gestaltung jedoch jede Menge Möglichkeiten, indem man solche Bilder als Hintergründe verwendet, weil da die Bildqualität nicht im Vordergrund steht. Sogar ein bewusster Verpixelungseffekt kann reizvoll sein.

Auch im Bereich der Foto-CD werden ungeheure Anstrengungen unternommen. Bereits sind CDs mit einer 10fachen Kapazität angekündigt! Die Datenmenge wird uns also bald nicht mehr so plagen wie heute.

Die Kodak Photo CD Qualität zeichnet sich in der Regel durch eine gewisse Unschärfe aus. Datenmenge 1,92 MB. Ausgabe mit einem 70er Raster.

Die gezielte Nachbearbeitung erlaubt eine wesentliche Qualitätsverbesserung. Datenmenge 1,92 MB. Ausgabe mit einem 70er Raster.

Ein Vergleich mit der Profiqualität. Eingescannt mit einer Optoscan Drum. Datenmenge 1,92 MB Ausgabe mit einem 70er Raster.

Bilder gestalten

Die Grundlagen der Fotografie zu kennen, auch die technischen Zusammenhänge, ist für die Gestaltung sicher von grossem Vorteil. Je mehr es uns gelingt, bereits bei der Aufnahme die drucktechnischen Gegebenheiten einfliessen zu lassen, desto weniger Probleme gibt es nachher in der technischen Umsetzung.

Nun wollen wir uns den Möglichkeiten zuwenden, angelieferte Bilder in ein Layout oder eine beliebige Seite zu integrieren. Es gibt folgende Gestaltungsgesichtspunkte in die Überlegungen einzubeziehen:
– Abbildungsgrösse
– Ausschnitt
– Plazierung
– Schwerpunktbildung
– Bildform und Lage
– Kreative Bildbearbeitung

Ein Gruppenbild in einem 20er Grobraster für Zeitungen oder Schnelldruck. Je kleiner die Abbildung und je gröber der Raster, desto schwieriger sind die Gesichter zu erkennen.

Abbildungsgrösse

Bilder sind dann am schönsten, wenn sie eine gewisse Grösse aufweisen. Das kann schon beim Entwickeln der eigenen Ferienfotos festgestellt werden: kleinformatig, 9 × 12 cm, wirken sie halb so gut wie 13 × 18 cm! In gedruckten Publikationen ist das genauso. Je kleiner die Abbildungen, desto mehr kommt ihnen unwichtiger Referenzcharakter zu. Erst plakativ und gross vermögen sie Emotionen auszulösen. Diesem Umstand gilt es immer Rechnung zu tragen.

Ist auf dem Bild die Detailzeichnung wichtig, so darf es nicht briefmarkengross abgebildet werden, ein entsprechender Ausschnitt hingegen schon. Bei Gesichtern von Menschen ist auf die Erkennbarkeit zu achten. Durch die Rastertechnik bedingt ist eine zu kleine Abbildung wenig sinnvoll, weil dadurch das Gesicht zu einer Anzahl schwarzer Punkte ohne Zusammenhang verkümmert. Für das oft gedruckte «Gruppenbild mit Dame» ist eine entsprechend feine Rasterwahl unumgänglich. Vier Millimeter grosse Köpfe sind in einem Zeitungsraster nicht zu erkennen, in einem 60er hingegen schon. A propos Gesichter: Menschliche Körperteile wie Gesichter, Augenpaare, Hände usw. sind möglichst nicht grösser als im Massstab 1:1 abzubilden, sonst erhalten sie leicht etwas Monströses.

Der richtige Ausschnitt bringt eine bessere Erkennbarkeit der abgebildeten Personen. Ran ans Motiv, beschneiden Sie überflüssige Umgebung.

Ein feinerer Raster (48er) bringt ein wesentlich besseres Resultat. Feine Raster sind jedoch vom eingesetzten Druckverfahren und vom Papier abhängig.

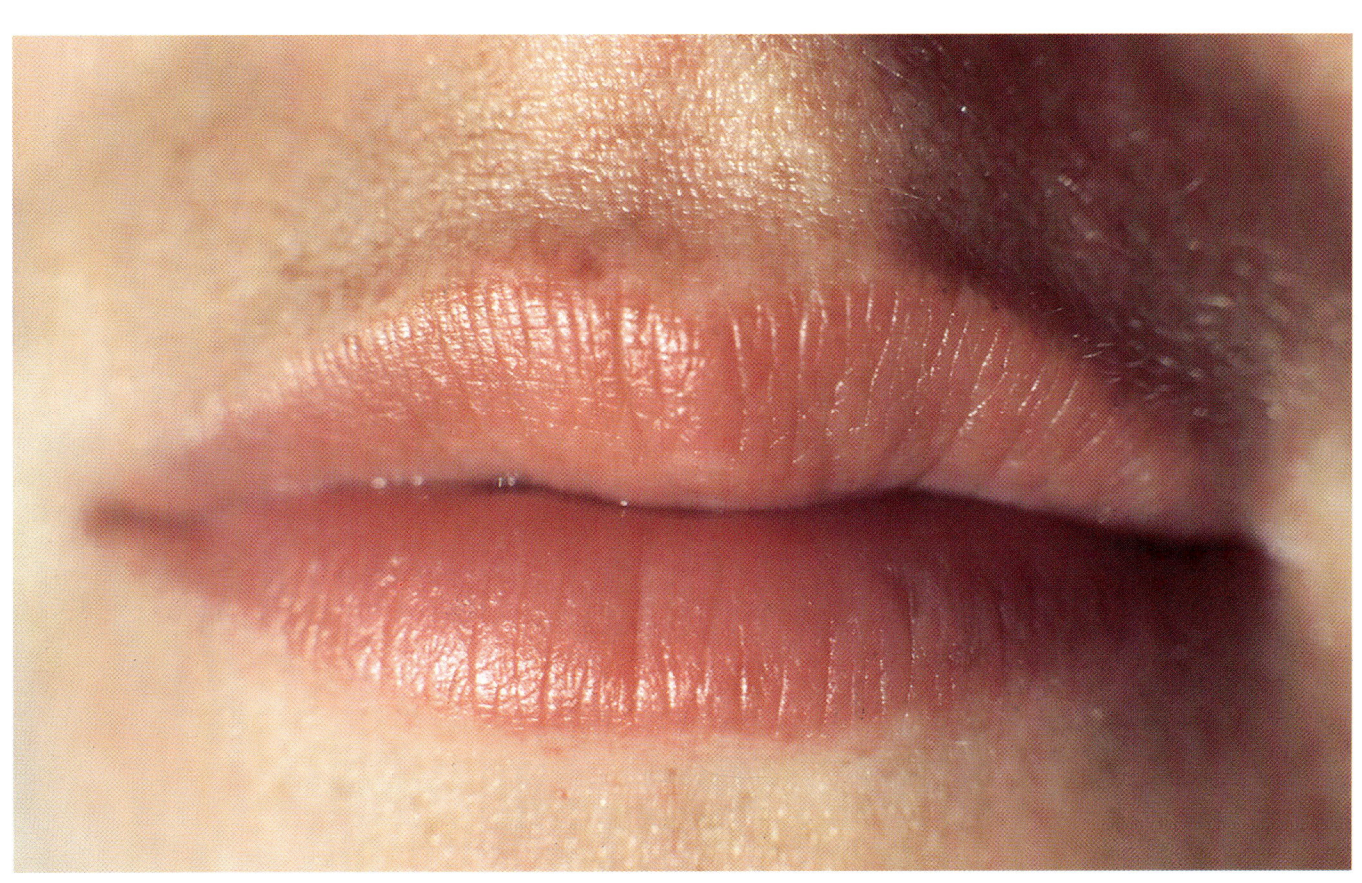

Menschliche Körperteile wie Mund, Nase oder Augen erschrecken, wenn sie vergrössert abgebildet werden.

Der Bildausschnitt

Je nach gewünschter Aussage oder vorgegebenem Platz (Spaltenbreite) muss ein bestimmter Ausschnitt gewählt werden. Beim Selberscannen stellen sich keine Kommunikationsprobleme – in der Voransicht wählt man den Ausschnitt am Bildschirm gleich selber aus und scannt. Wenn das Scannen auswärts geschieht, muss der Ausschnitt, das Endformat, die Rasterweite, die Drucktechnik, die verlangte Ausgabe und das später verwendete Papier bekanntgegeben werden. Diese Angaben werden auf ein Transparentpapier aufgezeichnet oder auf Papierstreifen am Rande angegeben. Dabei ist nicht die Prozentzahl der Vergrösserung wichtig, sondern das Endformat in Millimetern, inklusive Beschnitt.

Es ist dabei gleichgültig, ob der Gestalter vollelektronisch arbeitet und Bilder in einem bestimmten Datenformat zur Integration in sein Layout bestellt oder ob eine konventionelle Fertigung vorliegt und die Bilder in eine Seitenbelichtung auf Film oder Papier nachträglich eingeklebt werden.

Der Ausschnitt erzeugt ein gewisses Verhältnis von Länge zu Breite. Unsere normale Betrachtungsweise ist die Proportion vom Fernseher, von der Fotografie oder vom Bildschirm her gewohnt, meistens querformatig, mit einer eindeutig längeren Seite, etwa 3:2 oder 4:3. Unsere Augen hingegen nehmen ein Gesichtsfeld wahr, welches beihnahe 180 Grad nach vorne abdeckt, wobei nur ein kleiner Teil bewusst scharf fokussiert wird. Bei der Gestaltung des Bildes kann nun auch eine aussergewöhnliche Proportion gewählt werden, ein Streifenformat, welches mehr auffällt als das langweilig gewöhnliche. Quadratische Formate wirken sehr stabil, in sich geschlossen, Hochformate eher instabil. Was Sie vermeiden sollten, sind unklare Proportionen, halb Quadrat, halb Rechteck, nirgends so richtig zuzuordnen.

Das Quadrat besticht durch seine «neutrale» Stabilität.

Unschön, weil diese Proportion weder Quadrat noch Rechteck entspricht.

Die Proportion 2:3 entspricht dem Format des Kleinbildes.

Das Doppelquadrat kann aus den meisten Vorlagen heraus gut gestaltet werden.

Das Streifenformat 1:4 erzeugt ungewöhnliche Spannung.

Ein mit Papierstreifen angeschriebenes Bild kann nach dem Scannen standgenauer abmaskiert oder ins Layout integriert werden.

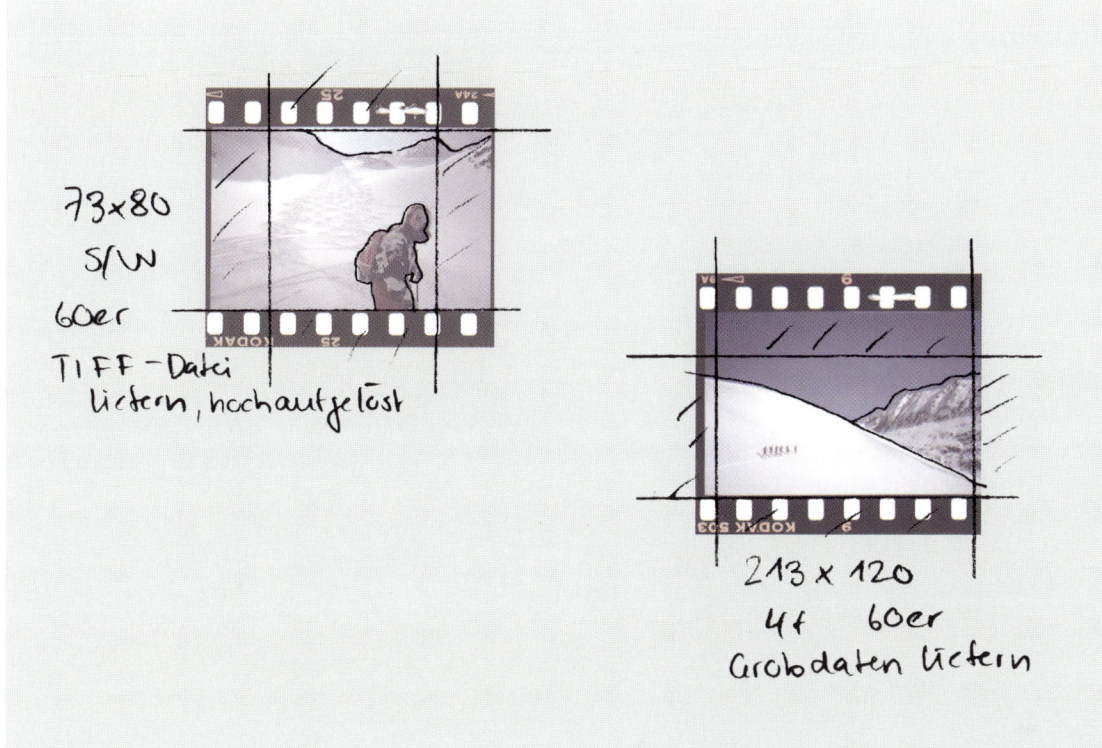

Dias werden rückseitig auf ein Transparentpapier aufgeklebt, so dass sie seitenrichtig sichtbar sind. Auf das Transparentpapier schreibt und zeichnet man die wichtigen Bestellgrössen wie Ausschnitt, Endgrösse, Farbigkeit, Rasterweite, Datenformat usw.

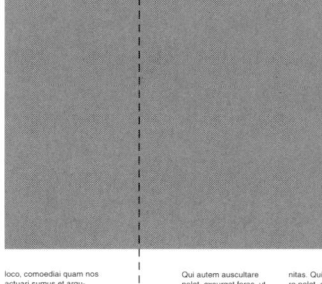

Bei mehreren Bildern sollte man sich für ein Hauptbild entscheiden. Ähnlich grosse Bilder konkurrenzieren sich gegenseitig.

Ein grosses Hauptbild, ergänzt mit kleineren Begleitern, erlaubt eine wesentlich wirkungsvollere Gestaltung.

Die Stellung des Bildes

Bilder wirken optisch meist schwerer als Text, ihre «Grauwirkung» ist kräftiger, somit ist ihr Gewicht auf der Seite erheblicher als Grundtext. Es gibt nun verschiedene Regeln, wie Bilder plaziert werden sollen. Dabei rufen wir uns in Erinnerung, dass, sofern vorhanden, die Doppelseite immer als Betrachtungseinheit gilt.

Optische Gesetzmässigkeiten lassen uns das Ganze so erscheinen, wie wir es im Leben erfahren: Ein grosses Bild am oberen Rand «drückt» auf den Text darunter, der Blick einer abgebildeten Person in eine Richtung zieht den Blick des Lesers nach sich usw. Ob die Bilder rechts oder links auf einer Doppelseite mehr Gewicht erhalten, ist nach meiner Meinung unerheblich, da die anderen Gestaltungselemente ja ebenfalls die Leseführung prägen und die Bilder nicht allein gestaltet werden. Beim normalen Blättern jedenfalls fallen die rechten Seiten zuerst ins Auge, beim flüchtigen Überfliegen die linken oder die rechten, je nachdem ob von hinten oder von vorn begonnen wird.

Der Bund nimmt eine wichtige Stellung ein. Wenn Bilder bundüberlaufend gestaltet werden, dürfen keine bildwichtigen Teile entzweigeschnitten werden. Niemals ist ein Gesicht, niemals ein bildwichtiges Objekt oder eine schräg verlaufende Kante bundüberlaufend zu gestalten. Bei geringsten Falzdifferenzen fallen solche «Gestaltungsfehler» sofort auf. Anders, wenn die Drucksache nur vier Seiten umfasst oder die Doppelseite in der Mitte der Broschüre/des Bogens liegt; in diesem Fall hat der Bund keine so starke Bedeutung.

Die hier gezeigten Beispiele sind auf einen dreispaltigen Zeitschriftenumbruch ausgelegt, sie gelten für jede andere Publikation genauso. Einheitlichkeit schafft Ruhe und Ordnung. Klare Proportionen, einheitliche Abstände, eine schmissige Bildanordnung, festgelegte Bildschwergewichte – und man kann schon fast nichts mehr falsch machen…

Randabfallende Bilder sind vor allem dann attraktiv, wenn sie gross gehalten sind. Auch hier wird ein «Aufreisser» begleitet durch vier kleinere Bilder.

Aus Platznot kann der Rand mit einbezogen werden. Die Bilder wirken hier aber zu mickrig, durch die Anordnung driften sie aus dem Format. Ist zu vermeiden.

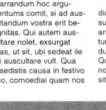

Hier sind die Bilder lieblos, ohne optischen Reiz, plaziert. Wenn der Text über die Bilder hinwegfliesst, ist dies für die Leserlichkeit nicht von Vorteil.

Durch die geschickte Anordnung der gleichen Bilder wie links erscheint die Seite spannungsvoller.

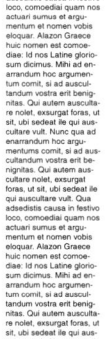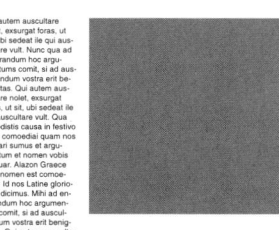

Bildgrössen und Abstände zum Text sind ungleich, was unschön aussieht. Der Text trennt die beiden Bilder und drängt sie gegen den Rand.

Hier werden die Bilder durch den Text eingefasst. Zudem sind sie gleich gross, quadratisch mit gleichen Textabständen. Sieht doch viel besser aus als links, oder?

Das linke Bild zeigt mit der Risskante einen Zeitungsausschnitt, rechts ist der Diarand mit abgebildet. Die Abbildung des Diarandes erlaubt keinen Ausschnitt, bei Kleinbilddias nimmt er sehr viel Platz in Anspruch.

Bilder können auch rund oder vieleckig abgebildet sein.

Bildform und Lage

Mit Bildform meine ich die Begrenzung eines Bildes, im Normalfall rechteckig. Dies kommt daher, weil früher eine andere Bildform nicht rationell herzustellen war. Ordnung muss sein – also rettete sich das Rechteck in die PC-Zeit hinüber. Nun lässt aber das neue Gestaltungsmittel viel umfassendere Möglichkeiten zu, als dies in der Praxis gelehrt und vollzogen wird. Dem PC ist es gleich, ob das Bild schräg, rechteckig oder rund ist, allenfalls häufen sich dadurch etwas mehr Daten an. Die Lage des Bildes ist ebenfalls zu prüfen – oft wird da etwas übertrieben. Statt einen Winkel von 45 Grad einzugeben, genügen 10 bis 20 Grad völlig – im Gegenuhrzeigersinn. Damit will ich nicht eine Unordnung propagieren – es gilt, diese Gestaltungsmöglichkeit nicht zu vergessen und sie sinnvoll einzusetzen!

Runde Bilder
Mit dem Kreiswerkzeug können Layoutprogramme elliptische oder runde Bildmasken generieren. In Kombination mit rechteckig gewöhnlichen Bildern ergeben sich gute Effekte. Runde Bilder sollten sorgsam eingesetzt werden, eine grosse Anhäufung von «Eiern» und «Zwetschgen» wirkt höchstens belustigend.

Freistellen
Freigestellte Bilder nennt man Bilder, die ein bestimmtes Objekt mit einem Pfad aus dem übrigen Bild heraustrennt. Dafür eignen sich besonders Objekte, die eine scharfe Begrenzung aufweisen, z.B. Möbel, ein Haus, Werkzeuge usw. Weniger geeignet sind Objekte, die unscharf begrenzt sind: mit Wischeffekt, bewegt fotografiert, oder dann feine Strukturen: Bäume, Haare usw. Das Freistellen dieser Beispiele erfordert einen besonderen Aufwand, sonst wird die natürliche Unschärfe des Bildes mit der Schärfe des Freistellpfades zerschnitten.

Unscharfe Bildmaske
In diesem Fall wird die Bildkante unscharf abgesoftet und das Bild verläuft ins Papierweiss. Eine sehr reizvolle und zärtlich-weiche Bildgestaltung. Sie kann zwischen einem

Kombinationen von verschiedenen Bildgestaltungen auf der gleichen Seite wirken gut: rechteckig, freigestellt und abgesoftet.

Pinselstriche als Bildmaskierung passen hier perfekt zur Vorstellung des Chinesischen Nationalzirkus'.

Für freigestellte Bilder eignen sich besonders Hartwaren mit klar begrenzten Kanten.

und zwei Zentimeter messen. Die abgesoftete Zone kann allen Bildformen folgen, rechteckigen, runden oder beliebig freien Formen.

Polygon
Warum nicht ein Vieleck als Bildform? Das Polygon darf dabei nicht allzuviele Ecken aufweisen, sonst gerät man schnell in die Schwierigkeit, dieses Ungetüm anständig zu plazieren. Vor allem ein junges Zielpublikum der Musik- und anderen Szenen steht auf Aussergewöhnliches – Rebellion gegen Konvention heisst die Devise. Schon ein Viereck, in einem gewissen Winkel mit abgeschrägten Kanten, kann Abwechslung bringen, ohne das Zielpublikum gleich vor den Kopf zu stossen.

Linie um das Bild
Das Bild mit einem feinen Linienrahmen einzufassen, ist eine Möglichkeit. Helle Spitztöne, die auszubrechen drohen, können damit gut aufgefangen werden. Bei vielen Bildern besteht jedoch die Gefahr einer Rähmchenmanie. Anders verhält es sich bei einer freien Bildrahmenform.

Hier wird das Bild mit einem Bildrahmen versehen und gewinnt dadurch an «Wert», das Bild wird quasi zum Kunstwerk emporstilisiert.

Papierrisskante
Ein schwarzes Papier entzweigerissen und eingescannt ergibt eine Risskante, welche für Bilder, Hintergrundtöne oder Kästchen eingesetzt werden kann.

Pinselstrich
Mit Malprogrammen werden besonders gelungene Bilderrahmen gestaltet, die kräftig und effektvoll wirken.

Fotorahmen
Bei diesem Beispiel werden die ganzen Originalvorlagen mitsamt dem Rand eingescannt. Zu sehen sind die Perforationen der Dias mit den einbelichteten Bildnummern, der Filmmarke usw. Ein Polaroid-Foto erhält seinen typisch weissen Papierrand, ein altes Schwarzweiss-Bild seinen gezackten Rand.

Kreative Bildbearbeitung

Es würde zu weit führen, all die bestehenden Möglichkeiten aufzuzeigen, auf welche Art eine Originalvorlage bearbeitet werden kann. Während in der guten alten Zeit die Bildretusche ein Spezialgebiet hochqualifizierter Fachleute und entsprechend teuer war, hat DTP das Gebiet «kreative Bildbearbeitung» in nie geahntem Ausmass auch den Laien erschlossen. Mit grossem Erfolg, günstig und einfach können Bilder heute bearbeitet werden. Nicht, dass wir uns falsch verstehen: Ich spreche von der kreativen Umsetzung, von der Verfremdung und nicht von der originalgetreuen, der Drucktechnik angepassten Reproduktion, die auch heute noch grosses Fachwissen voraussetzt. Die Gestaltungsaspekte stehen hier im Vordergrund und nicht die technischen Erfordernisse.

Bei all Ihrer Kreativität sollten Sie immer darauf bedacht sein, das Bild soweit zu bearbeiten, dass der gewünschte Effekt voll zum Tragen kommt. Wenn der Leser verunsichert ist, ob es sich um ein missratenes Bild handle oder ob eine Kreation vorliege, dann haben Sie etwas falsch angestellt.

Strichumsetzung
Durch eine entsprechende Ansteilung der Gradationskurve kann jedes Halbtonbild in ein Strichbild ohne Graustufen umgesetzt werden. Eingefärbt und leicht versetzt ergeben sich grafische Effekte.

Tontrennung
Das Halbtonbild mit 256 Graustufen wird durch eine treppenartige Gradationskurve in 4, 8 oder 16 Graustufen zerlegt. Besondere Einfärbungen der einzelnen Stufen ergeben ebenfalls eine starke grafische Wirkung.

Negativ-Positiv-Effekt
In diesem Beispiel wird die Gradationskurve sinuskurven-förmig angelegt, Teile des Bildes sind negativ, andere positiv zu erkennen.

Pixel-Effekte
Eine ungenügende Auflösung beim Einscannen mit einem überproportionalen Vergrössern zeigt einen Pixeleffekt, der sich jedoch als Hintergrund nicht eignet, weil er nur bei Hell-Dunkel-Wechseln sichtbar wird.

Wisch-Effekte
David Hamilton hat Hochkonjunktur – Weichzeichner, Wisch- und andere Effekte eignen sich gut für die grafische Aufbereitung.

Rastertechnik
Technische Effektraster gibt es in allen möglichen Variationen: Linienraster, Kornraster oder Kreisraster sind die bekannteren davon. Die Feinheit des Rasters ist entscheidend für die Grafik. Je gröber der Raster, desto grösser der Effekt. Als Vorlage für einen Kornraster-Effekt kann auch eine normale Fotokopie dienen, die als Strichvorlage ohne Graustufen eingescannt, vergrössert und eingefärbt wird.

Zwei digitale Vorlagen ab Kodak Photo CD, auf der rechten Seite kreativ überarbeitet und neu komponiert. Gestaltung: Albert Graf.

Freisteller

Wenn ein Bild weder rechteckig, vieleckig oder rund abmaskiert ist, nennt man es freigestellt. In Kombination mit rechteckigen Bildern wirken Freisteller sehr reizvoll – auch sind sie gut für einen Kontursatz geeignet. Von der Reproduktionstechnik her sind zwei wichtige Voraussetzungen zu erfüllen, will man die Kosten und die Abbildungsqualität einigermassen im Griff behalten.

Am besten für die Freistellarbeit eignen sich Sujets, die vor einem monochromen Hintergrund stehen. Dieser wird, vereinfacht ausgedrückt, mit einer Farbpipette gesamthaft elektronisch erfasst und mit «nichts» oder «keine Farbe» ersetzt. Wenn diese Vorbedingung nicht erfüllt ist, muss das Sujet mühevoll und von Hand aus seinem Umfeld herausretuschiert werden.

Die zweite Bedingung ist die scharfe Trennung des Sujets vom Umfeld. Klare Konturen ermöglichen ebenso klare Bildschnitte. Verwischte und unscharfe Sujet-Konturen kann man zwar ebenfalls heraustrennen, es ist jedoch aufwendiger und entsprechend teurer. Die Freistellarbeit kann ohne weiteres ein Mehrfaches des rechteckig abmaskierten Bildpreises betragen.

Beim Freistellen wird das Sujet elektronisch mit einem Pfad aus seinem Umfeld herausgelöst. Scharfe Konturen und gleichförmige Hintergründe erleichtern die Arbeit wesentlich.

Dieser Freisteller ist misslungen, der Bart wirkt wie herausgeschnitten.

So sollte es sein. Die weichen Konturen wurden durch ein gezieltes Nachbearbeiten erreicht. Der Arbeitsaufwand war etwa um das Doppelte höher.

Duplex und Triplex

Wenn ein Bild mit zwei Farben aufgebaut wird, spricht man von Duplex. Die beiden Farben helfen, das Bild zu modulieren, beide sind beteiligt an der Tiefenzeichnung. Ein blaues Bild auf einen grünen Ton zu drucken ist also kein Duplex. In der Praxis wenden wir die Duplex-Technik an, um Kosten zu sparen: Wenn ein Inserat geschaltet wird, so sind eben nur zwei statt vier Farben zu bezahlen, und man erreicht trotzdem eine Farbwirkung. Einen Prospekt zweifarbig zu drucken, heisst nicht, dass alle Bilder entweder schwarz oder farbig werden, die Duplextechnik erlaubt die Mischung.

Triplex heissen Reproduktionen, die mit drei Farbkanälen aufgebaut sind, die Technik ist dieselbe wie beim Duplex.

Dieses Bild ist kein Duplex. Für die Tonmodulation ist einzig Schwarz verantwortlich. 30 % Cyan steht uniform gleichmässig als Hintergrund.

Ein echtes Duplex. Für die Tonmodulation sind Schwarz und Cyan verantwortlich.

Ein Triplex, bei welchem zusätzlich Gelb eingesetzt wurde. Die Farbmischung erhält einen grösseren Spielraum.

Reproduktionstechnik

Die Reproduktionstechnik hat zum Zweck, ein Bild so aufzubereiten, dass mit der erforderlichen Drucktechnik das gewünschte Resultat erreicht wird. Tönt einfach, ist jedoch in der Praxis ein sehr komplexes Fachgebiet. Im Kapitel Druckverfahren auf Seite 48 sind die verschiedensten Drucktechniken aufgezeigt, längst nicht vollständig. Innerhalb dieser Techniken muss zwischen verschiedenen Druckmaschinentypen unterschieden werden, dazu spielt das Papier eine Rolle – alle diese Faktoren gilt es zu berücksichtigen, will man ein Bild fachgerecht auf einem hohen Niveau reproduzieren. Das Einscannen, Darstellen am Bildschirm und Ausdrucken auf dem Laserdrucker genügt dafür natürlich nicht. Ohne profunde Kenntnisse der Drucktechnik ist keine originalgetreue Reproduktion möglich!

Die Reproduktionstechnik ist für alle Gestalter nicht primär *das* Thema, solange für die Technik Fachleute hinzugezogen werden. Leider existiert darüber nur wenig und vielfach schwer verständliche Literatur. Es ist nicht das Ziel meiner Ausführungen, ein Handbuch für die Bildverarbeitung zu schaffen. Hingegen möchte ich die *gestaltungsrelevanten* Zusammenhänge aufzeigen, um die Komplexität darzustellen. Dazu benötigt man wenigstens die wichtigsten Grundlagen.

Was heisst Reproduktion?

Während früher Text und Bild technisch getrennte Wege gingen, stellt sich dieses Problem heute nicht mehr. Bilder wurden und werden auch heute noch in spezialisierten Reproduktionsbetrieben hergestellt. Im Stellenanzeiger heissen die damit verbundenen Berufe: Reproduktionsfotograf, Lithograf, Scanneroperateur, Retuscheur, zunehmend auch Desktop Reproduktioner; die Berufe sind einem dauernden Wandel unterworfen. Das Ziel einer integrierten Produktion sind heute seitenglatte Film- oder Papierausgaben, die für die Bogenmontage und Plattenkopie gebraucht werden können. Das Fernziel indessen ist die vollständig digitale Übertragung des Datenmaterials auf die Druckplatte (computer to plate) oder direkt in die Druckmaschine (computer to print), ohne Umweg über die Belichtung eines Zwischenmaterials.

Die Reproduktionstechnik setzt sich mit der originalgetreuen Reproduktion auseinander. Das heisst, das Litho (Fachbegriff für ein gerastertes Bild) wird so hergestellt, dass der Druck originalgetreu, ohne Farbverfälschungen, mit allen bildwichtigen Informationen, in der richtigen Grösse mit dem richtigen Ausschnitt zu sehen ist.

Vom Einscannen bis zum Druck durchläuft das Bild mehrere Übertragungsstufen (s. Abbildung). Jede einzelne Stufe beinhaltet einen minimalen Verlust, wie wir das beim Fotokopieren kennen. In jedem Übertragungsschritt kann ein Bild heller, dunkler oder farbstichig werden. Mit der Kalibrierung wird heute elektronisch gegen diese Übertragungsfehler angegangen, indem die Hardware sozusagen «geeicht» wird. In der Druckindustrie sind diese Ungenauigkeiten bekannt und die Produktion so ausgelegt, dass sie vorkompensiert werden. Mit andern Worten: Wenn ein dunkles Bild im Druck ebenso dunkel sein soll, muss es in der Repro geringfügig heller gemacht werden, bei jedem Druckprozess wieder anders, einmal mehr, einmal weniger. Zudem werden alle Bilder beim Offsetdruck geringfügig dunkler, was Fachleute mit Tonwertzunahme, Druckzunahme oder Punktzuwachs beschreiben. Auch dies muss in der Repro vorkompensiert werden. Kompliziert? Sagte ich doch!

In der Reproduktion heisst originalgetreu auch besser als das Original! Wenn dieses nämlich z. B. farbstichig ist, kann die heutige Technik alle Extras erfüllen. Selbstverständlich kosten Sonderwünsche etwas mehr als eine Standardausführung.

Übertragungsschritte von der Szene zum Druck

Konventinelle Reproduktion		Digitale Reproduktion
	Szene	
Halbtonfotografie		Digitale Fotografie
	Vorlage/Datei	
Reprofotografie/Scannen		Bildbearbeitungsprogramm/DTP
	Film/Datei	
Plattenkopie		Elektronische Bogenmontage
	Druckform	
Übertragung Druckform/Gummituch		Übertragung Druckform/Gummituch
	Gummituch	
Übertragung Gummituch/Papier		Übertragung Gummituch/Papier
	Papier	

1

2

1 Eine gute Reproduktion in einem 60er Raster. In den Schattenpartien ist noch Zeichnung vorhanden, und die Lichter brechen nicht aus. Die Tonwerte umfassen 5–95 %.

2 Das gleiche Bild kann durch unprofessionelle Aufbereitung und Übertragung dieses Druckresultat erreichen. Der Kontrastumfang ist erheblich gemindert, das Bild erscheint grau.

3 Eine schlechte Reproduktion erkennt man an den fehlenden Tiefen. Hier schmieren alle Schattentöne zu.

4 Dieses Beispiel zeigt die Problematik in den Lichtern, die ausbrechen und die Bildkante auflösen. Die Schattenpartien sind hingegen in Ordnung.

3

4

 20er Raster

 28er Raster

 36er Raster

 40er Raster

 48er Raster

 54er Raster

 60er Raster

 70er Raster

Ein Bild wird durch die Reproduktion in lauter einzelne Punkte zerlegt, die von Auge als Grauwirkung wahrgenommen werden.

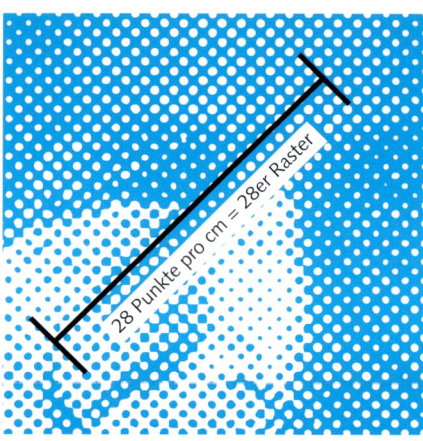

Die Rasterpunkte sind in einem Gitternetz angeordnet; sie weisen immer den gleichen Abstand auf. Die Rasterweite bezeichnet die Anzahl Rasterpunkte pro cm.

Technische Raster

Die Drucktechnik kann entweder schwarz oder weiss «übermitteln». Die feinsten Tonwertabstufungen des Bildes werden zu diesem Zweck in kleine Punkte umgewandelt, die das Auge nicht einzeln aufzulösen vermag. Die Punkte liegen gleichabständig in einem quadratisch angeordneten Rasternetz und werden deshalb als Rasterpunkte bezeichnet. Alle haben zum Zweck, ein Halbtonbild in lauter winzige Einzelinformationen zu zerlegen, die Graustufen zu simulieren.

Die Rasterweite

Die einzelnen Rasterpunkte weisen einen gewissen Abstand zueinander auf. Dieser Abstand wird in der Praxis mit Rasterweite bezeichnet und mit der Anzahl Punkte pro cm angegeben. Ein 28er Raster weist pro cm 28 Punkte auf, ein 60er Raster mehr als das Doppelte. Es ist klar, dass ein 60er Raster viel detailliertere Informationen, viel feinere Graustufen wiedergeben kann als ein 28er. Auf einer Fläche von 10×10 cm enthält ein Schwarzweissbild in einem 60er Raster also 360 000, ein farbiges A4-Bild fast 9 Mio. Rasterpunkte! Es erstaunt deshalb nicht, dass die Repro riesige Datenmengen erzeugt! Der RIP (Raster Image Processor) rechnet die Graustufen am Bildschirm um und befiehlt dem Ausgabegerät, sie in entsprechend feine Punkte aufzulösen. Die Rasterweite darf nicht einfach willkürlich gewählt werden, jedes Druckverfahren, jede Druckmaschine und jedes Papier verlangen bestimmte Rasterweiten. In der Zeitung können nur grobe Raster gedruckt werden, von Blatt zu Blatt gibt's vom 28er bis zum 40er Raster auch wieder Unterschiede. Als übliche Rasterweiten für Offsetmaschinen auf weisses Papier gelten etwa 54er bis 60er Raster. Die Druckerei hat hier das Sagen, sie weiss am besten, welche Rasterweite sich eignet. Scheuen Sie den Aufwand nicht und erkundigen Sie sich, bevor die Scans geschrieben werden.

Die hier aufgeführten Rasterweiten haben sich so eingebürgert; es können jedoch beliebige Zwischengrössen belichtet werden – die elektronische Rasterung hat's ermöglicht. Auch heute gelten jedoch gewisse Rasterwerte, das hängt mit der moiréfreien Rasterwinkelung, dem Ausgabegerät und der Software des RIPs zusammen. Rasterweite und Rasterwinkelung weisen deshalb von Gerät zu Gerät geringfügige Abweichungen auf.

Mit dem Rasterzähler die Rasterweite messen

Die verwendete Rasterweite misst man mit einem Rasterzähler. Rasterzähler sind auf Film bei den meisten Reproduktionsbetrieben oder Druckereien erhältlich. Wenn das Filmstück auf ein Rasterbild oder einen Rasterton gelegt und langsam ausgedreht wird, entsteht ein Kreuzmuster als Testfigur, welches auf die verwendete Rasterweite hinweist, hier auf einen 60er Raster.

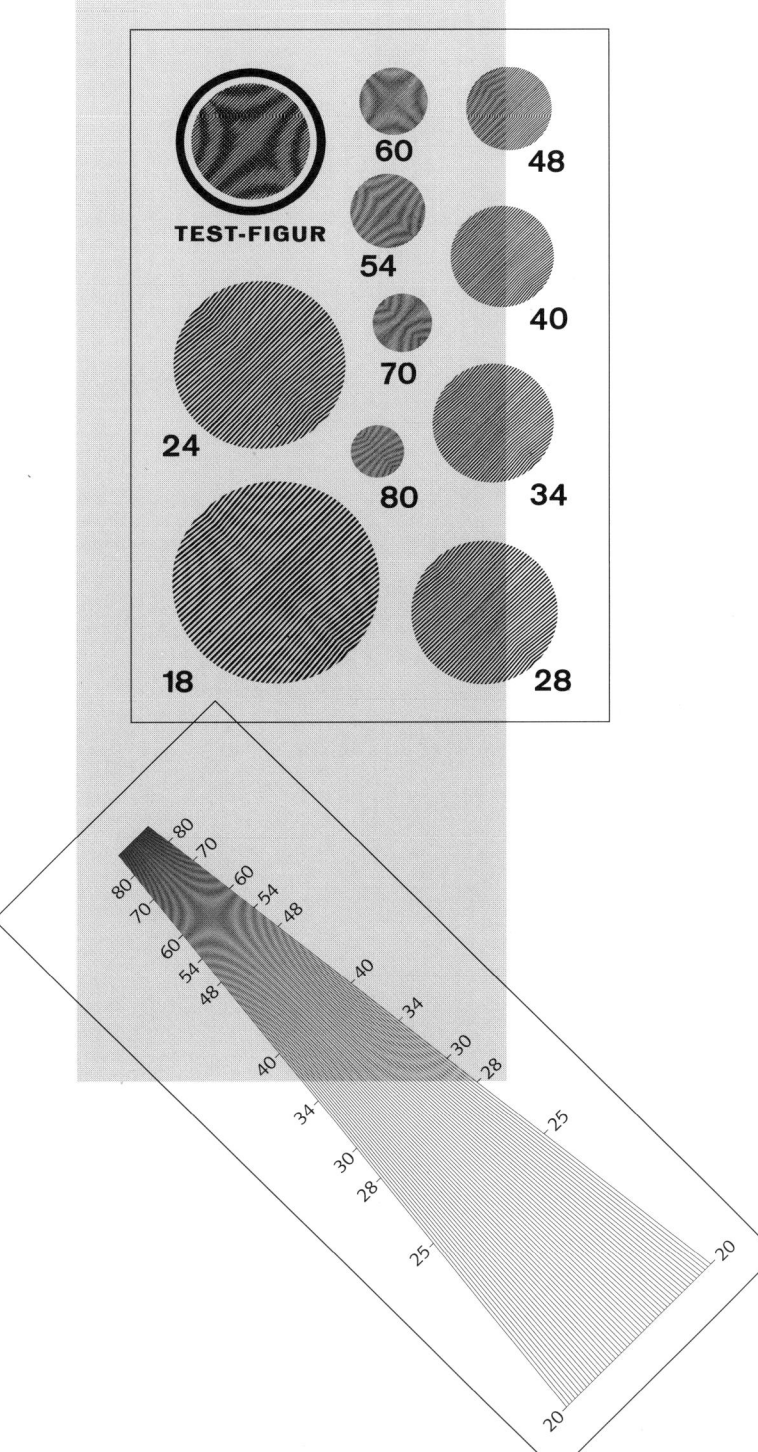

Die Rasterpunktform ist ebenfalls variabel. Vergrössert, von oben: Linienraster, Kreuzraster, Kettenpunktraster, Kornraster.

Rasterpunktform

Die runde Punktform ist im Offsetdruck sehr verbreitet. Daneben gibt es ganz unterschiedliche Formen, die je nach Ausgabegerät und Software generiert werden können:
– Elliptische Punktform
– Quadratische Punktform (50% = Schachbrettmuster)
– Linienförmiger Rasterpunkt
– Kornraster (ergibt kein Moiré)
– Kissenförmiger Rasterpunkt
– Effektraster usw.
Verschiedene Rasterpunktformen auf dem gleichen Dokument zu gestalten, ist sehr aufwendig, jedoch in gewissen Bereichen der Werbung (Zeitungsinserate) durchaus üblich. Auf einer neuen Technik basiert der frequenzmodulierte Raster, er ist auf Seite 256 beschrieben.

Die Rasterwinkelung

Die dritte Kenngrösse umfasst die Winkelung des Rasters. Beim schwarzweissen Halbtonbild hat sich der Winkel von 45° bestens bewährt, wohl deshalb, weil bei einer senkrechten Winkelung von 0° die weissen Zwischenräume schneller zum Vorschein kommen; wir sehen in der perspektifischen Sicht weisse Fluchten zwischen den Punkten.

Bei der Farbreproduktion ist die Problematik komplexer. Damit die einzelnen Rasterpunkte in den vier Farben nicht passgenau aufeinanderliegen, erhält jede Farbe eine andere Winkelung. Die Rasterwinkelung wird ebenfalls durch den RIP generiert und kann im Prinzip frei definiert werden. Verschiedene Hersteller von Belichtungsmaschinen propagieren andere Rasterwinkel, die sich dann besser für Hauttöne oder für Grüntöne eignen. Dazu kommt noch, dass je nach Farbreihenfolge im Druck (meistens Schwarz, Cyan, Magenta, Gelb) oder ob man auf einer Vierfarben- oder auf einer Zweifarbenmaschine druckt, sich eine andere Winkelung besser eignet. Genau wie die Rasterweite hätte nun auch der Drucker die Rasterwinkelung zu bestimmen. In der Praxis wird häufig mit Standardeinstellungen gearbeitet. Nachfolgend drei Beispiele:

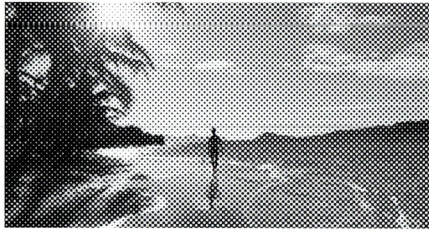

Kreisförmiger 20er Raster, Winkelung 45°.

Kreisförmiger 20er Raster, Winkelung 15°.
Die Bildkanten fransen aus.

Schwarz	15°	45°	15°
Gelb	0°	0°	0°
Magenta	45°	15°	75°
Cyan	75°	75°	45°

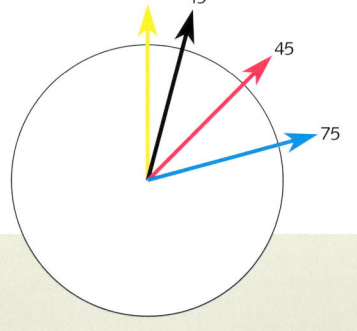

K = Schwarz
Winkelung 15°

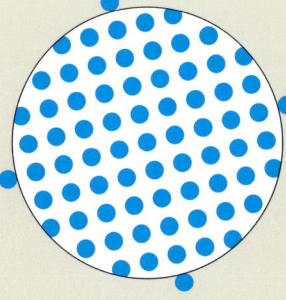

C = Cyan
Winkelung 75°

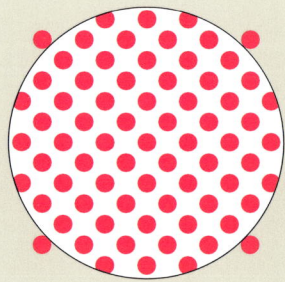

M = Magenta
Winkelung 45°

Y = Gelb
Winkelung 0°

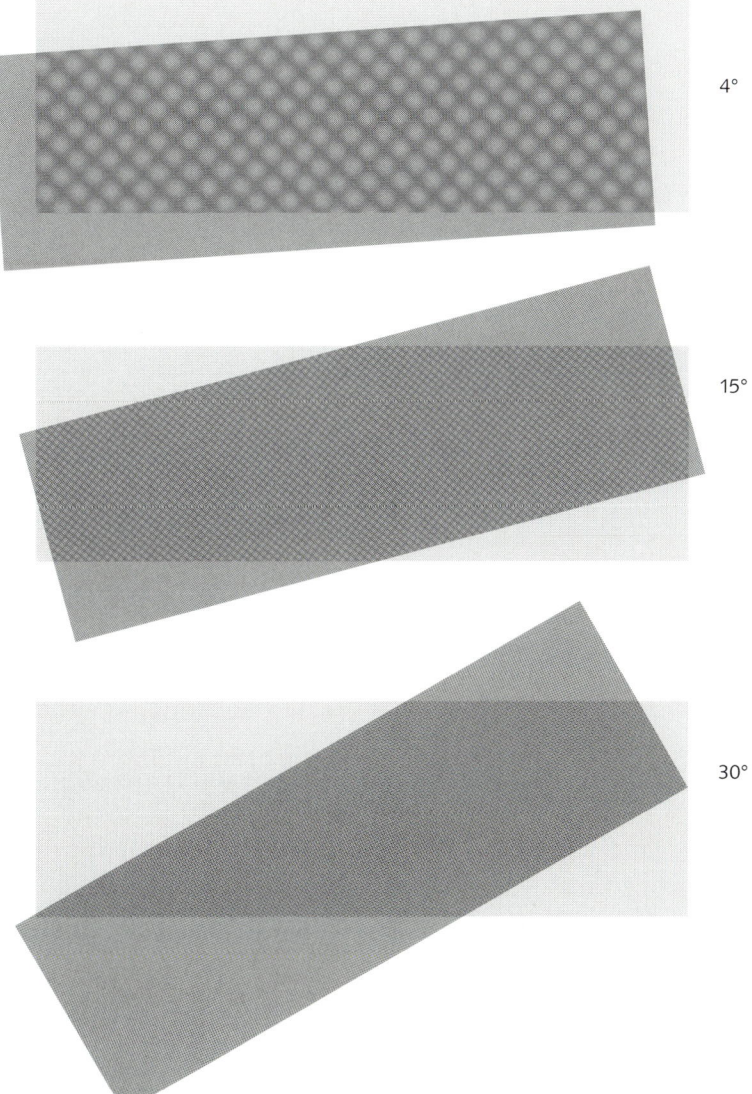

4°

15°

30°

Alle vier Farben
übereinandergedruckt

Moiré

Unter Moiré verstehen wir ein störendes Interferenzmuster, welches sofort auftritt, wenn wir zwei gleichartige Raster übereinanderlegen. Moirés können auch entstehen, wenn Objekte wie Lautsprecherboxen oder Textilien Strukturen aufweisen. Je nach Winkelung dieser Strukturen treten Moirés (unvermeidlich) stark störend auf. Mit konventionellen Rastermethoden kann das Moiré nicht aus der Welt geschafft, jedoch weitgehend minimiert werden. Erst die relativ neue, frequenzmodulierte Rasterung vermeidet Moiré-Effekte. Am geringsten stört das Moiré, wenn die zeichnenden Farben (Schwarz, Cyan, Magenta) um 30° verschieden gewinkelt sind. Die am wenigsten kräftige Farbe ist Gelb, sie liegt im Abstand von 15° dazwischen.

Frequenzmodulierte Rasterung

Seit den achtziger Jahren ist von frequenzmodulierter Rasterung (FMR) die Rede; ich will hier möglichst kurzgefasst auf diese zukunftsträchtige Technologie eingehen. 1992 entwickelte die deutsche Reprofirma Vignold FMR unter dem Namen CristalRaster zur Praxisreife. Die Rechte wurden 1993 an Agfa verkauft, welche CristalRaster in ihre PostScript-RIPs implementierte. Seit 1994 sind Praxisversuche im Gang, jedoch beginnt die Technik nur langsam Fuss zu fassen, weil damit verschiedene technische Probleme verbunden sind. Was ist FMR? Im Gegensatz zur konventionellen Rasterung baut die FM-Rasterung nicht auf einzelne Punkte in einem Gitternetz auf, sondern «streut» winzigste pixelgrosse Pünktchen scheinbar wahllos über die Fläche. Die Gesamtsumme der geschwärzten Pixel ist jedoch identisch mit der Flächendeckung eines normalen Rasters. Nur sind die Punkte viel feiner verteilt. Man spricht deshalb auch von Zufallsraster oder stochastischem Raster. Mit Zufall hat dies jedoch nichts zu tun, zwei Belichtungen des gleichen Bildes sind absolut identisch. Die Abbildung rechts zeigt den Aufbau eines FM-Rasters. Da sich die Pixelpunkte in der Grössenordnung von 14 bis 20 μm bewegen, ist das Druckbild sehr viel schärfer und brillanter als im normalen Offsetdruck. Die angetönten Probleme sind: mangelnde Proofherstellung, fehlende Korrekturmöglichkeiten, erhöhte Genauigkeit und Sauberkeit in der Druckplattenkopie. Probleme gibt es auch im Druck, wenn konventionelle Lithos und FM-Bilder in der gleichen Druckform gedruckt werden sollen. FMR wird vor allem dann ihren Siegeszug antreten, wenn die elektronisch aufbereiteten Seiten direkt auf die Druckplatte belichtet werden können. Doch dies ist vorläufig noch nicht Praxis, wenn man auch unmittelbar vor dem Durchbruch zu stehen scheint. FM-Rasterung bezeichnet man heute auch als rasterlosen Offsetdruck, weil die einzelnen Rasterpunkte nicht mehr sichtbar sind und das Druckresultat sehr nahe an die Vorlage herankommt. Ein weiterer Vorteil ist die Vermeidung des Moiréproblems. Prinzipiell ist FMR heute (für mehr Geld) im hochqualitativen Druckbereich einzusetzen.

Weitere Namen in Verbindung mit FMR heissen produktbezogen Velvet Screen (Empa/UGRA), Class Screening/Fulltone/Geometric Dot/High Definition (Scitex), Diamond Screening (Linotype-Hell), High Fidelity Screening (Scangraphic), Brillant Screening (Adobe) usw. Die meisten Hersteller von Belichtungseinheiten haben inzwischen softwaremässig die frequenzmodulierte Rasterung auf ihre RIPs implementiert.

Ein Vergleich zeigt die Qualitätsunterschiede in der Farbsättigung und in der Detailzeichnung. Links mit frequenzmoduliertem Raster, rechts mit konventionellem 60er Raster.

Frequenzmodulierte Rasterung

Der konventionelle Raster simuliert die Graustufen durch gleichabständige, verschieden grosse Punkte, die in der Belichtermatrix mit einzelnen Pixeln je nach Auflösungsfeinheit aufgebaut werden.

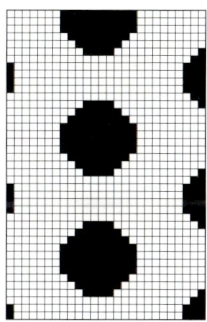  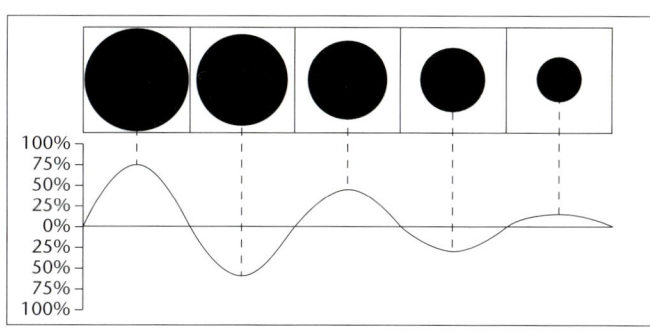

Seit kurzem spricht man auch von amplitudenmodulierter Rasterung. Amplitude heisst der «Ausschlag» einer Sinuskurve.

Der frequenzmodulierte Raster löst die Bildinformationen in kleinste Pixeleinheiten auf, die mathematisch gerechnet, chaotisch angeordnet sind. Im Vierfarbendruck kann kein Moiré-Effekt entstehen.

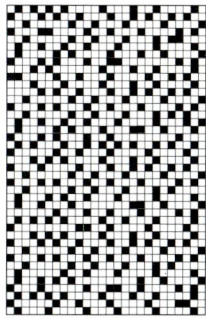  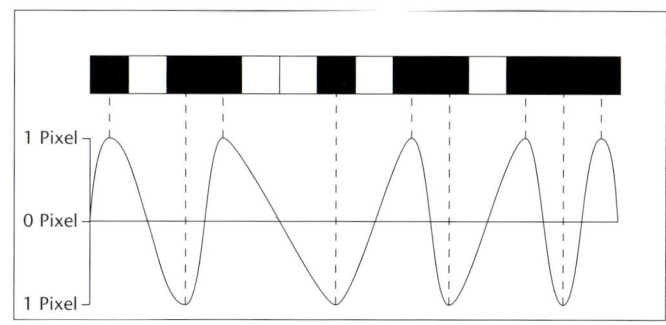

Frequenzmoduliert heisst es deshalb, weil die Amplitude gleich bleibt, die Frequenz (= Anzahl Schwingungen) jedoch ändert.

Kontrast, Dichte und prozentuale Flächendeckung

Ich bin durch die Hintertür in die Reproduktionstechnik eingestiegen und habe mehr von der praktischen Seite her die geläufigsten Begriffe erklärt. Nun will ich noch ein paar Grundkenntnisse nachreichen.

Kontrastumfang und Dichte

Das Verhältnis der hellsten zur dunkelsten Stelle eines Bildes nennt man Kontrastumfang. Messtechnisch wird das reflektierte/durchfallende Licht mit dem auftreffenden Licht verglichen. Das Resultat ist ein logarithmischer Wert, der mit Schwärzung oder Dichte bezeichnet wird. Die Dichte wird mit einem Densitometer gemessen.

Es geht nun darum, die Schwärzung einer Vorlage in eine bestimmte Punktgrösse der Reproduktion zu übertragen. Die Punktgrössen bezeichnen wir als prozentuale Flächendeckung. Dabei wird nicht ein einzelner Punkt erfasst, sondern eine integrale Menge. Der Zusammenhang von Dichte und Flächendeckung lässt sich aus nebenstehender Grafik 1 ablesen. Aus drucktechnischen Gründen haben Rasterpunkte eines Bildes einen Umfang von 5% bis 95%. Dies deshalb, weil in den hellsten Partien ein Spitzpunkt stehen bleiben muss, damit die Bildkante erkennbar bleibt und das Bild nicht «ausreisst». In den dunkelsten Partien soll das Bild nicht einfach zuschmieren.

Grafik 2 zeigt die Beziehung der Schwärzung einer Vorlage zur prozentualen Flächendeckung des gerasterten Bildes. Was entnehmen wir daraus? Die Rasterkopie kann vom hellsten Ton bis zu Dreivierteltönen genügend feine Abstufungen bilden, hingegen sind alle Schattenpartien (Dichte 1) bei Rastertönen ab 90% unterzubringen! Wir haben also von 90–95% genau 5 Prozentchen zur Verfügung, um die Tiefenzeichnung abzustufen. Deshalb schmieren Drucke in den Tiefen oft zu, die Zeichnung fehlt.

Die Praxis zeigt, dass die Reproduktion sich an die Drucktechnik und an das Papier anzupassen hat und nicht etwa der Drucker das Resultat des Desktoppers am Bildschirm nachvollziehen kann. Es ist nicht die bestmögliche Qualität gefragt, sondern die dem Verfahren angepasste. Der Kontrast von hervorragenden Vorlagen wird im Druck gemindert werden, meistens sichtbar in den Lichtern und in den Tiefen.

Flächendeckung in %	Schwärzung integrale Dichte	
0	0	
1	0,004	
5	0,02	Der maximal reproduzierbare Kontrastumfang umfasst zwischen 5 % und 95 % = Dichte 1,28.
10	0,046	
25	0,13	
50	0,3	
75	0,6	
90	1,0	
95	1,3	
99	2	
100	∞	

Grafik 1 Umrechnungstabelle zwischen der Schwärzung und der Flächendeckung.

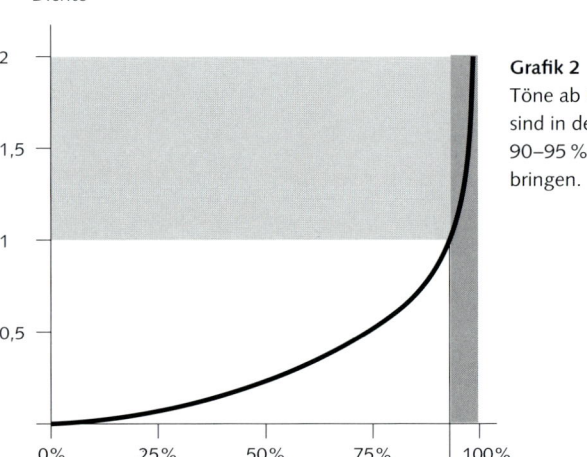

Grafik 2 Alle dunklen Töne ab Dichte 1 sind in den Tonwerten 90–95 % unterzubringen.

Graustufen (Dichte)

Flächendeckung in %

0 % (Weiss)

5 % Spitzlicht, kleinster Punkt

25 % Viertelton

50 % Halbton, beim quadratischen Raster Punktzusammenschluss

75 % Dreiviertelton

95 % Spitzpunkt in der Tiefe, dunkelste reproduzierbare Schattierung

100 % Vollton Schwarz

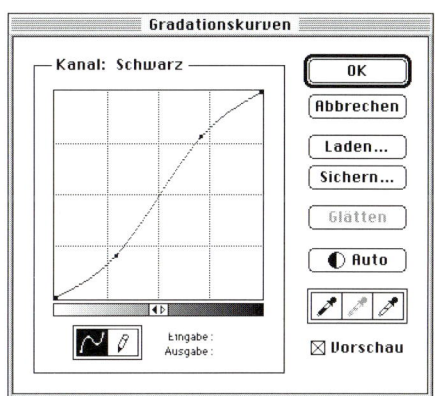

Gradationskurve und Gammawert

Der Kontrastumfang wird mit der Gradationskurve dargestellt. Dabei finden sich auf der waagrechten Achse die Dichtewerte der Vorlage (Eingabe) auf der senkrechten diejenigen der Reproduktion (Ausgabe). Manchmal sind die Achsen auch vertauscht. Die ideale Gradation ist demnach eine Gerade von unten links nach oben rechts im Winkel von 45°. Aus drucktechnischen Gründen wird daraus ein schräges, langgezogenes S, dessen Mittelstück, die Steilheit, mit Gamma (γ) bezeichnet wird. Deshalb auch die Bezeichnung Gammakurve oder Gradationskurve. Im Mittelstück entspricht die Reproduktion genau proportional der Vorlage. Der Gammawert wird als Tangens des Winkels α bezeichnet, im Normalfall beträgt er 1. Gammawerte über 1 sind kontrastreicher, solche unter 1 kontrastärmer. Anders ausgedrückt: Je steiler das Gamma, desto härter die Reproduktion. Im Extremfall steigt das Gamma senkrecht, dann sind nur noch zwei Töne zu sehen, Schwarz und Weiss. Betrachten Sie dazu die Abbildungsbeispiele auf der nächsten Doppelseite.

Wieviel Farbe kann gedruckt werden?

Die Dichtewerte im Druck entstehen auch durch das Übereinanderdrucken von verschiedenen Farben. Wenn im Vierfarbendruck eine Farbschichtdicke von vier mal 100 % gedruckt wird, so hält die Farbe nicht auf dem Papier. Auf Kunstdruckpapier können maximal etwa 280 % aus vier Farben «geladen» werden, z.B. 100 % Schwarz, 100 % Cyan und 40 % Magenta und 40 % Gelb (oder andere Werte). Jede höhere Prozentzahl ist nicht druckbar. Beim Zeitungspapier liegt der Wert bei etwa 220 %.

Die Flächendeckung darf mit allen Buntfarben 280 % (Kunstdruckpapier) nicht überschreiten, im Zeitungsdruck liegt die Schwelle bei 220 %.

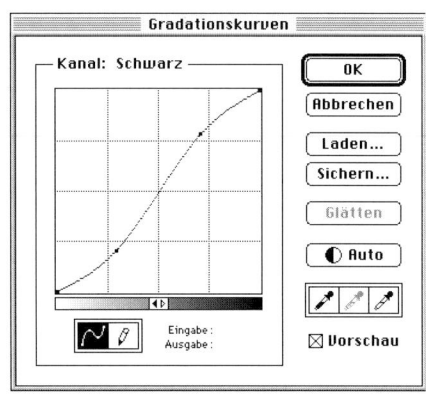 

Eine normale Gradation zeigt das typische langgezogene S. Alle Töne der Volage entsprechen der Reproduktion.

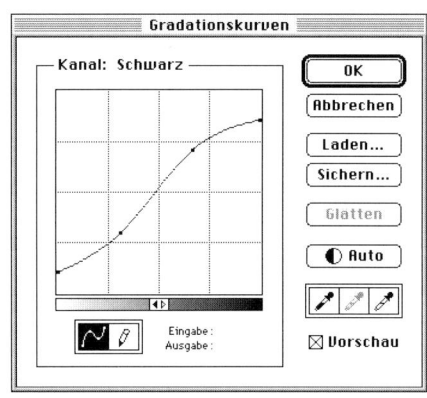 

Kontrastarme Reproduktion mit flacher Gradationskurve. Die Reproduktion kann nicht mehr alle Tonwerte wiedergeben. Mit dem Verschieben der Kurve nach oben oder unten wird der Tonbereich beschnitten.

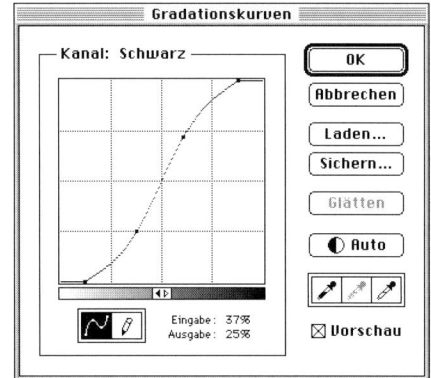 

Eine steile Gradationskurve erzeugt ein kontrastreiches Bild. Eine kontrastarme Vorlage kann so auf den ganzen Tonwertumfang von 5 % bis 95 % gestreckt werden.

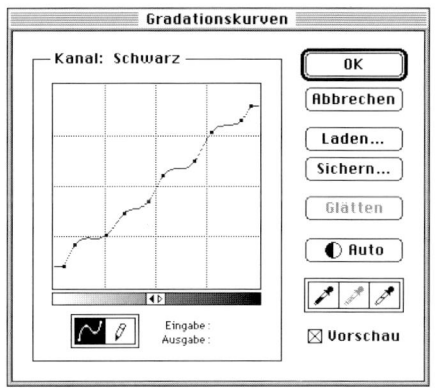 

Durch eine treppenförmge Gradationskurve wird eine Tontrennung erzeugt. Es sind nur noch eine bestimmte Anzahl Töne oder Farben sichtbar.

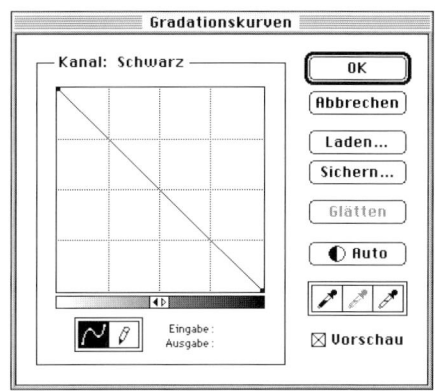 

Eine invertierte Kurve erzeugt ein negatives Bild.

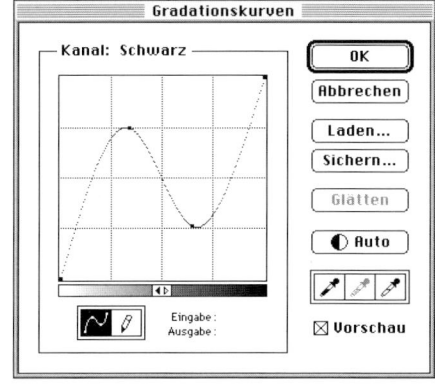 

Eine solche übersteuerte Kurve erzeugt einen Negativ-Positiv-Effekt. Bestimmte Töne erscheinen negativ, andere positiv.

Dateneingabe und Scanauflösung

Als erstes haben wir ganz deutlich zwischen der Eingabe, dem Scannen in dpi (dots per inch), oder auch ppi (pixels per inch) und der Ausgabe (ebenfalls in dpi) zu unterscheiden. In der Eingabe wird ein Bild digitalisiert und im Datenspeicher nach einer Anzahl Bit aufgezeichnet, so dass eine «theoretische» Datenmenge entsteht. Das Auflösungsvermögen bestimmt die später mögliche Belichtungsqualität in bezug auf Rasterweite und Vergrösserungsfaktor.

Ein wichtiger Hinweis scheint mir die Anzahl Tonwerte, die das menschliche Auge bei einem Betrachtungsabstand von 60 cm zu unterscheiden vermag. Bei fotografischen Schwarzweiss-Halbtonbildern sind dies etwa 100–120 Tonwerte, im Offsetdruck mit einem 60er Raster etwa 80 und im Zeitungsdruck (34er Raster) noch etwa 40. Was heisst das? Digital umfasst ein Bild, welches mit einem 8-bit-Scanner aufgezeichnet wurde, 256 Graustufen. Im Druck können wir jedoch keine Graustufen wiedergeben, sondern lösen ein Rasterbild in einzelne Rasterpunkte auf, von 0% bis 100% Flächendeckung. Wenn wir das Bild in der maximalen Tonabstufung in 1-%-Schritten ausgeben, erhalten wir 100 Abstufungen. In der Praxis reicht der Umfang der %-Werte nur von 5% bis 95%, dann sind wir bei etwa 90 Stufen, die durch die limitierte Drucktechnik noch weiter zusammenfallen. Kleinere Schritte unter 1% sind von Auge praktisch nicht mehr zu unterscheiden. In einer Welt, in der wir uns mit 8-bit-, 24-bit- oder gar 32-bit-Auflösung beschäftigen, scheint mir diese Erkenntnis wichtig. Nicht die Auflösung, sondern die Wiedergabe steht im Vordergrund.

Informationsgehalt von Halbtonbildern s/w

Anzahl Graustufen	Information in Bit	
2	1	2^0
4	2	2^1
8	3	2^2
16	4	2^3
32	5	2^4
64	6	2^5
128	7	2^6
256	8	2^8
16,7 Mio.	24	2^{24}

Die Eingabe und dpi

Damit kommen wir zur digitalen Auflösung. Jedes Bild wird durch den Scanner in kleinste Bildpunkte (= Pixel, ein Kunstwort von **pic**ture **el**ement) zerlegt. Die lichtempfindlichen Fotozellen (CCD-Elemente = charched coupled device = ladungsgekoppeltes Bauelement) tasten das Bild Pixel für Pixel ab und definieren jeden Punkt in der entsprechenden Bit-Codierung. Wie gross diese Bildpunkte sind, hängt von der Auflösungseinstellung ab. Wenn wir ein Bild mit 200 dpi einscannen, wird das Bild in 200 Bildpunkte pro inch zerlegt. Jeder Bildpunkt kann nun in digitalen Speichersystemen einen bestimmten Grauwert annehmen. Der Grauwert wird auch Datentiefe genannt oder Bit-Tiefe (bit ist ein Kunstwort aus «**b**inary dig**it**»). Im einfachsten Fall Schwarz oder Weiss, was einer Datentiefe von 1 bit entspricht. Mit 2 bit können bereits 4 Graustufen unterschieden werden (2^1). Die heute übliche Graustufenzahl für die Eingabe ist 256, was einer Datentiefe von 8 bit (2^8) entspricht. Jeder einzelne Bildpunkt kann in diesem Fall von Schwarz bis Weiss eine der 256 Abstufungen annehmen.

Bei den Monitoren ist es genauso: Wer einen Bildschirm besitzt, der 16 Graustufen darstellt, verfügt über einen 4-bit-Monitor, und ein 8-bit-Monitor kann 256 Graustufen oder Farben darstellen. Ein Bildpunkt am Monitor wird ebenfalls Pixel genannt. Bildschirme besitzen ein Auflösungsvermögen von 72 dpi, was 72 Pixel pro inch oder 28 Punkte pro cm entspricht. Beim Bildschirm meint man also mit Pixel oder Dots dasselbe.

Für die optimale Scanauflösung gibt es verschiedene Philosophien – eine allgemeingültige Formel gibt es nicht. Folgende Faktoren spielen dabei eine Rolle: Auflösungskapazität des Scanners, Vorlagenqualität, Vorlagengrösse, Wiedergabegrösse und Rasterweite. Eine Faustregel besagt:

$$\text{Rasterweite} \times 2 \times 2{,}54 = \text{Abtastauflösung in dpi}$$

Die Multiplikation mit 2,54 ergibt sich aus der Umrechnung von cm in inch. Ein Beispiel: Ein 54er Raster soll gedruckt werden. $54 \times 2 \times 2{,}54 = 274$ dpi. Eine andere Formel aus der Praxis empfiehlt:

$$\frac{200 \text{ dpi} \times \text{Ausgabegrösse}}{\text{Vorlagengrösse}} = \text{Abtastauflösung in dpi}$$

In den meisten Fällen der Praxis genügt eine Auflösung um 200 dpi. Wir haben es alsdann mit 200 Bildpunkten pro inch zu tun, was umgerechnet 79 Bildpunkten pro cm entspricht. Was können wir nun damit anfangen? Irgendwie müssen diese Bildpunkte ja in Rasterpunkte umgerechnet werden. Dieser Vorgang geschieht im Rasterrechner des RIPs, was gleich anschliessend erklärt ist.

1 inch = 2,54 cm

Datenmengen

Dass wir nicht die möglichst beste Scanauflösung einzustellen haben, sehen wir erst, wenn wir folgende vereinfachte Berechnungsformel anwenden, die uns die ungefähre Datenmenge eines Farbbildes in Megabyte (MB) liefert.

$$\frac{cm^2 \times Rasterweite}{1024} = Datenmenge\ (MB)$$

Für ein Farbbild in der Grösse A4 bedeutet dies 21 cm × 29,7 cm × 60 : 1024 = 36,5 MB. Für ein Graustufenbild ist der Wert viermal kleiner, also etwa 9,1 MB. Diese Berechnungsformel ist nicht exakt, sie eignet sich jedoch gut zum Bestimmen der zu erwartenden Datenmenge.

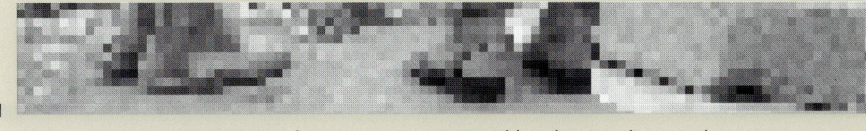

1 Dieses Beispiel zeigt vergrössert 100 Bildpunkte (Pixel) pro inch

2 Gleicher Ausschnitt, jedoch auf der Ausgabeseite mit 137 lpi ausgegeben (= 54er Raster).

1 Ein Halbtonbild wird durch den Scanvorgang in einzelne Bildpunkte zerlegt. Jeder Pixel kann der Bit-Tiefe entsprechend mehrere Grauwerte annehmen. 8 bit bedeuten z. B., dass 256 Graustufen vorkommen.

2 Das Ausgabegerät macht aus dem Graustufenbild ein Rasterbild. Jeder Pixel wird nun durch den Raster Image Processor in die richtigen Rasterwerte (Punktform, Punktgrösse, Winkel) umgerechnet. Ein Pixel der Auflösung entspricht dabei *nicht* einem Rasterpunkt, es wird «integral» gerechnet.

Speicherformate

Das eingescannte Bild soll nun in jenem Format abgespeichert werden, welches sich am besten zur Weiterverarbeitung im Layout- oder Bildverarbeitungsprogramm eignet. Lässt es sich da öffnen, bearbeiten und farbseparieren? Mittlerweile haben sich Dutzende von Datenformaten herausgebildet, von denen ich nur gerade zwei erwähne: TIFF (Tagged Image File Format), der Standard für Graustufen- und Farbbilder und EPSF (Encapsulated PostScript Format), der Standard für die Vierfarbseparation, bestehend aus dem hochaufgelösten Vierfarbensatz und evtl. einer fünften PICT-Datei für die niedrig aufgelöste Bildschirmdarstellung.

Zu überlegen ist noch, ob die Daten im RGB- oder im CMYK-Modus verarbeitet werden sollen, komprimiert oder nicht. All dies detailliert zu beschreiben, verzichte ich, weil es den Rahmen dieses Typografiebuches sprengen würde. Auch hier ist der Gang zum Profi angebracht.

Datenmengen von Halbton-Scans s/w und farbig

Ausgabegrösse		Zu erwartende Grössenordnung der Datenmenge in Megabyte					
		28er Raster		54er Raster		60er Raster	
		s/w-TIFF	4f EPSF	s/w-TIFF	4f EPSF	s/w-TIFF	4f EPSF
A8	74 x 52 mm	0,3	1,0	0,5	2,0	0,6	2,3
A7	105 x 74 mm	0,5	2,1	1,0	4,0	1,1	4,6
A6	148 x 105 mm	1,0	4,2	2,0	8,2	2,3	9,1
A5	210 x 148 mm	1,8	7,2	4,1	16,3	4,6	18,2
A4	297 x 210 mm	2,1	8,5	8,2	32,9	9,1	36,5
A3	420 x 297 mm	8,5	34,1	16,4	65,8	18,3	73,1

Datenausgabe, dpi und lpi

Die Auflösung heisst dpi

Der Laserstrahl von Ausgabegeräten kann keine Graustufen belichten, er kennt nur die beiden Stufen: Licht an/Licht aus. Wie gelangt nun ein digitales Bild mit 256 Graustufen auf den Film? Vielleicht sollten wir uns vorab mit der Ausgabetechnik beschäftigen. Auch da ist immer wieder von einer Auflösung die Rede: Ein Laserdrucker etwa besitzt eine Auflösungs-Kapazität von 300 dpi, gute Drucker 600 dpi oder sogar 1200 dpi. Eine Filmbelichtung für den Druck wird heute mit rund 1200 dpi aufgelöst oder wenn's hoch kommt mit 2400 dpi. Was hat man sich darunter vorzustellen? Bei 1200 dpi werden einfach mit dem Laserstrahl 1200 Pixel oder Dots pro Inch geschrieben. Die digitalen Graustufen-Bildpunkte werden nun durch den Raster Image Prozessor in belichtbare, kleinste schwarze Punkte umgerechnet. Diese Kleinsteinheiten setzt der Laserbelichter zu einem ganzen Rasterpunkt zusammen. Ein kleiner Grauwert erzeugt kleine, ein grosser Grauwert grosse Punkte. Technisch gesehen haben wir nun keine Graustufen mehr auf dem Film, sondern nur noch Schwärzung/keine Schwärzung.

Und je feiner die dpi-Auflösung, desto schärfer wird das Bild des einzelnen Buchstabens oder Punktes, je kleiner die Auflösung, desto eher sind die typischen Zackenränder zu sehen. Eine feinere Auflösung benötigt jedoch eine viel höhere Belichtungszeit und ist entsprechend teurer. Das menschliche Auge vermag aus einem normalen Leseabstand etwa bis 800 dpi aufzulösen – es macht also nicht unbedingt Sinn, die bestmögliche Qualität belichten zu lassen.

Die Rasterweite bedeutet lpi

Die Rasterweite (Anzahl Punkte pro cm) muss im Druckmenü des verwendeten Programms eingestellt werden, die dazu verwendete Einheit heisst «lpi» (lines per inch = 2,54 cm). Leider entsteht jetzt ein höchst irreführendes Durcheinander. «lpi» meint nicht belichtete «Linien pro inch», sondern Rasterpunkte pro inch, die Rasterweite. Wer nun einen 54er Raster erzeugen will, muss im Druckmenü 54 × 2,54 = 137 lpi einstellen.

Die Einstellung lpi hat also nichts zu tun mit der Auflösungsfeinheit des Druckers oder Belichters.

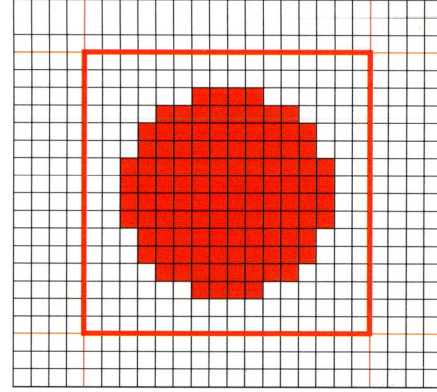

Belichtungsgeräte belichten in einer vorgegebenen Pixel-Matrix. 1219 dpi z. B. ergibt eine Aufzeichnungsfeinheit von 480 × 480 Pixel/cm. Darauf basierend steht für jeden Rasterpunkt eine Rasterzelle zur Verfügung, hier 16 × 16 Pixel. Je feiner der Raster, desto weniger Pixel hat die Zelle.

Ein Belichter mit 2400 dpi kann einen einzelnen Rasterpunkt in einer bestimmten Rasterweite einfach feiner, mit 2400 Schritten pro inch, zusammenstellen, als dies ein Laserdrucker mit nur 300 Schritten in der Lage ist. Vielleicht wichtig zu wissen ist, dass ein 70er Raster z. B. mit einer Belichtungsmatrix von 14 × 14 Belichtungselementen zusammengesetzt werden kann. Daraus resultieren gerade 196 theoretisch mögliche Abstufungen. Wenn die «Verluste» durch die Rasterwinkelung abgezogen werden, sind es gar noch weniger Stufen. Vorbei ist es mit den 256 Graustufen, um die wir uns beim Scannen so intensiv bemühten!

Übliche Rasterwerte

Einstellung in lpi	Rasterweite in Punkten pro cm	Anwendungsgebiete
51 lpi	20er Raster	Zeitungs- und Siebdruck
71 lpi	28er Raster	Zeitungs- und Siebdruck
91 lpi	36er Raster	Zeitungsdruck
102 lpi	40er Raster	Zeitungs- und Direktoffsetdruck
122 lpi	48er Raster	Direktoffset und Schnelldruck
137 lpi	54er Raster	Offsetdruck s/w
152 lpi	60er Raster	Offsetdruck s/w, vierfarbig
178 lpi	70er Raster	Offsetdruck höchste Qualität

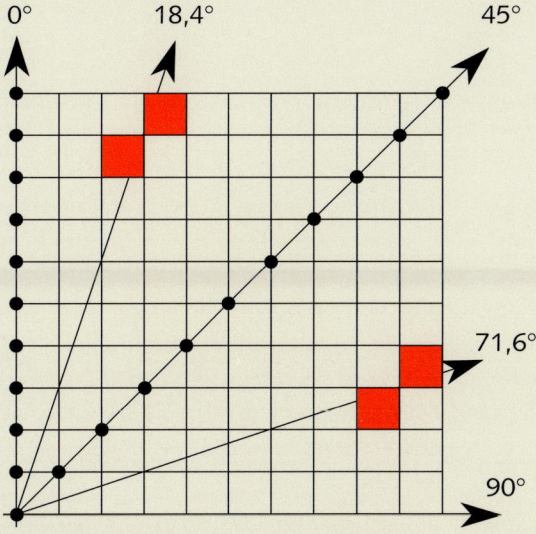

Die Schwierigkeit ist nun die, Rasterpunkte, aufbauend auf die Pixel-Matrix, in einem bestimmten Winkel so anzuordnen, dass der Moiré-Effekt möglichst unterdrückt wird. Durch das Versetzungsverhältnis von 3:1 sind die Winkel 0, 18,4, 45 und 71,6 Grad möglich, was ein geringfügiges Moiré zur Folge hat. Je nach Winkelversetzung resultieren andere Annäherungswerte für Rasterweite und Rasterwinkel. So kann die tatsächliche Rasterweite z.B. 60,6 sein, bei einer Winkelversetzung von 8:2, und die Rasterwinkel werden dann 0°, 14,04°, 45° und 75,96° aufweisen.

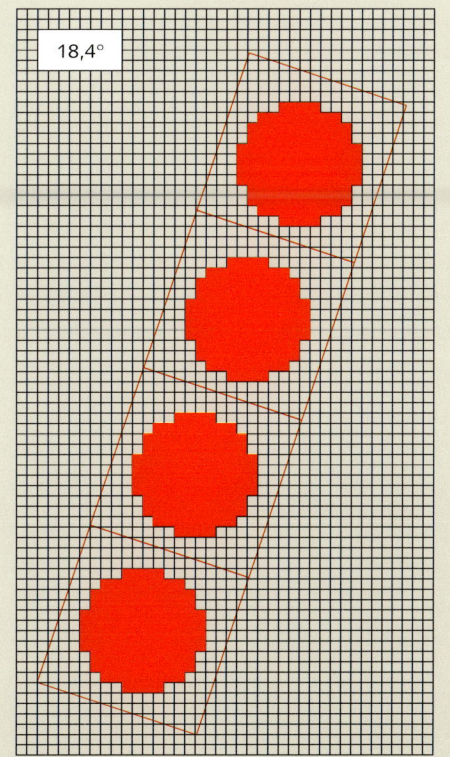

Rationale Rasterung. Die Rasterzellen sind in einem ganzzahligen Verhältnis versetzt: drei Schritte nach rechts und einen Schritt nach oben. Der daraus resultierende Winkel ist 18,4°.

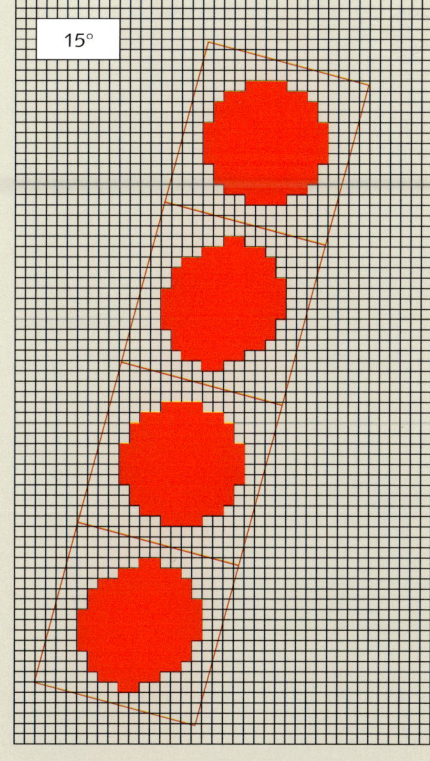

Irrationale Rasterung. Die Rasterzellen orientieren sich am moiréfreien Idealwinkel von 15° und haben keine sture Bindung an die Rasterzelle. Jeder Punkt kann anders aussehen.

Rationale und irrationale Rasterung

Der Laser arbeitet horizontal/vertikal, die Rasterpunkte sind aber in einem bestimmten Winkel angeordnet, um den Moiré-Effekt zu unterdrücken. Je nach Rasterweite ist eine bestimmte Belichtungsmatrix vorgesehen, welche die Punkte aufnehmen muss. Jeder Punkt sieht in dieser «Schachbrettmatrix» etwas anders aus, will man die benötigte Rasterwinkelung erreichen. Dies nennt man auch irrationale Rasterung, weil die Rasterzellen nicht in einem ganzzahligen Verhältnis versetzt sind. Bei der rationalen Rasterung sind die Punkte alle genau gleichförmig, die Rasterzelle z.B. 3 Schritte vertikal, 1 Schritt horizontal versetzt. Der optimale Winkel kann dann nicht erreicht werden. Genau darum hatte die erste Belichter-Generation Probleme mit dem Moiré. Moderne Belichter belichten mit der irrationalen Rasterung, die eine deutliche Verbesserung bringt.

Habe ich nicht schon zu Beginn erwähnt, dass die Bildverarbeitung um Potenzen anspruchsvoller sei als die Textverarbeitung? Das war doch ziemlich schwierig zu verstehen und hat mit Gestaltung sehr wenig am Hut, oder etwa nicht? Wir leben nun mal mit der DTP-Technologie, und es ist wichtig, etwas hinter die Kulissen zu schauen, um wenigstens Verständnis für die anstehenden Probleme aufbringen zu können.

Eine gute Lithoqualität ist, wie Sie sehen, auch eine Frage der modernen Belichtungsgeräte. Ältere Generationen haben die moiré-freie Rasterung nicht intus und neue können's. Eine Abklärung vorab kann also nicht schaden.

Andruck und Proofverfahren

Die Reproduktion hat sich einzig und allein auf das eingesetzte Druckverfahren auszurichten. In Anbetracht der diversen Kopierverfahren bis zum Druck und der unterschiedlichen Bedingungen der Druckmaschinen ist es für Reprofachleute nicht immer einfach, eine optimale Arbeit zu liefern. Zudem kommt die Schwierigkeit, dass in der Reproduktionsphase oft weder Drucker noch Papiersorte bekannt sind. Trotzdem ist eine Kontrolle der Reproduktionsqualität erforderlich. Es gibt verschiedene Wege in der Kreation, bei Gestaltern und in der Produktion, zu welchem Zeitpunkt und wie farbverbindlich ein Bild beurteilt werden kann. Jedes Proofverfahren ist in einer bestimmten Produktionsphase das geeignetere oder günstigste. Die in der Abbildung ersichtlichen Arbeitswege haben sich in der Praxis bewährt. Vorab noch eine Bemerkung: Ohne Vorlage hat es der Drucker an der Maschine schwer. Er kann nämlich nicht wissen, ob dem Auftraggeber bräunliche oder blässliche Hauttöne belieben, d.h. der Farbspielraum an der Druckmaschine ist relativ gross. Ohne Vorlage kann der Drucker keinesfalls für das Resultat verantwortlich gemacht werden.

Es gilt nun, die Kosten für die Proofs im Griff zu behalten, den Auftraggeber von der Reproduktionsqualität zu überzeugen und erst noch dem Drucker eine farbverbindliche Vorlage zu liefern.

Anforderungen an ein Proof

Ideale Voraussetzungen herrschen, wenn folgende Kriterien erfüllt sind:
– Ausgabe auf das Auflagepapier
– Originalrasterung
– Originalfarben (Pantone)
– Farbverbindlichkeit
– Simulation der Druckzunahme (Punktverbreiterung)

Alle diese Bedingungen zu erfüllen, ist jedoch teuer und nicht in jedem Fall sinnvoll. Es muss also der optimale Weg zwischen Wirtschaftlichkeit, Schnelligkeit und Farbverbindlichkeit gefunden werden.

Digitale Proofs

Direkt ab Datenbestand ausgegeben, werden hierfür ganz unterschiedliche Ausgabegeräte gebraucht: Tintenstrahldrucker, Thermotransferdrucker, Farblaserdrucker usw. Sie alle erfüllen die wenigsten der Anforderungen, die an eine Vorlage gestellt

In dieser Phase kann der Gestalter oder Kunde die Kreation am Bildschirm beurteilen. Als «Proof» eignen sich Farbdrucke aus allen möglichen Druckern. Es ist jedoch darauf hinzuweisen, dass sie keinesfalls farbverbindlich sind.

Nach der Reproduktion geht es um die Verbindlichkeit. Hier kommen Verfahren zum Zug, die möglichst genau das spätere Druckresultat simulieren. Farbige Laserausdrucke oder Tintenstahldrucke eignen sich nicht.

Der Drucker benötigt für den Druck eine farbverbindliche Vorlage, die er nachvollziehen kann.

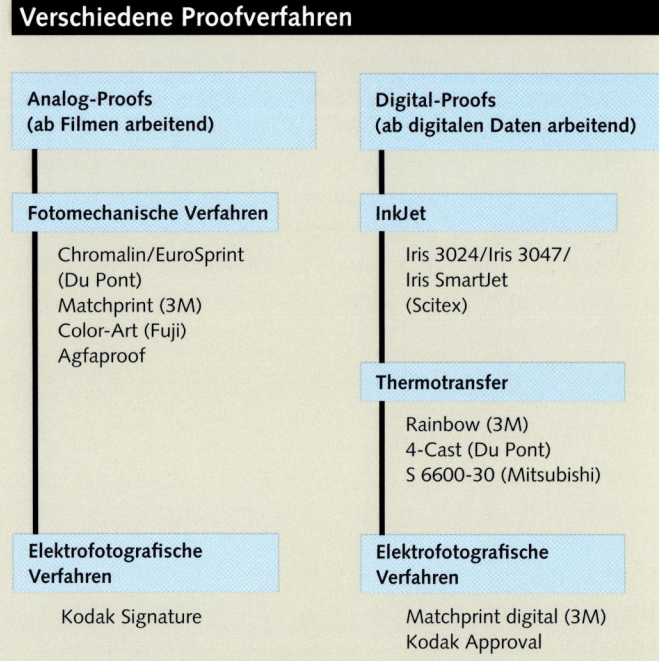

werden – der Drucker kann damit wenig anfangen. Digitalproofs sind jedoch billig und schnell herzustellen und dienen dazu, dem Kunden einen ersten farbigen Eindruck zu vermitteln. Brauchbare Digitalproofs entstehen aus Spezialgeräten und können Auflagepapier und die Originalrasterung einsetzen. Sie sind jedoch teuer und dementsprechend nur in Profibetrieben zu finden.

Analoge Proofs

In einer zweiten Phase wünscht man sich Probeseiten einer verbindlicheren Variante. Hierzu müssen jedoch Filme mit der richtigen Rasterung belichtet werden. In verschiedenen Kopiertechniken (Tonerpulver oder Farbfolien) werden die Filminformationen der Vierfarbseparation in Folge auf einen Papierträger aufgebracht. Die bekanntesten dieser Proofs heissen Matchprint (3M), Color Art (Fuji), Chromalin (Du Pont) oder Agfaproof. Allen gemeinsam ist, dass sie in der Regel auf CMYK basieren und Pantone-Farben nur annähernd simulieren können. Ein weiterer Nachteil: Es werden nur einzelne Proofs hergestellt, einer nach dem andern. Wer für eine Inseratenserie als Druckvorlagen 20 Proofs benötigt, ist damit falsch bedient. Zudem kann nicht mit allen Systemen aufs Auflagepapier geproofed werden, in der Regel ist die Oberfläche glänzend, was das Resultat verfälscht.

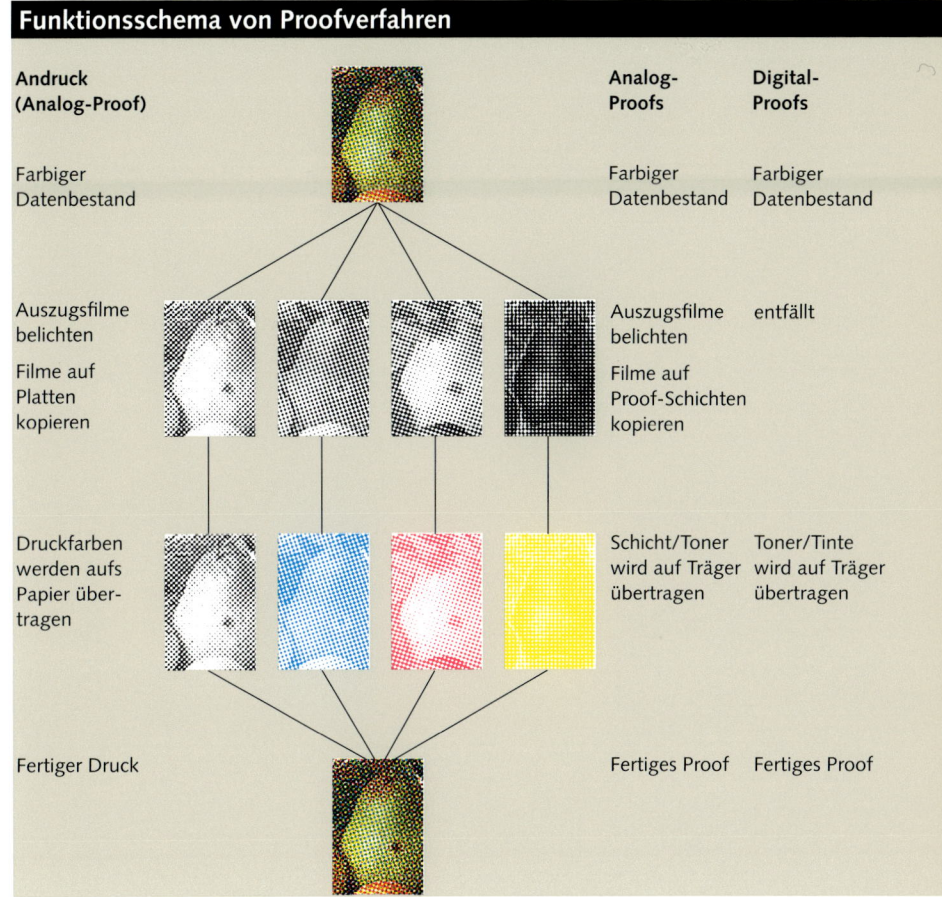

Andruck

Die technisch beste Variante, die alle Anforderungen erfüllt, ist nach wie vor der gute, alte Andruck. Er kann auch zu den Analog-Proofs gerechnet werden. Es sind eine beliebige Anzahl Andrucke möglich, in allen Farbmodellen, in Gold, Silber oder Leuchtfarben. Andrucke werden in speziellen Offsetdruckmaschinen hergestellt. Das benötigt eine gewisse Zeit und kostet entsprechend. Der Andruck ist die *einzige* verbindliche Vorgabe für den Drucker, weil darauf Kontrollelemente für die Farbdichte aufgebracht sind. Zudem kann die richtige Farbreihenfolge ebenfalls eingehalten werden. (Im Druck kann die Farbreihenfolge unterschiedlich sein, je nach Maschine, Produkt und Sujet.)

Praktisches Vorgehen

Anhaltspunkte für das praktische Vorgehen

Keine leichte Aufgabe, eine generelle Richtschnur für *die* optimale Gestaltung abzugeben – gibt es doch Millionen verschiedener Kunden, Produkte, Formate, Papiere, Schriften und anderer Einflussgrössen. Unmöglich, alles über den gleichen Leist zu schlagen! Es geht mir auch nicht darum, eine Anleitung für eine Top-Typografie zu vermitteln, dazu braucht es nebst fachlichem Können auch eine Portion Glück – die zündende Idee kommt oder eben nicht – und die Tagesform, die auf gestalterisches Schaffen einwirken. Dennoch sei der Versuch gewagt, anhand einiger praktischer Aufgabenstellungen das Vorgehen zu beschreiben.

Man kann nämlich nach der Ausscheidungsmethode wenigstens eine durchschnittliche, vielleicht etwas brave Typografie erreichen, gegen die aber nichts einzuwenden ist. Es geht darum, die allergrössten Fehler nicht zu machen, grobe Lesbarkeitssünden, wie ich dies auf den Seiten 92 bis 105 beschrieben habe, zu vermeiden. Die Gefahr der Kumulierung von verschiedenen Typografiefehlern zu erkennen und sie zu verhindern, ist ein leichtes, wenn man sie auflistet und während der Arbeit immer wieder konsultiert.

Die nebenstehende «Schwarze Liste» ist deshalb nicht als absolut zu verstehen; es gibt immer Situationen, bei denen sich eine typografische «Sünde» rechtfertigt. Viele der Fehler werden jedoch oft unbewusst begangen und nicht als solche erkannt – damit qualifiziert sich der Schöpfer als Meister oder als Lehrling.

Konzeptionelles Vorgehen

Immer wieder stelle ich fest, das sich Desktop Publisher viel zu schnell auf den Computer stürzen, den Text einfliessen lassen und gleich mit der Gestaltungsarbeit beginnen. Falsch, falsch und nochmals falsch. Die Gestaltung folgt erst auf die Denkarbeit! Wer die Arbeit gut durchdenkt, hat die grösseren Chancen, erfolgreich zu gestalten; daran haben auch Computer nichts zu ändern vermocht. Die gedanklichen Schritte wurden alle weiter vorn besprochen, listen wir sie hier nochmals auf:

1. Wer ist der Leser?
2. Wer ist der Auftraggeber?
3. Welches Papier wird eingesetzt?
4. Mit welchen Druckverfahren wird gedruckt?
5. Ist das Produkt ein- oder mehrfarbig?
6. Welche Farben passen zum Produkt, und welche Hausfarben sind vorgegeben?
7. Besteht ein verbindliches Gestaltungskonzept im Rahmen eines Corporate Designs?
6. Welche Ausrüstmöglichkeiten bestehen?
7. Welches Bildmaterial ist vorhanden – kann welches beschafft werden?
8. Welche Visualisierungsmöglichkeiten bestehen?
9. Welche Versandart wird ins Auge gefasst?
10. Besitzt das Produkt Kurzzeit- oder Langzeitcharakter?
11. Welches Format drängt sich auf?
12. Welche Schriften passen zum Auftrag?
13. Wie sehen die Konkurrenzprodukte aus?
14. Welches Budget steht zur Verfügung?

Eine sicher nicht vollständige Aufzählung der wichtigsten Fragen, die alle auf die Gestaltung unmittelbar einwirken. Nach dieser Denksportaufgabe geht es an die eigentliche Gestaltung. Nicht am Bildschirm, sondern auf dem Papier wird im verkleinerten Massstab eine Idee skizziert. Ein A4 darf auf etwa 5×7 cm reduziert aufgezeichnet werden. Die Gefahr ist nun gross, mehrere Ideen zu kombinieren und sich typografisch zu verheddern. Konzentrieren Sie sich auf *eine* Idee. Mehrere sind als ganz unterschiedliche Lösungsansätze willkommen, aber nicht in ein und derselben Skizze. Sie konkurrenzieren sich und beeinträchtigen ihre Wirkung gegenseitig.

Der mögliche Lösungsansatz wird nun halb so gross wie das Original nochmals skizziert, jedoch ausgereifter und genauer, den Umfang oder die Zeilenzahl mit eingerechnet. Die blosse Vorstellung im Kopf genügt nicht, skizzieren Sie so sorgfältig wie möglich – erst dann ist auf dem Papier zu beurteilen, wie das Produkt einmal aussehen wird. Man kann auch den Text in der richtigen Grösse am PC roh gestalten und eine Maquette kleben.

Erst wenn man ganz sicher ist, auf dem richtigen Weg zu sein, wird am Bildschirm die endgültige Form hergestellt.

Den einzig richtigen Weg gibt es natürlich nicht; wer sattelfest ist, darf auch direkt am Bildschirm konzipieren und gestalten – nachdem die Fragen zu den wichtigsten Rahmenbedingungen beantwortet sind.

Die Schwarze Liste

Verpönt ist…

Schriftgrössen unter 24 Punkt «outline» setzen	Einzelne Titel über 24 Punkt können konturiert gesetzt werden
Antiquaschriften «outline» setzen	Groteskschriften sehen «outline» besser aus
«Schattiert» bei Schriften unter 24 Punkt	In Grafikprogrammen kann der Schatten frei gestaltet werden
Die Funktion «unterstreichen»	Die Unterlängen dürfen nicht durchgestrichen werden
Mischen von mehr als 2 Schriften	Innerhalb einer Schriftfamilie darf gefahrloser gemischt werden
Mischen von mehr als 3 Schriftgrössen	Mittels Schnitt normal, kursiv, halbfett, fett abstufen
Mischen von sehr ähnlichen Schriften	Serifenschriften und Serifenlose mischen
Schmucklinien, wenn sie häufig vorkommen	Normale Linien nehmen
Schräge Linien	Schräge Achsen sind mit schräger Satzkante zu erzielen
Füllmuster für Kästchen	Wirkt sofort unruhig; besser mit Rastertönen arbeiten
Kästchen mit abgerundeten Ecken	Wirkt veraltet, aufpassen wegen Kästchenmanie
Schriftkombinationen negativ/positiv auf gleicher Zeile	Schlechte Lesbarkeit, nur bei grossen Titeln anwenden
Mehr als zwei Richtungen der optischen Achsen	Je mehr optische Achsen, desto schwieriger wird eine gute Typografie
Gleichmässige Raumverteilung über die ganze Seite	Kontraste und Spannung entstehen erst mit viel Weissraum
Mittelachsensatz	Schlecht gestaltbar und kombinierbar mit andern Satzgruppen
Rechtsbündiger Satz bei längeren Texten	Das Auge findet den Zeilenanfang nur schwer
Linienstärke 1 Punkt	Ist zu schwer; entweder feiner oder dann kontrastreicher gestalten
Versalbuchstaben	Krakelig, schwer lesbar
Bilder aus dem Macintosh-Album	Auf 72 dpi Auflösung limitiert, gezackte Ränder im Druck sichtbar
Schriften verzerren	Alles bitte mit Mass: nicht über 15 % stauchen oder dehnen
Text sperren	Schwerer lesbar; nur bei kleineren Textmengen anwenden
Zeilenabstand im Grundtext übergross	Optimal lesbar ist 120 % der Schriftgrösse
Ränder zu klein	Alles wirkt eingeengt, Weissräume tun gut
Text über den Bund laufend gestalten	Bund zwischen zwei Wörter legen
Zeichnen oder konstruieren mit Linienelementen	Wirkt wenig professionell, wie eine Kinderzeichnung
Blocksatz bei schmalen Spalten	Erzeugt grosse Wortzwischenräume und schlechte Trennungen
Überhängende Zeilen im Flattersatz	Optisches Kippen feststellbar
Optische Treppeneffekte im Flattersatz	Optisches Kippen feststellbar, Zeilen wirken instabil
Papierbreite Zeilen	Schlechte Gestaltbarkeit, schmalere Satzblöcke gestalten
Zu grosse Abstände	Informationsblöcke fallen auseinander; kompakter werden

Visitenkarte

Annahme: Petra Kellenberger hat sich als Übersetzerin selbständig gemacht und möchte Geschäftsdrucksachen herstellen, bestehend aus Briefbogen, Kuvert, Gruss- und Visitenkarte. Petra ist eine zierliche Person, und (fast) immer guter Laune. Sie besitzt ein gewinnendes Wesen, ist um die 30 Jahre jung, ledig und liebt es, sich modisch anzuziehen. In der Freizeit widmet sich Petra ihrem Hobby, dem Drachenfliegen. Soweit der Steckbrief.

Wir gehen nun die Punkte 1 bis 14 von Seite 270 durch: Petras Klientel sind Werbe- und PR-Agenturen, auch Industriekunden aus Marketingabteilungen, die Drucksachen übersetzen lassen. Es sind Kommunikationsfachleute, die etwas von Gestaltung verstehen und sich gerne als In-People sehen. Die Drucksachen müssen günstig hergestellt werden, und ein Firmenlogo gibt es nicht. Aus diesen Überlegungen folgt: Wir basieren auf normalem, weissem Papier und verzichten auf exklusive Sorten. Ebenso verzichten wir auf Stanzungen, Prägungen oder andere Exklusivitäten. Wir versuchen uns mit einer typografischen Lösung, die wir selber herstellen können. Wir suchen mit einem Brainstorming nach Gedanken, die Zusammenhänge zu Petras Branche und zu ihr selber aufdecken. Diese Hilfe gibt uns später Ideen der visuellen Umsetzung. Als Format der Visitenkarte wählen wir das Kreditkartenformat 86 × 54 mm. Beim Aussuchen von Schriften wählen wir eine Antiqua, die den «Geist» besser verkörpert als eine Grotesk. Nun kann's losgehen – über die Skizziertechnik gelangen wir zu fertigen Lösungsvorschlägen.

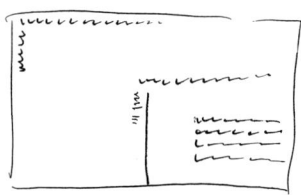

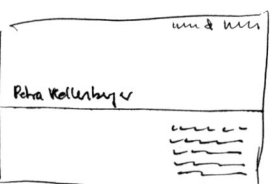
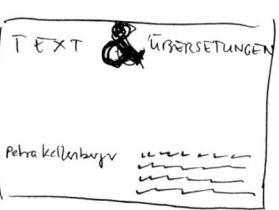

Mit zunehmender Reife wird an den Lösungen gefeilt, bis sie druckreif sind. Neue Ideen haben durchaus Platz, auch wenn sie nicht als Skizze vorliegen. Schriften: oben Lubalin Graph, Mitte LinoLetter, unten Versailles.

Inserat

Annahme: Kurt Ehrsam ist Malermeister und wird um ein Inserat angegangen, welches in der A5-Festschrift «75 Jahre Schützengesellschaft Hemmental», 1farbig schwarz erscheinen soll. Das Inserat ist ½ Seite gross mit dem Format 128×88 mm. Die Boschüre wird ab Laserkopien direkt vervielfältigt. Seine Frau ist begeisterte PC-Anwenderin und besorgt damit die ganze Büroarbeit – sie möchte das Inserat gleich selber gestalten. Der Text besteht aus der Firmenanschrift und einer Grussbotschaft, mit der die Ehrsams auf sich aufmerksam machen wollen.

Als erstes versuchen wir wieder, die Leser zu erfassen. Es sind wahrscheinlich viele ältere Leute darunter, die Ehrsams aus dem Verein kennen. Die Druckqualität lässt keine grossen Sprünge erwarten, und das Inserat soll sich im Umfeld aus den andern abheben. Es ist ein Blickfang gesucht. Welche Ideen können nun visualisiert werden? Frau Ehrsam notiert sich ein paar Gedanken, die mit Schiessen zu tun haben: Zielen, Augen, Zielscheibe, ins Schwarze treffen, Schusslöcher usw. Ein Scribble bringt sie auf den richtigen Weg und zeigt ein paar Möglichkeiten auf, die sie direkt am Bildschirm gestaltet und ausdruckt.

Eine Lösung, die ohne Grafikprogramm auskommt. Die Zielscheiben mutieren zum Augenpaar, welches den Blick auf die Firma lenken soll. Der Titel ist bewusst klein gehalten, damit er die Augen nicht dominiert. Schrift: Present.

Hier werden Schusslöcher gezeigt. Die Gefahr besteht, dass optisch auf Ehrsam geschossen wird, was nicht unbedingt erwünscht ist. Die Trennung des Negativtitels geben der Anzeige eine gewisse Tiefe. Schriften: Helvetica 95 Black und ITC Bookman.

Dieser Vorschlag zeigt einen Volltreffer, wie ihn jeder Schütze liebt. Zur Verdeutlichung wird er auch im Inserat eingemittet, der restliche Text richtet sich danach. Schrift: New Caledonia.

Stelleninserat

Stelleninserate sollen sich in einer vielgestaltigen Umgebung behaupten können. Das typografisch «neue» Stelleninserat gibt es nicht, alles ist schon mal dagewesen. Trotzdem wollen wir uns überlegen, wie Auffälligkeit erreicht werden kann. Dazu schlagen wir eine x-beliebige Zeitung auf und überlegen, welche Inserate sofort auffallen und weshalb. Hier mögliche Antworten:
– Weissraum
– Schwarzfläche
– Rahmengestaltung
– Foto
– Grösse
– Logo

Wir überlegen weiter, auf was wohl der Stellensuchende zuerst achtet, auf das Unternehmen oder auf die Funktion. Wohl eher auf die Funktion – also hat ein Logo immer sekundäre Bedeutung, die ausgeschriebene Stelle muss im Vordergrund stehen.

Bei Stelleninseraten darf die Grundschrift ruhig etwas kleiner gehalten werden; wer sich dafür interessiert, wird den Text schon lesen! Doch damit dies geschieht, muss der Titel kräftiger gehalten werden. Selbstverständlich gelten auch beim Stelleninserat die Richtlinien des Corporate Designs.

Renommiertes Fassadenbau-Unternehmen auf dem Platz Bern sucht einen 30–40jährigen

Verkaufschef

Für diese ausbaufähige Funktion suchen wir einen einsatzbereiten Mitarbeiter, dem wir die Akquisition und Kundenberatung sowie den Verkauf von Metall- und Glasfassaden übertragen können. Französisch- und/oder Englischkenntnisse sind erwünscht.

Wenn Sie eine Ausbildung als Ing. resp. Arch. HTL oder als Metallbautechniker mit kaufmännisch-marketingorientierter Zusatzausbildung mitbringen, aber auch entsprechende Verkaufsschulungen absolviert haben, bieten wir Ihnen eine selbständige, interessante Position mit guten Weiterbildungs- und Aufstiegsmöglichkeiten. Selbstverständlich ist eine optimale Einarbeitung gewährleistet.

Zum Aufgabengebiet gehören die Betreuung und Beratung von Architekten, Bauherren und Generalunternehmen, die Bewertung der Marktchancen, das Gestalten und Planen von Fassaden, Mitarbeit an Entwicklungsprojekten, Kalkulationen und Ausarbeitung der Submissionsunterlagen. Sie führen dabei ein Team von Verkaufsmitarbeitern.

Sind Sie an dieser anspruchsvollen Führungsposition interessiert und bringen das nötige Rüstzeug mit? Dann senden Sie bitte Ihre vollständigen Bewerbungsunterlagen an Chiffre AE345.90 Berner Zeitung, 3001 Bern.

Nur schon die zweispaltige Gliederung bringt viel Luft. Um Platz zu gewinnen, wurde die Schrift 90 % schmalgestellt. Der Titel und die Absatzgliederung darf auch beim Inserat gestaltet werden. Grundschrift: Candida, Titel: Antique Olive Compact.

Eine spannungslose Lösung, wie sie zu Dutzenden gestaltet wird. Helvetica, Blocksatz, eingemittet, Titel grösser: damit lockt man keinen Hund hinter dem Ofen hervor.

Praktisches Vorgehen

Renommiertes Fassadenbau-Unternehmen auf dem Platz Bern sucht 30–40jährigen

Verkaufschef

Für diese ausbaufähige Funktion suchen wir einen einsatzbereiten Mitarbeiter, dem wir die Akquisition und Kundenberatung sowie den Verkauf von Metall- und Glasfassaden übertragen können. Französisch- und/oder Englischkenntnisse sind erwünscht.

Wenn Sie eine Ausbildung als Ing. resp. Arch. HTL oder als Metallbautechniker mit kaufmännisch-marketingorientierter Zusatzausbildung mitbringen, aber auch entsprechende Verkaufsschulungen absolviert haben, bieten wir Ihnen eine selbständige, interessante Position mit guten Weiterbildungs- und Aufstiegsmöglichkeiten. Selbstverständlich ist eine optimale Einarbeitung gewährleistet.

Zum Aufgabengebiet gehören die Betreuung und Beratung von Architekten, Bauherren und Generalunternehmen, die Bewertung der Marktchancen, das Gestalten und Planen von Fassaden, Mitarbeit an Entwicklungsprojekten, Kalkulationen und Ausarbeitung der Submissionsunterlagen. Sie führen dabei ein Team von Verkaufsmitarbeitern.

Sind Sie an dieser anspruchsvollen Führungsposition interessiert und bringen das nötige Rüstzeug mit? Dann senden Sie bitte Ihre vollständigen Bewerbungsunterlagen an Chiffre AE345.90 Berner Zeitung, 3001 Bern.

Alles Ungewöhnliche fällt auf. Da genügt ein geringfügiges Kippen des Textes schon. Grundschrift: American Typewriter, Titel: Impact.

Renommiertes Fassadenbau-Unternehmen auf dem Platz Bern sucht einen 30–40jährigen

Verkaufschef

Für diese ausbaufähige Funktion suchen wir einen einsatzbereiten Mitarbeiter, dem wir die Akquisition und Kundenberatung sowie den Verkauf von Metall- und Glasfassaden übertragen können. Französisch- und/oder Englischkenntnisse sind erwünscht.

Wenn Sie eine Ausbildung als Ing. resp. Arch. HTL oder als Metallbautechniker mit kaufmännisch-marketingorientierter Zusatzausbildung mitbringen, aber auch entsprechende Verkaufsschulungen absolviert haben, bieten wir Ihnen eine selbständige, interessante Position mit guten Weiterbildungs- und Aufstiegsmöglichkeiten. Selbstverständlich ist die Einarbeitung gewährleistet.

Zum Aufgabengebiet gehören die Betreuung und Beratung von Architekten, Bauherren und Generalunternehmen, die Bewertung der Marktchancen, das Gestalten und Planen von Fassaden, Mitarbeit an Entwicklungsprojekten, Kalkulationen und Ausarbeitung der Submissionsunterlagen. Sie führen dabei ein Team von Verkaufsmitarbeitern.

Sind Sie an dieser anspruchsvollen Führungsposition interessiert und bringen das nötige Rüstzeug mit? Dann senden Sie bitte Ihre vollständigen Bewerbungsunterlagen an Chiffre AE345.90 Berner Zeitung, 3001 Bern.

Nur schon eine extravagante Rahmengestaltung garantiert einen höheren Aufmerksamkeitsgrad. Grundschrift: Lucida Sans, Titel: Maximus.

Mailing

Vielen Mailings gemeinsam ist, dass sie völlig überladen gestaltet sind. Meist einfarbig, im Schnelldruckverfahren auf A4 zu Papier gebracht, landen sie ebenso schnell wieder im Papierkorb. Ramsch, weg damit. Bei Mailings gelten die Gesetze der visuellen Wahrnehmung wie bei Plakaten oder Anzeigen. Was sofort erfassbar ist, reizt zum eventuellen Weiterlesen, alles andere geht unter. Einen visuellen Ansporn geben sicher Bilder in Form von Grafiken, Fotos oder Halbtonbildern, auf die wir in der nachfolgenden Arbeit zurückgreifen werden. Seitenweise Texte, endlose Preisangaben, Rabattstaffelungen – all dies bringt nichts, wenn der visuelle Reiz fehlt. (Man geht ja nicht in erster Linie einkaufen, weil der Rabatt lockt, sondern weil Bedarf vorhanden ist.)

Die Aufgabe: Zum Feiern gibt es immer Grund genug. Dies soll mit einem Mailing Bekannten, Kunden, Geschäftsfreunden, der Öffentlichkeit publik gemacht werden. Als Format wählen wir das A4, welches günstig versandt werden kann. Je nach Budget und Auflage ist Schwarzweissdruck oder Farbe vorzusehen.

Als erstes kümmern wir uns um die Bildidee. Ohne einen zugkräftigen Augenfänger hängt alles an der Typografie. Mit einem Bild, einer Grafik kann die Typografie bescheidener gehalten werden. Wir können auf farbig vorgedrucktes Papier, welches in jeder Papeterie erhältlich ist, ein paar Abzüge laserkopieren. Der Text soll nur das Notwendigste beinhalten. Wer viel zu sagen hat, kann nötigenfalls die Rückseite dazu benützen.

Dieses Beispiel benützt ein Foto ab Foto-CD. Bilder sprechen für sich und animieren mehr als langatmige Verkaufsargumente. Schrift: Insignia.

Praktisches Vorgehen

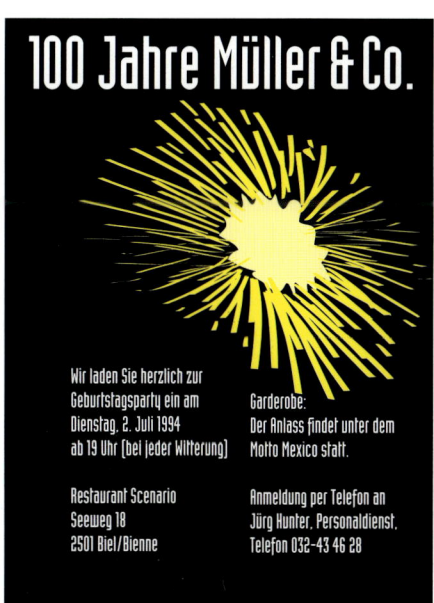  

Lassen Sie sich von der grossen Idee leiten und suchen Sie nicht zuerst die perfekte Gestaltung. Eine gute Idee führt meistens zu einer entsprechenden typografischen Lösung. Schriften von links: Industria, News Gothic, Didot.

Eine rein typografische Lösung, die mit Loslassen zu tun hat. Vielfach tun sich Laien schwer mit der Idee und möchten viel zu viele Elemente mit einbeziehen. Konzentrieren Sie sich auf eine einzige Idee, alles andere würde diese konkurrenzieren. Man könnte jetzt noch Bilder und Grafiken einfügen, das kleine d würde völlig untergehen. Schrift: Avenir.

Newsletter

Als letzte praktische Aufgabe eine anspruchsvolle Knacknuss: das gestalterische Konzept eines Newsletters. Ich möchte dabei so verbleiben, dass er von jedermann nachvollzogen, mit eigenen Vorstellungen abgewandelt oder ergänzt werden kann. Die Vorgehensweise zeigt dabei nur *einen* Lösungsweg unter vielen andern.

Auftragsbeschrieb: Ein grösseres Reisebüro möchte für seine anspruchsvollen Kunden in allen Agenturen einen Newsletter auflegen, der die Kompetenz mit Hintergrundberichten belegt. Dabei sollen auch Tips rund um die Reise, Gesundheit, Geld und andere allgemeine Themen behandelt werden. Der Newsletter mit dem Titel «Move» soll etwa 12 Seiten A4 umfassen, reichlich bebildert und farbig gedruckt werden, die Auflage beträgt 5000 Exemplare.

Als erstes befassen wir uns mit dem Zielpublikum. Es kann wie folgt umschrieben werden: reisefreudig, mobil, bewegungslustig, erlebnisorientiert, erholungsbedürftig, anders als zuhause, Erholung suchend, stilvoll, gemässigt. Da die Postille reichlich bebildert sein wird, entschliessen wir uns für einen drei- oder vierspaltigen Umbruch. Es schwebt uns eine gewisse Grosszügigkeit vor, es soll nicht alles mit Text oder Bild vollgestopft werden. Am besten geschieht dies mit grossen Rändern. Beim Vierspalter haben wir auch auf die Schrift zu achten. Es soll eine eher schmallaufende sein, damit möglichst viele Buchstaben pro Zeile Platz finden, ob Serifenschrift oder Serifenlose ist bei kleineren «Kurzfutter»-Artikeln sekundär. Das Blatt soll vor allem durch die Aufmachung der Bilder zum Lesen animieren.

Nun skizzieren wir einen Satzspiegel, um Spaltenbreite und Abstände in ganzen Millimetern festzulegen. Da wir im vierspaltigen Umbruch den Flattersatz bevorzugen, können wir die Abstände eher eng halten: Wir kreieren nun im Layoutprogramm eine doppelseitige Musterseite, indem wir diese Abstände eingeben. Als nächster Schritt folgt die Schriftwahl: Da keine Vorschriften bestehen, haben wir die freie Wahl. Eine eng laufende soll es sein, doch welche? Wir lassen verschiedene Schriften für den Grundtext und die Titel in den Satzspiegel einfliessen und drucken die Schriftmuster aus (siehe auch auf Seite 174).

Bereits jetzt können wir uns auf einen der skizzierten Satzspiegel festlegen. Wir nehmen mal den dreispaltigen. Als nächster Schritt haben wir die Höhe einer Spalte zu bestimmen. Sie ergibt sich aus einer Anzahl Zeilen der Grundschrift, ohne zusätzliche Abstände.

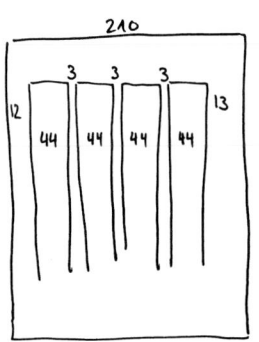
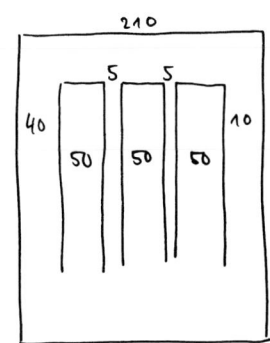

Mit einer Skizze werden die möglichen Satzspiegelbreiten definiert, alle Masse in ganzen Millimetern!

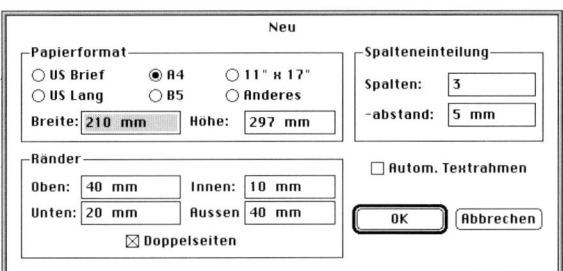

Erst jetzt werden die Masse im Layoutprogramm festgeschrieben. Der Rand unten ist provisorisch, er richtet sich nach der Schrift und dem Zeilenabstand und wird später nachjustiert.

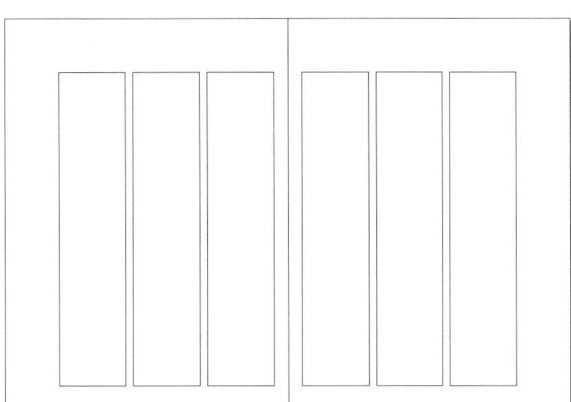

Die leere Stammseite zeigt die Proportionen des Satzspiegels: oben und aussen gleich viel Weissraum, unten die Hälfte, im Bund einen Viertel.

Praktisches Vorgehen

Die Satzspiegelhöhe besteht aus einer Anzahl Zeilen, die alle im Grundlinienraster eingebunden werden. Die Randeinstellung unten wird jetzt erst auf die letzte Schriftlinie definiert.

In einer Nullnummer werden Schritt für Schritt weitere Gliederungselemente hinzugestaltet: Pagina, Rubriktitel, Bilder, Legenden, Zitat usw. Grundschrift: Trump Mediaeval, Titel: Univers.

Die Titelgestaltung soll möglichst mit den verwendeten Schriftfamilien auskommen oder dann einen Kontrast dazu bilden. «Move» heisst Bewegung, deshalb gefallen dynamische Lösungen.

Die Titelseite besteht aus dem Kopf, dem Anreisser und dem Editorial. Die einzelnen Gestaltungsideen des Kopfes werden in der Nullnummer angewendet und beurteilt. Sie bringt an den Tag, ob die konzeptionellen Ideen greifen und ob alle möglichen Fälle im Layout angewendet werden können. Ein solches Layout mit Blindtext kann präsentationsfertig aufbereitet und farbig ausgedruckt werden.

Der fertige erste Präsentationsvorschlag für den Newsletter. Noch besser sieht das Ganze aus, wenn Bilder eingesetzt werden. Für einen ersten Entwurf, ob intern benutzt oder für eine externe Präsentation, tut's meistens ein Entwurf mit Blindtext und angetexteten Titeln, die Bilder werden als Grau- oder Schwarzfläche markiert. Es sollen jedoch alle Elemente sichtbar sein, die der Redaktor nachher einsetzen kann. Ebenfalls ist die Art des Layouts ersichtlich – mit freigestellten oder schrägen und angeschnittenen Bildern.

Ferner Osten

Wächter, Riesen und Dämonen haben im Königreich Thailand ihren festen Platz. Doch wer wacht über die drohende, ökologische Katastrophe in Bangkok?

Drogenabhängigen in Thailand mit 400 000 bis 600 000 angegeben. 75 Prozent davon entfallen auf Bangkok.

Ich fröstelte und wickelte mich fester in die dünne blaue Decke; Seit drei Tagen war es kalt geworden. Das Meteorologische Institut meldete eine Tiefsttemperatur von +14,9 Grad Celsius, 14,9 Grad war eisig kalt für eine Stadt wie Bangkok, wo ein alter Witz die drei Jahreszeiten als heiß, verdammt heiß und verdammt zu heiß beschreibt.

Es wurde heller, das Licht drang durch Ritzen in den Bretterwänden. Das Haus hatte keine Fenster. Aber durch ein Fenster wäre auch nicht mehr zu sehen gewesen als die schiefe Kistenbretterwand des nächsten Hauses. Klong Toey hat über 40 000 Einwohner, soviel wie Ravensburg oder Stade, aber Klong Toey ist nur einer von Bangkoks 410 Slums, in denen eine Million Menschen leben, ein Sechstel der Einwohner der Stadt. Jeder sechste.

Schiffsirenen heulten. Eine blasse Sonne warf ihre ersten schwachen Strahlen über die schiefen Hütten. Der Verkehrslärm der Schnellstraße war jetzt bis hier herunter zu hören. Wahrscheinlich hatten sie die Hafenzufahrt geöffnet. Bangkok erwachte.

Eigentlich Bang Makok. Ehemaliges Fischerdorf am Ufer des Me Nam Chao Phraya. «Bang» bedeutet «Dorf am Fluß». «Makok» ist eine Olivenart. 1782, fünfzehn Jahre nach der Zerstörung der alten siamesischen Hauptstadt Ayutthaya, von König Rama I. zur Hauptstadt des Landes gemacht. Er nannte Bangkok «Krungthep Mahanakhon Bovorn Ratanakosin Mahiritharayutthaya Mahadilok-

Quelle: GEO Nr. 9, September 1983, Glanz und Untergang in Bangkok.

Sehenswürdigkeiten

Der Schwimmende Markt, Königspalast mit Nationalmuseum, Chinatown, Tempel und Massagesalons.

Fast zwei Millionen Touristen pro Jahr. Stadtrundfahrt jeden Morgen von allen internationalen Hotels. Abfahrt 7.00 Uhr. 130 Bath (13 Fr.) pro Person.

Die Stadt hat – niemand weiß die genaue Zahl – um sechs Millionen Einwohner und ist mit 290 Quadratkilometern etwas kleiner als München.

pop Noparatratchathani Burinom Udomratchanivetmahasathan Amornpiman Avartansathit Sakkathattiyavisnukamprasit».

Die 167 Buchstaben bedeuten etwa: «Stadt der Engel, große Stadt der Unsterblichen, erhabene, juwelenübersäte Stadt des Gottes Indra, Sitz des Königs von Ayutthaya, Stadt der gleißenden Tempel, Ort der königlichen Paläste und Nebenpaläste, Heimstäte Vishnus und aller Götter». Heute wird Bangkok nur noch von Zynikern «Stadt der Engel» genannt. Die Stadt hat – niemand weiß die genaue Zahl – um sechs Millionen

Einwohner und ist mit 290 Quadratkilometern etwas kleiner als München.

Aber zum «Schwimmenden Markt» fahren sie. Das ist ein gutes Dutzend mit Obst- und Gemüsekörben dekorierter Sampans, die von als Bäuerinnen verkleideten Frauen vor den Minoltas und Leicas hin und her gepaddelt werden.

«Bangkok», sagt der Guide in sein Mikrofon, «wurde einst das Venedig des Fernen Ostens genannt. Heute sind die meisten Kanäle natürlich zugeschüttet. Sie können aussteigen und fotografieren.»

Den Slum von Nong Toey zeigen sie natürlich nicht

Bereits gegen Ende des vergangenen Jahrhunderts klagt ein europäischer Reisender, er finde jenes Venedig des Fernen Ostens nicht, von dem er gelesen habe. Er klagte über «eine Art farbtürlicher Rotterdam, mit Schlammbänken, Piers und häßlichen rauchspeienden Reismühlen». Moderne Reisende verfassen allenfalls Warnungen: «Vorsicht vor Bettlerinnen mit Kindern!» steht auf einem Zettel am Info-Board der Traveller-Abstiege «Malaysia» zu lesen, und: «Wenn du der Mutter Geld gegeben hast, stiehlt dir das Kind an-

schließend die Geldbörse.» Nur der Autor eines Bangkok-Aufsatzes in der Festschrift der deutschen Botschaft glaubt: «Das Glück der Thai scheint durch die Umwelt nicht wesentlich beeinträchtigt zu werden.»

Greater Bangkok ist heute um ein Vielfaches größer als Chiang Mai, Thailands zweitgrößte Stadt. Neun von zehn thailändischen Kraftfahrzeugen sind in Bangkok registriert: zerbeulte japanische Datsuns und Toyotas. Überladene Lastwagen. Pickups und Minibusse. Rikschas, Hondas. 650 000 Kraftfahrzeuge wurden 1980 gezählt. Auf nur 1117 Kilometern Straße. Auf denen 1200 überforderte und unterbezahlte Verkehrspolizisten in Nylon-Uniformen schwitzen. Deren 92 mit Ampeln versehene Kreuzungen ein 32 Millionen Bath teurer Verkehrscomputer nie steuern konnte. Die zusätzlich von 7000 Autobussen, dem einzigen öffentlichen Verkehrsmittel, belastet werden.

Vor 15 Jahren wurde die 1892 von einer holländischen Firma gebaute Straßenbahn eingestellt, und es gab eine Handvoll Nostalgiker, die ihr nachtrauerten. Natürlich war sie auf den engen, verstopften Straßen unrentabel geworden,

«Nur Zyniker nennen Bangkok heute noch die Stadt der Engel»

«Stadt der Engel, große Stadt der Unsterblichen, erhabene, juwelenübersäte Stadt des Gottes Indra, Sitz des Königs von Ayutthaya»

1990 werden zwischen neun und zwölf Millionen Menschen in dem kompakten Häusermeer leben.

Ferner Osten

Time Table Fernost mit Swissair

Tag	Anlaufhafen	Ankunft	Abflug
13. 11.	Nuku Hiva	9.00	13.00
15. 11.	Hong Kong	9.00	13.00
16. 11.	Bangkok	14.00	20.00
17. 11.	Bora Bora	7.00	16.00
17. 11.	Raiatea	18.00	24.00
23. 11.	Tonga	8.00	24.00
27. 11.	Auckland	8.00	19.00
28. 11.	Penang	7.00	14.00
22. 12.	Singapur	8.00	20.00

doch alles, was seitdem Bangkoks Verkehrsprobleme lösen sollte, kam aus dem Planungsstadium nicht heraus von der deutschen Entwicklungshilfe-Idee, das Buslinien-Netz auf eine Stelzen-Straße zu verlagern, die dann schrittweise zur Hochbahn umgebaut werden sollte, über ein französisches U-Bahn-Projekt und russische Luftkissenboote auf dem Chao Phraya bis zu jener Einschienenbahn, die ab und zu in futuristischen Aquarellskizzen durch die Sonntagsbeilagen der Tageszeitungen fährt.

«Endgültiger Verkehrsstillstand in Bangkok! Jeder Quadratzentimeter Straße von Fahrzeugen blockiert», ulkte 1967 ein Satiriker der «Bangk'ok Post», ein Scherz, der zwischen sieben und neun Uhr morgens ab und zu wirklich wird. «Gestern kam es zum bislang schlimmsten Verkehrschaos in Bangkok», steht dann in den Zeitungen. «Auf den Straßen Sukhumvit, Petchaburi, Pracharas, Samsen, Lard Prao und Rama IV standen über zwei Stunden bis zu zehn Kilometer lange Fahrzeugschlangen.»

Ende 1981 untersuchte der Toxikologe Dr. Somphol Kritlaksana von der Mahidol Universität den Bleigehalt im Blut Bangkoker Bürger: In der Innenstadt lagen die Werte mit 40 bis 60 Mikrogramm pro 100 Milliliter im Schnitt 40 Prozent über der Sicherheitsgren-

ze. Ursache: die Luftverschmutzung durch Auspuffgase. In Bangkoker Straßen wurden Kohlenmonoxid-Spitzen von 700 p.p.m. gemessen, das 14fache des kritischen Wertes von 50 p.p.m.

Gleichfalls 1981 untersuchten Wissenschaftler des Asian Institute of Technology neben dem Me Nam Chao Phraya. Ergebnis: «Wegen der schlechten Wasserqualität und durch den geringen Zufluß vom Chao-Phya-Damm ist (auf den 30 Flußkilometern zwischen Bangkok und der Mündung) gegenwärtig keine Fischerei möglich.» Sauerstoffgehalt des Wassers: 1 mg/l, schon unterhalb der kritischen Grenze zwischen lebendem und totem Gewässer. Hauptursache: Bangkok hat so gut wie keine Kanalisation.

Wie viele Entwicklungsländer sei Thailand kaum in der Lage, gegen Umweltverschmutzung anzugehen, klagte eine Thai-Delegation auf der UN-Umwelt-Konferenz in

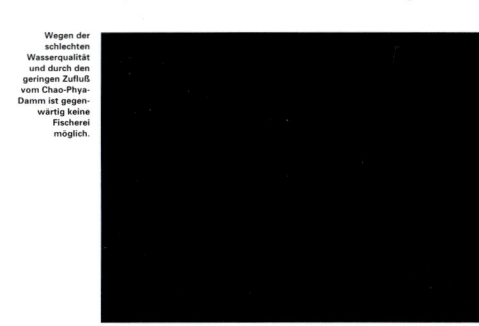

Wegen der schlechten Wasserqualität und durch den geringen Zufluß vom Chao-Phya-Damm ist gegenwärtig keine Fischerei möglich.

Anhang

Sachregister

A
Abbildungsgrösse 238
Absatzgliederung 176
Abstände 164
Achsen, optische 114
additives Farbmischen 129
Agfaproof 266
alinieren 114
Altpapier 59
Amplitudenmodulation 257
analog 12
Andrucker 34, 266
Anführungszeichen 75, 189, 218
Antiqua-Schriften 82, 88
Apostroph 75
Arbeitsabläufe 34, 42, 43
Arbeitsprozesse 34
Arbeitsvorbereitung Bildgestaltung 241
ASA 234
Auflösungsvermögen 262, 264
Aufsichtsvorlage 232
Auftraggeber 34
Aufzählungen 180 f
ausrüsten 50
Aussagekraft 17
ausschiessen 47, 51
aussparen 46
austreiben 109
auszeichnen 94, 186 f
Autor 34, 36, 40, 220

B
Background 124 ff, 212 ff, 237
Bedruckstoff 34, 48 f, 56
Belichtung 43 f, 264
Beschnitt 144 f
Beurteilungskriterien für Typografie 66 ff
Bildausschnitt 238, 240
Bildautor 40
Bildbearbeitung 41, 214, 246
Bilddaten, elektronische 41, 263
Bilder gestalten 238, 242
Bildform 244
Bildkante 245, 251, 254
Bildlage 244
Bildlegende 196 f
Bildpunkte 262
Bildschirmdarstellung 86, 262
Bildstil 40, 230 f
Bildunterschrift 196
Bildvorlagen 40 f, 230 ff
Bildwirkung 226 ff
Bindestrich 75
Bindetechnik 34, 50
Blindzeilen 177
Blitzer 46
Blocksatz 102
Bogenmontage 47
Bogenpapiere 56
bohren 50
Botschaften 21

Boulevard-Typografie 23, 157
Briefmarkenformat 228
Brillant Screening 256
Bruch (Falztechnik) 51
Bruchziffern 75
Buchbinder 34
Buchdruck 47, 49
Bund 144, 153, 155, 199

C
CCD 262, 290
CD 236
Chromalin 266
CIE-Farbendreieck 131
Class Screening 256
CMYK 45, 130, 263
Color-Art 266
Computer-to-plate 47
Copyright © 55, 220
Corporate Design 26, 28
Corporate Identity 26
CristalRaster 256
Cyanauszug 45, 254

D
Database Publishing 42
Datei, belichtungsfähige 43
Datenmengen bei Bildverarbeitung 263
Denkmuster 20
Desktop Publishing 42 f
Diavorlagen 233
Dichte 41, 258
digital drucken 47
digitale Fotografie 236
digitale Vorlagen 41, 236
Digitalproof 266
DIN-Formate 61
Displayschriften 94
Distribution 34
Divis 75
dpi 262, 264, 290
Drucker 34
Druckfehler 72
Druckformherstellung 34, 47
Drucktechnik 34
Druckverfahren 47 f
Druckvorstufe 34 f
Druckweiterverarbeitung 50
Druckzunahme 250
Duplex 249
Durchschuss 100
Durchsichtsvorlage 232

E
Effektraster 246, 253
Einleitungstext 198 ff
Einzüge 109, 176
Entwurfstechnik 38
EPSF 263, 291
Erscheinungsbild, visuelles 26
Europaskala 130 f

F
Faben mischen 129
Fachformat 233
Fachsprache der Druckindustrie 292
falzen 50 f
Falzmarken 132
Falztechnik 34, 51
Farbakzente 122
Farbbewegung 118
Farbbild 41, 234
Farbe 118 ff
Farbeinsatz 120
Farbfotos 234
farbiger Text 124
Farbmodelle 130
Farbreproduktion 254
Farbschichtdicke im Druck 259
Farbseparation 45
Farbumfang 128
Farbverbindlichkeit 266
Farbverläufe 126
Farbwirkung 118
feine Linien 204
Fensterfalz 51
Ferienfotos 238
Fertigungsprozesse 34
fette Linie 204
Firmenlogo 16
Flächendeckung 212, 258
Flattersatz 102, 152
Focoltone 130
Fontqualitäten 86
Foto-CD 216, 237, 278
Fotograf 34
Fotokorn 234
Fotorahmen 245
Frage-und-Antwort-Darstellung 223
freistellen 244, 248
Frequenzmodulation 257
frequenzmodulierte Rasterung 256
Führungslinien 205, 208
Fulltone 256
Füllung 194 f
Fundamentalismus, typografischer 21
Füsschenschriften 82
Fussnoten 221

G
Gamma 259
Gedankenstrich 75, 180
gedruckte Vorlagen 41
geistiges Eigentum 54
Gelbauszug 45, 254
Generalistenwissen 43
Geometric Dot 256
Geometrie der Rasterwinkel 265
Geschäftsantwortsendung 52
Geschmackssache 29, 66
Gestalter 34, 36, 54
Gestaltungsideen 272, 274, 276, 278, 281
Gestaltungskonzept 270

Gestaltungsvorschriften, kundenseitige 26
Gestaltungsvorschriften, postalische 26
gestrichene Papiere 57
Geviertstrich 75
Gliederung von Absätzen 108, 111
Gliederung von Spalten 108
Gliederungselemente 147
Gliederungsprinzipien 18, 106 ff
Goldener Schnitt 116, 117
Gradation 232, 259
Grafiker 34
Graustufen 232 f, 263
Grauwirkung 100, 175, 215
Grossformat 233, 234
Grotesk 82, 88
Grundlinienraster 132
Grundschrift 166 ff, 172, 174
Guillemets 75, 218

H
Haarlinie 204
Hadern 56
Halbgeviertstrich 75
Halbtonbilder 214, 232
Haupttitel 148
Headline 148
Headline-Typografie 23
Herausgeber 34
High Definition 256
High Fidelity Screening 256
Hintergrundgestaltung 124 ff, 170
Hirnfunktionen 226 f
HKS 130
Holzschliff 56
HSB 130
Hurenkind 19

I
Illustrationen 40
Illustrator 34
Initiale 188 ff
InkJet 266
Interferenzmuster 255
Interview-Darstellung 223
invertierte Gradation 259
irrationale Rasterung 264

K
K, key 45
Kalibrierung 130, 251
Kalligrafie 155
Kapitälchen 149, 168, 186
Karton 56
Kästchen 192 ff
Kerning 96
Kleinbilddia 41
Kleinbildformat 41, 233, 234
Kodak Photo CD 237
Kolonnen 208
Kolumnentitel 158, 202
Kolumnenziffer 202

Kommunikation 10, 36
Konkurrenzierung 270
Konsultationsgrössen 94, 221
Kontraste 112, 171, 214, 232, 258
Kontrastumfang 41, 258
Kontursatz 173, 248
Konzepte 270, 280
Konzepter 34, 36
Kooperation mit Profis 35, 226
Kornraster 246, 253
Körperfarben 128
Korrektor 34
Korrekturen 72
Korrekturzeichen 73
Kreditkartenformat 61, 270
Kreisraster 246, 253
Kreuzbruch 51
Kundenbedürfnisse 32
Kuvert 52
Kuvertformate 61

L
Lack 50
Laminage 50
Laufrichtung 58
Laufweite 96
Layout 38, 281, 282
Layouter 34
Layoutprogramme 43
Layouts, überladene 37
Lead 198 f
Legende 196 f
Leitbild 28
Lektor 34
Leporellofalzung 51
lernen 42
Lesbarkeit 82, 92, 95, 97, 99, 101, 103, 215
Lesbarkeitssünden 166, 172
Leseabstand 94, 264
Lesefreundlichkeit 92, 166
Leseführung 19
Lesegrössen 94
Leser 18
Leseverhalten 18
Lesevorgang 13, 15, 18, 227
Lichter 251
Lichtfarben 128
Linear-Antiqua 82
Linie 204 ff
Linienraster 246, 253
Listen, tabellarische 208
Lithograf 34
Logo 16
lpi 264

M
Magazin-Typografie 23
Magazinformat 61
Magentaauszug 45, 254
Manuskriptbeschaffenheit 36

Maquette 270
Marginalien 222
Marke 54
maschinenglatte Papiere 57
Maske 244
Masterpage 136, 280
Matchprint 266
Mediaberater 34
Medien 10, 13
Mittelachse 111, 114, 152
Mittelformatdia 41, 233, 234
Modell 55
Moiré 255, 265
Multiple Master Typeface 79
Musterseite 136, 280

N
Negativ-Positiv-Effekt 246, 261
negative Schrift 212
Negativtext 124

O
Oberflächenbeschaffenheit des Papiers 56
Offsetdruck 47, 48
Offsetfarben 245
Offsetfilm 44
ökologische Papiere 59
Ökonomie der Gestaltung 30
optische Achsen 114
Ordnungshilfen 18
Orientierungsverhalten, visuelles 18
originalgetreu 250

P
Pagina 136, 202
Panoramaaufnahme 228
Pantone 130
Papier 56 ff
Papierbahn 58
Papierformate 60 f
Papierfotos 234
Papiergewicht 57, 60
Papiermaschine 57
Papierrand 108, 132
Papiersorten 56, 57
Papierwahl 62
Parallelfalz 51
Passer 46
Passerzeichen 132
perforieren 50
Persönlichkeitsschutz 55
PICT 263, 291
Pixel 256, 262, 264
Plagiat 54
Plakatschriften 94
Polaroid 41
Polygon 245
Porto 52
Postvorschriften 34, 52
prägen 50
Produktionswege 42

Proof 266
Proportionen 116, 132 ff, 240

Q
Qualität der Typografie 32
Qualität von Schriften 86 f
Quellenangaben 221

R
RAL 130
randabfallend 144 f, 206 f
Randausgleich 152
Randbemerkungen 222
Randverhältnisse 117, 132
Raster 238 f, 252, 264
Rasterpunktform 253
Rastertonflächen 124
Rasterung, irrationale 264
Rasterung, rationale 264
Rasterwinkelung 252, 265
Rasterzähler 253
Rasterzellensystem 134
Raumaufteilung 108
Recyclingpapier 59
Registerhaltigkeit 132, 142, 165
Registrierungssymbol ® 54
Reportagefotografie 230
Reproduktionsfotograf 34
Reproduktionstechnik 250
Retuscheur 34
RGB 130, 263
rillen 50
RIP 254, 256, 291
Risskante 245
Rollenpapiere 56
Rubriktitel 148, 158 ff

S
sammelheften 50
satinierte Papiere 57
Satzherstellung 34
Satzkanten 111, 114 f
Satzspiegel 132, 134, 146, 280
Satzzeichen 74 f
Scanauflösung 262
Scanner-Operateur 34
Schärfentiefe 233
Schatten 150, 194, 251
Schaugrössen 94
Schmuckelemente 108, 184
schneiden 50
Schnittzeichen 132
Schriftbreite 78
Schriften 76 ff
Schriften kombinieren 84 f
Schriftfamilie 79
Schriftgrösse 94, 106
Schriftklassifikation 76 f
Schriftmusterbuch 86, 88
Schriftqualitäten 86 f
Schriftsalat 23

Schriftschnitt 78
Schriftstärke 78
Schriftvergleich 87, 90 f
Schriftwahl 84, 174
Schriftwirkung 80 f
Schusterjunge 19
Schwarzauszug 45, 254
Schwärzung 258
Schwarzweissfotos 234
Schwarzweissreproduktion 234
Scribble 38
seitenrichtig/seitenverkehrt 44
Seitenzahl 202 f
Selbstklebeetiketten 63
Serifenlose 83, 85
Serifenschriften 82, 85
Siebdruck 47 f
Silbentrennung 104 f
Skizze 38, 270, 272, 280
soziodemografische Merkmale 29
Spalte 136, 138, 140 f
Spaltenlinie 138, 204
spationieren 167
Speicherformate 263, 291
Spitzlicht 259
Spitzpunkt in der Tiefe 259
Sprachwechsel 38
Stammseite 136, 280
stanzen 50, 155
Still Video 236
Stoffklassen 56
Strichumsetzung 246
Strichvorlage 232
Studiofotografie 230
stumpffeine Linie 204
Subline 148
subtraktives Farbmischen 129
Suchhilfe 202

T
Tabelle 208 ff
Tabloid-Format 61
Tastatur 74
Telefonnummern 75
Text auf einem Raster 125
Text stürzen 208
Texter 34, 36
Textplantage 36
Thermotransfer 266
Tiefdruck 47, 49
Tiefenzeichnung 251, 258
TIFF 263, 291
Titelgestaltung 148 ff, 150
Tontrennung 246
Tonwerte 262
Tracking 96
Trade Mark Symbol ™ 54
Trennstrich 75
Trennungen 104 f
Treppeneffekt 111
Triplex 249

Typograf 34
Typografie beurteilen 66 ff
Typografie, Stile 23
Typologie der Schrift 89

U
überdrucken 46
Übergriff 46
Übersetzer 34
Umbruchfehler 19
Umweltschutzpapier 59
Unternehmenspersönlichkeit 28
Untertitel 148, 156 ff
Urheber 54 f
Urhebervermerke 220

V
Velvet Screen 256
Verbotsliste typografischer Sünden 270
Veredelung 50
Verläufe 126, 213
Verpackungsdruck 48 f, 63
Versand 52
versandfertig machen 50
Versandkosten 34
Verwendungszweck der Drucksache 30
Verwendungszweck des Papiers 62
verziehen 93
Vierfarbendruck 45, 254
Visualisierung 14, 274, 279
Volltonfläche 212

W
Waisenkind 19
Weissraum 108
Weiterverarbeitung 34 f, 50 f
Wellensatz 151
Wickelfalz 51
Wisch-Effekt 246
Wortzwischenraum 98 f
WYSIWYG 42

Y
Yellow 45, 254

Z
Zackenränder 264
Zebra-Formular 209 f
Zeichensetzung 74
Zeichenumfang einer Schrift 86
Zeilenabstand 100
Zeilenführung 211
Zeilenlänge 102
Zellstoff 56
Zickzackfalzung 51
Zielpublikum 29
Ziffern richtig setzen 75
Zitat 218
Zusammenarbeit mit Profis 35, 226
Zwischenräume 96
Zwischentitel 142, 148, 162 ff

Verwendete Fonts

Die Schriften (aus der Linotype Library) dieses Buches wurden freundlicherweise von der Haas'schen Schriftgiesserei, CH-8152 Glattbrugg, zur Verfügung gestellt.
Grundschrift: Stone Serif, Auszeichnungsschrift: Syntax.

A
Aachen Bold   77, 156, 163
American Typewriter   277
Antique Olive   77, 276
Arnold Böcklin   77, 83
Avant Garde   77, 81, 82, 90, 94, 175
Avenir   77, 83, 90, 151, 158, 279

B
Bauer Bodoni   76, 83, 96, 156, 174, 218
Belwe   77
Bembo   76, 83
Bodoni   76, 91, 125
Bodoni Poster   84, 149, 150, 189
Bookman, ITC   275
Brush Script   77

C
Caecilia, PMN   77, 81, 91, 213
Candida   77, 84, 276, 277
Caslon 3   76, 83, 221
Caslon 224   76, 81
Caslon 540   76
Castle   77
Cheltenham   76, 94, 158
Centennial, Linotype   76, 85, 91, 174
Century Old Style   76, 83, 156, 177
Clarendon   77, 148
Clearface   77, 151
Cooper Black   150
Copperplate   77, 83, 114, 150

D
Didot, Linotype   76, 84, 279

E
Egyptienne   77
Ellington   76
Eras   90, 105
Excelsior   77, 189

F
Fenice, ITC   76, 102, 151, 189, 207
Fette Fraktur   77, 83
Flora   206
Franklin Gothic   77, 80, 90, 144, 145, 156, 164, 195, 207
Freestyle Script   77
Frutiger   77, 78, 81, 83, 84, 90, 113, 125, 149, 175, 179, 218, 219, 220
Futura   20, 77, 78, 81, 82, 84, 90, 141, 151, 170, 175, 179, 220

G
Galliard   187
Garamond 3   81, 87
Garamond, Adobe   76, 83, 87, 93
Garamond, ITC   76, 87, 91, 98, 219
Garamond, Simoncini   76, 87
Garamond, Stempel   87
Gill   77, 90, 163, 167
Goudy   76, 81, 180

H
Helvetica   77, 83, 87, 90, 93, 156
Helvetica Condensed   148, 149, 170, 171
Helvetica Inserat   81, 150, 151, 156, 219
Helvetica, Neue   77, 81, 84, 87, 219
Hobo   77, 83, 151

I
Impact   277
Industria   83, 279
Insignia   77, 83, 278
Italia   189

K
Kaufmann   77, 83

L
LinoLetter   77, 83, 272
Lithos   83, 150, 189
Lubalin Graph   91
Lucida   277

M
Maximus   277
Memphis   77, 94, 139
Mistral   77

N
New Baskerville   76, 188, 189
New Caledonia   275
New Century Schoolbook   76, 91
News Gothic   90, 150, 279

O
Omnia   77
Optima   77, 83, 90, 197

P
Palatino   76, 80, 81, 83, 91
Park Avenue   77
Parisian   77
Perpetua   76, 81, 91, 94
Poetica Chancery III   77, 81, 189
Post-Antiqua   77, 218
Present   77, 274

R
Rockwell   77, 139
Rotis Sans Serif   14, 77, 83
Rotis Semi Sans   209
Rotis Semi Serif   141
Rotis Serif   182

S
Sabon   76, 81, 163
Shelley   77, 189
Souvenir, ITC   77, 100
Stempel Schneidler   76
Stone Sans   77, 84, 149, 163
Stone Serif   86 (Grundtext des Buches)
Syntax   (Auszeichnungen, Titel, Legenden des Buches)

T
Times   15, 73, 76, 81, 82, 84, 91, 94, 156, 169
Times Ten   76, 83
Trump Mediaeval   76, 83, 281, 282, 283

U
Univers   77, 79, 90, 106, 107, 281, 282, 283
Utopia   76, 84, 86, 91, 183, 186

V
VAG Rounded   219
Versailles   273
Viva   79

W
Walbaum   76, 83, 91, 175
Weiss-Antiqua   76, 83, 91
Wilhelm Klingspor   77

Z
Zapf Dingbats   184

DTP-Fachbegriffe

ASCII
Abkürzung von «American Standard Code for Information Interchange». Gesprochen: aski. Ein Standard der Zeichenbelegung in einer 8-bit-Codierung. In der ASCII-Tabelle haben die Buchstaben gleich einem Setzkasten alle ihren bestimmten Platz, ebenfalls Sonderzeichen oder Ziffern. Bei einem Datenaustausch zwischen zwei Plattformen können durch die gleiche Codierung wenigstens 128 Zeichen unverändert übernommen werden. Weitere 128 Zeichen werden von den verschiedenen Computerwelten anders codiert; aus diesem Grund funktioniert die Datenkonvertierung nur mit zusätzlicher Übersetzungssoftware. Perfekt läuft es nie, weil es Zeichen gibt, die die andere Welt einfach nicht kennt, z. B. den Apfel als Mac-Symbol.

ANSI
«American National Standards Institute», bezeichnet den erweiterten ASCII-Zeichensatz, der von Microsoft Windows verwendet wird.

Binär
Bezeichnung eines Zustandes, der nur mit zwei Möglichkeiten dargestellt werden kann: ja/nein, 0/1, ein/aus, magnetisiert/nicht magnetisiert.

Bit
Die Abkürzung von «binary digit». Bezeichnung für die Zähleinheit von binären Entscheidungsmöglichkeiten. Als Hauptwort gross-, als Masseinheit kleingeschrieben. Die Kapazität wird in bit angegeben. Eine Grafikkarte besitzt z. B. eine Kapazität von 24 bit Farbtiefe. Die Kapazität eines Übertragungskanals wird in bit/s oder engl. bps, bits per second, angegeben.

Bitdarstellung				Bit 7	Frei für die Belegung 128 länder- und plattformspezifischer Zeichen							
				Bit 6	0	0	0	0	1	1	1	1
				Bit 5	0	0	1	1	0	0	1	1
				Bit 4	0	1	0	1	0	1	0	1
Bit 3	Bit 2	Bit 1	Bit 0	Hex	0	1	2	3	4	5	6	7
0	0	0	0	0	nul	die	sp	0	@	P	`	p
0	0	0	1	1	sch	dc1	!	1	A	Q	a	q
0	0	1	0	2	stx	dc2	"	2	B	R	b	r
0	0	1	1	3	etx	dc3	#	3	C	S	c	s
0	1	0	0	4	eot	dc4	$	4	D	T	d	t
0	1	0	1	5	enq	nak	%	5	E	U	e	u
0	1	1	0	6	ack	syn	&	6	F	V	f	v
0	1	1	1	7	bel	etb	'	7	G	W	g	w
1	0	0	0	8	bs	can	(	8	H	X	h	x
1	0	0	1	9	ht	em	)	9	I	Y	i	y
1	0	1	0	A	lf	sub	*	:	J	Z	j	z
1	0	1	1	B	vt	esc	+	;	K	[	k	{
1	1	0	0	C	ff	fs	,	<	L	\	l		
1	1	0	1	D	cr	gs	-	=	M	]	m	}
1	1	1	0	E	so	rs	.	>	N	^	n	~
1	1	1	1	F	si	us	/	?	O	_	o	del

ASCII-Tabelle: der Buchstabe «Z» z. B. wird mit 1011010 = 5A codiert.

Bitmap
Grafikwiedergabe in einzelnen Bildpunkten. Als bitmap-orientierte Malprogramme gelten solche, die sich an der Bildschirmauflösung orientieren (pixelorientiert).

bpi
«bits per inch», Bits pro Zoll. Mass für die Speicherdichte, z. B. auf Magnetband.

Byte
8 zusammenhängende Bits stellen ein Byte dar. Bei einem Lochstreifen bedeutet eine Reihe ein Byte. Mit 8 Bits können $2^8 = 256$ Zustände codiert werden, Buchstaben, Sonderzeichen oder Ziffern. Die Abkürzung ist B. Die Speicherkapazität von Datenträgern wird in Bytes gemessen. 1 Kilobyte (kB) sind 2^{10} Bytes, was nicht exakt 1000, sondern 1024 Bytes entspricht. 1000 kB = 1 Megabyte (MB), 1000 MB = 1 Gigabyte (GB).

Chip
Halbleiterbaustein, worauf mikroskopisch klein die integrierten Schaltungen aufgebracht sind. Der Chip selbst wird auf einen Kunststoffsockel montiert, der wie ein Käfer mit winzigen Beinen aussieht. Der «Käfer» wird in die Platine (Board, Karte) des Computers eingesteckt.

CCD
Abkürzung von «Charge Coupled Device», was ladungsgekoppeltes Bauelement bedeutet. CCD-Sensoren werden heute als Fotozellen bei Scannern eingesetzt. Sie vermögen das eintreffende Licht in elektrische Signale unterschiedlicher Stärke umzuwandeln.

Centronics
Parallele Schnittstelle in der DOS-Welt für das Anschliessen von Peripheriegeräten, z. B. Druckern.

CPU
«Central Processing Unit», das Herz des Computers, auch Zentraleinheit. Gemeint ist damit in der Umgangssprache oft der eigentliche Rechner in seinem Gehäuse, genaugenommen ist es jedoch nur der Mikroprozessor. Er ist der Dirigent, der für die Überwachung und Steuerung der Maschine verantwortlich ist. Seine Hauptbestandteile sind das Steuerwerk, das Rechenwerk und ein kleiner Speicher. Heute sind in den meisten Rechnern mehrere Prozessoren im Einsatz, die sich die Arbeit aufteilen. Diese Coprozessoren übernehmen z. B. die arithmetischen Rechenfunktionen. Bekannte Mikroprozessoren sind z. B. der Intel 80486 oder Motorola 68040. Neuste CPUs basieren auf der RISC-Technologie.

CRT
«Cathode Ray Tube» oder Kathodenstrahlröhre. Mit der CRT-Technik arbeiteten viele Fotosatzgeräte, bevor die Lasertechnologie sich durchsetzte. Die CRT-Technik finden wir heute bei Bildschirmen.

Cursor
Anzeigemarke auf dem Bildschirm.

Datenkompression
Um die Datenmengen für die Ablage oder Übertragung gering zu halten, hat man Komprimiersoftware entwickelt, welche überflüssige Informationen aussortieren und die Datenmenge ganz erheblich reduzieren kann.

dpi
«dots per inch» heisst Punkte pro Zoll. Mit dpi wird das Auflösungsvermögen der Scanner und Drucker benannt, auch die

Abtastauflösung, mit der ein Bild gescannt wird oder die Aufzeichnungsfeinheit eines Ausgabegerätes. Je feiner die dpi-Zahl, desto weniger sind Zackenränder sichtbar: Ein Laserdrucker mit 300 dpi Auflösungsvermögen druckt ungenauer als einer mit 600 dpi. Laserbelichter arbeiten wesentlich genauer, ca. 1200 dpi (Offsetdruck) oder 4000 dpi (Diabelichtung).

EPSF
«Encapsulated PostScript Format». Eine in diesem Format gespeicherte Datei enthält neben der Information für den PostScript-Ducker oft zusätzlich PICT- oder WMF (Windows)-Elemente für die Bildschirmdarstellung. Das EPS-Format ist sehr speicherintensiv.

hexadezimal
Unser Zahlensystem bezieht sich auf die Zahl 10. Das hexadezimale System hat 16 als Basis, und ist nur in der Programmierung von Bedeutung. Im Hex-System gibt es wie im Dezimalsystem Zahlen von 0 bis 9, und zusätzlich noch Buchstaben von A bis F (10 bis 15).

lpi
«lines per inch» muss beim Drucken oder Belichten eingestellt werden, um eine bestimmte Rasterweite zu erhalten. Der Umrechnungsfaktor von inch auf cm beträgt 2,54 – wer also einen 54er Raster belichten möchte, muss die lpi-Zahl von 54 × 2,54 = 137 lpi einstellen.

Makros
Über die Tastatur oder Maus abrufbare, bereits vorher definierte Befehlssequenzen, die mehrere Kommandi automatisch ausführen. In der Typografie sind z. B. Stilvorlagen oder Druckformate Makros.

MS-DOS
«Microsoft Disc Operating System» ist der Name des häufigsten Betriebssystems von IBM-Computern und kompatiblen Nachbauten. MS-DOS ist heute weltweit das verbreiteteste Betriebssystem, welches jedoch eine gehörige Portion Einarbeitungszeit benötigt. Auf dieses (in Computer-Generationen gesprochen) Urgrossvater-System hat Microsoft die grafische Benutzeroberfläche «Windows» aufgepfropft, die sich ebenso intuitiv bedienen lässt wie die Macintosh-Oberfläche.

Multitasking-Betriebssystem
Unter Multitasking können verschiedene Aufgaben gleichzeitig erledigt werden, z. B. einen Brief schreiben, während im Hintergrund gleichzeitig die Adressen einer Datenbank sortiert werden.

Netzwerk
Wenn mehrere Computer miteinander verbunden sind, spricht man von einem Netz. Meistens werden dann die Daten zentral von einem Server verwaltet. Verschiedene Hersteller sorgen für die Verkabelung und die softwaremässige Kommunikation. LocalTalk, PhoneNet, EtherNet, Novell oder LAN «Local Area Network» sind Produktenamen, die mit Netzwerken in Verbindung stehen.

OPI
«Open Prepress Interface», wandelt eine hochaufgelöste Bilddatei in eine rund 200 Mal kleinere Bildkopie um, die einfacher im Layout plaziert und ausgedruckt werden kann. Die Informationen von Position, Grösse und Beschnitt werden durch OPI übermittelt – die niedrig aufgelösten Daten werden beim Belichtungsvorgang durch die hochaufgelösten ersetzt.

PICT
«Picture». Mac-Speicherformat, welches ganze Objekte ablegen kann, PICT-I für schwarzweisse Zeichnungen, PICT-II für farbige.

RAM
Abkürzung von «Random Access Memory», ein Schreib-Lese-Speicher, bei dem Informationen überschrieben und verändert werden können. RAM ist ein Synonym von Arbeitsspeicher. Je mehr RAM ein Computer besitzt, desto mehr Programme können gleichzeitig geöffnet sein und desto grössere Files können verarbeitet werden. Für DTP-Aufgaben sind 16 MB RAM das Minimum und 64 MB RAM komfortabel.

RS-232
Serielle Schnittstelle in der DOS-Welt. Entspricht der V.24 Schnittstelle. Seriell deswegen, weil die Daten Bit für Bit nacheinander übertragen werden. Im Gegensatz zu parallel (s. Centronics).

PostScript
Eine Programmiersprache, die eine Druckseite in schwarze und weisse Informationen beschreiben kann. In der Apple-Welt und in der Druckindustrie ist PostScript ein Standard, der von allen Laserdruckern und -belichtern verstanden wird.

SIMM
Abkürzung von «Single In-Line Memory Module». Kleine Leiterplatte, worauf 8 oder 9 RAM-Chips als Speicherbausteine montiert sind. SIMMs haben eine Kapazität von 256 kB (wenig) bis 32 MB RAM (viel) und werden in vorbereitete Steckplätze des Motherboards gesteckt. Die SIMMs machen oft die Schnelligkeit des Computers aus. Ein Computer, der 64 MB RAM aufweisen soll, kann z. B. 2 SIMMs zu 32 MB oder 4 SIMMs zu je 16 MB enthalten.

ROM
Abkürzung für «Read Only Memory». Grundsätzlich sind das Speicherbausteine, deren Inhalt nur gelesen werden kann. Sie heissen deshalb auch Festwertspeicher und sind vor allem für immer gleichbleibende Abläufe vorgesehen. Der Inhalt bleibt resident gespeichert, auch wenn der Computer abgeschaltet wird. Die bekannteste Art ist wohl die CD-ROM. Es gibt aber ROM-Chips, deren Inhalt durch Strom oder Licht gelöscht werden kann (EPROM, EEPROM).

RIP
Der «Raster Image Processor» rechnet die eintreffenden Daten für die Belichtungseinheit um. Es gibt Software- und Hardware-RIPs.

RISC
Abkürzung von «Reduced Instruction Set Computer». Der Mikroprozessor eines solchen Computers versteht sehr viel weniger Befehle als ein komplizierter aufgebauter älteren Datums. Die neuste Generation Mikroprozessoren in PCs sind alle mit der RISC-Technologie ausgerüstet. In der Apple-Welt heissen diese Prozessoren PowerPC.

SCSI
Abkürzung für «Small Computer System Interface». Damit wird eine genormte Datenübertragung vom Computer (Macintosh) zu den angeschlossenen Peripheriegeräten und umgekehrt beschrieben. Über diese Schnittstelle lassen sich bis zu sieben SCSI-Geräte hintereinandergeschaltet anschliessen. Jedes dieser Geräte bekommt eine eigene Nummer. Der Mac besitzt immer die 7, die interne Harddisk die 0.

Terminator
Ein Widerstand, mit dem das letzte in einer Kette von SCSI-Peripherie-Geräten bestückt sein muss.

TIFF
«Tagged Image File Format». Von Microsoft, Adobe und Aldus entwickeltes Speicherformat für Halbtonbilder. Existiert in verschiedenen Versionen, darunter TIFF uncompressed, TIFF Pack Bits, TIFF compressed.

Fachsprache der Druckindustrie

Alinea
Abschnitt oder Absatz, welcher durch die Zeilenschalttaste definiert wird.

Akzidenz
Gelegenheitsdrucksache, im Gegensatz zu periodisch erscheinenden Drucksachen.

Ausgangszeile
Letzte Zeile eines Abschnittes.

ausgleichen
Die Weissräume von Versalbuchstaben harmonisch-optisch einander angleichen. In gepflegten Drucksachen zu entdecken. Auch optischer Ausgleich von Zeilenabständen in Titeln oder optischer Randausgleich.

ausschiessen
Verteilung der einzelnen Druckseiten auf ganze Druckformen; Vorbereitung der Bogenmontage.

ausschliessen
Eine Zeile auf die Breite bringen, abschliessen.

austreiben
Im Blocksatz die Wortzwischenräume vergrössern, bis die Zeile voll ist.

Bastardschrift
Schriftcharakter, der verschiedene Stilrichtungen enthält. Häufig auch aus einer klassischen Schrift abgeleitet und etwas abgeändert.

blankschlagen
Das Aussparen von Räumen auf der Seite zur späteren Montage noch nicht verfügbarer Druckelemente (z. B. von Bildern, Grafiken, Tabellen u. ä.).

Blindmaterial
Im Bleisatz nichtdruckendes Material für Zwischenräume aller Art. Fachausdrücke dafür waren: Spatium, Ausschluss, Quadrat, Reglette, Durchschuss, Steg.

Blindmuster
Um die Ausführung zu visualisieren, werden mit unbedrucktem Material Muster erstellt, um z. B. die Dicke oder das Gewicht einer Drucksache zu ermitteln.

Blindtext
Beliebiger Text in der richtigen grafischen Aufbereitung, der dazu dient, eine Seite präsentationsfertig zu gestalten, ohne dass der richtige Text schon vorhanden ist. In diesem Buch sind viele Beispiele mit pseudo-lateinischem Blindtext gestaltet.

Blindzeile
Eine Leerzeile, erzeugt durch die Zeilenschalttaste (Return, Carriage Return).

Blitzer
Auffällig kleine, weisse Randzonen, die entstehen, wenn im Druck zwei Farben nicht passgenau aneinandergedruckt werden.

Brotschrift
Grundschrift (Lesetext), die früher den hauptsächlichen Verdienst des Setzers sicherstellte, als dieser noch im Akkordlohn pro 1000 Buchstaben entlöhnt wurde. Heute wird mit Brotschrift eine vielgebrauchte Schrift bezeichnet.

Deleatur
Korrekturzeichen. (abgeleitet vom griech. Buchstabe δ [delta]. Deleatur (lat.) = es werde getilgt.

Druckfehlerteufel
Personifizierter Bösewicht, der die Setzfehler so versteckt, dass erst die Augen des Lesers sie finden. Auch mit dem besten Rechschreibprüfprogramm nicht zu eliminieren. Setzfehler wird es immer geben – das macht die Branche auch menschlich-sympathisch. Vom Kunden meistens jedoch anders empfunden.

Dickte
Gesamtbreite eines Buchstabens.

Elefantenrüssel
Aufschwung bei Grossbuchstaben in Frakturschriften.

enger machen
Auch verengern. Wortzwischenräume kleiner machen.

Europaskala
Genormtes Farbmodell in der Druckindustrie, auch CMYK. Mit den vier Grundfarben Schwarz, Cyan, Magenta und Gelb können farbige Bilder gedruckt werden.

Fahnenabzug
Korrekturabzug von Satzspalten im Mengensatz vor dem Umbruch.

fett
Schwärzer, dicker, stärker. Wird angewendet auf Schriften, Schnitte und Linien.

Flattermarke
Gleichmässig versetztes Linienstück, mit dem die richtige Reihenfolge der gefalzten Druckbogen vor dem Binden kontrolliert werden kann. Im Layoutbereich werden auch einzelne Kapitel mit randabfallenden Marken gekennzeichnet.

Fleisch
Nichtdruckender Teil eines Buchstabens. Seitlicher Raumbedarf, damit sich die einzelnen Buchstaben nicht berühren.

Fliesstext
Endlos erfasster Text.

Font
Schriftcharakter, Schriftart, Schriftschnitt.

Formsatz
Auch Kontursatz genannt. Satz, welcher der Form einer Grafik oder eines Bildes folgt.

Gänsefüsschen
Ausdruck für An- und Abführungszeichen in Form von 66 und 99 („ "). Siehe auch Guillemets.

Geviert
Früher quadratisches Ausschlussmaterial in der Kegelgrösse. Heute ein immaterielles Quadrat mit der Seitenlänge der Schriftgrösse (gesamter Platzbedarf inkl. Ober- und Unterlängen).

Glatter Satz
Aus der gleichen Grundschrift gesetzter Text.

Grad
Schriftgrad. Im Bleisatz gab es unveränderbare Schriftgrössen: 4, 5, 6, 7, 8, 9, 10, 11, 12, 14, 16, 20, 24, 36, 48, 60, 72 Punkt. Eine bestimmt Punktgrösse entsprach einem Schriftgrad.

Guillemets
Anführungszeichen. Auch französische Anführungszeichen. In der Schweiz, Frankreich, Italien: «…», in der BRD: »…«. In USA, England werden meist Gänsefüsschen eingesetzt, welche die Form von hochgestellten 66 und 99 haben.

Gut zum Druck
Endgültiger Probeabzug. Von der Druckerei mit einem Gut-zum-Druck-Zettel versehen. Muss vom Kunden zum Einverständnis unterschrieben werden und ist nur für den Satz, nicht für das Papier oder die Farben rechtlich bindend.

Gut zur Ausführung
Gelesener Satzabzug, der nun belichtet werden kann. Oder in der Buchbinderei ein Bindemuster.

Haarlinie
Querstriche bei klassizistischen Schriften.

Hairline
Engl. Bezeichnung für eine feine Linie.

Handsatz

Handsatz
Buchstaben, die von Hand aus dem Setzkasten genommen wurden – im Gegensatz zu maschinell gesetztem Satz. (Früher wurde eine Handsatz-Leistung von 1450 Buchstaben glatter Satz pro Stunde an der Lehrabschlussprüfung verlangt.)

hängend
Hängender Einzug: Die erste Zeile ist länger als die folgenden im Absatz. Hängende Initiale: Initiale aliniert oben mit dem Grundtext, ist optisch im Grundtext eingebungen, steht nicht darüber hinaus.

Hausfarbe
Buntfarbe, die ein Kunde generell und unverändert für alle seine Drucksachen benützt. Oft als Pantone-Farbe definiert.

Hochzeit
Irrtümlich doppelt gesetztes Wort (Druckfehler).

Hurenkind
Ausgangszeile am Anfang einer Spalte.

Jungfrau
Fehlerfrei gesetzte, vom Korrektor nicht «besudelte» Satzspalte.

Kegel
Früher die Bleibuchstabengrösse in Punkt.

Kerning
Unterschneiden eines einzelnen Buchstabenpaares.

Kolumne
Satzspalte. In Redaktionen auch fertig umbrochene Seite, Auch Rubrik.

kompress
Kompresser Satz bedeutet, dass der Zeilenabstand der Schriftgrösse entspricht.

Kontrollkeil
Element zur Kontrolle des Druckbogens auf Farbdichte, Passer usw. Auch Kontrollstreifen.

Kopf
Bei Zeitungen der Titel; ein Kopfblatt ist eine Zeitung, bei der für verschiedene Regionen nur der Titel und die Regionalnachrichten ändern, der übrige Inhalt identisch übernommen wird.

Layout
Disposition (Feinentwurf) einer Drucksache. Früher eher von gestalterischem Charakter, heute der fertige Seitenaufbau auf dem Bildschirm.

Leiche
Vergessen gegangenes Wort oder Textteil (Gegenstück zu Hochzeit).

Letter
Einzelner (Blei)buchstabe. Heute auch eine Bezeichnung für das US-Papierformat 8,5 × 11".

Majuskel
Grossbuchstabe.

Mengensatz
Satz, welcher in grossen Mengen nach immer gleichen Parametern (Grundeinstellungen) hergestellt werden kann (s. auch Werksatz).

Minuskel
Kleinbuchstabe.

outline
Die Kontur einer Schrift, früher auch umstochen genannt.

Proof
Probedruck, welcher für Bilder und Farben zur Anwendung kommt. Digitale Proofs arbeiten ab Datenbestand, analoge Proofs ab einem fertig belichteten Film.

Punkt
Typografisches Masssystem, in Europa
1 Didot-Punkt = 0,376065 mm,
1 m = 2660 Punkt. Abkürzung p, pt.
12 Punkte = 1 Cicero.
In den USA: 1 Pica = 12 points,
1 point = 0,3514598 mm.
Der PostScript-Point ist nochmals eine andere Grösse. Er teilt den inch in 72 PostScript-Points ein.
1 PostScript-Point = 0,35778 mm.

Randausgleich
Um eine optisch gerade Satzkante zu erzeugen, stehen die ersten Buchstaben einer Zeile etwas über die Satzkante hinaus, vor allem Buchstaben mit viel Fleisch wie A, W, V usw. und Satzzeichen.

roh
Ein Rohlayout beinhaltet nicht den endgültigen Finish, z. B. sind noch keine Bilder eingesetzt. Ein Rohlayout hat den Zweck, einen Gesamtumfang zu ermitteln.

rupfen
Durch zähe Druckfarbe bedingt, reisst das Papier aus, und es entstehen weisse Flecken auf dem Druck.

Satzbefehl
Im Fotosatz eine codierte Anweisung.

Schimmelbogen
Wenn in der Druckmaschine zwei Bogen statt nur einem eingezogen werden, bleibt einer unbedruckt weiss. Moderne Maschinen besitzen eine Kontrollvorrichtung, die das verhindert.

Schnellschuss
Besonders pressanter Auftrag, bei dem alles andere liegengelassen werden muss.

Schöndruck
Diejenige Seite des Druckbogens, welche der Drucker zuerst bedruckt. Die Rückseite heisst Widerdruck.

Schusterjunge
In der BRD die erste Zeile eines neuen Absatzes am Ende einer Spalte. In der Schweiz spricht man in diesem Fall von einem Waisenkind.

Spatium
Im Bleisatz kleinstmögliches Blindmaterial in der Stärke von einem halben Punkt oder einem Viertelpunkt, mit welchem die Zeile auf die Breite ausgetrieben, Versalien ausgeglichen und Wörter spationiert werden konnte.

Stehsatz
Satz, der für einen späteren Gebrauch aufbewahrt wird.

stumpf
Eine stumpf beginnende Zeile hat keinen Einzug, z. B. nach Titeln.

Tracking
Laufweite einer Schrift generell weiter oder enger halten.

Trennfuge
Sichtbare oder unsichtbare Markierung einer Trennstelle.

Übergriff
Farben, die im Druck gegenseitig überlappen, damit keine Blitzer entstehen.

Umbruch
Ausdruck für das Zusammenstellen aller Satz- und Bildelemente zu ganzen Druckseiten. Heute ist umbrechen ein Synonym für layouten.

unterschneiden
Eine einzelne Buchstabenkombination enger halten.

vakat
Eine unbedruckte Seite. Bei Büchern vorn im Titelbogen.

vertikaler Keil
Mehrere Zeilen oder Absätze werden auf eine bestimmte Höhe ausgetrieben.

Werksatz
Der Satz von Büchern und umfangreicheren Periodika.

Biografie des Autors

Ralf Turtschi, 22. 5. 1955, trat 1972 bei Meier & Cie AG in Schaffhausen in eine Schriftsetzerlehre ein. Schon in der Bleisatzzeit beschäftigte er sich intensiv mit Gestaltungsfragen und wurde durch seinen Ausbildner, Hans-Peter Flaig, stark gefördert. Inspiriert durch den Zeichner, Buchautor und Gautschmeister Fritz Bünzli erlernte Ralf Turtschi die Technik des Schriftschreibens mit der Breitfeder – manche Urkunde und manches Gedicht fand den Weg zu heute unbekannten Besitzern. Die Technik hat geändert, die Liebe zum Detail und das Auge für die Ästhetik der Schrift sind geblieben. Als begeisterter Hobbyfotograf legte sich der Autor Kenntnisse ganz anderer Art zu, und die erste Publikation, eine Fotostory in den Schaffhauser Nachrichten, war wohl der Ursprung zur heutigen Tätigkeit.

Die Umschulung vom Blei- zum Fotosatz vollzog sich kurz nach der Lehre. Während der Gesellenjahre bis 1981 durchlief Ralf Turtschi verschiedene Stationen der grafischen Branche als Filmsatzmonteur, grafischer Gestalter, als Zeitschriftenlayouter und als Aussendienstmitarbeiter einer mittelgrossen Druckerei.

Der Wissensdurst brachte ein dreijähriges Studium an der Technikerschule der Grafischen Industrie Zürich (TGZ) und das eidg. Diplom «Techniker TS». Mit diesem Rucksack ausgestattet, trat Ralf Turtschi eine

Ralf Turtschi

Stelle beim Schweizerischen Verband Grafischer Unternehmen (SVGU) an und wurde mit Nachwuchsförderungs-, Ausbildungsfragen und Öffentlichkeitsarbeit in der Region Ostschweiz betraut. In dieser Zeit entstanden eine ganze Anzahl von Berufsbildern, Prospekten, Tonbildschauen und Lehrmittel über die Berufe der grafischen Branche für Berufsberater, Lehrer und Schulabgänger. Journalistische Tätigkeiten und die PR-Arbeit waren längst Praxis, als sich Ralf Turtschi entschloss, die theoretischen Grundlagen ebenfalls zu erlernen. Das Studium am SAWI, einem Ausbildungsinstitut für Werbung, Marketing und Kommunikation in Biel, brachte das ersehnte Diplom «eidg. dipl. Public Relations Berater».

1985 keimte der Gedanke, sich selbständig zu machen und mit Unterstützung des damaligen Direktors des SVGU und heutigen Regierungsrates des Kantons Zürich, Dr. Eric Honegger, konnte 1986 der Sprung ins kalte Wasser erfolgen: die Planung und Durchführung eines Kommunikationskonzeptes für den SVGU war der erste Auftrag.

Die Entwicklung von Apple Macintosh beeindruckte den Autor derart, dass er bereits 1987 diese Technologie nutzte und Ende Jahr die erste Schweizer Macintosh-Zeitschrift «Macintouch» für einen Kunden plante und auf dem Mac produzierte. Andere Aufträge folgten, und das Abenteuer «Selbständigkeit» begann Früchte zu tragen.

Seither konzipiert, textet, gestaltet und produziert der Autor in der R.Turtschi AG, Visuelle Kommunikation, 8041 Zürich, mit seinem kleinen Team Druckerzeugnisse für die verschiedensten Auftraggeber – selbstverständlich ausschliesslich mit elektronischer Unterstützung.

Diverse Lehrtätigkeiten (SAWI: Werbeassistenten-Ausbildung; SCA – Schule für Computer-Anwender AG, Wallisellen: Gestaltungskurse für typografische Laien und Kurse über Quark XPress) gaben letztlich den Anstoss, das vorliegende Buch zu verfassen.